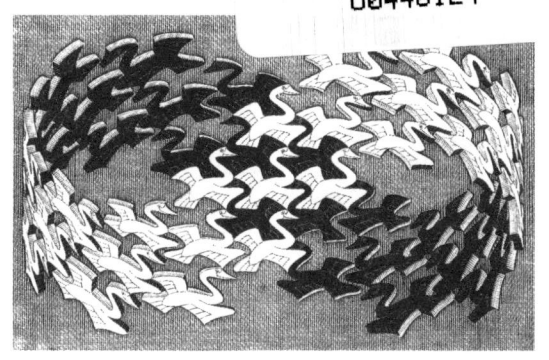

文化伟人代表作图释书系

An Illustrated Series of Masterpieces of the Great Minds

非凡的阅读

从影响每一代学人的知识名著开始

　　知识分子阅读，不仅是指其特有的阅读姿态和思考方式，更重要的还包括读物的选择。在众多当代出版物中，哪些读物的知识价值最具引领性，许多人都很难确切判定。

　　"文化伟人代表作图释书系"所选择的，正是对人类知识体系的构建有着重大影响的伟大人物的代表著作，这些著述不仅从各自不同的角度深刻影响着人类文明的发展进程，而且自面世之日起，便不断改变着我们对世界和自然的认知，不仅给了我们思考的勇气和力量，更让我们实现了对自身的一次次突破。

　　这些著述大都篇幅宏大，难以适应当代阅读的特有习惯。为此，对其中的一部分著述，我们在凝练编译的基础上，以插图的方式对书中的知识精要进行了必要补述，既突出了原著的伟大之处，又消除了更多人可能存在的阅读障碍。

　　我们相信，一切尖端的知识都能轻松理解，一切深奥的思想都可以真切领悟。

■ 文化伟人代表作图释书系

Metaphysics

郭 聪 / 译

形而上学（全新插图本）

〔古希腊〕亚里士多德 / 著

重庆出版集团 重庆出版社

图书在版编目（CIP）数据

形而上学/（古希腊）亚里士多德著；郭聪译. —重庆：重庆出版社，2019.10（2023.5重印）
 ISBN 978-7-229-14401-2

Ⅰ.①形… Ⅱ.①亚…②郭… Ⅲ.①亚里士多德（Aristotle 前384-前322）-形而上学 Ⅳ.①B081.1②B502.233

中国版本图书馆CIP数据核字（2019）第189767号

形而上学
XING'ERSHANGXUE
〔古希腊〕亚里士多德 著　郭聪 译

策　划　人：刘太亨
责任编辑：张立武
特约编辑：姚振宇
责任校对：李春燕
封面设计：日日新
版式设计：曲　丹

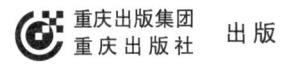

重庆出版集团
重庆出版社 出版

重庆市南岸区南滨路162号1幢　邮编：400061　http://www.cqph.com
重庆市国丰印务有限责任公司印刷
重庆出版集团图书发行有限公司发行
全国新华书店经销

开本：720mm×1000mm　1/16　印张：25.75　字数：416千
2019年10月第1版　2023年5月第3次印刷
ISBN 978-7-229-14401-2
定价：58.00元

如有印装质量问题，请向本集团图书发行有限公司调换：023-61520678

版权所有，侵权必究

TRANSLATOR'S PREFACE | **译者序**

爱因斯坦说，哲学是科学之母。我们知道，希腊哲学是西方哲学的起源和发端，但长期以来，我们对希腊哲学的研究探索远不及对以黑格尔和费尔巴哈为代表的德国古典哲学、马克思主义的辩证法和弗洛伊德的精神分析论等西方近现代哲学流派那样广博深入。不可忽视的是，从严复对进化论的选择性接受，到胡适对实用主义的中国式表达，近现代的中国思想家们立足于所处时代的社会需求，抱守传统观念，强调西学东渐的洋为中用，忽略了哲学独立、思辨和批判的内在逻辑。

《形而上学》是亚里士多德最重要的哲学著作，被誉为西方哲学的开山之作。与上述哲学流派相比，《形而上学》在获得广泛关注的同时，也引起较多的争议和误读，因此，我们有必要先对这本书的由来和内容宗旨有所了解。

首先，亚里士多德并未提出过"形而上学"的概念，当时也并不存在"形而上学"这门学科，《形而上学》的书名当然也非他本人所取，在这些论文里，他将形而上学称之为"第一哲学"（相应地他把物理学称为第二哲学）和"神学"。

在亚里士多德殁后的公元前60年左右，吕克昂学园的主持安德罗尼珂重新整理了亚里士多德的这部分手稿。他将阐述事物存在的原因和原理等抽象问题的著作，编定在自然事物运动规律的《物理学》（*Physics*）之后，并称之为"物理学之后诸卷"（metaphysics），可见其初意即指一种超验对象的学术。

其次，"形而上学"一词在我国的传播，源自《易传·系辞》，"形而上者谓之道，形而下者谓之器"，近代思想家严复据其在理学范围的深远影响，将英文单词metaphysics译为"形而上学"。又因为汉语的表意性质，很多中国学者望文生义，以"形而上学"隐含的理学和玄学思想去理解metaphysics的原本语义，导致了读者广泛存在的对"形而上学"这个概念的误读。

黑格尔指出，亚里士多德的《形而上学》深入到了宇宙整个范围的各个方面，并将森罗万象隶属于概念之下，大部分哲学学术的划分和产生，都应归功于他。

亚里士多德认为，求知是人的天性，形而上学作为最高层次的学科，追求普遍、永恒的真理，是一门探索事物存在之原因和原理的学科，其学术目的没有功利性和实用性，它并不指向我们惯常以为的世界观与人生智慧，理解这一点，我们才能走近这门真正体现人性自由的学科。

所以，第三，《形而上学》的学术价值不在于现实社会的治国安邦，也不是引领我们成长的人生导师，而是以彻底满足人类思维的好奇心为主要目的。

第四，《形而上学》全书共14卷，后人安德罗尼珂为避免先哲遗作再遭佚失，以亚里士多德不同学术时期的笔记和讲稿为基础整理编定，所以全书不是亚里士多德基于明确写作目的的系统著作，只有部分章节能看到前后的因果逻辑关系，且有很多部分存在重复甚至矛盾。因此，我们将全书的章节内容进行了整体性梳理。

卷A（一）里，亚里士多德对泰勒斯、米利都学派、毕达哥拉斯学派、巴门尼德以及柏拉图的学说进行归纳和评价，并指出这些理论都没有说清楚世界的本原是什么。

卷α（二）延续卷A（一）的内容，篇幅较短，疑似哲学导言的残篇。一般认为该卷与卷Δ（五）、K（十一）、Λ（十二）均为另加进去的独立篇章。

卷B（三）提出哲学所应研究的十几个问题，关于这些问题的解答，构成后面各卷的基本内容。

卷Γ（四）和卷E（六）阐述"存在"的概念，构成亚里士多德的存在论。其中卷Γ（四）提出存在是哲学的对象和范围，卷E（六）阐述各门学科的相互区别和都要遵循的一般公理。

卷Δ（五）被称为哲学辞典，列举了30个哲学名词，这是一个相对独立的篇章。

卷Z（七）、H（八）、Θ（九）构成的实体学说是《形而上学》的核心部分，也是唯一具有内在联系的三卷。卷Z（七）讨论了实体、本质和形式等哲学范畴，卷H（八）围绕质料，卷Θ（九）探究可能、潜能与现实的转化和区别。

卷I（十）论述"一"与"多"的数量范畴不是能够独立存在的实体。

卷K（十一）被认为是学生笔记，前半部分重述了卷B（三）、Γ（四）、E（六）的部分内容，后半部分是《物理学》的章节摘要。

卷Λ（十二）探讨宇宙总因，提出万物存在和发展的原因是作为实体的第一推动者，属于亚里士多德的早期著作。一般认为，这也是一卷相对独立的论文。

卷M（十三）、N（十四），驳斥柏拉图、数论派和理念论，卷M（十三）通过讨论形式之数和数学之数的区别，批判柏拉图将数学对象看作是独立存在的思想，卷N（十四）是卷M（十三）的延续，涉及数的几个理论问题。

对于普通读者而言，全面而准确地领会并掌握《形而上学》并非易事。初次涉及哲学的读者可先从卷K（十一）入手，概括了解《形而上学》的研究对象，然后进入卷Z（七）、H（八）、Θ（九）的核心内容，如此将能更快更清晰地掌握本书要义，其他各卷再依次研读。

在专业层面上，我们特别在《形而上学》正文前后，辑录了德国古典主义学者维尔纳·耶格尔著述的《亚里士多德：发展史纲要》部分章节，为读者提供更深入全面地探索亚里士多德哲学思想的路径和视角。作为20世纪著名的古希腊哲学研究权威，耶格尔运用发生学的学术方法，借助曾经失传并为现代研究者忽略的一些著作残篇，对照亚里士多德各具代表性的哲学著作进行逻辑分析，揭示了亚里士多德的思想发展历程。在这部著作中，耶格尔回溯了亚里士多德离开雅典学院到马其顿建立自己的学派的历史，并详尽论证了《形而上学》的起源和发展，以帮助我们对亚里士多德历史现象进行深入地剖析和理解，树立对亚里士多德哲学体系的科学态度。

一切以方便读者阅读理解为旨归，我们竭尽可能以简明易懂的文字翻译，忠实表达原著的内容和思想，期待能有助于更多读者对哲学的探索和学习，如有疏漏，希望得到读者的斧正和建议。

郭聪
2019年3月17日

导读：亚里士多德与《形而上学》

一、阿索斯与马其顿时期的亚里士多德

公元前347或公元前348年的某天，柏拉图去世了。几乎在同一时间，正在攻打哈尔基季基半岛商业城市的马其顿腓力大军降临斯塔吉拉，烧杀抢掠，使这座城市几乎毁于一旦。刹那间，亚里士多德同时失去了祖系故园与精神故园（柏拉图的存在，使雅典成为了亚里士多德的精神故园）。柏拉图还在世时，尽管亚里士多德的学术独立性越来越强，但他仍坚持追随自己的老师。然而，当老师的眼睛永远地闭上时，老师与学生们之间的联系也很快打破了。柏拉图去世同年，亚里士多德离开了小亚细亚，离开了自己的友人们，离开了二十年来宝贵的思想经历，及其所投身的公共事业[1]。也许在柏拉图去世前，他就已经决定要离开。由于没有任何其他资料可以解释这一重大决定背后的真正原因，人们进行了各种大胆的猜测。在他的著作中，亚里士多德曾频繁地对柏拉图的教义提出尖锐的批评，因此，有许多人认为，他与柏拉图在学术上早已分道扬镳，而离开雅典的举动正是这种分裂的一种表现。人们还研究亚里士多德的性格特征，试图发掘其中的个人原因。提到老师柏拉图时，亚里士多德总是带着最高的崇敬，但是他的写作中却语带嘲讽，时常触动人们一些敏感的神经。尤其厌恶亚里士多德的人认为，他无与伦比的智慧和对逻辑纯度的执着，表明这是一个具有破坏性的灵魂。有人含沙射影地指出，亚里士多德的批评背后总是包含着个人动机，这种暗示不无道理，但亚里士多德本人则反对这种说法。那时有传闻说，亚里士多德心存

---

[1] *Apollodorus in Diog.* L.V.9（cf V 3. 其中的年表顺序非常混乱）。Dionys Hal *ep ad Amm* 5。

恶意且不知感恩。他离开雅典的动机就此笼罩在悬疑的迷雾中。尽管我们对传统的道德判定持怀疑态度，但既然这一重大决定背后的原因尚未得到解释，就不能完全摒弃这些传闻中的信息[1]。

墨西拿的亚里斯多克利，是帝国时代一名聪慧且造诣颇深的学者，他在道德力量的驱使下，决定扯下这段秘闻的面纱。经过追踪溯源，他找到了传闻的最初来源，并证明其来源根本站不住脚，继而止住了层出不穷的传闻。幸运的是，他的这些批判性讨论得以保存至今。从中我们可以看到，亚里斯多克利成功地击破了那些漏洞百出的谎言，并指出，之所以会出现柏拉图与亚里士多德之间关系破裂的传闻，是由于人们严重误读了后者的学生——塔伦特姆的亚力士多塞诺斯的文章[2]。很可能是亚里斯多克利推翻了那些杜撰的故事之后，修复了《致欧德摩斯的祭坛挽歌》这篇珍贵的文章[3]，使其以本来面目重见天日，它让我们能够更好地看到亚里士多德对其导师的真正态度，而不受外部肆意揣测的影响。有一种观点认为，亚里士多德在这篇挽歌中热情歌颂的是苏格拉底，而非柏拉图。但是亚里士多德从未见过苏格拉底，而且这种说法看上去自相矛盾，且在心理学上也不成立[4]。

---

[1] 亚里士多德在《尼各马可伦理学》中，对柏拉图的追随者发起的指控提出了抗议。

I 6, 1096 II–16以及frg 8，我们在各学说中搜集到有关这些传闻的信息，经过了施塔尔（Stahr）(*Aristotelia*, Halle, 1830, vol 1, pp 46 ff) 的批判性检验。他的材料来自于Franciscus Patritius (*Discussiones peripateticae*, Basle, 1581)。后者是文艺复兴时期的一个柏拉图主义者，他对亚里士多德的憎恨达到了盲目的程度，这使他宁愿相信任何对亚里士多德进行的指控，不论这些指控有多么地荒谬。

[2] *Aristocles in Euseb.Praep ev* XV 2,3。

[3] 这是伊米施（Immisch）的观点（*Philologus*, vol lxv, p 11），该观点所形成的基础大概是像施塔尔（Stahr）所呈现的那样，亚摩尼亚斯（Ammonius）所著的《亚里士多德的一生》，字里行间回响着亚里士多德与柏拉图之间的关系，但还是要从亚里斯多克利在优西比乌存留下来的片段里得到印证。

[4] 维拉莫维茨（Wilamowitz）(《亚里士多德与希腊》, vol u, p 413) 以及较为近期的伊米施（Immisch）(loc, cit) 正确地反驳了伯内斯（Bernays, *Gesammelle Abhandlungen*, vol 1, pp 143 ff）的观点。

这份珍贵的记录能够重见天日，都要归功于批判性传记学者亚里斯多克利对于第一手材料的追寻。该篇文章中包含了亚里士多德对自己与老师柏拉图之间的关系的描述，以及他对外界恶意评论的回应。如果学者们考虑到了这一点，就不会提出亚里士多德在挽歌中赞颂的是苏格拉底这一论点了。《致欧德摩斯的祭坛挽歌》是后来的新柏拉图派哲学家们，在一部相关的博学著作中找到的，这首挽歌出现在该著作中的唯一原因，就是它能为这一课题提供直接的证据。

挽歌中"卑劣的人们甚至没有权利歌颂他"，里面的"他"指的就是柏拉图本人。而在亚里士多德心中，没有权利歌颂他老师的"卑劣的人们"不是普通民众，而是那些误解了两人之间的关系，并自认为有责任维护柏拉图的教义[1]不受亚里士多德批评的柏拉图仰慕者们。以下是挽歌节选的一段较为粗浅的翻译：

> 来到雅典卫城著名的平原
> 他虔诚地为神圣的友谊建立起一座祭坛
> 为那些卑劣的人们，甚至没有权利歌颂的人，
> 只有他，亦或他是凡人之中第一个
> 以自己的生命与文字的论述，
> 清晰地向世人启示，
> 一个人完善自我时也会变得快乐，
> 现在再没有人能够做到这些。

这首挽歌所致意的是谁，我们无法确定，是塞浦路斯的欧德摩斯，还是

---

[1] 只有这样，我们才能给予这段对渎神所进行的充满激情的反驳以切实的含义。亚里士多德的文风绝对不可能出现空洞的华丽言辞。也有观点认为，这段文字是犬儒派的第欧根尼写下的（如贡珀茨所撰写的 *Griechische Denker* vol 11, p 539, 以及伊朱施, loc cit, p 21），仅仅是因为他也教导人们美德使人快乐，但这未免也太牵强了。第欧根尼可能会为了推动自己的学说而称颂苏格拉底，但柏拉图对他来说太理论化，二人的思想相距甚远。

罗得斯岛的欧德摩斯。挽歌的题目也没有透露多少信息，这里以第三人称出现的祭坛建造者身份不明。新柏拉图派哲学家，对亚里士多德一生的最新研究有些混乱，但他们自称能够描述出祭坛上的铭文，并称铭文显示祭坛的建造者就是亚里士多德。将这一观点作为我们解读的基础似乎有些冒险，但好在目前遗存下来的几种传记研究，令我们能够清晰地追随这段传奇的发展脉络，并探测出这段铭文逐步发展的各个阶段[1]。

尽管在这段挽歌中，亚里士多德所描述的外部环境较为模糊，但其内涵是比较清楚的，而这也是我们所关注的部分。第一句描述了一个人，我们暂且将其设定为柏拉图的一名学生，他来到了雅典，并建立了一座祭坛。这座祭坛是为柏拉图而建的，也就是说，柏拉图被赋予了神圣的荣誉。乍看之下，我们可能会感到迷惑，因为"祭坛"一词掌管了两个属格名词，即"友谊"与"人"，但如果是希腊人看到这首诗的原文，一定会毫不犹豫地断定这里的意思，即祭坛是为了光荣的菲利亚（即友爱女神）而建，是为了纪念建造者与那个"卑劣的人们甚至无权赞颂"的人之间的友谊而建[2]。"神圣

---

[1] 伊米施认为铭文是真实的（loc cit, p 12），但是在 *Vita Marciana* 中编造了一首六步格诗，并进行了自我引用（p 432 in Rose）。"亚里士多德为柏拉图建造了这座祭坛"，之后是，"他在另一个地方对他说，'卑劣的人们甚至无权赞美的一个人'"，这第二句是五步格。真实情况是：所谓《亚摩尼亚斯论生命》一书粗心的编纂者，将一句六步格诗与一句五步格诗放到了一起（p 439 in Rose），把"人"与柏拉图作为并列，并以为两句诗形成了对联，然而在他的引用注释中，两句诗是分开出现的。相反的情况是不可能的，也就是说 *Vita Marciana* 的作者，不可能先写下了一副完整的对联，然后将上下联拆开，说五步格的那一联来自另一首诗。很显然，这两句诗取自亚里斯多克利（p 106, Anm.3），因此，最初的引用可能包含了这一挽歌片段的全部。

[2] 维拉莫维茨（Wilamowitz）（loc cit, pp 413 ff）将"为一个人建造一座祭坛"（即为柏拉图建造祭坛）作为一个整体，并将"神圣的友谊"作为表示原因的属格，或者作为一个逻辑主义，虽然他认为后者欠妥，但是，这两种不论哪一种都不符合自厄尔努斯与克利希亚斯时代以来的挽歌风格中简单的、散文式的语言。伊米施察觉到了这一点，但是又想保留用祭坛纪念柏拉图的这一部分，于是将文本修改为"他虔诚地为神圣的友谊建立起一座祭坛"，但这种行文是不可能在原作中出现的。（维拉莫维茨对赫西俄德的《工作与时日》的评论之后，一律将 Ζηνὸς φυλσκες ὀθρωπων（v 253）作为一个名词掌管两个属格的标准了。）

的"这一形容词使我们能够确定，祭坛是以菲利亚这一女神之名建立的。另一方面，第二个属格名词告诉我们，这座友谊的祭坛，所纪念的不是什么理性的寓言，也不是没有生命的虚构理论，而是一个有血有肉的人。菲利亚女神亲自向这个人的弟子们表明，他的人格与行动对世人来说是指路明灯[1]。在柏拉图的宗教概念中，不可能出现对凡人的神化，而且亚历山大、拉山德以及伊壁鸠鲁的例子在这里并不适用。只有某种形式的特质才是完全神性的[2]。为了展示这种柏拉图式的宗教情怀，我们可以引用亚里士多德致赫米亚斯的赞歌为例。这首诗同上文挽歌中的祭坛一样，所供奉的既不是一个死去的人，也不是某个抽象的美德观念的化身。这里的美德指的是人类美德的神化形态所追求的，存在的最大奖赏（他两次用到希腊语的"形式"一词），正如亚里士多德和他的朋友们，在赫米亚斯的生与死中所体验的那样，因此，这里的美德是"赫米亚斯的美德"。

这首赞歌是为一位不可见的女神而唱，人们是永远不会见到女神的，但赞歌是为了赞美女神在地球上存在最直观的体现而唱。总而言之，祭坛上只有两个词，即"致友谊"。亚里士多德在这样一个神圣的物件面前，以一个虔诚的注释者的方式，解读祭坛上的铭文，十分合理地提出了"致与柏拉图的友谊"。我们不能忽略这其中隐含的人称，尽管友谊包含两个人称，但"友人们"（柏拉图学院的成员们的自称）中间有哪一个会独占与柏拉图的友谊呢？柏拉图的友谊对他们所有人来说都是神圣的，因为这是联系他们整个

---

[1]亚里士多德、齐诺克雷蒂、斯珀西波斯以及奥普斯的菲利普，在柏拉图学院时都写过关于友谊的文章。柏拉图晚年时期，围绕着他出现了许多有关这一话题的文献。确实，有关"爱"（厄洛斯）的话题仍然以传统的方式讨论着，但厄洛斯已经不再是柏拉图学院这群人的统一符号了。亚里士多德投身于形而上学，"以被爱推动世界"度过余生，也就是拉丁语的amor dei。这里的中性变化是很重要的。

[2]维拉莫维茨（Wilamowitz）认为，祭坛是以柏拉图之名建造的，并提出了"神祇柏拉图"的概念（loc cit, vol ii, pp 413 ff）。这个概念当然没问题，但是完全不符合柏拉图严肃而虔诚的学者脾气。对亚里士多德来说，柏拉图确实在"凡人中"占据超群的地位，但他仍然是一个带领人们走向神圣目标的凡人。

群体的核心纽带。

最后回溯到柏拉图的几句赞歌，与祭坛所致敬的对象有着紧密的联系。柏拉图关于友谊的理论，与柏拉图学院的真实生活有一个共同的根本原则，那就是真正的朋友是一个完美的良善之人。因此，最后几句将柏拉图赞颂为此种超脱品质的凡人化身[1]。他是第一个以言传身教告诉其友人与世人，人的美德使其能够自由地主宰自己的生活和命运的人。我们也许可以从非常绝对的"只有他"得出结论说，亚里士多德认为，除柏拉图外没有其他人能做到这一点。但是谁又能预言未来呢？谁又能说人类的可能性会延伸到什么地方呢？因此，亚里士多德在"只有他"后面加上了"亦或他是第一个"，而最后一句中他将"再没有"加上了"现在"，也就是说"现在"的这一代中，没有能与柏拉图比肩的人[2]。

将现世的人们与这位超人的领袖进行对比，这种对比包含了一种悲剧性

---

[1] 本文写作完成后，我又在《古典季刊》（vol xxi, 1927, pp 13 ff）中详细地讨论过这首挽歌，并证明了希腊词"启示"，通常会用在宗教建立者之类的人身上。那么，亚里士多德在挽歌中将柏拉图摆在何等位置上就很明显了。

[2] 要理解挽歌的涵义，要先理解整首诗的最后一句。挽歌的内容是无懈可击的。但是其解读者没能意识到，希腊文的"不能够做到"是亚里士多德的论文中描述理想境界之不可达到的特定措辞。在Pol VIII, 1332b23中，他说到一种政治上的理想境界时这样写道："既然这很难做到"III, 1286b7, "如果可以有一群同类的人，那么贵族制会比君主制好很多"（ουδ λσβεIv意即在现实中发现或实现）。将"再没有"与"现在"并列，引发了反对的意见。这种措辞方式是将两个表达压缩在一句话中，具体来说就是"永远不会或至少现在不会"以及"没有任何现世的人"。亚里士多德有自己的语言风格，不可用一套既定的规则来判断。他的兴趣仅仅在于准确地表达出学术理念的细微差别，而不局限于用词的通顺。例如，第四句中的"或第一个"出现在一首挽歌中其实欠妥，这更像是一篇演讲中的措辞。挽歌结尾告诉我们的是：导师已经指出目标何在，但是现世的人达不到那么高的目标。后面提到挽歌是在柏拉图死后创作的，并且是写给罗得斯岛的欧德摩斯的。这首挽歌中的情感非常直接，不太像是亚里士多德最晚期时所创作的。其来源似乎出自非常强烈的情感与内心的冲突。我认为，泰奥弗拉斯托斯与欧德摩斯是在阿索斯时成为亚里士多德的学生。如果我的想法正确，那么这首挽歌应该是在柏拉图死后不久写下的。那时的亚里士多德已经背弃了柏拉图的教义，因此他的内心驱使他以一种非常个人的方式表白他与柏拉图之间内心的联系。

的妥协，这种妥协的美德在于使这首挽歌超越了其赞颂的功能，这更是一段人性的、动人的独白。事实上，亚里士多德在他的《伦理学》中反对柏拉图的教义，认为人的快乐不仅仅取决于其灵魂[1]的道德力量。他要防止饶舌之人模仿这句格言。但是对于这句格言的创始者柏拉图来说，这是绝对的真相。哪里还有人能追随柏拉图的这条险途呢？

凡世的不足，
却生出了传奇，
不可描述的，
在这里完成了

虽然如此，亚里士多德离开雅典的举动，其实是他内心生活的一种危机的表现。事实上，他再也没有回到自己曾经接受教育的柏拉图学院。我们推测，这与柏拉图的继任者人选有关，这一人选将不可避免地在很长一段时间内决定学院的精神，但最终选出的人，在任何情况下都不可能受到亚里士多德的认可。这个人就是柏拉图的外甥斯珀西波斯，这有可能是柏拉图的决定，也有可能是学院成员们的决定。尽管亚里士多德的学识超过斯珀西波斯许多，而且众人都看在眼里，但是斯珀西波斯毕竟年长不少，人们无法将其越过。做出这一决定的关键，可能有一些特定的外部条件，如亚里士多德是客籍民，虽然这一点在后来已经不算什么，但在当时是学院很难接受的。斯珀西波斯的继任，使得学院的地产所有权保留在了柏拉图的家族之内，这让事情变得较为简便。除了这种外部原因，学院成员对亚里士多德的个人厌恶是否起到作用，已经无法断定了；但是以常理来论，这似乎是不证自明的。至少有一件事可以确定，就是妨碍亚里士多德继任柏拉图学院院长的，并不是他对柏拉图根本教义的批评。因为斯珀西波斯本人也曾在柏拉图还在世时宣称，柏拉图的理念论站不住脚，并背弃了柏拉图在最后阶段提出的理

---

[1] 伊米施正确地强调了这一点（loc cit, p 17）。

念数论概念。他在其他一些根本的具体观点上，也与柏拉图相左。而且，亚里士多德离开雅典时在学院中的声望很高，这一点得到了伴随他离开的齐诺克雷蒂的证实。齐诺克雷蒂是柏拉图的学生中，在更改教义问题上态度最保守的，但同时又是个彻彻底底的正直之人。亚里士多德与奇诺克雷蒂相继离开[1]。他们认为斯珀西波斯只继承了院长的地位，而没有继承柏拉图的精神，于是纷纷离开雅典去往小亚细亚。柏拉图的精神流离失所，他们决定为其建造新的家园。在接下来的几年中，亚里士多德与奇诺克雷蒂的学术活动，主要在特洛德海岸的阿索斯进行，并与其他两个柏拉图主义者一起工作，他们分别是来自爱达山脉塞普西斯的伊拉斯图斯与克里斯库斯。

这段时期的重要性还没有得到相应的认可。柏拉图的第六封信就是写给在小亚细亚的前学生伊拉斯图斯与克里斯库斯，以及他们的朋友，即阿塔内斯领主赫米亚斯的。布林克曼曾很好地证明了这封信的真实性[2]。虽然伊拉斯图斯与克里斯库斯二人有着超群的品格，但他们缺乏世俗的经验，于是这两位哲学家将自己置身于赫米亚斯的保护之下，而赫米亚斯也从中学习欣赏这二人坚定可信的友谊。

由伯克首次出版的一篇铭文中，描述了柏拉图麾下的这两位哲人与阿塔内斯王子赫米亚斯之间不同寻常的关系[3]，该篇铭文中提到，"赫米亚斯与他的同伴们"（原文中这一语段出现过五次）与厄里特赖城的人民形成了同盟。最近浮出水面的迪代莫斯，就德摩斯梯尼的《抨击演说》所撰写的评论

---

[1] 斯特拉博（XIII 57, p 610）。

[2] 莱茵博物馆，N F, vol lxvi, 1911, pp 226 ff，在与赫米亚斯有联系的外部事件中，我与布林克曼的观点几乎完全相同（见我的*Entstchungsgeschichle der Metaphysik des Aristoles*, 191 pp 34 ff），由于我们的出发点非常不同，但经过各自独立的论证后得出了相同的结论，这就使这一结论的可信度更高了。尽管我的书直到1912年才出版，但布林克曼的杂集面世之时，我的书已经作为论文提交给了柏林的哲学学院了。

[3] 伯克，"Hermias von Atarneus", in Abhandlungen der Berliner Akademie, 1853, Historisch-philosophische Klasse, pp 133 ff (*Kleinere Schriften*, vol v, p 189) 的铭文出现在迪腾伯格的*Sylloge*（Bd.I, p 307）中。

中，毫无疑问地指出，作为法人陪伴赫米亚斯签署协议的所谓"同伴"不是别人，正是来自邻城塞普西斯的这两位哲人。这一点从柏拉图的信件当中也可看出端倪。

赫米亚斯其实是一个身世低微的人，他宦官的身份不容否认。他早些年曾经在一家银行的柜台做钱币兑换的工作，尽管这段历史出自厌恶赫米亚斯的西奥彭普斯之口，但毕竟是有据可查的[1]。他从在爱达山脉附近购置一些山村起家[2]，之后又从波斯政府那里获取了公共的认可，并得到允许可以使用王子头衔，据推测他为此花费不菲。他居住在阿塔内斯。在他的控制下，其政治影响扩张到了令人惊讶的广泛区域。他曾通过军事突袭平定了一些反叛区域，之后还成功抵抗了波斯总督的围攻，据此我们推测，他在后期一定是维持着一支势力不小的雇佣兵队伍。

伊拉斯图斯与克里斯库斯曾在柏拉图学院生活过很长一段时间，之后回到了他们的出生地塞普西斯。赫米亚斯与这二人交往之初的动机，显然不是对柏拉图哲学的热爱。因此，这二人一定是那座小城市的重要人物。

这个社区深为其两个博学的后人感到骄傲。希腊的小城市常常会请城内有名的人制定法律。数学家欧多克斯学成回归尼多斯后，就在家乡受到了很高的尊重。他被选为荣誉法官，并接受为该城起草新法令的任务[3]。毫无疑问，伊拉斯图斯与克里斯库斯也尝试过在塞普西斯开启柏拉图学院中所提倡的一些政治改革。许多柏拉图主义者都在其他地方做过同样的事情，他们有一些成为了独裁者或王子的谋臣，其他则成为共产主义者或诛杀暴君者。

---

[1] 他显然是希腊人，不然亚里士多德绝不会在其赞歌中将他呈现为希腊美德真正传统的支持者，并与杀害他的野蛮族群形成鲜明对比[cf 玫瑰箴言（the Epigram Rose），frg 674]。在致菲利普的一封信中，西奥彭普斯说道（Didymus in Demoslhenem, co l5 24, Diels-Schubart, 柏林, 1904）："作为野蛮人的他，却与柏拉图主义者谈哲学，作为奴隶的他，却在集会上与昂贵的战车比拼。"这里的前半句要么是为了对偶修辞而说的谎话，要么就仅仅是指他宦官的身份。

[2] 迪代莫斯（Demoslhenem, col 5, 27）。

[3] Diog I VIII 88。

据推测，柏拉图是试图在这两位哲人与赫米亚斯之间促成友谊的人，因为柏拉图看到了他们的高贵品性，但也看到了他们（身上）一定程度上的教条。我们目前掌握的这封信件，就是"现实政治"与理论上的改革机制之间奇特契约的一份庄严见证。柏拉图的精神仍然环绕在学院之上，而且尽管柏拉图与赫米亚斯并不相熟[1]，还将其视作一个无哲学性的、完全实际的人，他仍然劝告赫米亚斯、伊拉斯图斯与克里斯库斯，三方应该一有机会就一同阅读他的信，如在理解上有分歧，则应当向雅典的柏拉图学院寻求裁决。就此，改革的浪潮作为一种哲学政治体系的产物出现了，而且柏拉图学院希望带头引领这一潮流在整个希腊实现。

当这一智者寡头形成后，两位哲人自然要求赫米亚斯学习几何学以及辩证法[2]。正如柏拉图对狄俄尼索斯的要求，柏拉图的学生幼孚拉俄斯对马其顿国王佩尔迪卡斯的要求，以及亚里士多德对塞浦路斯的泰米臣的要求一样。与此同时，正如那个忙碌而开明、内心却冲突的世纪当中，所有渴求知识的人们一样，赫米亚斯以与日俱增的热诚投入到学习当中。

不仅如此，他还开始了对道德原则的追求。西奥彭普斯曾宣称，赫米亚斯在成名的早期，对自己的道德要求不高，这一点也许不无证据。开俄斯岛人认为，赫米亚斯是一个完全不知廉耻的人，而亚里士多德和卡利斯提尼斯等柏拉图主义者，则曾表达过对他的真诚仰慕[3]，从两种看法的巨大反差中，我们可以得出结论，赫米亚斯是一个不同寻常的人。他身上既有天生

---

[1] 见柏拉图，《信件》（Ⅵ 322 E）相反地，斯特拉博（ⅩⅢ 57, p 610）为了解释赫米亚斯与柏拉图学院之间的联系，误认为他是一位哲人，以及柏拉图曾经的学生。他的论述中还包含其他许多错误，由于某些无法解释的原因，斯特拉博的这种错误认识，反而被当作证明柏拉图的信件是伪造的证据。（布林克曼，loc cit, p 228）

[2] 柏拉图，《信件》（Ⅵ 322 D）。

[3] 对赫米亚斯正面与负面的判断见 *Didymus*, co 14, pp 60 ff。他引用了西奥彭普斯的《腓力史书》（XLVI），卡利斯提尼斯对赫米亚斯的赞美，亚里士多德写给他的诗，赫尔米普斯的《亚里士多德的一生》，以及阿那克西米尼的《腓力史书》（Ⅵ）。

的聪慧、开创的能量以及强大的意志力，同时也伴随着无法弥补的缺陷。无论如何，我们现在从迪代莫斯处了解到，赫米亚斯从塞普西斯的两位哲人身上所得到的益处，不仅仅在于其灵魂健康的提升，还有正确的政治忠告，为此，他将阿索斯的政治改革交给了两位哲人。在他们的建议下，赫米亚斯自愿将其僭主政体转变为一种较为温和的制度形式。这一举动对海边的伊奥利亚人起到了安抚作用，其结果就是，从爱达山脉到阿索斯海岸的领地，都自愿将控制权交给了赫米亚斯。在这种较为温和的制度形式中，我们可以辨识出柏拉图与迪翁的理念，他们曾试图通过采用不同制度来巩固锡拉库萨的僭主政体，继而在其严格的君主制领导下统一西西里的城邦，以达成外交政策目的。在西西里没有达成的这项政治改革，却在小亚细亚成为了缩小版的现实[1]。

公元前347年，亚里士多德在阿索斯加入伊拉斯图斯与克里斯库斯，而不是在爱普西斯。那时，赫米亚斯赠予他们礼物一事，一定是既成事实了，因此，伊拉斯图斯与克里斯库斯的改革一定是在柏拉图去世前开始的。迪代莫斯也明确地告诉我们，赫米亚斯与这几位哲学家住在一起，并听取他们的见解，有相当长的一段时间；而且事实上，如果柏拉图不知道他们对其哲学很感兴趣的话，就不会在给他们的第六封信中涉及如形式理念这般理论性很强的问题了。迪代莫斯的语言驱使我们所得出的结论是，赫米亚斯与这些哲学家之间的交流，与其说是随性的哲学讨论，不如说是实际的教学演讲。在这一团体中，起领导作用的毫无疑问是亚里士多德。而且，赫米亚斯对亚里士多德的格外感激，也说明他是这些教学演讲的主讲者。说这时的阿索斯成了雅典的柏拉图学院分院绝不为过。藉于此，亚里士多德的学派奠定了基础。

卡利斯提尼斯没有在雅典听过亚里士多德讲学，从他写给赫米亚斯的赞辞，我们可以推断二人之间有私交，那么他一定是在阿索斯接受过亚里士多

---

[1] 我在开头处尝试进行了部分文本的修复（*Didymus*, col 5, 52, Diels-Schubart）。

德的教导。阿索斯后期，来自莱斯博斯岛埃里苏城的泰奥弗拉斯托斯，与克里斯库斯的儿子纳留也加入了进来。纳留后来成为了最活跃也是最重要的亚里士多德主义者之一。在阿索斯停留三年之后，亚里士多德离开了，前往莱斯博斯岛的米蒂利尼，这一决定大概也是受到了泰奥弗拉斯托斯的影响[1]。众所周知，泰奥弗拉斯托斯也是在亚里士多德去世后，将其论文与藏书赠予纳留的人，后者最终将这些书与文稿留给了他在塞普西斯的亲戚。

据说，人们在纳留后代的地窖中，重新发现了亚里士多德在塞普西斯时写作的一些论文[2]——亚里士多德和他在塞普西斯与阿索斯时期所交往的朋友们之间，为了钻研哲学而形成的紧密联系，常常被人蒙上浪漫色彩的面纱；而亚里士多德论文的重见天日，这一事件虽然有些可疑，却起到了为他与朋友间关系正名的作用。而且，现在很清晰的是，在亚里士多德的讲学中，多次以克里斯库斯来举例的同时，克里斯库斯本人可能就坐在阿索斯的课堂里。我们在犹太作家约瑟夫斯的作品中，发现了一个被人们所忽略的传

---

[1] 泰奥弗拉斯托斯加入亚里士多德的时间，最晚也应当在马其顿时期，因为他对斯塔吉拉的情况很熟悉，而且在那里还拥有产业（*Diog* L V 52, *Hisloria Planlarum* III ii I, IV 16 3）。只有在那里长期居留过，才有可能拥有产业。而且，他在斯塔吉拉居住的时期，只可能在雅典学院成立之前（公元前335）。那时的亚里士多德，同追随他去往马其顿的小团体经常长时间远离宫廷，尤其是亚历山大刚刚继任并开始执掌朝政的那几年。如果是这样，那么泰奥弗拉斯托斯与亚里士多德熟识的时期，应是从后者在小亚细亚时开始的，之后又追随他去往马其顿。也许他也听过柏拉图讲学，也经过了与亚里士多德相同的发展经历（*Diog* L V 36），并与其一同离开了雅典，但这种可能性很小。泰奥弗拉斯托斯于公元前287或公元前288年去世，如果他在公元前348—前347年到阿索斯加入亚里士多德时只有20岁，那么假定他的去世是在公元前288年，那时他也有80岁了。因此，即使他做过柏拉图的学生，时间也不是很长。更为合理的推测是，他在莱斯博斯时受到亚里士多德及其他柏拉图学院学者的学说感召，而来到了邻邦阿索斯。由于卡利斯提尼斯于公元前334年，跟随亚历山大去往亚洲之后再也没有回来，因此，他与泰奥弗拉斯托斯之间的友谊，也一定是在雅典学院成立之前发生的［泰奥弗拉斯托斯在卡利斯提尼斯死后为其写作了*Callisthenes*，或《论悲痛》（*Diog* L V 44）］。

[2] 斯特拉博（XIII 54, p 608）。

说，对于研究亚里士多德及其友人们的联系十分重要。约瑟夫斯提到了一个较为出名的、早期逍遥学派学者克利阿科斯有关睡眠的作品。在这篇作品的对话中，亚里士多德本人作为一个角色出现，并讲述了他在小亚细亚居住期间，一名讲希腊语的犹太人来拜访他，后期跟他学习哲学的故事，还描述了学校里的一些其他成员。不论这个故事是克利阿科斯自己杜撰的，还是真实发生过，并被他引用来说明自己观点的，我们都可以看出，他一定是相信亚里士多德曾经有一段时间与其他几个柏拉图主义者在小亚细亚讲学这件事，而且这段时间只可能是他在阿索斯讲学的期间。这段在小亚细亚的经历，对亚里士多德后期生活的方方面面都起到了决定性的作用。赫米亚斯将自己的侄女兼养女皮西厄斯许配给亚里士多德做妻子。我们对这段婚姻几乎一无所知，唯一知道的是皮西厄斯为亚里士多德生了一个女儿，并也命名为皮西厄斯。亚里士多德在遗嘱中命令后人，要将他早故妻子的尸骨埋在自己旁边，这也是他妻子的遗愿。

斯特拉博在讲述这段故事时，沿用了一贯的、过于浪漫主义的手法，描写了赫米亚斯被抓后，亚里士多德与其妻一段惊天动地的逃亡故事。迪代莫斯的发现，在这一部分当中也修正并扩充了我们的认识。在阿索斯进行了三年教学活动后，亚里士多德来到了莱斯博斯的米蒂利尼，并在那里讲学直到公元前343或公元前342年。之后，他接受了马其顿国王腓力的邀请，进宫成为了王子的导师[1]。

开始这项新工作不久，他接到了关于赫米亚斯的噩耗。波斯将领门托

---

[1] 参考我的 *Enl Met Arist*, p35 错误的例子，见格尔克 *Realenzyklopadie der klassischen Allerlumswissenchaft*, vol ii, col 1014，他认为，赫米亚斯的覆灭是亚里士多德离开的原因，既然亚里士多德只在阿索斯停留了三年（公元前348—前345年）这一事实已被确立，那么亚里士多德离开的年份就是公元前345年。但是迪代莫斯证实了亚里士多德离开阿索斯的时候赫米亚斯还在世，而且后者的覆灭发生在公元前341年之后。有些人（包括格尔克，loc cit）猜测亚里士多德只在雅典停留了较短的时间，并在那期间在雅典学院讲学，但这种猜测是由于误读了伊苏克拉底（XII 18）。

尔在阿塔尼亚斯围攻赫米亚斯，失败后骗赫米亚斯与其进行和谈，其实是将赫米亚斯绑架至苏萨，在那里对他严刑拷打，逼问他与腓力国王之间的秘密条约。赫米亚斯一直坚定地保持沉默，最终被钉在十字架上而死。在酷刑之下，赫米亚斯被问到有什么最后心愿时，他回答说："告诉我的朋友们和同伴们（πρὸςτοὺς φίλουςτε καὶέΤαίρους），我没有做出背离哲学的软弱之事。"这就是亚里士多德和阿索斯的哲学家们，所听到的赫米亚斯的最后诀别[1]。亚里士多德对其挚友赫米亚斯的眷恋，以及听到其死讯时感到的沉痛，至今仍鲜活地留存在特尔斐的纪念碑上，那里镌刻着亚里士多德献给赫米亚斯的隽语；不仅如此，亚里士多德还为他写了那首美丽的赞歌。以德摩斯梯尼为首的雅典民族主义者，在抹黑逝者的人格，整个希腊的民众对他的看法好坏参半，而且人们对腓力国王及其党羽的厌恶情绪高涨。然而即使在这种情况下，亚里士多德仍公开了这首赞歌，并在其中热情地宣告自己的立场是站在逝者这一边的。

> 凡类必经劳苦才获美德，
> 此乃人生最高奖赏，
> 能获得这个处子，
> 即使身死，希腊遭受嫉妒的命运，
> 经受无休止的激烈劳动
> 赐予心灵的丰美果实，
> 媲如不朽，胜过黄金。
> 好比先人与惺忪睡眼。
> 宙斯之子赫拉克里斯与勒达的幼子们（狄俄斯库里兄弟）
> 经受千辛万苦，
> 追寻你的力量，
> 渴望你的阿喀琉斯与埃阿斯来到了冥王圣殿。

---

[1] *Didymus*, col 6 1。

> 为了你的珍贵形状，
> 阿塔尼亚斯的幼儿也将阳光冷落。
> 因此他的事迹应当在歌中传唱，
> 记忆的女儿缪斯应当宣告他的不朽，
> 奖赏他坚定的友谊与对慷慨的宙斯的崇拜。

对于我们研究亚里士多德的哲学发展，这首诗有着独特的价值，这点从未被发掘过。在很大程度上，人们将这首诗视作个人化的作品；但是它体现出亚里士多德完成了对柏拉图的理念、绝对的思考以及宗教情绪的毁灭性批评，并与其在思想上分道扬镳的时间。当亚里士多德写下这些诗句时，他思想中科学的那一部分，已经不再有理念这种东西了，但理念以一种宗教符号和理想的形式存活在他心里。他将柏拉图的作品当作诗来阅读。正如他在《形而上学》中所解释的一样，理念以及理性世界在理念的形成中的参与，是想象沉思的自由创造。因此，理念在他的这首诗中再次显现，化身为处子，是在希腊宁愿身死也要追求的对象。我们一定不能忽略"在希腊"这个词。卡利斯提尼斯也在当时写就的赞辞中，将赫米亚斯英勇的死亡描述为希腊美德的图景，并与野蛮人的品性形成对比。亚里士多德留在特尔斐纪念碑上的隽语，体现了对米提亚人的仇恨与蔑视，因为他们没有在公开的战斗中打败赫米亚斯，而是狡诈地打破承诺并残忍地杀害了他。将赫米亚斯与赫拉克勒斯、狄俄斯库里兄弟、阿喀琉斯以及埃阿斯并列在一起，并不是颂词的文风技巧，亚里士多德不是用这些荷马史诗中可悲的英雄摆设来祭奠他的挚友。相反地，从荷马史诗中天真的英雄主义，到亚里士多德的道德英雄主义，所有希腊的英雄主义，对他来说都是一种生命态度的表达。这种态度只有在战胜了生命的时候，才能衡量生命的高度。他在这种柏拉图式的美德或英雄主义中，找到了希腊力量的灵魂，这既是赫米亚斯的军事威力，也是他在痛苦中的坚定沉默。亚里士多德将这种希腊力量灌输给了亚历山大，因此后者才能在启蒙世纪的中期，像希腊第一勇士阿喀琉斯一般长期征战。在亚历山大的石棺上，雕刻师呈现的是古希腊人与古亚细亚人之间的一场决定性战役，亚细亚人的形象突出了深刻的肉体与精神的痛苦，而希腊人则是原初未损的英雄精神与肉体力量。

亚里士多德与其同伴们对波斯的敌意，在当时的马其顿宫廷是很普遍的。迪代莫斯的证言为德摩斯梯尼的第四谴责演说作出了补充修复，我们现在明确知道，早在公元前342年左右，腓力国王就已经计划向波斯这个世袭的敌人发起一场民族战争了，这也是伊苏克拉底的大希腊主义及其党羽很长时间以来都在酝酿的计划。同时，也是统治希腊的马其顿国王之所以要维持一支残暴而强大的军队的原因。德摩斯梯尼通过他的间谍得知，赫米亚斯与腓力国王有协议，因此，赫米亚斯在波斯问题上就有很重要的位置了。这一军事条约使马其顿有机会进攻波斯。作为一名深谋远虑的政治家，赫米亚斯很清楚地知道，时机已经成熟，必须要刺激腓力捍卫自己在西小亚细亚辛苦取得的地位。波斯帝国与马其顿军事力量之间的冲突，在赫米亚斯看来已经是不可避免的了，他希望将通往亚洲的桥头堡交给腓力，并确保其在埃俄利亚有一个坚固的基地，来保留自己的独立性。我们不知道是谁把这些计划泄露给波斯人的。总而言之，当德摩斯梯尼得知波斯的将军囚禁了赫米亚斯之后十分高兴，他希望赫米亚斯在酷刑之下很快就吐露其与马其顿国王之间的条约，这样，他就可以对腓力的计划有一定了解，并促成波斯与雅典之间的联盟，对于这点，他已经盘算了很久，但并无收获[1]。

既然亚里士多德在马其顿宫廷担任王子的导师，那么，他对自己的挚友兼岳父赫米亚斯与腓力国王之间安排的国家大计，就不可能一无所知。亚里士多德于公元前342年迁往佩拉，赫米亚斯在公元前341年遇难。我们不知道赫米亚斯与腓力之间的秘密条约是在公元前341年达成的，还是在亚里士多德去马其顿时就已经存在了。但这个秘密条约可能很快就暴露了，也就是说，条约的达成与赫米亚斯的惨死之间并没有间隔多长时间。无论如何，亚里士多德去往佩拉是得到了赫米亚斯的首肯，而且很有可能还身负政治任务。传说腓力国王当时满世界地寻找一个人——能够教导他所寄予重望的儿

---

[1] 德摩斯梯尼，*Oralions*, X 31，Cf scholia ad loc，经迪代莫斯的评论确认，德摩斯梯尼第四篇抨击演说中的含沙射影是指向赫米亚斯的。

子的人，因此最终找到了那个时代最伟大的哲学家亚里士多德。但在阿索斯和米蒂利尼讲学时，亚里士多德还不是希腊的学术领袖，而且那时的亚历山大也还没有成为一个历史人物。虽然亚里士多德的父亲尼科马库斯与马其顿宫廷有过渊源，他曾经担任前马其顿国王阿明塔斯的私人医生，但那已经是四十年前的事了；因此，这也不太可能是腓力选定亚里士多德的原因。所有迹象都表明，亚里士多德的任命是由赫米亚斯与腓力之间的联系促成的，哲人亚里士多德与伟大的国王腓力的联结，象征着一个世界性的历史事件。仅仅担任王子的家庭教师，不符合亚里士多德刚强的性格，而且，马其顿没有机会让他可以像柏拉图一样，为一代君主狄俄尼索斯进谏，就连辅佐赫米亚斯这样的领主的机会都没有。因此，我们在分析《政治学》的时候，就必须要辨识出一条脉络：从柏拉图的道德激进主义，以及亚里士多德对理想境界的猜测，到权力政治的逐渐过渡。而且我们得出结论，这一过渡的实现，主要是在经验丰富的政治家赫米亚斯的影响下完成的。尽管亚里士多德的《政治学》中，最早的一部分保留了柏拉图的小型城邦理念，这种理念对希腊城市维持自治仍有其重要性，而且亚里士多德后来在雅典讲学时，又重新发现了这一理念的意义，但在教导亚历山大时，他并不建议学习这一理念。

他所承担的工作更需要的是他的品格，而不是他的政治理论，他清楚地知道，自己是腓力与赫米亚斯之间的外交纽带，同时，其所教导的是希腊主要城邦以及当时最强大的欧洲王国的王位继承人。赫米亚斯的死逆转了一切，他与腓力之间，由于对波斯人的共同厌恶所形成的同盟破裂了，而这也成为亚里士多德情感生活中的一部分，亚历山大就是在这种环境下长大的。

希腊如果能够在政治上统一，并由此统治世界，这对亚里士多德来说关乎理想与信念。作为哲学家的亚里士多德，意识到了希腊人的文化领导力，这种文化领导力不论到哪里，都能以惊人的力量击破并统治周围的民族。没有任何一个民族能够在智识的密度上与希腊的城市人群媲美，他们在战争与商业上，都凭借着自身的技巧优越性与自立性征服了其他民族。另一方面，自治城邦的政治生活有其传统的局限性，为有机的统一造成了困难。这一点，对于出生在哈尔基季基半岛，并有着自由民主强烈愿望的亚里士多德来说，是很难理解的。由于父亲也曾经侍奉马其顿宫廷，对他来说，一个马其顿人治理下的统一的希腊，是非常容易接受的。但是，在这种不稳定的国家形式下，父权或农业王权与民主城市的自由之间，不可避免地会出现矛盾。这会造成内部的不统一，要解决这一点，就要有一位品质超群的真正王者，使希腊人能够在这位王者的身上看到自己民族精神的体现。亚里士多德深知，这样一个人，是众神赐予的礼物。无论如何，亚里士多德都不是君主政体的支持者。事实上，至少是在公元前第四世纪时，希腊思想不具备足够的法理依据，无法意识到正统性及世袭制的价值。然而，希腊人越是不赞同君主的合法治理权力，就越愿意侍奉一位与生俱来有王者风范的超群之人。即使在最伟大的启蒙时代也是如此，前提是，这个人要能在混乱中力挽狂澜，并为他们政治形式陈腐的世界赋予阿南刻[1]般严格的法令。

亚里士多德希望亚历山大就是这样一个天生的君王。亚历山大一直就是一位权力政治家，他注重培养军队，颇有将才，简直就是赫拉克勒斯的后裔。尽管如此，他之所以真的认为自己的历史任务就是"大希腊计划"，还是由于亚里士多德。他与腓力的巨大差异，体现在对希腊人的态度上。腓力知道如何利用希腊文明的智慧，这一点，在他向亚里士多德所发出的邀请中也能体现出来。他不能想象一个现代国家缺乏希腊的技术能力与军事科学，也没有希腊的外交与演说能力。但是，他的内在仍然是一个狡诈的野蛮人，他对希腊人的温和统治反而更暴露其本性，更具侮辱性。亚历山大在本质上与其父腓力一脉相承。与他同时代的希腊人，往往被其优越的教育修养所欺骗，以为可以用希腊标准去衡量他。他们永远无法理解的是，他是如何能够将许多宝贵品质与魔鬼般的多变性、追求享乐的疯狂欲望，以及后期越来越显现的残酷与暴虐集于一身的。尽管如此，他对自身与周围的历史环境有着

---

[1]阿南刻（Ananke）：希腊神话中控制命运、宿命、天数的神，她的意志是绝对的，众神和凡人都必须服从。

相当高的认识,这些很明显是得益于亚里士多德的影响。作为"阿喀琉斯第二"进攻亚洲,是他最得意的计划,这恰恰体现了其独特的混合性格特征,以及他对自己的清晰认识。在文学与道德方面,他受到的教育是希腊式的。他有着希腊人追求"美德"的意愿,即成就更加高级与和谐的个人。但是,对阿喀琉斯的叛逆模仿又说明,他浪漫且热情的信念,其自身与公元前四世纪过度教化的文化与政治之间有一种冲突。也许在某种程度上是为了宣泄情绪,因为有一半野蛮人血统的他,无法与希腊启蒙融合在一起。他在历史学家与学者们的簇拥下出征亚洲,在伊利昂找到了阿喀琉斯的坟墓,并宣告其是幸运的,因为,他认为荷马写下的诗篇,其实预言了他此生的事业。对于这样一个年轻人,亚里士多德有理由相信,他能够带领希腊人走向统一,并向东扩张,掌控残存的波斯帝国(这两者在他心中是不可分割的)。这二人的许多理念都非常相似,这不仅限于亚里士多德居住在马其顿的时期,而是直至波斯战争开始之后。直到亚历山大的东征极大地扩张了伊利亚特的版图,他才开始与其他人甚至东方人一起质疑"阿喀琉斯第二"的态度。之后他就放弃了"大希腊计划",转而致力于促进人民的和解与种族的平等,亚里士多德对此持强烈的反对态度。二人的亲密联系到此结束。但是并不能推翻的是,亚历山大的政治理念基础,是由亚里士多德在其身为王子时期奠定的。后来,亚里士多德与安提帕特交好,后者在某种程度上成了赫米亚斯的替代者。这段友谊甚至一直延续到亚里士多德死后。腓力死后,被腓力大军在哈尔基季基之战中毁掉的斯塔吉拉,最终由亚历山大之手重建,这满足了亚里士多德最宝贵的愿望。泰奥弗拉斯托斯的母城,莱斯博斯岛上的埃里苏城在马其顿人进攻时被幸免。卡利斯提尼斯作为历史学家陪同亚历山大去了亚洲。

二、形而上学的源头

1. 问题

《哲学对话录》为我们了解柏拉图学园与亚里士多德学园之间的时期提供了资料,其重要性并未被发掘详尽。这使我们第一次在亚里士多德思想的发展过程中找到了一个固定的点，我们在分析其《形而上学》的论著时，也有了一个正确的历史出发点。亚里士多德较为早期的作品，显然是基于不同的理念形成的，在这篇古典对话录的教义中，亚里士多德公开表示了对柏拉图观点的反对，那么，这些教义与传统的亚里士多德形而上学，又有怎样的联系呢？虽然这些片段有自身无可比拟的丰富性，但我们也绝不能将从中发现的蛛丝马迹强行附会到《形而上学》论著的文本中。如果对《形而上学》的分析与我们找回的这些片段吻合，那么这些片段的重要性就不言而喻了。

毫无疑问，《形而上学》思想的雏形，在亚里士多德撰写对话录的时候就形成了。虽然我们只知道，对话录中包含了"第一推动者"这一概念，但是我们应当能够确定，这时他已经确立了质料与形式、潜能与实现的概念，还有对本质的理解。另外，对话录由三部分的询问组成，包括历史的、批判的以及神学的询问。这三部分在《形而上学》中都有对应，历史性询问在《形而上学》卷A（一）中出现，批判性询问在最后一卷出现，并贯穿始终，而神学询问则在卷Λ（十二）中出现。《形而上学》一书所谓的中心部分，讲述的是实质、潜能与实现理论，一个亟须解决的困难是：这一部分与对话录有多少平行的内容？也许亚里士多德认为这方面的调查太艰深晦涩，不适于普及，也许这一部分没有出现在对话录的片段中完全是巧合。但是不管怎样，这一部分内容在对话录中所出现的篇幅，不可能大过《形而上学》，尤其是当我们忽略引言（A–E卷）的部分时，它在《形而上学》中的比重超过了其他所有内容。而对话录中的神学部分，则比《形而上学》要详细得多，其中的许多信息是我们单凭《形而上学》无法联想到的。从灵魂论中，我们可以明显地看到亚里士多德思想发展初期的脉络，而且如果有更多的对话录在手，就可以发现早期与后期思想更大的分歧。这大概可以证明《形而上学》起源较晚，属于亚里士多德后期的作品，这与哲学家们一直以来的观点也相符合。自罗马帝国时期开始，学界所广泛接受的观点就是《形而上学》的撰写时期很晚，且未完成。

然而，当我们开始分析《形而上学》时，这种看法就完全被打破了。这本书的起源，已经变得比亚里士多德的形而上学论证本身的起源更重要了。[1]将形而上学语料库里集合的元素视作一个整体,并以对比为目的,从这些完全异质性的材料中,得出一个平均的结论是完全不合理的。我在其他场合也证明过,经过内部分析可以得出的观点是:亚里士多德不同时期的观点在《形而上学》中都有所体现。这也证明了这部合集是在作者死后才编纂成的。然而,之前的调查只关注这部合集在亚里士多德死后的命运,即其文学遗产的历史。理清这些问题很显然是我们研究的第一步,但是,这只对亚里士多德的影响史有直接的重要性。而且,与对其思想及个性的研究相比,人们在前述问题上所付出的努力有些失衡。只有力图理解文本的真实意旨,并将其视为作者思想内在的必然产物,我们的批评才能重新获得其意义与重要性[2]。因此我们的研究就要离开现存《形而上学》论文的外部文学统一性,而转向其内部哲学统一性,继而涉及到其思想年表以及发展分析的研究。

我在《亚里士多德形而上学的起源》中,就这一方向迈出了第一步,但那时我受旧式文献学态度的影响太深,这妨碍了我通过自己的发现达成符合逻辑的结论。(文献学提出了如下问题:"我们目前掌握的《形而上学》在分部以及顺序上是否合理?")当时,我在年表学上已经取得了比较可信的成果,但为了研究亚里士多德哲学思想的发展,我们必须再次就年表学进行讨论。这将带来一些细节上的重复,但是研究脉络本身一定能够解释这些重复的合理性。

在我们就年表学进行讨论之前,首先要重申,目前所掌握的《形而上学》文本形态,哪些方面可以归于亚里士多德文学遗产的编纂者。最好的做法是忽略所有的论调,并依靠之前调查的结论。

现代文献学家以利用外部秩序反映作文的内部秩序为目的,这对于古代编纂者来说,即使抛去总体印象,也是十分陌生的。将亚里士多德的文字编纂在一起的,是一些哲学家花了很大的工夫,从之前发现的珍贵文本中,编

---

[1]见我的《亚里士多德形而上学的起源》,Berlin, 1912。
[2] Cf *Ent Met Arist*, pp 150, 161。

整出一部最接近亚里士多德意图的第一哲学整体系统，但是手头的资料零散且残缺，对他们的工作造成了很大阻碍。有一件事是可以确定的，这些编纂者们本身就明白，他们为这些文本所构建的体系，并不能够向后人提供一条完整的形而上学学说脉络。他们知道，由于手头的材料所限，能提供的仅仅是一部不尽如人意的临时版本。导论的附言之所以被编号为α，并放在卷A（一）之后，完全是因为编纂者们不知道除此之外还能放到哪里。该附言是帕西克赖斯在一次讲学中所记笔记的留存部分，他的长辈是亚里士多德的弟子，即罗德岛的欧德摩斯[1]。

卷A（一）、B（三）、Γ（四）三卷是在一起的。此外，根据一段可靠的书目典故，直到亚历山大时代，卷Δ（五）仍然是单独存在的。卷E（六）是引向卷Z（七）、H（八）、Θ（九）的、一篇较短的过渡性篇章。卷Z（七）、H（八）、Θ（九）三卷组成了一个整体，但是它们与该著作的前几卷之间的联系似乎有一定问题。卷I作为讨论存在与统一的篇章独自存在，从这一卷之后，所有的内部与外部联系都消失了。卷K（十一）则是包含了另一种形式的卷B（三）、Γ（四）、E（六），后面附上了《物理学》中的一些节选，尽管这些节选的内容同书中其他部分一样，都是亚里士多德的学说，但是与前后的几卷没有任何连续性。同样地，《物理学》中还有一个片段被插入到了卷Δ（五）之中。卷Λ（十二）是一篇单独的讲学稿，它为整个形而上学系统提供了一个概览式的观点。它本身就是一个完整的系统，没有体现出与书的其他部分有任何联系。结尾的卷M（十三）、N（十四）两卷与之前的部分没有任何联系，甚至有些古书就这一点也提出过质疑。因此，有些抄本将这两部分插入到卷K（十一）、Λ（十二）之前，但是这样也并不能呈现出一个完整的思绪脉络。它们与书的第一和第二

---

[1] 阿斯克勒庇俄斯在逍遥学派时接触到这段典故，在他就《形而上学》撰写的评论（p 4, l 20, in Hayduck）中，把这篇附言归于卷A（一），但这是一种混淆。他所听到的典故一定是从阿摩尼亚斯的讲学笔记中来的，很明显他是听错了。训诂学家在帕里席努斯抄本中，就卷α（二）的由来作出了正确的注解（cf *Ent Met Arist*, p 114）。

卷关系最紧密。

要从细节上确定这些材料是在什么时间、什么情境下出现的，以及它们在重建亚里士多德的哲学中起到了怎样的作用，我们除了进行精确的调查之外，别无他法。我们绝不能够仅仅因为其哲学上的同质性，就忽略它们在内容与形式上，每一个阶段所产生的问题。我们绝不能试图将剩余的材料重新安排，或抽离某些篇章来拼凑出一部整体的文本，我们也绝不能急于判定它们的哲学统一性，而忽略了它们各自的独特性。这些论文中的每一篇，都是对同一个问题长达几十年的思考的结晶，每一篇都是丰富成果的掠影，是亚里士多德思想发展的一个阶段，一种解决方法，迈向新构想的一步。确实，所有这些文本的细节，都受到整个形而上学体系的潜在支持，这一体系活跃在亚里士多德的每一句话中，但是，我们不能仅仅满足于这一点，我们需要进一步了解亚里士多德的真实脾性。亚里士多德的形式是严肃的、一丝不苟的。宽泛的研究方式或和蔼、宽松的直觉，是不能够真正理解他的。他很少会为我们提供一个容易理解的宏观视角，只有非常专注地钻研具体细节，才能领会其精髓——"因为心灵的实现是生命。"

2. 导论及批判理念的初稿

《形而上学》的编纂者们，十分虔诚地将亚里士多德著名的、对柏拉图理念哲学进行批评的部分保存为两个版本。一个是在卷A（一）的第九章，另一个则是在卷M（十三）的第四至第五章。这两个版本几乎字母到字母都相对应，因此不可能都出现在同一部《形而上学》的草稿之中。卷M（十三）中的那个版本与该卷整体的议题非常相符，如果说这一部分应当保留在原位的话，那只能是因为亚里士多德可能原本打算撰写一篇新的导论，或至少是删去目前版本中导论结尾有部分重复的章节（A8-10）。目前版本中的卷M（十三）频繁地引用第一与第二卷[1]的内容，这说明卷M（十三）

---

[1] M2, 1077aI（= B2, 997b 12-34）M9, 1086a34（= B6, 1003a6）M9, 1086b2（=A6, 987bI），M10, 1086b15（= B4, 999b24 以及 B6 1003a6）。

应当是以某种形式或在某个位置从第一与第二卷延续下来的。这证明了他将卷A（一）的部分作为原始材料进行了后来的重建。

两个版本在少数细节上有语言上的差异，这一点可以证实两个版本的写成日期不同。还有一种论点认为，写成较晚的版本引入了一些反对理念哲学的观点[1]，如果抛去这一论点不谈，那么两个版本之间的唯一差别就在于，第二个版本中对第一人称复数的系统性去除。第一个版本频繁使用第一人称复数"我们"，来指代理念哲学的支持者们。"我们"的含义体现了在亚里士多德撰写第一个版本时，他尚能称自己为柏拉图主义者，并且支持理念哲学理论[2]。因此两个版本的写作时间应该相差较久，因为在卷M（十三）中，亚里士多德与柏拉图主义群体的分裂，已经是一个不争的事实了。

此外，相比于第一个版本中较为温和的态度，后来的辩证通常较为尖锐甚至是傲慢的。

对于第一个版本成书的时间，我们只能推测，是在亚里士多德生命中一个非常短暂的时间段。亚里士多德在第一个版本中，有一句未完成时态的句子多次出现[3]，这一句翻译过来就是"柏拉图本人已死"，这里绝无误解。总体来说，亚里士多德对理念哲学的批评不像是突然出现的，他大概在雅典学院时期就对此发表过看法。亚里士多德讨论柏拉图的"分离"理念的存在时，使用的大多是缩写的术语，这是假定读者早已熟悉这些描述方

---

[1] M4，1079b3-11，cf *Ent Met Arist*，pp 20-30。

[2] 根据我们对《劝勉篇》与《欧德摩斯》中的教义所进行的研究，可以将这两篇定位在亚里士多德第一次对理念论进行批评之前。此前他一直是理念论的支持者。这些篇章被收集在 *Ent Met Arist*，p 33中。第一个版本的重复部分之外，提到理念论时也出现了"我们"一词。如A9，992a Ⅱ"我们提出"，25"我们已经放弃了这一点"与"我们说"，27"我们断言"，28"我们的叙述"，31"我们断言"。

[3] A9，992a20"他曾经反对"，21"他曾经提出"，22"他时常假定"。

式。他甚至假定，读者们就连对理念提出的反对意见都很熟悉了。阿弗罗戴西亚斯的亚历山大就亚里士多德的遗失作品《关于理念》[1]所撰写的评论文章，将这些术语的意义保留了下来，如果不是这样，我们可能很难理解亚里士多德对理念哲学的描述，或单从他的文字判断他所批评的论点具体是什么。在提到的"科学的论证""超群的一种形式""第三人（这一对柏拉图进行反驳的论点，不是由亚里士多德本人提出的，而是由诡辩家波吕克塞努斯提出的[2]，而且柏拉图本人在《巴门尼德篇》中为此苦苦思考过）""更为准确的论证"、一些理念的相关，以及"客体即使消失仍然会有思考的对象的论证[3]"时，亚里士多德使用的都是规定句式。因此，这些评论的最初形态，事实上假定读者是一群柏拉图哲学家，亚里士多德为他们通过一篇简短的概述，总结了多年来学院内所存在的对已故导师某些观点的反对意见，从而论证在这些批评的基础上，对柏拉图主义进行一个整体重组的必要性。失去了导师的柏拉图学派，现在正处于其发展阶段的决定性转折点。亚里士多德在导师去世后很快离开了雅典，在雅典之外，只有在阿索斯期间，他的周围围绕着一些柏拉图主义者，之后就再也没有了。

亚里士多德在离开雅典之前的心态不够稳定，无法形成一篇包含所有对柏拉图教义的批评，以及其自身对于形而上学问题思考的新讲稿。相反地，阿索斯时期的亚里士多德不仅有足够的闲适，还有听众为他提供合理的哲学判断。这些听众之中包括柏拉图的一些最为著名的弟子，像齐诺克雷蒂这样能够悉心听取对立方论点的客观思想者，还有伊拉斯图斯、克里斯库斯，以及接受了他们思想观点的赫米亚斯——这个本身就对柏拉图的教义充满怀疑的人。无论如何，柏拉图在自己给伊拉斯图斯、克里斯库斯以及赫米亚斯的

---

[1] Frgs 187–189。

[2] 这一典故是从费尼阿斯回答狄奥多罗斯的演讲中来的（frg 24 in Muelluer），由Alex Aphr *In Arist Metaph*, p 84, 116, in Hayduck引用。

[3] A9, 990b12 ff。

信件中，认为有必要解释的一点是，"即使自己已经老迈"，也不可能放弃理念哲学。他认为，阿索斯的三人之间对"这一高尚的学说"也有争执，也许这三人还曾就这些争执向他请教过。他劝告三人遇到难题时，应当求助学院的裁决，必要时他会亲自帮他们祛除疑惑[1]。柏拉图死后，阿索斯的三人邀请了两位保守派哲学家，以及与他们的观点恰恰相对应的、具有批评倾向的哲学家来访问，他们这些人就是听到《形而上学》最早版本的人们。这个版本与《哲学对话录》是同一时期出现的。

我们仍然可以察觉到，第一个版本是大胆概括的即兴创作。通过对《劝勉篇》的研究，我们可以看出，《形而上学》第一个版本中最出名的开头章节，所有的关键内容均来自《劝勉篇》。换句话说，亚里士多德对于知识的基本态度没有改变。随之而来的原因论，"四因说"的教义以及形式、质料、潜能、实现等其他主要概念，都是来自《物理学》。亚里士多德还特别指出，《物理学》是这部作品的基础。但是，当他从早期哲学思考的历史基因中，发展出自己的原因教义时，产生的却是新的思想，而在这一部分的开头与结尾部分，他都引用了柏拉图。

对理念哲学的批评也是在匆忙之中编写而成的，但这些批评却为第二个版本中，亚里士多德自己提出的问题奠定了基础；这个版本也是借助我们所描述的环境形成的，因此不能够脱离历史背景来对其进行理解。这一结论，使我们对从《哲学对话录》中了解到的亚里士多德，与柏拉图及其学派之间的关系更加完整。并证实了这点：亚里士多德对理念哲学批评的出版，是一

---

[1] 柏拉图，《第六封信》（322D）"除了对理念论的热爱之外（即使在我老迈的年龄，我还是要坚持这是一种高尚的学说），伊拉斯图斯与克里斯库斯还需要面对卑劣与邪恶时用以自卫的高尚学说，以及一种洁身自好的工具。"（词组τῇ καλῇ ταντῃ, φήμ' ἐγώ, καίπεργέρων ὤν放在一起的。通常的观点是，φημι与προλετν的组合使插入的让步结构变得不合理。因此我们必须将προλετν修改为προσλει。）因此，经过修复的这一表达，对柏拉图晚年时期雅典学院内有关理念论的争议，以及柏拉图本人的观点就很重要了。

个漫长过程中的最后一步，这一过程的开始，已经遗失在对雅典学院公共生活的隐秘研究之中了。由于亚里士多德在《形而上学》中为我们呈现的是所有关键论点的集合，而没有标明这些论点的出处，因此，要将其本人对理念哲学的独特反对意见与其他人的批评分开，已经不太可能了。于此同时，他公开地对官方学术教义进行攻击，并试图通过在阿索斯的小圈子里讲授形而上学，来促使他的同学们更倾向于他的批判态度，他认为只有完全抛弃二元论以及理念的"分离"，才能够保留柏拉图哲学的精髓。在他看来，他所倡议的是最纯正的柏拉图主义，是柏拉图本人想要达到却没有实现的哲学上的圆满，且除此无他。亚里士多德在情感上认为，自己有责任促进柏拉图教义的有机发展，并决心摆脱自己对老师忘恩负义的罪名，这是亚里士多德在自我定位方面最突出的一点，也正因如此，他才能够在对柏拉图教义进行大量修改的同时保持其尊敬。然而，与他同时代的人则对他有不同的判断。这些人认为，亚里士多德表面的保守主义之下，掩盖的是一种全新的革命性的对待世界的态度，因此，他们不再将其视作柏拉图主义者。对于这种看法，亚里士多德本人因不能够跳出来看待自己的思想发展，而拒绝接受其中的真理。直到其思想的最后期，他才真正变得自由与独立。至于早期他自认为依附于柏拉图的立场，与后期独立的立场哪一个更接近真相，就要取决于我们是更关注其哲学的历史预设，还是他个人认识现实以及思考现实的方式。如果我们要从亚里士多德与柏拉图之间不够理性的学徒关系中，理解前者对自己思想原创性的谦逊否定，我们一定也会想起，柏拉图曾经感觉到，将自己的思想与苏格拉底分开是多么的困难。

下一个问题就是，《形而上学》的最早版本在思想上延伸到了哪里，以及其中包括哪几卷。首先，由于第一卷的统一性是毋庸置疑的，对其中一部分的年表学推断，一定也适用于整体。因此《形而上学》的最早版本应当包括了完整的第一卷，以及对理念哲学的批评（在这一部分当中，第一人称复数"我们"，非常明确地指示这是一个过渡阶段）。似乎古代的学者就已经对亚里士多德频繁地自称为柏拉图主义者这一举动感到困惑了。阿弗罗戴西亚斯和叙利亚的亚历山大告诉我们，有些学者甚至拒绝承认第一个版本是亚里士多德所写。根据大艾勃特的说法，有些中世纪学者甚至认为，这个版本其实是泰奥弗拉斯托斯写的，而且很显然这个版本没有阿拉伯语译本[1]。这两种看法都可解释为古代学者之间流传的一些典故所致，很显然，有些后来的编纂者，甚至因为这个版本的出处不明而将其忽略。亚历山大对第二个版本所作出的一个评论显示，第一个版本的作者不是亚里士多德，这一判定完全来自于其中令人生疑的第一人称复数"我们"，使得这一版本与其他几个版本有了显著的断裂。亚里士多德说（B2，997b3）："在导论中已经解释过，我们将理念哲学视作动因与独立的实质，这一理论在许多方面都遇到了难题，其中最自相矛盾的是这个陈述，即质料宇宙之外还有一些事物，它们的合理性与质料宇宙相同，但是质料终会消逝，质料宇宙之外的事物却是永恒的。"亚历山大从这一片段推论，第一个版本确为亚里士多德所写，因为这里恰恰引用了第一个版本里的内容，且符合第一个版本的"气质"，不论是前文所提到的片段，还是在第一个版本当中，亚里士多德都将理念哲学作为自己的学说来进行处理。这一论点假定了第一个版本的作者疑云源自文本的"气质"。那时没有人明白，亚里士多德为何要将理念哲学称为他自己的教义，即使亚历山大也只能猜测，这是一种增加行文的生动性的手法[2]。

因此，对第一个版本的摒弃，一定是源自帝国正统的逍遥学派学者们的做法，他们抹去了亚里士多德与柏拉图思想间所有联系的迹象，并认为理念哲学理论只是异端邪说，与他们的导师亚里士多德没有任何关系。这种批

---

[1] Albertus Magn I 525b'et hanc probationem ponit Theophrastus quietiam primum librum qui incipit " omnes homines homines scire desiderant " meta-physicae Aristotelis traditur addidisse, et ideo in Arabicis translationibus primus liber non habetur。

[2] Alex Aphrod *In Ar MetaphB* 2 997b3（p 196, l 19, in Hayduck）"在讨论［理念］之前，他先引用了自己在第一部中说过的话，来再次向我们解释教义的内容。很明显，种种原因都指向第一个版本是亚里士多德的，两本书都属于相同的学说。此外，亚里士多德在第一个版本中解释这些理论时，行文的'气质'与第二个版本提及这些理论时是一样的。在这两处，他所用的口吻都是将理念论视作自己的理论。" Cp Synanus, *Comm in Metaph* ad loc（p 23, l9, in Kroll），但他可能只是在跟随亚历山大的见解。

28

评再次向我们体现，逍遥学派的传统观点在亚里士多德思想发展的问题上是多么靠不住。因为，这些人作为我们的主要见证以及信息来源，其实彻头彻尾地持有偏见。我们已经看到《哲学对话录》（p32以上）是多么强有力地抨击了这种偏见，却也一度被隐匿于沉默。事实上，上文所提到的亚历山大，他从第二个版本中引用的片段，就体现了第一与第二个版本在基因上有着多么紧密的关系。除了亚历山大所引用的片段之外，第二个版本结尾部分也有较为相似的一段，值得我们进行年表学的研究，这一段较难以理解（B6，1002b12）。"总的来说，人们可能提出这样一个问题，究竟为什么我们除了可感觉的事物以及中间事物之外，还应当寻找另一品类的事物，即我们所设定的理念。"这两个片段使我们可以确定，第二个版本也是《形而上学》早期版本中的一部分。其所撰写的维度与第一个版本相同。下面的研究会使我们发现，其内容也引领我们推导出相同的结论。

3. 对数论早期和晚期批评

卷M与卷N都对理念与数论作出过批评，具有内容上的统一性，因此二者常被视作一个整体。在卷M的第一章中，亚里士多德解释了该卷的研究目的。他提出了以下问题，是否在现象世界之外，还有一种不变且永恒的存在。他提议，首先对富有永恒性的思想者柏拉图及其学派进行研究。他提出了一种固定的研究计划，该计划的安排与方法值得我们仔细考察。首先，应当思考数学的架构，此处所指的数学仅指其本身，而抛去与其相关的形而上学理论不谈，这些理论包括数学是否为理念，或数学是否为所有存在的原则与本质。第二，我们应当检验理念哲学，同样地，所讨论的是理念最初和最真实的形态，而不是柏拉图后期将它们演绎为数字的形态。第三，还应对斯珀西波斯与齐诺克雷蒂的数学哲学进行批判性研究。

这个计划的前两部分：对数学客体的存在（οὐσία）的讨论，以及对理念哲学初始形态的批评，都在柏拉图的对话录中出现过，关键是二者各自并没有独立的重要性。他们只是亚里士多德的方法论发展过程中阶段性的历史成果，具体来说就是，斯珀西波斯与齐诺克雷蒂所形成的理论。其中对理念哲学初始形态的批评是讨论的主要客体，这一点从其讨论的长度也能体现出来。很明显，这些讨论是卷M的撰写过程中所要解决的实际问题，在这一卷中提及柏拉图的理念，仅仅是为了整个论点的完整性。亚里士多德在这一卷中，其安置柏拉图理念的位置向我们透露了这一点。柏拉图的理念被提及的原因，并非其在雅典学院中仍有支持者，而仅仅是为了"形式上的完整"[1]。斯珀西波斯完全抛弃了理念哲学，而将数字作为更高层次的现实取而代之。较为保守的齐诺克雷蒂，则试图保留柏拉图晚期的理论，将数学的"实质"意义与柏拉图的数字理念等同起来，也就是说，他在斯珀西波斯与柏拉图之间做出了妥协。亚里士多德将这一部分称作柏拉图理论的"第三种形式"，因此自然而然地出现在了最后。这表明卷M的写成时间要远远晚于第一个版本的成书时间。

亚里士多德很早之前在《劝勉篇》中就提到过数论，但是在最初的《形而上学》成型时期，也就是柏拉图去世不久，他批评理念哲学理论的方式是完全相反的。在前两卷中，这一理论仍然是哲学兴趣的中心，并被视作所有形而上学以及逻辑推理的起点。然而在卷M当中，我们已经可以明显感觉到，雅典学院对亚里士多德的批评所作出的反应了。那时，他已经可以将柏拉图的形而上学的经典形式作为过时的学说对待，因此，提及的方式仅仅是引用自己较早期的详细批评；而且这并非指的是第一个版本中的批评，而是他较为通俗的写作。这些作品受到广泛阅读，因此没有重复的必要[2]。他还引用了没有在第一个版本中出现的《哲学对话录》，据推测，该对话录应当是在第一个版本问世不久后产生的。毫无疑问，在柏拉图刚去世的时期，其理念哲学仍有很多支持者。这之后，又过了十三年甚至更长的时间，新形势下的亚里士多德不再将对理念的批评作为重点，而这曾经是其形而上学早期

---

[1] Οσον νόμου χάριν, Metaph M1, 1076a27 [W D Ross翻译为"仅仅是为了满足既定模式的要求"Tr]。该表述见伯内斯（Bernays），《亚里士多德对话录》，p 150。

[2] 1076a26–31 [罗斯（W. D. Ross）的翻译与耶格尔（Jaeger）教授有很大不同。Tr]

最急需解决的问题。内外情况的改变[1]，致使他在新的版本中完全删去了第一个版本中批评柏拉图的部分。经过了必要的修改，他的新作成了与斯珀西波斯及齐诺克雷蒂的哲学相对立的观点，而作为其学说的先驱，理念哲学仍保有其历史重要性。他开始对之前的同道中人斯珀西波斯与齐诺克雷蒂进行尖锐的攻击，并宣称他们的数论是一种妄想。

一切都指向了逍遥学派对柏拉图学派产生敌意的时间点。我们可以先梳理一下这一卷的结构。

A. 导论，M 1，1076a8-32

B. 第一部分。数学的客体（仅作为其自身），1076a32-1078b9

 1. 它们不可能在合理的事物当中，1076a33-bii，

 2. 也不与它们分离，1076b12-1077bii

 3. 它们的存在形式很特别（它们以量化的形式作为合理事物存在），1077b12-1078b9

C. 第二部分理念（仅作为其自身，不与数字相关联），1078b9-1080aii

 1. 理念哲学起源的历史分析，1078b12-32

 2. 辩证反驳，1078b32-1079bii

 3. 物理思考的反驳，1079b-1080aii

D. 第三部分作为可分离的实体的数字，1080a12-1085b34

 1. 理念所有可能形式的派生，1080a12-b36

  （a）可想到的三种形式，1080a18-b5

  （i）数字是不可联想的

  （ii）它们是可联想的

  （iii）它们中有些可联想，有些不可联想

  （b）每种形式都有论证支持（除了i之外），1080b6-36

  （i）理念数字与数学数字——柏拉图

---

[1]见上文，第24页。

（ⅱ）只有数学数字——斯珀西波斯

（ⅲ）理想与数学数字是相同的——齐诺克雷蒂（"另一个思想者"）

2. 对于这些形式的反驳，1080b37-1085b34

（a）对柏拉图的反驳，1080b37-1083a17

（ⅰ）如果所有单元都是可联想的，1081a5-17

（ⅱ）如果它们都是不可联想的，1081a17-b35

（ⅲ）如果有不同数字的被区分，而相同数字的不被区分，1081b35-1082bⅰ

（ⅳ）没有区分各单元的可能，因此也没有使它们成为理念的可能，1082b2-1083a17

（b）反驳其他的数字形而上学主义者，1083a20-1085b34

（ⅰ）三种可能形式的区别，1083a27-b18

（α）斯珀西波斯，1083a27-b1

（β）齐诺克雷蒂（"第三版本"），1083b1-8

（γ）毕达哥拉斯主义者，1083b19-1085b34

E. 结论，1085b35-1086a20

1. 这些思想者之间的分歧使他们的教义显得可疑

2. 教义的现代代表没有在柏拉图的基础上产生进步

3. 他们的失败是由于他们第一原则的错误

这一思绪结构的严格性，在亚里士多德的作品中是不多见的。他的讲学笔记通常经过了不断的修改，其中难以呈现出统一的形式，而这本书则显然是依照一项精心安排过的计划进行的。开头、中间和结尾有明显的整体性，它的原创性与其说是在细节当中，不如说是在这种整体性中体现出来的，亚里士多德想要将自己所有有关理念与数的思考，统一在最后一个重大的批判研究当中，讨论超感现实的问题。他安排了这样一个反映其逻辑天才的计划，进行了系统性的理论发展与反驳，而且他所反驳的不仅仅是实际在雅典学院内充斥的理论，而是所有学术"虚构"可能的形式。他在这个框架里放入了有历史代表的几个理论版本，将它们浓缩为几个基本猜想，并对它们进行证伪。导论以及更为突出的结论部分，都是经过精心打磨的，接近结尾的清晰语言甚至有些雄辩家的味道。这里说的结尾所指的当然不是全书的结尾，而是M9，1086a20。后面的语句就是一篇新议论的开始了，人们在古代已经发现了这一点，施韦格勒（Schwegler）对其进行过论证，之后我也进行过详细论证[1]。这一点在最后几句尤为明显（M9，1086a20），它们完全是以结语的口吻写成的。正如卷Λ，以及后来被编入《尼各马可伦理学》（卷H与卷Θ）一书中的《论友谊》中所呈现的那样，亚里士多德爱用诗句作为讲学的结语，此处也不例外，他引用了庇卡摩斯做结尾。亚里士多德每次在《辩谬篇》结尾听众离开前，或完成了一次有关理想城邦的讲学时，都会提出让仍未信服的听众继续参加他的下一场讲学[2]，在这里，他也对自己的听众有临别的话要说，这些听众里很显然包括了观点对立，而且最后也没被说服的学生。"已经被说服的可以参加一场更长的讨论，以便被进一步说服，而那些仍未被说服的"——思绪在此处断掉了。

这篇讲学的方法论虽然新颖，但是其所用的材料并不新。亚里士多德似乎将之前就此问题所提出的所有论断，都放进了这篇讲学之中。除了第四和第五章有关理论哲学的批评外，一定还有其他部分是从较早版本的《形而上学》中借来的。整卷是一套速写，各个角落有着不同风格的痕迹。引起我们注意的一点是，此前我们提到的那种经过打磨的流畅文字，仅仅出现在导论、结论、计划细节以及过渡篇章中，换句话说就是为了整体形式而较晚写成的部分。对于理论哲学的批评沿用了较早版本的风格，与整个框架格格不入，仅这一点就暴露了其异质性。

至于我在上文分析中没有进行系统化的大量反驳论点，是由于它们互相间都是以单一的"另一种"[D 2（b）（ii）]所连接的，与其说它们是为了整个行文的目的特别修订的，不如说是从较早的作品中不加修改地直接引用的。

这卷结尾的一个篇章清晰地证明了其来源（M9，1086a21至M10结尾）。有

---

[1] *Ent Metaph Arist*，pp 41 ff。

[2] Pol VII 1，1323b36。

些古代评论家认为，这一篇章是后续一卷的前言，因而想要将其放在后续一卷中。我们认为，这一篇章确实是后续一卷的前言[1]，但是其与卷N之间的关系非常表面，负责早期手稿的编纂者为我们提供了更多见解。他们意识到卷M与卷N之间，没有直接过渡性篇章，便采用了在其他类似情况中使用过的做法，就是将独立流传下来的这篇前言，作为一篇松散的附言添加到了卷M结尾处，并明确表示，他们坚信这一篇章与卷M之间的密切联系。为了辨明这二者之间究竟有怎样的关系，我们应当将这篇附言与卷M开头的篇章加以比较。

前言，M1，1076a8

通过物理学的物质法则，我们已经说明了可感觉的实体是什么，之后又表明了实际存在的实体是什么。既然我们要研究的是可感觉事物之外是否有不变和永恒的实体，以及如果有，它是什么，我们首先必须思考其他人所坚持的理论。

在这一观点上有两种意见：一种认为数字、线条等数学客体是实体，另一种则认为理念是实体。既然（1）有些看法将理念与数学上的数字视作两种等级，以及（2）有些则认为二者有同一属性，而（3）其他人认为数学实体是唯一的实体，我们必须先考虑数学的客体，而不能将它们归于其他性质，比如，不能够问它们是否是理念。之后，我们必须将理念从一个宽泛的角度上分开考量，而且只能满足已被接受的模式。

前言，M9，1086a21

关于第一本原、第一动因与第一元素，我们在有关物理学的讨论中，部分记录了只关注可感觉实体的观点，其余的部分则不属于目前的讨论范围。但是，坚持可感觉实体外仍有实体的观点，一定要在前述观点之后才能对其进行思考。

---

[1] 叙利亚文 *In Ar Metaph*, p 160, i 6, in Kroll。

在那之后，还有人说理念与数字就是可感觉实体外的实体，且它们的元素是真实事物的本原与元素。我们必须就这一观点及其表达形式进行研究。

单纯的数字及数学问题将放在后面进行讨论。单就理念的讨论，应当同时从思考模式与其所陷入的难点进行研究。

M9中所畅想的实体，恰恰是这卷较前的部分已经讨论过的了。将数字称作"本原"与"元素"是亚里士多德自《劝勉篇》就开始使用的学术用语。我们不认为他在M1-9将数字视作独立的实体，接着却将它们的特质视作所有存在的本原与元素[1]。从接下来的一卷中，我们可以明显看出，亚里士多德在M9中与M1中一样，指的是理念、数字以及点、线、面、立方体等其他数量的各自分离的存在(χωρισμός)。在此基础上，让我们阅读以下文字(M9, 1086a26)。"既然有观点认为，理念与数字是这样的实体，且它们的元素是真实事物的元素与本原，我们必须首先研究持此种观点的人有哪些表达，其次研究他们表达的形式。"这恰好是卷M的内容。如果卷M在这一部分之前的话，亚里士多德是不会这么说的，他不可能像之前从未讨论过理念与数字那样再次进行讨论。此外，他在M9中提及柏拉图教义的"模式"与"难题"，他希望我们将这两件事分开处理。这与他在M1-9中对其他哲学家进行批判研究时所使用的方法是一致的。他会首先对要讨论的学说本身进行描述，接着就学说发展过程中产生的难题进行批评。这种对应关系甚至已经延续到了用词的细节上。例如，两篇前言的开始，都是先引用物理学中可感觉实体的理论，在这一过程中，二者都应用了同样的表达，即首先我们必须

---

[1] 古代评注者将这两种讨论的区别解释为：在M1-9, 1086a20中，亚里士多德将柏拉图的实体(οὐσίαν)视作各自分离的本质，而从M9, 1086a21至卷N，他将这些同样的本质视作现实的本原与元素。但是第二种讨论绝不是基于第一种之上产生的，而且甚至不承认第一种的存在。这种讨论同时处理了两个问题，从各自分离的实体以及"实体的元素与本原"两个角度，批评柏拉图的超感觉本质。我们在接下来的研究中也会看到，这种讨论与亚里士多德的形而上学观点是一致的，也就是说，这里的重点是这些本质作为现实的元素而非其实体性。

"思考"由"其他"思想者所"坚持"的超感觉本质。由此看来,这两篇形而上学批判性讨论的前言,从内容与语言上都清晰地向我们展示了二者的平行性。

那么这两种版本在时间上有何关系呢?首先我们可能会假定M9只是M1的另一个版本,而且后来被亚里士多德摒弃了。

然而,这两篇前言的区别,不可能仅仅是风格,尽管二者有许多相对应的表达,但它们在一个关键部分有重大分歧,就是它们给予主题的安排。M9中写到"单纯的数字及数学问题将放在后面进行讨论。单就理念的讨论,应当同时从思考模式,与其所陷入的难点进行研究"[1]。M1的前言中对同样的问题则有更为谨慎的安排。在这里亚里士多德不仅仅列出了理念与数字,还列出了它们的次分部,并将数学量级摆在两者之前。这样一来,M1的前言就与贯穿整本书的渐进且谨慎的方式有了一致性。相反,M9的前言则体现出一种未成形的研究方式,它缺少的恰恰是对问题的细分。

因此,这里所呈现的,不仅仅是一种表达上的区别,M9的导论引入的是对于较早期数字形而上学的批评,其中对主题的研究方法远没有M1中的成熟[2]。我们之前也提到过,目前的卷M中,可能还有从其他较早文本中节选出来的片段,这些片段被作为原始材料插入到这里,只是我们已经无法将它们区分开来。

为了确定较早版本的日期,我们首先要绕一下远路,涉及对一篇晦涩篇章的解读。尽管这一篇章至今未被正确理解,但能够帮助我们确定较早版本的日期,而就像卷A与卷B中的决定性部分一样,这种作用被完全忽略了。

在M10,1086b14中,亚里士多德用其在B6,1003a6中已经形成的一个难

---

[1] M9,1086a29。

[2] 在我的 *Ent Metaph Arist*,pp42 ff,我发现M9,1086a21到该卷末尾的部分是后来加上的,编纂者们将其附到了M1-9,1086a20的整体讨论后面。然而奇怪的是,我却没有看出凑成了对子的M1与M9其实是不同时期产生的。在下文中可以看到,这一发现使我对卷M与卷N的处理整体地改变了。

题，作为反驳理念论的开始。

"下面我们所要提到的这一点，对相信与不相信理念的人，都造成了特定的困难，而且在开头部分就与其他问题一起出现过（i）如果我们不去假定实体是相互分离的，我们将会毁灭实体，为了辩论的目的，我们本次姑且承认这点；（ii）但是，如果我们认定实体是可被分离的，我们要如何去辨识它们的元素与本原呢？"

"（A）如果真实事物是个体的而非普遍的，它们就与元素所属的数字一样，且元素将是不可知的。（B）但是如果本原是普遍的，（要么组成它们的实体也是普遍的，或）非实体将会先于实体，这是因为普遍不是实体，但是元素或本原是普遍的，且元素或本原先于符合该元素或本原的实体。"

在这一篇章开始之前，亚里士多德通过理念哲学的起源，解释了理论中所涉及的难点（1086a35-b14）。其主要难点源自这样一个事实，理念既被视作普遍的（καθόλου），同时又独立地存在，因此在某种程度上，是作为一种新的特殊（τῶν καθ'ἕκαστον）成立的。柏拉图曾在赫拉克利特的引导下产生了一种观点，即所有可感觉的事物、所有特殊事物都是持续波动的，无法永恒存在，由此，柏拉图认定现象事物的非现实性，继而就有了上文中理念的两重性。另一方面，尽管苏格拉底本人并没有从现实客体中提取概念，或宣布它们的彼此分离性，但其道德追问间接引发了科学只能是普遍的这一重要发现。从亚里士多德的回忆叙述中来看，柏拉图的研究更进一步，他假设了普遍观念作为真实存在的实在性（οὐσία）。

之后的篇章十分重要，对本原究竟是普遍的还是特殊的这一问题，亚里士多德进行了进一步发展。不论是对理念的支持者还是反对者来说，都十分困难，他试图证明，两种答案最后都将导致荒谬。既然只有普遍才能够被认识，如果本原是特殊的，它们就不能够被认识。另一方面，如果本原是普遍的，那么非实体就会先于实体，我们就不得不从普遍当中派生出是自身本原的实体；而这是不可能的，因为普遍从来不是一个实体。亚里士多德继续说，这些是对从元素当中派生理念，以及假定一种事物，比如理念这样的先验的统一，一并进行逻辑推演的结果。这段总结自身就足以证明，亚里士多德心中所想的实际上是理念论，而非其对立的理论，尽管他的导论中两方面都提到了，但这是为了将他的问题形成一个两难局面。不论元素与本原是特定的还是普遍的，他都将这个两难局面视作一个更广泛难题的一部分。这个难题如下：我们说特殊是彼此分离存在的，如果我们假定实体（τὰς οὐσίας）不是分离存在的，我们就摧毁了实体（τὴν οὐσίαν）；另一方面，如果我们假定实体确实是彼此分离且独立存在的，不论它们的本原是特殊或是普遍的，我们都面临上面提到的难题。

更广泛的难题中第一部分似乎存在同义反复，但只是看上去如此。复数的"实体"与单数的"实体"在意义上有明显区别。亚里士多德在这里所提到的"实体"，不可能是"为所有人所承认"的可感觉事物，因为他在后面还补充道"以及特殊事物所谓彼此分离的方式"。相反地，合理事物体现出的特殊存在形式，在这里只是用作类比"实体"独立存在方式的比喻。而这正是亚里士多德描述柏拉图的理念，其特性作为现实本质的惯用方式，因此无需怀疑，在这些"实体"的背后是理念，或是某些相对应的超感现实，对此观点，波尼茨（Bonitz）也表示认同。如果我们对柏拉图及其学派假定的永恒现实加以否定，那么我们就毁灭了所有"实体"（亚里士多德曾延续这一观点并进行过探讨），而相反地，如果我们假定任何独立的、彼此分离的存在，我们就会面对前面提到过的实体本原派生的难题。

到目前为止我们还没有思考过"为了辩论的目的，我们本次姑且承认这一点"这句话。这一句是波尼茨对"ὡς βουλόμεθα λέγειν"的翻译，其他学者也沿用了这一翻译，他们在其他场合也经常对波尼茨表示赞同[1]。波尼茨正确地认为，亚里士多德在这里是假定一个自己并不相信的事物，在此基础上形成了上文中的翻译。亚里士多德的难题通常都以这种形式出现，因此，

---

[1] *Aristoteles' Metaphysik ubersetzt von Hermann Bonitz*（由爱德华·维尔曼从其遗稿中编纂而成，柏林，1890），p 298。

我们不需要对此感到紧张。虽然如此，波尼茨的翻译并不成立。

"我们本次姑且承认这一点"的意思，是不能够在希腊文ὡςβουλόμεΘαλέγειν中表达出来的。很显然，阿弗罗戴西亚斯的亚历山大也没有理解这几个词的意思。他愚蠢且急躁地将其意译为ὅπερ οὐβουλόμεΘα（"我们不承认"），由此可见，他已经到了完全无助的境地。这几乎跟原文意思完全相反，有人还提议其比原文好读，对此波尼茨持反对意见。

评论者们没有发现，其实ὡςβουλόμεΘα是一句常用的习语。在A9，990b17中我们读到"而且总的来说，有关形式的论点毁灭了理念的原则的存在，这在我们（柏拉图主义者）的意见中，比理念本身还重要（μᾶλλον βουλόμεΘα）"。手稿Ab写作βούλονται，并插入了οἱ λέγοντες εἴδη（将"我们的意见"替换为"相信理念的人的意见"），后者出现在了拜占庭混合版本的卷E中。M4，1079a14中的平行篇章也提示了这一改变，并且符合思绪的连贯性。然而，我们这一篇章中的内容，所指向的恰恰是第一人称复数。波尼茨之所以会误解βούλεσΘαι，主要是因为这一篇章中附加的不定式λέγειν，这一附加看上去完全是多余的。如果原文是简单的ὡς βουλόμεΘα或ὡς λέγομεν，他就不大可能会误解了。但是，βούλεσαι λέγειν的这种组合，作为一个哲学家通过自身构想所"理解"的事物，表达并不算反常。柏拉图的《法律篇》，X892 C中写道："物理学家从'本质'上理解与基本原则相关的生成"，这句话中的"理解"被写作βούλονται λέγειν。

很奇怪的是，这一用法在亚里士多德的文本中遭到多次误解。在《形而上学》N2，1082a19中，他在提及柏拉图《智者篇》中非存在的意义时写道："他所说的（βούλεταιλέγειν）非存在，指的是不真实的错误与特性。"波尼茨沿用了亚历山大的解读，将非存在写作λέγει，而克里斯特（Christ）又沿用了波尼茨的写法。作为唯一公认的文本，λέγειν应当被复原，λέγει只是亚历山大的一种错误猜测，他错误地将其与καὶ ταύτην τὴν φύσιν放在一起。在N4，1091a30中也有完全相同的解读。"元素和本原如何与善和美相关联，存在着一个难题，对于认为这里没有难题的人们是一种责备。这个难题就是，这些元素中是否有这样一种事物，是我们提到善本身以及至善时（βουλόμεΘα λέγειν）所意味的事物，还是其中并没有这样一种事物，但它们的起源要比元素晚。"在这里,克里斯特由于没有理解原文的习语,而再次将λέγειν误认为是来历不明的附加部分。

知道了这一点,我们就可以重新研究开始时所讲的篇章1086b18-19了。正确的翻译一定是"如果我们不去假定实体是彼此分离的,也不去假定实体是所谓彼此分离的特殊事物(正如亚里士多德本人所做的),将毁灭我们柏拉图主义者所理解的实体"。只有认识到这点,我们才能够完全理解单数的"实体"(τὴν οὐσίαν),这对柏拉图的术语来说有很大的重要性。在这个两难困局的第一部分,亚里士多德展示了他作为一个柏拉图主义者,由于否认理念及它们的彼此"分离性"而遇到的难题。第二个部分则是"分离性"理论中所包含的难题。如果我们没有意识到,在第一部分中,"分离性"的对立是根据柏拉图的实体概念评判的,就无从对这个两难困局进行理解。现在,很清楚的是,理念的对立者并非物质主义或常识的代言人,因为这些人将不可避免地否定实体构想。那么,亚里士多德又如何用实体构想来反驳他们呢?只有对柏拉图主义者来说,这个两难困局在逻辑上才是成立的。事实上,亚里士多德在这里区分了两种柏拉图主义者,一种是坚持理念哲学的,一种是反对的。这两者都在困局当中,因为他们都假定柏拉图的实体构想是成立的。结论很明显,只有提出一种新的实体概念,才能够解决这一困局。亚里士多德所想的是,存在是特殊中的普遍。然而,他在这里无法表达这一点(受限于这一篇章的形式),他只能暗示仅仅抛弃理念哲学是不够的,这一点有违柏拉图的第一原则。第一原则的义务是:彻底重建"分离性"学说的存在观基础。

这就回答了M9-10前言的年代问题。正如第一与第二个版本一样,该前言是最初的《形而上学》的一部分,而且在同一时间写成,即亚里士多德在阿索斯的关键时期。那时,他作为一个受众多其他柏拉图主义者所簇拥的柏拉图主义者,对理念论进行抨击。那么,第一与第二个版本,以及这篇刚被重新发掘的残篇,有着如此紧密的关系就不奇怪了。《形而上学》的核心是卷E、H、Θ三卷,奇怪的是,这三卷完全没有引用第一与第二个版本当中的内容,甚至连第二个版本中的问题都没有提及。完全不同的是,最初紧随卷A与卷B之后的新部分。尽管M9-10很短,但其中包含与卷A和B相关的内容，要比从卷Z到卷Λ加起来还多[1]。下一个问题就是，我们是否只掌握了最初的《形而上学》中这一部分的前言，还是另有其主要文体留下的蛛丝马迹？这就需要我们研究卷N了。那些将M9-10与M1-9分开的古代批评家所持意见，是否将M9-10视作下一卷的导论呢？我们在前文已经证明，两卷之间没有一段流畅的过渡篇章，要解决这个问题，我们不能机械地将各卷重新划分。虽然如此，持传统划分意见的反对者，尽管在解释他们的实验时使用了粗暴且错误的方式，但其核心建立在正确的观察上。确实如此。正如M9-10中包含着被M1替代的旧前言一样，在卷N中，亚里士多德的编纂者们又走了好运，而在亚里士多德的最后版本中，用明显更完美的M1-9替换掉的原版《形而上学》部分留存了下来。

在这里，我们将再次把之前带来正确指引的路标，作为外部检验标准。就像卷A与卷B也体现过的一样，我们在卷N中找到了一些迹象，暗示亚里士多德在起草这些讲学稿时，仍将自己视作雅典学院的一员。我们所讨论的这一篇章里，没有发现这一关联，它来自斯珀西波斯的批评（N4, 1091a 30-33）。"在元素和本原是如何与善和美相关联的这一问题中，存在着一个难题，对认为这里没有难题的人们是一种责备。这个难题就是：这些元素中是否有这样一种事物，是我们提到善本身以及至善时所意味的事物，还是元素中并没有这样一种事物，这种事物的起源要比元素晚呢？"这其中的习语已经解释过了。剩下唯一的问题就是：像确定M9与M10的日期一样，从这一片段中确定卷N的日期了。这一片段不仅在表达上是一个柏拉图主义者的立场，而且其整体态度也与阿索斯的不安情绪相对应。亚里士多德说，我们柏拉图主义者将善（αὐτὸ τὸ ἀγαθόν）本身或至善（τὸ ἄριστον），放在哲学的顶端以及世界的开端。相反地，斯珀西波斯假定，善与完美的进化只有在生成（ὑστερογενές）的渐进过程的末尾才会闯入现实[2]。在根本的世界观问题

---

[1] 1086a34引用B6, 1003a6, 1086b2提及A6, 987b1, 1086b15引用B4, 999b24, 以及B6, 1003a6。

[2] 斯珀西波斯, frgs, 34a ff以及35e（Lang）。

41

上，亚里士多德觉得自己才是更真实的柏拉图主义者，因为他放在世界开端的不是柏拉图的善本身，而是最完善的存在，并使其成为所有运动的原则与起始点。从而保留了柏拉图思想的核心精神，而斯珀西波斯则完全逆反了这一点[1]。我们能很明显地在这些文字当中嗅到自我辩护的气息。

如果这一卷确实是同卷A、B以及M9-10一样是在阿索斯写成的，那么，在其中对伴随亚里士多德来到阿索斯的奇诺克雷蒂的批评，就不会像后来其与雅典学院决裂后在M1-9中那样毫不留情了。亚里士多德在阿索斯的主要对手确实是斯珀西波斯，但是受到最严厉批评的却是奇诺克雷蒂，而且他几乎没有受到什么好评。亚里士多德认为，奇诺克雷蒂混合的妥协其实是三种观点中最不可取的。这一段写自雅典学院时期，那时奇诺克雷蒂已经担任了学院的领袖，而且他的见解也开始有了更广泛的影响。另一方面，较早版本的前言除了理念论外，只提到过斯珀西波斯，相应地，在卷N的讨论中只引用过奇诺克雷蒂的观点一次，而且是简短而谨慎的[2]。这里对阿索斯同僚非常自然的体谅，与我们的日期推定相符合。

经过检验可以看出，卷N整体确实是之前前言中所介绍的讨论。在M9，1086a29中，我们读到"单纯的数字及数学问题（即斯珀西波斯的观点）将放在后面进行讨论"，首先我们要对理念哲学的理论进行检验。后者紧接着进行讨论，并在M10结尾处完成。下一卷中的头几个字，开始就提及了数学方面的问题（"关于此类实体，我们所说的已经足够了"），而且之后就只讨论数学实质及其派生了。然而我们必须承认，即使考虑到最早的《形而上学》版本，对理念论的批评也在第一卷就给出了，M9-10中对理念的讨论也显得有

---

[1]《哲学对话录》也将柏拉图主义的永恒本质展现为：善（ἀγοθόν, ἄριστον）是掌管世界的本原这一观点（见上文，p 134）。这一中心学说使柏拉图取得了与查拉图斯特拉比肩的地位。这形成了亚里士多德新"神学"的出发点。亚里士多德的神学通过将善的先验现实锚定在自然的目的论架构中，来尝试将善保留做一种实体。

[2] N3，1090b28,而M8，1083b2写道"从这里明显看出第三观点（奇诺克雷蒂的观点）是最不可取的"。

些简短。上述引用最后一卷的开篇语句，似乎仅仅是某个编纂者不得已的情况下插入的外来过渡语段，真正的连接性篇章在这里是缺失的。因此很有可能的情况是，亚里士多德在这个最早版本以及后来版本的批评中，不仅考虑到了理念以及斯珀西波斯的数学实体，还有柏拉图后期的理念数论作为中间阶段。这些可以填补空缺，而且很可能在《形而上学》重建的时候被编入卷M中了。但无论怎么说，既然较早的前言包含了对斯珀西波斯的详细反驳，那么卷N一定是属于这一前言的。既然前言的重点在于理念与数作为元素与原则（στοιχεῖα καὶ ἀρχαί）的重要性，那么同样的观点就决定了贯穿卷N的阐述[1]。

有关理念数的元素与本原，对柏拉图晚期思想的重要性有着历史性联系，同时又与第一、二个版本的本质相符合。在头两个版本中，第一哲学总是被定义为最高本原与存在动因的理论。虽然只有在我们分析了后来的篇章之后才能证明，该断言的的确确不可避免，但是在这里可以宣称，认为形而上学是对第一本原（即实在的原因论）的研究这一观点，是《形而上学》最早版本的一个标志，并与柏拉图最晚阶段的思想有联系，后来的《形而上学》版本，则将更多的注意力聚焦于实体等问题上。即使在超感现实（M1-9）的论述中，我们也能清楚地检测到，关于本原的讨论在较晚的版本中存在为实体本身让位的迹象。

---

[1]见上文，第34页。这一卷显示，亚里士多德通过现实的元素与本原，理解了大与小的学说（又称作未定之二和一），以及柏拉图理念的源头本体。斯珀西波斯等其他学者，也用许多不同版本支持了柏拉图猜测的晚期形式，在此我们不考虑这些版本的精密程度。可以确定的是，对早期的亚里士多德来说，形而上学是现实的元素与本原的学科。由于他后来彻底地否定了这一点，或至少是将形而上学视作实体的一种叙述，他只有在神学意义上才能保持形而上学的传统定义。后来的研究确实不是元素学说，而是本原学说。事实上，"有关元素"这一表述只符合数学化的形而上学，据亚里士多德所说，这是柏拉图在其最后的关于善的讲学中提出的（*Aristoxenus*, El Harm II init），而彻头彻尾是柏拉图式的卷N，则同时检验了超感觉及其元素与本原。之后在卷M中，亚里士多德则专注于研究柏拉图及其学派所提出的超感觉实体的现实性。

很明显,最早的《形而上学》,主要攻击对象是斯珀西波斯。那时斯珀西波斯是雅典学派的领军人物,而亚里士多德用尽全力对其寻求拯救的错误方向进行了抨击。斯珀西波斯致力于重建柏拉图的哲学,但是据亚里士多德分析,他在理念论中选取了一个不可能产生丰硕成果的点作为出发点。他抛弃了理念的概念,以及与可感觉世界的关系,却抓住站不住脚的普遍的"分离",将数学客体本身取代柏拉图的理念数作为根本现实。亚里士多德对"现代思想者"(如斯珀西波斯)也提出了同样的批评,称他们将数学取代了哲学[1]。在后来版本的卷M的批评中,他的语气是冷淡甚至居高临下的。而在最早的版本中,他的语气常常是充满了情绪,像《哲学对话录》中那样尖刻。他在倡导柏拉图的大与小的学说时提出,"说到大与小的元素时,简直要对亵渎这一学说的行为大声疾呼,因为它们无论如何是不可能产生数的"[2]。

三、《形而上学》的发展

学界广泛认为,《形而上学》是一部成书较晚的著作,但是经过我们的研究发现,这一观点是错误的,因为该书中有很大一部分是在公元前344—前340年间写成的。有一个非常明显的观点,我们必须要坚持——形而上学在柏拉图去世前后的那段时间,就已经成为了亚里士多德批评活动的真正中心。另外还有一个同样重要的研究成果,就是在其思想晚期,亚里士多德又对形而上学思想进行了重新组织,给旧有的材料加入新思想,并对部分思想进行了修改以符合新的文本。这些最后的修改,使我们对他所期望的哲学发展方向有了一定了解。很显然,较早和较晚部分的思想,有其自身的个体特殊性,只有通过研究包含二者的最后结构,认识它们的"交替和谐",我们才能清晰地了解其思想的发展历程。

---

[1] A9,992a32。
[2] N3,1091a9。

我们通过研究形而上学起源的历史，由亚里士多德所决定的内部章节的关系，以及通过去除编纂者们附加上的松散篇章，最终得到了一个精华的《形而上学》主干，而我们的进一步分析就要从这里开始。这一主干包含了卷A到卷I，卷α与卷Δ除外，波尼茨在主干中理清了这一部分[1]。他还证明，这一系列是未完成的，具体来说，目前的神学部分卷Λ就不是结论性的，由于最近出现了一些疑问，我们必须重申这一论点的可信性。波尼茨的论证只有在最后两卷需要一定补充，很显然他对这两卷不太感兴趣，因为他的注意力主要集中在了实体学说上。我们已经证明过，卷M应当要取代后来版本的卷N，因此卷M也属于波尼茨所确立的主干。亚里士多德在这里为我们简短介绍的形而上学，是著名的一般的实体学说，也是实体形式的哲学，这些学说在后来的多个世纪中，都是哲学家们关于自然与存在的思想框架。要发掘这一不完整但强有力的框架是如何成长的，我们就要首先研究其中心，也就是实体学说。

卷B主要对"我们所寻求的学科"的问题进行发展，在这一卷中，亚里士多德对实体问题的认识仅仅停留在"超感世界是否真实"这一问题的特殊形式上。在提出有关新学科的四个引导性问题之后，他将"超感世界是否真实"这一问题，放在了带领我们进入形而上学真正竞技场的十一个问题之首。通过这一重要位置，亚里士多德告诉我们这一问题的根本重要性[2]。自柏拉图创建理念以来，这个问题就成了哲学的绝对问题。因此，在确立形而上学任务的过程中，亚里士多德将柏拉图的基本问题作为直接的出发点。事实上，他表述这一问题的方式，完全是一个柏拉图主义者的口吻。我们所认为与现象分离的超验现实（如理念与数学客体）是真实存在的吗？如果不是，

---

〔1〕见其*Kommentar rur Metaphysik d Ar, vol u He*的导论，他的观点是跟随伯兰迪斯（Brandis）而来的（cf *Ent Metaph Arist*, pp 3 ff）。

〔2〕《形而上学》的B2, 996a 18—997a33中讨论了四个引导性问题。超感觉事物问题紧随其后，在997a34中出现。本质问题与仅仅是介绍并定义形而上学学科问题之间的区别，见*Ent Metaph Arist*, p 100。

我们是否可以将其他任何种类的超感现实置于可感觉事物以上及以外？他对于可感觉世界（αἰσθητὴ οὐσία）没有进行任何讨论。关于超验的第一句话直达中心问题，之后的问题则像树干、树枝一样从根部延伸出来了。我们一眼就能看出，这些后续问题也毫无例外地是从柏拉图主义的领域发展出来的。第一原则是什么？它们是柏拉图所提到的属，还是自然科学所教导我们的可见事物的元素呢？柏拉图将普遍视作实体（οὐσία），那么普遍与存在或现实之间，有怎样的关系呢？"绝对真实"是抽象中的抽象吗？还是要从抽象回归到具体、特质以及个体性才能更加接近真实呢？

第一本原究竟是作为个体的数，还是作为属的品类？可毁灭的事物与不可毁灭的事物是否有同样的本原？我们是否可以像柏拉图一样，使存在与统一作为所有事物的起源，或者它们是缺乏任何实际内容的纯抽象？柏拉图及其弟子将数、线、点、面及立方体作为实体（οὐσία）的做法是对的吗？既然抽象不是真实或不可缺少的，只是许多事物普遍共有的，那么是什么引导人们假定理念的存在呢？我们是否要根据自然科学的方式，将第一本原仅仅视作物质和潜能，还是将其视作从最开始就起作用并活跃的呢？（这是柏拉图与斯珀西波斯所争论的问题，对此我们之前也提到过，在这个问题上，亚里士多德是支持柏拉图的。）精确来说，卷B所发展的完全是柏拉图学说中的问题，在《形而上学》最早的时期，亚里士多德所做的工作就是完善柏拉图的学说。这里所提出的问题，毫无例外地都在超感范围之内。尽管这些问题的假设前提以及提出方式，都采取了对理念怀疑的态度，但它们整体所形成的哲学不仅仅派生自柏拉图，而且在最原初的本质上也是柏拉图式的。"我们所寻求的科学"的所有问题，都从柏拉图学说的危机中产生，并促成了坚持超感现实的努力。

我们当然要从这部书的主干中寻找对这些问题的讨论，广为接受的观点认为，这些讨论主要包含在卷Z、H、Θ中，决定了形而上学的概念、主题以及维度的四个引导性问题在卷Γ、E中出现。可以预料，亚里士多德会对这些问题进一步扩展，之后就来到了卷Z中的超感觉事物问题。按常理来说，在卷Γ与卷E之后，应该能够找到一些详细的引言，提示我们正在接近形而上学的中心问题。然而并非如此，对于超感觉事物的存在问题，卷Z出乎意料地将普遍的实体理论摆在了我们面前。从此处开始，在接下来的整整三卷当中，引导性问题列表已经失去了任何重要性。不仅文章的顺序不再根据问题列表进行，列表本身也根本没有再被提到过。对列表的引用以及实际的讨论同时消失，很明显地证明：要么亚里士多德在写到一半时，放弃了在卷B中所构想的最初计划，要么关于实体的几卷（Z、H、Θ），完全不是按照最初的计划进行，而是后来写作的，然后替代了原书中的一部分，或是直接插入到原书中。毕竟，一本书的概述与实际写作，完全按照一套计划进行，这种情况也是很奇怪的。

卷B与有关实体的几卷相比，确实属于一个明显较早的版本，这一点在许多地方都有所显露。我们在上文已经证明过了，卷B的撰写时间与卷A一样，在柏拉图刚刚去世的几年内。在卷Z对柏拉图学说的批评中，我们已经找不到卷B中亚里士多德用以指代自己为柏拉图主义者的"我们"了[1]。另一方面，我们修复了最早版本《形而上学》中M9–10及卷N中的很大一部分，从而得到了非常可信的证据，证明卷Z本不属于卷B中所概述的《形而上学》版本。证据如下：（1）这个最早版本中的部分，也有在论证中使用第一人称复数"我们"的特点，而且不出所料地都是围绕着卷B中所提出的问题进行讨论，也就是说，其主要讨论的问题是超感觉的事物；（2）我

---

[1] 卷Z（七）第十三章。在这一卷中，亚里士多德在可能的最广阔的基础上检验了实体的本质问题，其出发点是实体一词的四个不同意义的区别，这四个意义分别是：作为质料、作为形式、作为普遍以及作为本质。他的目的是证明在实体的真正概念中，最后的三种意义是统一的。有关质料在多大程度上促进了形式与本质的现实这一问题上，他提出了实体的双重概念。同样的问题导向了非质料与最高形式的观点。有关普遍是否掌控现实的研究，导向了对理念的检验（Z 13 ff），并以不同形式以及不同角度，重新加工了第一卷中反驳理念的核心概念。新旧两种反驳的论证，是不可能在同一个系列的讲学中出现的。如果我们假定，卷Z不是插入到目前所处的较为广泛的讨论中，而是对实体问题的一个孤立的处理，那么对理念的新旧两种反驳论证，彼此间的关系就很难理解了。由于卷Z 13ff中对理念的批评没有用到第一人称复数"我们"，整个《论实体》的部分，一定比《形而上学》最早的部分出现得晚。

们一旦再次进入较为狭窄意义上的形而上学，就不得不去再次引用卷B的内容了。

最初的计划中没有列出有关实体的几卷，这一结论似乎破坏了亚里士多德形而上学的根本概念。反对观点认为，这类猜测的核心在于，要间接而非直接地揭示超感觉事物，从而使其成为结论而非出发点。最高本原的存在理论，是无法通过任何经验来理解的。既然如此，难道不是应该将其建立在实体理论之上，在可体验的现实的帮助之下，一步步从已知稳步上升到未知吗？而且，对于实体与现实（卷Z、H、Θ）的探讨，难道不会明确地引导我们跨越超感觉存在学说的门槛吗？《形而上学》的这一部分，确定无疑是准备性的理论，而且很明显，亚里士多德在最后的版本中，有意将这部分安排在目前的位置。到目前为止，实体理论总体上是在为展开第一推动这个非物质实体的讨论铺设台阶。我们在下文中会探讨，亚里士多德的形而上学，是如何在这一决定性安排之前确立其特性的，但目前的关键任务是：证明目前的版本之前还有一个更早的版本，那个版本没有做到令概念循序渐进地发展。卷B中对形而上学问题的简述，没有提及卷Z、H、Θ中有关实体与现实的普通理论的附录，而且这几卷讨论的每一个阶段都提示我们，它们最初的撰写，不是根据其最终计划的系统性目的进行的。

为了体现这一观点的重要性，我将展示更多细节化的论证。卷Z的开头确实强调，从感官可接触的实体开始，是最好的研究方式。接着插入了一段精密且著名的片段，论证了人类理解的本质，以及从"我们"的已知开始的关键性。因为已知即是得到感官接触的保证事物，从这里开始才能进一步走向"本质"可知的事物，比如纯粹思维之类的客体。但是，这段对亚里士多德为其有关超感的描述，加上一段对实体的检验进行解释的文字，在目前所有手稿中都出现在了错误的位置。波尼茨是第一个发现这种错位的人，但是他没有得出任何结论。自波尼茨之后的编辑版本，都在其所属的位置出现了这一游走的片段。既然早期与晚期的手稿中都出现了这一段，其位置的错误就不可能是由于较晚期手稿中的错乱所造成的，因此它也出现在了每一个版本的手稿中。唯一可能的解释是，这一片段是亚里士多德写完《形而上学》之后，在零散的纸片上写下的思考，之后又被第一个编纂者插入到了错误的文本中[1]。书中还有另一篇章提到了可感觉现实探询的导入性本质，其与上下文之间的关系也比较松散，这大概也是亚里士多德后期补充的[2]。

有一件事是可以确定的。卷Z与卷H探讨实体的方式，与我们对这几篇文字的预期不同。它们设定的目的是一步步提出证据，证明超感觉实体的存在，但这一观点并没得到稳步发展。相反，这部分给人的印象是，它们完全为了反驳柏拉图的存在概念而写。根据柏拉图的存在概念，最高层级的存在是最高层级的普遍，亚里士多德用以反驳这一夸张的非唯物主义的证据是，质料与基质对我们感知现实有积极的重要性。在这里，我们发现亚里士多德的逻辑与实际性的组合，促进了一种新的实体概念，这种概念将实体视作形式与实现。而实体的"可分离性"虽然对形而上学主义者来说，有决定性的作用，在这里却没有得到较多讨论。事实上，柏拉图从质料中进行抽象的持

---

[1]《形而上学》（Z3，1029b3-12）这些文字涉及有关本质的讨论核心，然而是无意义的。它们是延续了"有些可感觉实体被普遍认作是实体，因此我们要首先对这些实体进行研究"（1029a33）这一段文字，而这一段文字也属于后面附加的内容。很明显，这段插入内容的头几行字，原来是写在较早手稿的行与行之间的，因此，就在我们的副本中出现在了合适的位置上。剩下的文字由于没有空间可以添加，于是就写在了另外一张单独的纸张上。另一段写在单独纸张上的附加内容，就是"有关可理解的"这一篇，Z11，1036b32-1037a5。

[2]《形而上学》（Z11，1037a10 ff）在我看来像是代表了《论实体》的插入内容，它似乎是作为超感觉实体理论的初论存在的，并在讨论的早期就显示出这一功能的迹象。如果这一部分是包含在开头的，那么，亚里士多德在谈到质料时一定会对其进行引用，哪怕只是很少的一部分，因为其中包含了柏拉图包括超感觉实体在内的假设问题。然而他却对大与小的学说只字未提，他在《形而上学》中，对这一话题要比对物理学概念上的质料问题感兴趣得多，这一点在卷Z的长篇大论中也能体现出来。我们现在的理解是，在插入卷Z、H、Θ时，他想要将这部分附加内容放在第一部分探讨的结尾处。至于此类实体的质料之外是否还有另一种质料，以及我们是否应该寻找如数之类的事物等问题，需要在后面进行讨论。由于某种程度上讲，有关可感觉实体的探讨是物理学（如"第二哲学"）的任务，因此我们也试图决定可感觉实体的本质。在下一句话中也证明了，这些文字是亚里士多德后来加上的（1037a17-20），这句话与全篇不可分割，并对H6中的定义起到补充作用。这些补充内容与对其的引用如同其他同类修改一样，是在后来版本的《形而上学》中插入卷Z、H、Θ时引入的。

49

续努力，在此处因其片面性受到了反驳，而且质料对本质概念的重要性，在这里得到了强调[1]。有了这些观点做基础，我们就不难理解亚里士多德发展其形式概念的方式了。他的方式包含在了"创生"的分析中，并很清晰地展示了其形式概念对于正确理解"创生"这一物理学概念的重要性[2]。卷Z一个接一个地讨论了"实体"的意义，以及其结论，这种叙述方式提示我们，这一部分最初是有关实体问题的独立作品。实体问题的根本重要性，早在《形而上学》最早版本中对理念论的批评中也有所体现。无可否认，即使是亚里士多德物理推测的最早期，他对实体的新概念，或更准确地说，是对存在的概念也是以此为先决条件的，但这一概念的源头不仅来自形而上学，还来自物理学与逻辑学[3]。而且，尽管他最早的形而上学（就我们从《哲学对话录》中所了解到的，其最早的形而上学还是纯神学的）灵活地利用了生命本源以及实在来对神的问题进行攻击，但没有包含任何有关实体的普遍讨论，更不用说把它作为问题的中心来进行处理了。

还有一系列重要的外部材料可以证明，有关实体的讨论，最初的位置与现在不同[4]。首先，在较早的几卷中，没有出现任何对卷Z、H、Θ的引

---

[1]《形而上学》（Z11, 1036b22）"因此将所有事物归于形式并消灭质料是做无用功，对于某些事物来说，一定有特定形式的特定质料"。

[2]《形而上学》（Z8, 1033a24 ff）。

[3] 亚里士多德对实体问题的兴趣通常都会在书中体现出来，并且这种兴趣与形而上学以及"分析学"也有非常密切的关系（后者见Z12及H6）。它之所以属于物理学，是由于与创生及动变理论的联系；它属于形而上学，则是由于无质料形式的概念以及"分离性"问题；它属于"分析学"，则是由于"本质"以及其与定义、抽象以及种属分级概念理论的关系。我们之所以需要认识到这种多面性，是因为这样才能理解，为什么亚里士多德在将这篇文字编入《形而上学》之前，其所讨论的话题跨越了以上所有学科。

[4] 集结所有证据很重要，那么我就简短地概括一下，从《形而上学》几卷的互相引用上所得出的推断吧，当然这些我之前也强调过（*Ent Metaph Arist*, pp 90 ff, 106），鉴于我之前的书中第一部分第四章的主题——《形而上学》相互连接及连续的部分，我现在相信，完全理解作者意图的分析是可能的。我之前对那些孤立附加内容的评论已经较为详尽，目前没有需要补充比较重要的内容。

用。另一方面，我在提到卷Z、H时，将它们描述为"有关实体的讨论"，这本身就暗示了它们的相对独立性。亚里士多德在卷Θ（Θ8，1049b 27）中，以同样的方式提到了它们（"在有关实体的讨论中提到了这一点"）。卷H的开头，先重新对卷Z进行了概括，并为此提供了一系列附录，从上文我们可以推断，卷Z与卷H形成了一个整体，这个整体在卷Θ与卷I中都被视作独立的。更重要的是，卷Z的导论在该卷第四章（Z4，1029bl）中，通常被当作开头对待（"因为我们一开始就对决定实体的各种标签进行了区分"）。通常而言"开头"二字指的是整套讲学的开头，也就是卷A。比如，在卷B以及M9–10中，属于最初的《形而上学》的篇章里就是如此。当然这种情况不能一概而论，有较为核心的一卷中，就用"开头"代指其本身对于《尼各马可伦理学》中友谊的讨论的开头，而且，这一卷毫无疑问是一部独立作品。卷Z也曾经是一部独立作品的开头，而且是一系列讲学的第一部作品。这一点在卷Θ第一章（Θ1，1045b31）有所体现，其中再次用"在我们作品的第一部分"，代指卷Z的开头而非卷A或卷Θ。之后我们可以提出，这一系列以卷Z开始，之后是卷H。而卷H之后，大概就是像目前这样接续着卷Θ。

至于卷I是否也属于最初的系列，还是在亚里士多德将卷Z、H、Θ插入到《形而上学》中后才加上的，这一点很难确定。整体来说，卷I似乎是后来加上的。卷I（I2，1053b16）引用了卷Z（Z13–17）的"如果像我们在有关实体与存在的讨论中所说的那样，普遍不可能是实体"。在这里，我们仍然认为卷Z、H是独立的，而且它们不像是从卷I所属系列讲座的开头部分而来。相反地，卷I中有一篇引用了卷B，对其"实体及一的本质是什么的问题，我们必须要对其所存在的方式进行提问，这恰恰是我们在对一是什么这一问题的讨论中所回顾过的"提出了反对（I2，1053b9）。这意味着最初独立的作品仅仅包含Z、H、Θ三卷，而卷I是亚里士多德对《形而上学》的最后版本进行修改时加上的。因此，它的导论才会是卷B。

当我们对卷Z与之前内容的关系进行思考时会发现，这再次证明了卷Z原本是一部独立的作品，后来才被引入现在的位置。我们之前已经提到过，卷Γ与卷E包含了对"我们所寻求的学科"的本质中前四个问题的讨论。这一讨论在E1结束。之后是新的内容，如多种意义上的"存在"理论，以及最根本的本质（οὐσία）理论。换句话说，这是《形而上学》主题的开头部分。亚里士多德以列举所有最广泛意义的"存在"的含义作为开头。"由于'存在'是一个不恰当的术语，并有着多种含义，有的含义似乎是巧合，也有的似乎是真实（'非存在'是错误的），除了这些之外，还可以象征预测（例如'什么'，质量、数量、地点、时间以及任何'存在'可能含有的类似意义），还有可能'是'或确实。由于'存在'有多种含义，我们必须首先讨论巧合的含义，对此不可能有科学的解决方式"[1]。接着他就开始讨论巧合，以及在真实或虚假的判断意义上的存在。

这个较短的篇章到卷E末尾处结束。卷Z就开始了从根本意义上对几类存在的检验，尤其是对实体（οὐσία）的检验，这也是形而上学所研究的主要客体。

很奇怪的是，卷Z的开头几句话，几乎与卷E的末尾几句基本一样，而且同样地列举了几种意义上的存在。"一种事物可以在几种意义上被称作'存在'。我们在上文中已经提到过'存在'一词的几种意义（读到这里，我们以为至少会引用E2中给出的列表，但是后面的内容出乎意料），其中一种意义表示'某物是什么'或'此物'，还有一种意义表示一种质量或数量，或其所预言的它们所含有的其他特征。"

很显然，如果E2是紧挨着卷Z的前一卷的话，亚里士多德要么会指引他的读者回到卷E中，对"存在"的含义完整而详细地叙述，要么就根本不再提，也不去列举这些含义，因为读者都已经读到过了。另一方面，如果卷Z是独立于《形而上学》的其他几卷，并且是单独讨论实体而写，那么我们就能立刻明白，为什么这一卷的开头要以"存在"含义的种类作为起始点，并简要确定实体与"存在"的其他可能含义之间的关系了。为了达成这一目的，亚里士多德引用了他经常讲的《论词语的多种意义》。卷Z当时并不是《形而上学》讲学稿的一部分，而是一篇独立的研究。而我们所谓的卷Δ，现在所处的位置也不是亚里士多德最初的安排，而是由其编纂者们决定的。

---

[1]《形而上学》（E2, 1026a33）。

在后来的改写过程中，有关实体的一卷以及描述潜能的一卷，被安排在了我们现在所看到的位置上，这就改变了《形而上学》的整体结构。更准确地说，亚里士多德将这两卷加入到《形而上学》中，意在决定性地改变整本书的结构。修改之后的新计划，是根据实体的讨论章节而来的（卷Z、H、Θ），在这一部分，"实体"的不同意义（质料、形式、普遍、本质）起到了穿针引线的作用，亚里士多德的概念能够按照这一方式，通过多种历史与逻辑在读者眼前逐渐建立起来。在《形而上学》的第二个版本中，他将这种方式应用在了最广泛意义上的"存在"概念的讨论，而"实体"却成为广泛意义上"存在"的一系列含义中的一个。在讨论纯粹非物质形式时，他将普遍的形式作为真实的现实以及实体作为前提，并在前面再次安排了"存在"的不同意义学说。在这些不同意义中，他选择"实体"作为唯一影响形而上学的意义。在作出这一选择的过程中，他首先讨论了没有任何存在或独立性的意义，这些意义只是存在的一种偶然样式，或对存在的意识的偶然态度。由于这一部分只是准备性内容，对此只有非常简要的概述（E2-4）。在目前的《形而上学》版本中，这一部分对较早的导论（卷A-E1）与新的主体（卷Z、H、Θ、I、M）起到了衔接作用。它引出了主体讨论，并简要概括了下文的结构，因此，很显然应当是最后插入的部分。其导论由列举"存在"的一系列意义，被改为对整个文本的概述。然而我们必须意识到的是，这一文本是一段长期发展历程中的最后阶段；尽管这个最后版本仍然是不完整且临时性的，但它包含了所有伟大巨著的特点。在成书的最后阶段，所进行的章节添加、插入及删除，促成了一个统一目标的形成，而这一目标与最初的版本完全不同。这个最终目的就是组建"存在"的多重意义的理论，这是一种本体论的现象学，柏拉图的超验及质料形式学说，在其中仍然作为结论存在，但已经不再占据中心的重要性了。

我在一部之前的作品中曾详细讨论过卷Θ中的最后一章[1]，对我们目前的课题也很重要。这一章讨论的是真实的两种意义：第一种是我们根据主

---

[1] *Ent Metaph Arist*，p 49。

体正确与否所判断的普通意义上的真实与虚假；第二种是形而上学意义上存在的真实，这种真实不能够从推论思考中获得，因此，不会像推论判断那样非黑即白。

亚里士多德认为，形而上学意义上的真实，不是建立在一种特殊直觉形式的理解之上的经验客体，它是一种知识视野，一种纯"接触与断言"，因而更像是感官接受而非推理思维。这是柏拉图的理念沉思留在亚里士多德形而上学中的唯一残存。他在E4中解释了自己为什么要讨论这一点，他提出，真实或虚假命题的存在，不属于形而上学讨论的存在的问题之一。他在这一篇章中插入了一段参照，这段文字应当是出自后面的篇章，因为其句子结构出现了一种明显的改变。他说道，还有一种真实，一种直觉理解，所有对宇宙的普遍见解，都依赖这种直觉理解建立，对此他将在后文继续讨论。这部分讨论就是卷Θ的最后一章了。我在之前的作品中已经延续施韦格勒（Schwegler）的意见，证明了卷Θ的最后一章是后来加上的，而E4中对这一章的引用一定是同时插入的。在这部分的论述中，亚里士多德引入了他对知识直觉以及形而上学意义上的真实描述，而且，这一段的位置在潜能学说之后与现实及超感觉事物学说开始之前，这是一个非常合适的位置。这段插入应该也是在写作卷Z、H、Θ导论的同时产生的，这再次证明了亚里士多德意图建立一个循序渐进的阶梯，将存在上升至非质料的本质，并将整部作品的目的统一起来。这就是亚里士多德的《形而上学》最后校订本的精神。

我们有幸发现了两个版本的超感觉事物理论的前言，较早的一个版本在M9，较晚的一个在M1；这对我们认为《形而上学》最初不包含质料、可感觉形式学说的假设是一种检验。如果我们的假设是正确的，由于较晚版本详细地分析了可感觉存在与它们的内在形式（ἔνυλον εἶδος），它必定将整本书的基础建立在实体上，而较早版本必定直接进入了超验的存在，正如我们在卷B中所读到的早期写作计划，绝不会将可感觉世界（αἰσητὴ οὐσία）视作"我们所寻找的学科"的客体。我们有必要再次从这一观点入手，检验这两个平行版本，为此我将二者并排放置在这里。

较晚的版本（M1）

我们已经从物理学有关质料的定理上，以及有实际存在的实体意义上，明确了可感觉实体是什么。我们目前的探讨围绕的问题是：可感觉实体之外是否存在不动的永恒实体，如果有的话，这种实体是什么。既然如此，我们要首先参考其他人的意见。

最初的版本（M9，1086a21）

在我们有关质料的作品中，提到了部分只讨论可感觉实体的人们，对于最初本原以及第一动因与元素的观点，其余部分不属于我们目前的研究。但是，接下来我们也必须将断言可感觉实体外仍有实体的人们的观点纳入考量。

最初的版本先将形而上学定义为最初本原与动因的理论（作品较早的部分通常如此），接着开始了实体学说的研究，并跟随柏拉图将实体分为可感觉与超感觉两部分，在卷A与卷B中进行讨论，因此，这里的讨论就从其他哲学家的观点开始了。亚里士多德将前苏格拉底自然哲学的唯物主义理论（"只讨论可感觉实体的人们的观点"）部分放在了《物理学》中，并宣称另外的部分不属于目前的研究。值得注意的是，亚里士多德在最初版本中所讲的，并不是后来版本中的可感觉实体本身。此类可感觉实体与形而上学有关的观点，对于亚里士多德仍然是完全陌生的。可感觉现实属于物理学，"在我们有关自然的作品中，提到了部分只讨论可感觉实体的人们的观点"。此外，这些观点"不属于我们目前的研究"，也就是说，在卷A中已经对它们进行了批评。亚里士多德在这里所指的不可能是卷Z、H，因为那两卷不包含那些只承认可感觉现实的思想者的观点，此外，如果他在之前已经在卷Z、H、Θ中详细描述了这一可感觉现实，那他就不应该将自己限制于这样一种消极的表达形式之中。这一版本所隐含的观点有两种，一种是可感觉现实是唯一存在的现实，形而上学也不存在，第一科学是物理学；另一种观点是有超感觉事物的存在，与之对应的即形而上学。对此，亚里士多德所赞同的是第二种观点，即超感觉事物是存在的，这也是柏拉图学派的观点。

在亚里士多德思想发展的这一阶段中，又有两个时期，一个是他将现实的问题作为一个简单的二元论时期，另一个是M1所代表的时期。在这两个时期之间，亚里士多德插入了卷Z、H、Θ。这在很大程度上将可感觉实体纳入形而上学的研究范围中，并将这一学科扩大成研究存在的多重含义的学科。亚里士多德确实借用了最早版本中的语言告诉我们，《物理学》中已经对可感觉实体进行过讨论了，对此他作了这样的概括："先解决物理学上有关质料的定理，再解决实际存在的实体。"在较早的版本中，物理学包含了所有可感觉的存在，而这里仅限于对质料的检验。这意味着形式与实际存在（ἡκατ'ἐνέργειαν οὐσία）大多数时候被规划在了形而上学的范围之内。因此，亚里士多德去掉了"其余部分不属于我们目前的研究"这一句，并将其替换为对新加入的卷Z、H、Θ的引用，后者恰恰是讨论了可感事物的"实际存在"。这种对后文的引用与插入在卷Z（Z11, 1037a10 ff）对前文的引用形成了对应，使我们的注意力转向了卷M中对超感觉现实的叙述。这两者都属于较晚的版本，并意在将原本分散的两部分统一起来。这也体现出，对超感觉事物讨论的较晚版本（M1-9），就是为了较晚版本的《形而上学》而写的，又在卷Z、H、Θ中得到了扩充。这两部分都由卷I的插入连接在了一起，这一事实也证明了我们刚才所提到的观点。

这几个新的篇章仅仅是简单地"插入"进来吗？亚里士多德会单纯地将可感觉实体理论，与一篇描述超感觉事物的导论摆在一起吗？这样难道不会造成无法解释的矛盾吗？卷B、E、Γ的导论与"插入"片段之间的衔接，即使在今天的读者看来也很顺畅。那么，是什么原则促使他将形而上学的超验，与生命本原残留的学说联系在一起了呢？两个时期之间确实有一种关联，即如此存在（ὂν ᾗ ὄν）的概念，亚里士多德就是通过这一点，在导论中对形而上学的客体进行定义的。我们习惯性地认为，这种概念就像是种子，后来在亚里士多德的头脑中发芽，开出了存在的多重意义这一花朵。因为，如此存在的概念既包含了神圣思考的单纯行为，也包含了受制于创生与毁灭的较低形式的变化本质。而亚里士多德也因为在研究存在的过程中，不将自己局限于绝对存在，才能在研究中涵盖所有种类的事物，甚至包括了理性的抽象。这就是《形而上学》最终形态所达成的目的，打破了我们对概念形成方式的局限思考。然而，我们现在意识到了此前很容易犯下的错误。事实上，《形而上学》本身也体现出，在亚里士多德思想发展早期，他还没有从如此存在的概念中得出较晚版本的结论，那时他不认为形而上学是存在多重意义的辩证发展，并将自己的思考主题局限在不可消逝与永恒的话题中。以上结论可以从K1-8中找到证据，许多观点认为，这一篇章来源可疑，但是我们的结论已经一次性地推翻了这些疑虑。

我在之前的讨论中证明，这一宝贵篇章中有一些出现频率较高的字眼，暴露了作者并非亚里士多德，但是整体的文风却毫无疑问是亚里士多德式的，所以这应当是他的某位弟子在听讲过程中记的笔记，后来被编入到整部著作中。但作为亚里士多德学说的来源，其纯粹性是毋庸置疑的。它是引导性的卷B、Γ、E的重新写作，将这三卷中的每个论点都依序全部写出，用词大概相同，但是篇幅远远短于原作。我们既无法将它解释为卷B、Γ、E完整版本的初步概述，也无法将其视作节选，它是独特而独立的。虽然它与卷B、Γ、E绝大部分相似，但在某些方面却有着特征性的区别。因此，这一定是形而上学发展早期的讲学笔记。

我们对检验早期的导论与作品主体之间的关系很感兴趣，而在检验过程中却发现，这一版本属于实体卷Z、H、Θ被插入之前，导论后面紧接着超感觉理论的讨论。在《形而上学》的较晚形态中，我们发现，在导论（E1）的末尾与主体（Z1）开始之前有一个过渡篇章。较早版本中也有这样一个篇章（K8，1064b15-106a26），但是该篇中缺少较晚版本中过渡篇章中的某些特征，具体来说就是对存在意义的列举，而这一列举为卷Z、H、Θ提供了框架。在两个过渡篇章中，亚里士多德在开始形而上学的主要问题之前，先讨论了存在的两种意义：巧合的存在以及真实或虚假的判定。在较早版本中出现这两种意义的讨论，是因为它并不彻底，只是在卷E中一种有意识的行动。但较早的导论中，没有提及亚里士多德在E2中提出的分级，以及《形而上学》较晚版本中对分级的应用。一开始我们可能会将这一点归咎于节选的简短，但现在我们在卷M（M9，1086a21 ff）中发现了全书中心部分前言的最早版本，其中所描述的《形而上学》不包括卷Z、H、Θ，那么前述的问题就不仅仅是巧合了。此外，在E2-4中，还有一个后来版本的标志，在较早版本中是缺失的，就是我们在卷E（E4，1027b28）中找到的、对后来插入的形而上学真实概念问题的引用（Θ10）；这一段自然不会在卷K（K8，1065a24）的平行篇章中出现，因为最初的《形而上学》中没有卷Θ。

拿托普（Natorp）认为K1-8来源可疑，理由是其中包含的形而上学概念，没有在最早的《形而上学》主体中出现[1]。他甚至提出，这部分的作者是个柏拉图主义者，且其研究过程中，对质料以及相关概念的忽略，提示其非亚里士多德主义倾向。

对他来说，在当时的前提条件下，他的发现足够使其提出疑问。而对我们来说，这一发现恰恰证明了K1-8的真实性[2]。在这一篇章中，形而上学被视作关于非质料的学科，我们从最早版本留存下来的部分中证明，这正是《形而上学》最初的概念。对导言几卷最早版本的原样修复，是证明我们结论正确的最可靠证据。为了强行打开《形而上学》这座令人神往的城堡的秘密大门，我们经历了长期无望的努力，终于我们发现，发展的原则是大门的真正钥匙，从此所有的秘密都自动解开了。

如果我们一步一步地将K1-8与后来的版本作比较，就会发现，亚里士多德对卷B、Γ、E所作出的所有修改都是为了一个单一的目的，就是使旧的导论能够符合新版《形而上学》的结构，而新版当中既包含了质料存在，又包含了其他种类的存在。这种对质料世界的承认，出现在最初的根本问题（整个问题列表中的第五个问题）的形成过程中，即有关超感觉世界的问题。我们

---

[1] *Archiv fur Geschichle der Philosophie*, vol 1, p 178。他所用的标准是常用标准，即第二版本写作时加入的几卷中有关形而上学的概念（卷Z、H、Θ）。

[2] 在我的*Ent Metaph Arist*, pp 63 ff, 我详细地辩护了K1-8的真实性，并对拿托普（Natorp）的否定进行了反驳，最终得出的结论是，其哲学内涵在每一个角落都称得上是亚里士多德式的。分词γεμήν的频繁使用，也许提示这一篇章并非出自亚里士多德之手，但并不能否定其内容的真实性。毫无疑问，这是某位听了亚里士多德讲学的弟子记下的笔记。虽然如此，拿托普（Natorp）也提出了非常重要的一点，就是对这一篇章中发现的柏拉图主义迹象应如何解释。从亚里士多德的历史发展角度看，这些迹象的存在是完全合理的，而且我们之前的分析也说明，柏拉图主义在此出现的必然性。

之前提到过，卷B之所以给人过时的印象，是由于表达问题的形式是柏拉图式的，但现在看来，卷K在这一问题上显得更加过时与呆板[1]。尽管卷B也跨越了现象世界的界限，并触及了最初问题，但卷K中的版本还是要更加专注，因为它提出了可感觉之外是否还有理念等超感觉实体的问题。亚里士多德在这里问出"我们所追寻的学科"，解决的是否是可感觉实体的问题"还是其他特定实体的问题"[2]。这排除了所有可感觉实体应当属于形而上学的可能性。相反，正如我们在M9-10中发现的，可感觉与超感觉存在，此处组成了一个非此即彼的简单二元性[3]。在修改的版本中，由于《形而上学》的最终形态，向我们展示了内在形式与超验形式的协同与上位，这种非此即彼的二元性变成了"不仅-而且"。

我们在卷K的部分也发现了同样强调的非此即彼，即亚里士多德对本体论探讨目的的讨论。"通常情况下，很难说是否应当假定可感觉实体（也就是这个世界的实体）之外有一个可分离的实体，或者说这些是真正的事物，而且智慧是与它们相关的。我们似乎是在寻找另一种实体，这就是我们的问题，也就是寻找一种在其自身之外存在，并不属于任何可感觉事物的存在。"[4]通过"在其自身之外存在"（χωριστόνκαθ'ἑαυτό），亚里士多德所

---

[1]参见上文，第45—46页。因此尽管卷B出现在新的版本中，其过时的文风特点仍然留存了下来。

[2]《形而上学》B2, 997a34=K1,1059a39。我之前认为，这一困局的意义在于提示真实在中间存在，形而上学是对形式的研究，这不仅包括了可感觉事物世界的实体，还包括了超感觉现实，存在于超感觉世界中的事物是没有质料的。但是我们要讨论的篇章似乎与这一解读不符（尤其是在K2, 1060a7当中），而且必须承认的是，对于卷K中所暗示的普通观点来说，可感觉世界或超感觉世界二者非此即彼的单一组成是最核心的。如果拿托普（Natorp）在整个《形而上学》中都去追寻卷K中发现的学说分歧，那么他就不会宣称这一卷来源可疑了，而是会发现这两种独立材料之间年表学的以及内在的区别，而且只有通过假定亚里士多德是逐渐从柏拉图的学说中脱离出来，才能对这些区别进行解释。

[3]参见上文，第55页。

[4]K2, 1060a7-13。

指的并非是现象世界中具体、个别的存在,尽管这也经常被称作"分开存在",他应用这一表达的含义是柏拉图理念意义上的"分开存在",正如"不属于任何可感觉事物"(μηδενὶ τῶν αἰσθητῶν ὑπάρχον)所规定的。通过加上这一段,他明确地消除了所有内在形式的思考(ἔνυλον εἶδος),在同一种联系中,后者就其存在而言,可以说是可毁灭的(φθαρτόν)。另一方面,对作为柏拉图主义者的亚里士多德来说,如果有形而上学这样的学科,客体一定是永恒的、超验的实质,且其本身就是存在(ἀΐδιος οὐσία χωριστὴ καὶ καθ' αὑτήν)。

他告诉我们,形而上学是与柏拉图的理念论相似的一种学说,而不是感觉的客体。除非真的有超感觉事物存在,否则那些世界上最聪慧的大脑,所想出来的岂不是镜中花水中月。没有超感觉的世界如何能够有秩序呢?秩序暗示的是一些永恒的、超验的、经久的事物[1]。这些表达的明确性将它们与后来的版本强烈地区别开来。这里的亚里士多德仍与柏拉图非常接近,而且非常热情地为柏拉图对超感觉世界的要求辩护,考虑到其学说是直接从对理念论的彻底反对中产生的,亚里士多德对柏拉图哲学的态度就更令人钦佩了[2]。

K1-8提出,既然可感觉世界是永远在流变当中的,而且没有固定的立足

---

[1] K2,1060a21 "看上去形式或形态相比(质料)来说,是更重要的本原,但形式是可毁灭的,因此没有可以独立存在的永恒实体。但这是自相矛盾的,所有最具智慧的思想者,都以这样一个本原与实体存在为前提来寻找它们,因为如果没有一种永恒、独立且不变的事物存在,又如何会有秩序存在呢?"

[2] 见前文对柏拉图超感觉理论的反驳(K2,1060a13-18)。这一篇章比其他任何篇章都更直接,体现了亚里士多德的形而上学中,现实与超验的假设是以柏拉图的假设为根源的。它还体现了其修复柏拉图学说的起始点是自然的秩序,对他来说,如果不将一种超验的"善"作为第一本原的话,这样一种秩序就是无法解释的。

点[1]，那么永恒的、不可改变的现实，以及宇宙所依赖的永恒定律，不仅形成了"我们所追寻的学科"的假定可能性，还形成了任何一致的逻辑思考以及绝对的经久的真实。因此，矛盾的定律就是以一种根本上本体论的形式建立的，而后来的版本似乎是忽略了大部分本体论的篇章。

卷Γ的结论确实提到了知晓永恒真实与存在的永恒，及不动性之间的联系。由于一些古老的手抄本中缺失了这一篇章，很明显是亚里士多德修订的时候删除了，后来又连同其他的学术论文被编纂者发现并出版。无论如何，这一篇章体现了卷Γ的最初版本，是将重点放在矛盾法则的形而上学基础上[2]。无论是该法则的本体论证据，还是形而上学中包含的根本逻辑问题，都是柏拉图主义传统的碎片。同样属于柏拉图主义的还有数学客体问题的讨论，以及这些问题是否属于第一哲学[3]。事实上，这些讨论出现在卷N中，其与K1–8的紧密联系，标志着二者撰写年代相仿。

我们在卷B中已经看到，问题的本质是由柏拉图的形而上学中的问题与

---

[1] K6，1063a11。拿托普（Natorp）认为，卷K作者的观点是"尘世与可毁灭的世界不可能有真实"，在我的 *Ent Metaph Arist*，p 82，我指出了拿托普将其归于卷K作者，这一做法有些过了；而我在证明其相反观点时认为，尘世的真实与亚里士多德通常所指的真实毫无分别，我的这种做法也有些过了。必须承认的是，这一篇章强调了宇宙现实的永恒，并将恒久真实的可能性基于这一点之上。而相反地，Γ5，1010a1 ff 所主要强调的是，包括感觉世界在内的确定命题的可能性，而宇宙以及"不会改变的自然"的重要性则是第二位的（Γ5，1010a25）。

[2] Γ8，1012b22，根据亚历山大 *In Arist Metaph*，p 341，l 30（Hayduck），一些古老的手稿缺少这一卷的结尾部分。

[3] K1，1059b15–21我在 *Ent Metaph Arist*，p74中讨论了"数学客体问题"，并证明了拿托普（Natorp）的看法是错误的。这一卷并不属于柏拉图晚期的形而上学；但是，我并没有对为什么这个问题在卷K才提出，而没有在卷B中提出作出解答。这是由于，对该问题的讨论是在N2，1088b14中才进行，我之前也提到过。卷N与卷K都属于最初版本的《形而上学》，因此卷N中的内容是卷K中所承诺要讨论问题的解决。上文已经体现出（p 192），较晚版本中（卷B以及M1–9）很大程度上压抑了超感觉实体元素的问题。这一问题作为分离的实体，与柏拉图晚期的数等存在的学说紧密捆绑在一起。成熟时期的亚里士多德已经抛弃了这一学说，于是就从整个著作中删去了相关部分。

内容决定的。亚里士多德在修改这一部分时是比较表面[1]的，因此，没有抹去柏拉图主义特性。他的修改仅限于在新版本中将其作为柏拉图主义者时期善用的第一人称复数"我们"去掉（只留下两处），以及在旧版本中明显与新的形而上学观点相左的地方，其余没有多少改动。

这些问题的数量与本质，总体来说都没有被触及。亚里士多德只在一个地方插入了一个新问题，而且这个问题很有代表性，它涉及插入部分卷Z、H、Θ的内容。在最后一个问题（B6，1002b33）之前，他提出了一个关于质料及本原的实现与潜能的问题，并将可感觉现实纳入考虑。根据拿托普（Natorp）的考察，自那之后，这一问题没有在K1-8中出现过。我们只能认为，这一问题是亚里士多德在修改导论三卷以引入内在形式理论，以及潜能与实现理论时插入的。相反地，卷K将纯存在形式的概念与所有物质分离开来，并将其等同于自身存在的、不动的以及超验的，这恰是柏拉图主义的观点。此外，最后版本中对理念的批评从A9移到了新的卷M，导论最初的形态向我们引用了前文[2]对理念的批评，这说明，当时这些批评仍在第一卷。这就证明了引导性的B、Γ、E三卷也经历了一定修改，并引入了一种新的形而上学概念。我们现在已经几乎发掘出了整部《形而上学》最早以及最后的版本。

但我们发现，即使是导论（K1-8），最早的版本也不符合《形而上学》最初的形态。我们在K1-8中看到，形而上学被描述为不动的、永恒的以及超验的学科。我们还发现，形而上学作为如此存在（ὂν ᾗ ὄν）的学科定义，虽然

---

[1] 见上文，第27页。经过修改的卷B，是为了充作《形而上学》较晚版本的导论中的一部分，而A9中对理念论的批评本应整个地被删去，这就可以解释，为什么卷B中第一人称复数"我们"的痕迹那么少了。剩下的几个"我们"只是一时疏忽被遗漏而已。

[2] K1，1059b3，A9B2，997b3中以反驳理念哲学的内容作为先决条件，另一方面，较晚版本中的相应篇章，仅以A6中理念论的历史解释作为先决条件，这一段在对理念的反驳被移到M4-5之后仍保留在原位。

没有发展成为较晚版本中的形态，但也变成了一种包括可变自然的、可感觉存在在内的存在者的多重意义学科。在K1-8中，这两种定义的组合是个很大的难题，而且在卷E中变得尤其明显，修改后的形态意在引入存在多重意义的学科。既然较早以及较晚版本在这方面没有区别，而且只在扩展的部分才涉及存在的概念，那么我们就可以在下文中，将两种版本放在一起讨论。

在E1（=K7）中，亚里士多德解释了他所理解的存在的学科——所有的学科都要研究事物的特定动因及本原。他举了医药、体操以及方法论上更加深刻的数学作为例子，这些也是柏拉图的科学与方法论中通常用到的例子。这些学科中的每一种，都系统性地划分出了现实（ὄν τι）的一个特定范围以及确定的属（γένος τι），并研究结论中有限的事实组合。但没有一种研究的是客体的存在，它们要么像自然科学以及医药一样，是以经验为前提条件的，要么像数学定理一样，从特定的定义开始。它们的证明区别仅存在于正确性上，并只解决这些定义或感觉可知的事实所带来的属性和功能。亚里士多德则相反，他研究的存在仅仅作为存在，也研究这些学科自身无法描述的前提。

亚里士多德在卷Γ（=K3）的开头，对这一解释进行了补充，更全面并更清晰地区别了作为普遍及特殊学科的第一哲学，与存在本身及其特定领域。在这一部分，他没有将存在视作与其他对象分离并有区别的客体，而是作为所有与现实问题相关的状态、属性及关系的共同点。他提出，数学家看待所有事物都只从数量的角度入手，因此，哲学家研究所有属于存在本身的事物，而物理学家只研究运动中的事物。许多事物存在，仅仅因为它们是某种存在的属性、状态、运动或关系，它们是从某种简单"存在"的事物中衍生出来的。在柏拉图学派中，将所有存在的属性指向（ἀναγωγή）某个单一且普遍（ἕν τι καὶ κοινόν）的事物是对立（ἐναντιώσεις）的形式的分部，这也指向了存在中某种最普遍或"第一"的区别。亚里士多德将这一领域学派及其文献中的特殊研究成果作为前提条件。我们在卷I中有关存在与一（ὂν καὶ ἕν）的研究，或卷Γ中对思想的终极原则的研究、矛盾律以及排他律的分析一样，亚里士多德所讨论的对立指的是一与多、同和异、相似与不相似之间的对立，简单来说就是柏拉图主义范围中的辩证法。这些问题与他自己的实体理论，两者的联系确实只是间接的，但很显然他是在试图寻找一种能为传统辩证法提供空间的形而上学定义。对柏拉图来说，他的辩证法就是本体论；对亚里士多德来说，存在的整个逻辑是否在所有情况下都包含在第一哲学中，更是一个实际且历史性的问题。他最初的形而上学是神学，也就是最完美存在的学说，而一旦脱离了理念哲学，就很难将神学与抽象的辩证法结合在一起了。但他试图通过它们与存在本身（ὄν ἧ ὄν）的共同关系，将二者联系在一起。

在这种联系中，哲学的最高形式以普遍科学的形态呈现，紧接着就是E1（=K7）中一幅完全不同的图景；在这部分中，亚里士多德试图通过讨论形而上学、物理学以及数学的客体来将它们进行区分。他将科学划分为理论性的、实践性的以及生产性的。物理学是一种理论性的学科，它研究能够运动的存在，因此仅限于质料部分的概念本质与形式。在物理学中，对质料进行抽象化永远是错的。在心理物理学[1]的领域中，即使心理学的研究也必须以这种方式进行，数学也是一种理论性学科。亚里士多德遵从了雅典学院的教导，提出了客体是否拥有不动的、分离的以及独立的现实的问题（他在这里反对柏拉图学说的同时，采用了雅典学院对理论性哲学及数学任务在本体论与物理学之间的三分法）。但无论如何，数学在任何程度上都将客体视作不动的和独立的（ἠ ἀκίνητα καὶ ἠ χωριατὰ θωρεῖ），因此更加明显的是，对真正不动且超验的存在的研究（如果有这样一种研究的话），将是一种理论性科学的任务。但这是一种什么科学呢？这肯定不是物理学，因为尽管物理学的客体是独立的（χωριατὰ），但它不是不动的。这也不可能是数学，因为数学的客体只有部分是不动的，而且它们不是独立与分离的。只有最高形态的哲学，才会研究

---

[1] 心理物理学是实验心理学的分支，研究心理量与物理量之间的联系。这个概念最早由德国物理学家古斯塔夫·费希纳提出。

一种既是独立又是不动的存在[1]。我们从这一定义本身就足以得出结论，亚里士多德所思考的是不动的第一推动者，而且他本人也在后面的一句话中说，他所指的本原是可见的神圣事物的动因（αἴτια τοῖς φανεροῖς τῶν Θείων），并因此将形而上学称作神学（Θεολογική）。

但是，现在对形而上学本质的确定，完全是基于其研究主体进行的，该研究主体具体来说就是不动且超验的存在，这种对形而上学的定义使其区别于其他学科。在其他地方，形而上学被视作研究存在本身的普遍学科，并与研究一种特殊存在（ὄν τι καὶ γένος τι）[2]的学科形成鲜明对比，这里的形而上学，本身仅仅是指最高存在（περὶ τὸ τιμώτατονγένος）的知识。据说其客体是此类存在（τουαύτη φύσις），并需要在一种特定的现实属类中进行研究，此种现实就是宇宙中可见但不可毁灭的现实。毫无疑问，这些定义是相互矛盾的，对此亚里士多德也意识到了。他在后来添加的一条注解中做出了如下判断："人们可能会问，第一哲学究竟是普遍的，还是仅仅讨论一种事物的，即对某种存在的研究？即使数学在这方面也不是完全相似的，比如几何学与天文学，解决的是一种特定的事物，而一般的数学适用于所有事物。对此我们的回答是，如果除了自然形成的实体外，没有其他实体，那么自然科学（指物

---

[1] 施韦格勒（Schwegler）将《形而上学》（E1，1026a13）修正为"因为物理学讨论的事物是相互分离存在的［HSS中写的是'不可分离的'］，但并非不动的。数学的某些部分所讨论的事物是不动的，但并不是分离存在的，而是在质料中体现的。第一科学所讨论的则是既分离存在又不动的事物"。某位读者的推测被插入手稿中，这名读者将"分离的"看作"超验的"，并意识到这不符合可见世界所组成的"体现在质料中"的形式。但是"分离的"在这里仅仅意味着"独立的"，而且，亚里士多德即使在可感觉的事物中也是这样用词的。然而，既然定义中形而上学的客体既是独立的又是不动的，那就一定是在"超验的"意义上"分离的"存在的，因为只有超感觉的事物同时有这两种特点。

[2]《形而上学》（E1，1025b8）："所有这些科学都划分了某些特定存在——某些种属，并对这些存在进行研究，但不仅仅是作为存在研究。"与1026a19中将形而上学作为神圣事物的科学相反的是，"很明显，如果神圣在任何地方都出现，它就在此类事物中出现"。那么最高的科学就必须讨论最高的种属，即神圣的事物。

理学)就将是第一科学。但如果有不动实体的存在,此类实体就'先于'可感形态的世界,那么形而上学就是第一科学,而且它将因为其第一性而是普遍的。且形而上学中的存在就不仅包含存在本身,还包括存在所拥有的属性。"[1]

这一段不仅不能够解决矛盾,反而使矛盾更加凸显了。为了试图结合他所理解的普遍学科的两种定义,他在这里将其解释为"第一"客体的学科。这种学科是一种更综合意义上的本原,而不是其他意义上的存在,但在Γ1以及卷E的开头,普遍意味着不单指任何一种特定的存在,且亚里士多德不能,也没有否认星辰的非物质推动者是"特定存在"或"一种存在"。有人可能会因这一问题及其解决方式看上去太像顺带进行的观察,而倾向于怀疑它们并非来自亚里士多德本人;但既然它们也出现在K8的其他版本中,并表达了一种现存的矛盾,我们就不得不承认,亚里士多德并没有找到这个问题的解决方案,或者说解决方案直到两个版本融合在一起时才出现。

这两种对形而上学本质的描述,确实并非从同一次反思中产生。在这里,两条根本上不同的思绪交织在一起。很明显,形而上学的神学以及柏拉图主义的定义是两者中较早的一种,这不仅仅是在历史学的基础上如此,因为它是更加柏拉图式的先验且发展程度较低。这是柏拉图主义将可感觉与超感觉两界进行鲜明区分得出的产物。另一方面,当形而上学被定义为研究作为"存在之存在"的学科时,现实就被视作一种单一的一系列统一的层级建构;因此这也是更为亚里士多德式的描述,并反映了亚里士多德最晚期且最具特性的思考。一开始,他严格按照柏拉图指明的方向前进,根据我们从《哲学对话录》中的宣言得知,他坚持超感觉世界是第一哲学的客体,而仅仅用第一推动者替换了超验理念。第一推动者是不动的、永恒的以及超验的,并拥有柏拉图所认为存在必须拥有的所有属性。这是他最早期的形而上学思想,此时的形而上学完全是一种研究不动以及超验存在的学科,也就是

---

[1] E1,1026a23-32波尼茨在他的评论中指出了这一矛盾。但他没有找到解释。

神学，而非存在本身的学科。

这一结论从《形而上学》中卷Λ通常被定义为"神学"得到了进一步的确定。波尼茨发现，对于本应为我们提供卷A至卷Θ结论的这一卷，实际上却与其他卷毫无关系。这是因为，这卷其实是一篇较短的独立作品。其风格与对理念的选择，体现了这是一篇为某个特殊场合写作的独立讲学稿，它不仅给予了我们被称作神学的形而上学的一部分，还提供了更为综合的形而上学整体系统的缩影。亚里士多德为我们简要概述了他的整个理论性哲学，从实体学说开始并以神的学说结束。很明显，他的意图不是要向听众介绍技术性的探讨，而是将他们提升到一种宏大的整体图景上。他的遣词造句充满自信，铿锵有力，尽管只是为了服务口头传达所记下的缩写式笔记，但直到今天，我们都不自觉地想要读出声来；"生活就是思考的创造性活动"；"所有事物都根据其秩序走向目标"；"天堂与自然就是基于这一原则之上的"。在结论中，亚里士多德用荷马史诗中的话总结了柏拉图主义的二元论（"多人当家要糟糕，一人主事最恰当"），效果十分震撼人心。这是一份在自身类别中独特的文本，因为在亚里士多德的讲学中，只有在这里，他大胆地勾勒出了思想中宇宙的整体图景，而忽略了所有细节问题。同时还是研究他思想发展历程的宝贵资料，因为这一卷从日期上属于我们之前所演示过的神学阶段。它使我们能够看到，内在形式学说与还未成为形而上学一部分的超验推动者之间的关系。

这篇讲学被鲜明地分割为两个不平等的部分。第一部分（章1-5）讨论可感觉现实学说，其分析来自于质料、形式、潜能以及实现的概念。第二部分（章6-10）一开始就直接讨论不动的推动者以及超感觉现实论断的推测。与第二部分不同的是，第一部分本身并不成为一个整体，其存在的目的是作为第二部分的基础。亚里士多德将运动的事物的世界描述为发展自己并在质料中实现的形式，从中他上升到了不动的来源与它们运动的来源、所有形式的形式、纯粹的活动，创造性的且独立于所有质料的形式。在这一主题下，他所花的时间几乎与花在第一部分上的时间一样多。初看之下，这一部分的结构似乎与形而上学后期相同。无论是在实体学说还是神学前的现实学说中，卷Λ的核心都与卷Z、H、Θ的内容平行。但是对我们的判断起决定性作用的是，卷Λ中的形而上学概念被限制在后来部分的范围中，较早的部分不属于这一范围。第一部分的结论是这样的："这样我们就提出了可感觉事物的本原以及本原的数量。"[1]第二部分的开头是"因为有三种实体，其中两种是物理性的，一种是不动的，对于后者，我们必须认定一种永恒不动的实体的存在是必须的"。在后文中，亚里士多德将两种可感觉现实描述为"一定程度上"是物理学的部分[2]，他在这里称它们为没有认定的"物理性"。另一方面，不动的与永恒的是没有认定的形而上学的客体，经过我们的论证是形而上学较为早期的思考[3]，正如导论的较早版本以及卷N中所写的那样。这里他用同样的方式提出，可感觉现实是可毁灭的，并推导出，如果除可感觉事物的内在形式外没有其他存在，那么宇宙中的所有事物，就都将受制于赫拉克利特的万物皆流说[4]。卷K与Λ也都认为"我们所寻求的学科"的客体仅限于超验，而非可感觉事物的内在[5]。三种最初的存在，很明显

---

[1]《形而上学》（Λ5，1071b1）。

[2]《形而上学》（Z11，1037a14）"因为一定程度上，关于可感觉实体的研究是物理学的任务，即第二哲学"。

[3]"我们所寻求的科学"通过永恒、独立以及不变的特质得到确认，这些特质一定属于与理念论相同的客体，它们不仅仅出现在导论的较早版本中（K2，1060a26），还出现在A2，982b28-a11的较早版本中，那其中的形而上学像在《哲学对话录》中一样，被定义为神学。p189以上的文字，证明了卷N属于《形而上学》最早的部分。因此其开头的几句就十分重要了（1087a30），这几句将形而上学作为"不变实体"之科学的概念，与作为运动世界理论的物理学进行了鲜明对比，这种对比与卷Λ所写的一样斩钉截铁。亚里士多德指的是柏拉图主义者的形而上学，以及理念数论（因此"实体"一词以复数形式出现），并显然完全接受两种学科之间基于其客体的鲜明区别。

[4]在Λ1，1069a31以及6，1071b6，cp K2 1060a22中，可感觉实体除天体以外，被简单地描述为可毁灭的事物。其在Z8，1033b5、H3以及1043b15中的描述则更加复杂，即"一定是不在被毁灭的过程中是可毁灭的，且一定是不在生成过程中生成"。对亚里士多德来说，最初仅仅是可变的表象世界，被透彻地解释为支配它的形式，也分有了不变的事物。

[5]《形而上学》（K2，1060a12）"自身分离存在且不属于任何可感觉事物"。Cf Λ6，1071b19，以及7，1073a4。

是分布在物理学与形而上学之间的。属于可感觉世界的两种事物：天体的可毁灭实体与动植物等的可毁灭实体，由于束缚在物质与运动中，而被毫无限制地划分给了物理学，"另一种学科"之客体的不动实体则被划分为形而上学[1]。

将所有这些结论集结在一起之后，我们可以说卷Λ代表了出现在传统形而上学成型前的那一阶段，也就是亚里士多德仍然是纯柏拉图主义的，而且还没有将可感觉实体视作第一哲学中不可分割的一部分之时。在亚里士多德式的语言中，卷Λ所理解的形而上学，研究的不是实体的整体类别，而只是其中的一部分。其客体局限于完美与善的那一部分实体，也就是神或理性[2]。

它寻求的是一种超验的实体，如柏拉图的理念，并与绝对现实以及绝对价值相结合。卷Λ将价值与现实作为两种独立的上升系列进行处理，并最终在顶端汇聚在一起，这个聚合的点就是最高价值与最单纯现实的统一。这是最完美现实（完善的存在）的柏拉图主义概念，这一概念在《哲学对话录》中对神之存在的证明中已经出现了。

第二个也是更重要的一点，即内在形式学说出现的位置。在卷Λ中，我们最终能够清晰地看到，亚里士多德哲学的关键部分是如何与神学联系在一起的，并且仍然是物理学的一部分。从可感觉到纯粹超感形式的逐渐上升在形而上学思想发展的后期产生，这一过程在卷Λ中受到形而上学最初方法的影响，研究不动的与超验的事物，完全处于物理学这一研究可动及内在的事物之外。物理学通过对可感觉客体的逻辑处理，获取了形式与实现的概念，并区分于质料与潜能，以及确定了这些不同概念的关系。接下来的研究就属

---

[1] Λ1，1069a30以及36。

[2] 对于实体类别中的善就是神或理性的观点，见Eth Nic I 4, 1096a19 ff, esp a24, cf Eth Eud I 8, 1217b30以及Metaph Λ7, 1072a34。因此最初的形而上学，就是有关单纯且完美的存在以及最高的善的学科，而不是后来版本中的所有种类与存在的学说。

于形而上学了。因为物理学永远无法从质料与运动中进行抽象,且在经验上总是与形式并驾齐驱,而建立在物理学基础之上的形而上学,则向上触及了最高以及非质料形式的概念。这些概念中的自然,作为一个整体"依赖于"物理学,且物理学从中得到了完成。由于在物理运动系统中位于最顶端,这个形式被称作第一推动者。这里,我们所看到的是亚里士多德神学的最早形式,在此学说中,物理学是由一种超验的"底端"(τέλος)完成的,且世界上所有可见的运动,都是指向这一底端进行。在这一过程中,自然的本质得到了"保存"。

我们认为,卷Λ成书日期较早的证据来自其形式,它恰恰符合我们对其他几卷的分析[1]。尽管如此,我们还是要从该卷与其他卷的关系中印证这一结论。

该卷与我们目前所知的《形而上学》最终版本,两者之间的关系是完全否定的;它与《形而上学》的最初版本所留存下来的残篇写作时间最为接近,且关系最为紧密,尤其是卷N。波尼茨之所以没有意识到这点,是因为他只关注卷Λ与之前统一系列的几卷之间的联系。然而,这一系列及计划比卷Λ时间较晚,而我们已经证明过,虽然卷N的位置较后,但仍然是《形而上学》最早形态的一部分,而且写作时间明显要比卷Λ早。我们自然而然地猜测,亚里士多德在一场临时讨论中,为了简要地总结形而上学的整体思想,而利用了自己的备课本。事实上,根据《形而上学》最初版本遗留下来的部分,我们可以得出结论,卷Λ不过是亚里士多德内部讲学稿中提取出来的概括性内容。超感哲学中最积极的部分,也就是神的学说已经遗失,我们在较早或较晚的《形而上学》版本中都找不到这部分内容。但是在那之前,亚里士多德反驳其他柏拉图学者的形而上学中批判性部分,却被自由地用作这一段讲学的资料。据推测,卷Λ中神学的积极部分与《形而上学》最初版本中遗失的神学部分,有着完全相同的关系,因此,应当是其中的节选。我

---

[1]下文对插入的第八章进行了独立讨论。

们可以从卷Λ、N中找出依赖于这一点的片段，并进行对比，这样就能更清楚地看出它们的联系。

N4，1092a9

如果不将善置于第一本原之中，同样是不可能的，而将其如此置于这些本原中，很显然是没有对这些本原进行正确的描述。而且，将宇宙的本原与动植物的本原相比较，也是没有正确理解这一问题的体现，因为更完整的总是来自不确定与不完整。这一推论促使思考者得出结论说，现实的第一本原也是如此，因此，"一"本身甚至不是一种存在的事物。这是错误的，因为即使在动植物的世界中，产生它们的本原也是完整的，因为人是由人产生的，而且种子不是事物的原初。

Λ7，1072b30

毕达哥拉斯派与斯珀西波斯等人认为，至美与至善在最初是不会出现的，因为植物与动物最初是动因，而美与完整则是它们的产物，这种观点是错误的。因为来自其他个体的种子是更早的且完整的，且第一事物不是种子而是完整的存在，例如，我们必须要说种子之前是人，而不是种子产生了人，但种子来自他者。

乍看之下很明显，这些篇章中的一篇，一定是受到了其他几篇的影响。尽管卷Λ指名道姓地提到了斯珀西波斯，而卷N则对其匿名进行了攻击，但毫无疑问，卷N是最初的、且更为完整的版本。卷Λ则更为准确，它更清楚地提出，两个版本中都提到过的"动植物的本原"是斯珀西波斯用来与"宇宙的本原"进行类比的，而且，这并不是一个严格的推理，只是一种对比。来自有机体进化与对应的宇宙进化，这个论点对亚里士多德来说是"到另一属类的过渡"。卷Λ中的描述，甚至没有提到这一论点背后令人质疑的逻辑，而仅仅是一语带过，"植物与动物在最初"，等等。但是描述的第二部分中，即使在有机体方面，进化主义理论都是不正确的，因为第一事物不是种子，而是实际生活着的人，他是先于种子的。因此，最初先有了纯粹的现实而非潜能或质料。而卷N的影响还出现在了讲学的结尾。

N3，1090b13

如果我们不轻易就自满，还应当继续推进这一难题的研究，并提出所有数与数学客体对彼此、先者对后者没有任何贡献。因为，如果数不存在的话，对于认为只有数学客体才存在的人来说，仍然有空间维度的存在。而如果空间维度不存在，灵魂与可感觉物体会存在。但是，通过观察事实我们发现，自然不是一出糟糕的悲剧，不是由一系列片段组成的。

Λ10，1075b37

有些人认为，数学上的数是第一事物，并继而产生一种又一种的实体，并给予每种实体不同的本原，使得宇宙的实体退化成一系列片段（因为一种实体的存在与非存在，不会对其他实体造成影响），它们还给予我们许多支配原则，但是世界拒绝受到糟糕的支配。"多人当家要糟糕，一人主事最恰当。"

这明显说明，卷Λ的整个结论部分是受到了N3中对斯珀西波斯反对的论辩的影响。亚里士多德在撰写草稿时，有可能手边还放着他早期的技术性文章，或者至少心里在想着这些文章。毫无疑问，这里最初的版本也是卷N，而非卷Λ中更为简短的文章。在卷N中的"前者对后者没有贡献"，这一叙述更为清晰。其对斯珀西波斯存在不同层级的生动表达在卷Λ中退化成了一句模糊的"因为一种实体的存在与非存在不会对其他实体造成影响"。我们知道，斯珀西波斯认为每一种存在都有其自身的本原，数有，维度有，灵魂也有，以此类推，且这些本原之间没有进一步的联系[1]。这些席位的区别，在卷N对斯珀西波斯观点的表达中得到了清晰的重现，在这些观点中，尽管数是最高原则，它们也有可能全部消失，但不影响维度的存在。而维

---

[1]《形而上学》（Z2, 1028b21）。

度仅次于数，它也可以消失而不改变意识或拓展世界的存在。亚里士多德恰如其分地将这种理论中的自然类比为一出糟糕的悲剧，是由一系列片段组成的。卷Λ中对最后词组的省略，使"片段与片段之间毫无联系的自然"之图景模糊到无法理解的程度。他在这里换了一种明喻，将这一理论中的本原比作君主与许多统治者。这一比喻同样一针见血地指出，斯珀西波斯第一本原理论混乱的结构。他为什么放弃之前的比喻呢？正是因为他感觉到，之前的比喻已经不足以生动地将自己的论点表达出来了。他的新比喻浑然天成，好像早就酝酿好的。

卷N的第一与第二章也被编入了卷Λ之中。N1的关键点与卷Λ的最后一章是一样的，都是对柏拉图第一本原二元论的抗辩。当我们将剩下的部分并列在一起时，就能看得更加清楚了。

N1，1087a29

所有哲学家都使第一本原对立。但既然所有事物都不能先于第一本原，那么，可以归属于其他事物的就不可能是本原。这就像是在说，白色作为白色而非其他任何事物之时，是第一本原，然而对主体来说是可预测的，也就是说，它作为白色是其他事物的前提。这是荒谬的，因为，这一主体就是在先的了。但是，所有产生自对立的都包括一种潜在的主体，这种主体至少必须在对立中存在。那么所有对立都对一个主体来说是可预测的，且没有对立可以分离存在。但是这些哲学家使质料成为对立之一，有些则使不等成为相等的质料，且他们认为不等是多的本质，其他人则使多成为一者的质料。

N4，1091b35

那么在这之后，除了一本身的所有事物都分有了恶。（b30）随之而来的就是这些荒谬的理论，其中还包括相反的元素就是恶本身。

Λ10，1075a25

我们必须认识到，与我们持不同观点的人，面临多少不可能与自相矛盾的结论，也要注意更加敏锐的哲学家的观点，以及面对困难较少的观点。

所有人都认为，从对立中产生所有事物。但是，不论"所有事物"还是"从对立中"都是不对的，而且，这些哲学家告诉我们，所有存在对立的事物，都可从对立中产生，他们所持的观点也是错误的，因为对立不会受到彼此影响。对我们来说，这一难题由第三元素的存在自然而然地解决。然而，这些哲学家使对立中的一方成为质料，这些人也是说不等是相等的质料，或者一生成了多的哲学家。

Λ10，1075a34
此外，除一外的所有事物，在我们所批判的观点当中都组成了恶，因为恶本身是两种元素之一。

卷Λ对雅典学院所持的二元论所造成的谬误，进行了令人印象深刻的描述，并衬托了亚里士多德自我思考理论严格的统治地位。这部分无非是N1中一些孤立的句子与理念拼凑出来的。它确实对卷N中高度分化的材料起到了简化与推广的作用，但是，该卷中对本原二元论的反驳仍很明显，对立在这里应该附着于第三者基质上，并符合亚里士多德需要质料才能互相转换的要求，这来自于他的形式与缺乏学说。卷Λ坚持第三者，卷N也证实了这点。在我们看来，亚里士多德已经胜利地宣称，问题毫无困难地得到了解决，因为还有第三者，且第三者并非质料。对立的第三者基质表明，没有质料的形式就不会改变或存在对立。对二元论的反对将不可避免地造成精神的绝对主宰，而不是必然导致唯物主义。

维尔纳·耶格尔

目　录 CONTENTS

译者序 / 1
导读：亚里士多德与《形而上学》/ 1

卷A（一） …………………………………… 1
卷α（二） …………………………………… 32
卷B（三） …………………………………… 37
卷Γ（四） …………………………………… 55
卷Δ（五） …………………………………… 79
卷E（六） …………………………………… 116
卷Z（七） …………………………………… 123
卷H（八） …………………………………… 158
卷Θ（九） …………………………………… 169
卷I（十） …………………………………… 186
卷K（十一） ………………………………… 204
卷Λ（十二） ………………………………… 229

卷 M（十三） …………………………… 250
卷 N（十四） …………………………… 276

附录：亚里士多德的历史地位 …………… 293

卷A（一）

一

人类天生具有求知欲。其证据就是人类在体验各种感觉[1]时，会充满喜悦之情；姑且不谈多么有用，人们仍是偏爱自己的感觉；而最重要的感觉莫过于视觉了。我们无论大有作为或无所事事，都更喜欢纵观一切。原因在于，相比人类大部分的感官，视觉可以帮助我们认知，并揭示世间万物的差异。

动物生而具有感觉能力，有些动物可以从感觉中得到记忆，有些却不能。因此，前者往往比后者更聪明，也更适合学习。那些无法听到声音的动物，例如，蜜蜂[2]及类似的动物，虽然非常聪明，却不适合学习；只有那些既可以记忆，又有听觉的动物，才适合学习。

除人类之外，动物都生活在表象和记忆中，而且几乎不具备总结经验的能力；但人类不仅拥有技能，更拥有逻辑推理能力。人类可以从记忆中总结经验，即从对同一事物的不同记忆中得出某种独特的经验。经验并不是科学和技能，但科学和技能却是人类通过经验获得的；正如帕洛

---

[1] 即"sense"，意为感觉、感知，也有理智和判断力之意。
[2] 一直以来蜜蜂被认为没有听觉，直到20世纪90年代，科学家才发现蜜蜂的听觉器官位于触角梗节的节间膜内。（1999年《中国养蜂》第3期《蜜蜂听觉的研究》）

斯（Polus）[1]说过："丰富的经验可以造就技能，缺乏经验就只能凭运气。"当由经验中获得的某些概念，使人们对同类事物作出普遍判断时，技能就应运而生了。假如卡里亚斯（Callias）不幸患有某种疾病，人们判断某物可以治愈病症，同样，这种判断也适用于苏格拉底和其他许多人，这就是所谓的经验；然而，只有针对不同的病人对症下药，例如同样是发烧这一病症，对黏液质和胆汁质[2]的人采用各不相同的治疗方式，这才是技能。

在实际生活中，经验的重要性似乎与技能不相上下，经验丰富的人，比没有经验、只懂理论的人更容易成功。（原因在于经验是个人储备的知识，技能却是常识，而行为及其产生的结果都与个人有关。除非偶然情况，医生并不会医治"人"，他只医治卡里亚斯、苏格拉底等一个个具体的患者，而他们恰好都是"人"。只懂理论而无经验的医生，就不会考虑个体情况的差异，只会按照普遍常识开展救治，从而无法真正做到救死扶伤。）但我们还是认为，知识和理解属于技能，并非经验，技术人员比有经验的人更聪明（这意味着智慧来源于普遍知识，而非个别知识）；因为技术人员知其所以然，但仅有经验的人却不知。后者只知事情的表象，却不知本质，而前者既知本质又知原因[3]。因此，我们也认为，各行各业中，经验丰富的匠师更值得尊重，他们比体力工人懂得更多，也更有智慧，他们知道自己为何而工作。（我们认为，有的体力工人只会机械工作，他们与一些非生物的动作类似——比如像火灾蔓延一般自然发生——他们由习惯驱动，对工作并不知其所以然。）[4]但并非因为技术人

---

[1]古希腊哲学家，高尔吉亚的学生。
[2]古希腊人认为人体含有四种不同的体液：血液、黏液、黄胆汁、黑胆汁。不同的体液还对应不同的体质和气质。这就是"气质体液说"，最先由名医希波克拉底提出。
[3]即"cause"，意为原因，也可以做动词，引起。
[4]本书括号内的文字非常像是一种注解，而非正文内容，下文多处也如此。

员有更好的行动，我们才认为他们更加聪明，而是因为他们拥有理论且知晓原因。总的来说，这标志着人们是否拥有理论，即知晓原因者可以传道授业，不懂原因者则不然。所以和经验相比，技术才是更加名副其实的知识；技术人员可以传授知识，但只有经验者却无能为力。

同样，我们不把任何感觉视为智慧；虽然这些感觉确实给予了我们个别重要的知识，却没有告知"原因"，例如，火为什么是热的；它们只"告知"火很热。

起初，无论谁发明了任何超越人类普遍认识的技术，都自然而然地受到人们的崇拜，不仅推崇其具有实用性的发明，而且膜拜其聪明才智。但发明创造日新月异，一些发明为了满足生活需要，另一些则为了娱乐。人们自然会认为后类发明者要比前类更聪明，因为后者的知识不以实用为目的。因此，当创造出这些发明时，也就出现了那些不以享乐或生活必需为目的的学科[1]了，而且，这些学科首先出现在人们开始有闲暇的地方。[2]这就是为什么数学首先在埃及兴起，因为埃及的祭司阶层拥有自己的闲暇时间。

尽管在《伦理学》[3]中谈到过技术和知识，以及与各类科目的区别，但我们现在讨论的要点是：所有人一致认为的，能够解释事物的最初原因和原则的所谓智慧是什么。因此，如前所述，人们认为经验丰富的人要比仅有感官印象的人更有智慧，技术人员比有经验的人更聪明，工匠大师比普通工匠更能胜任工作，而理论上的知识也要比生产方面的知识更具智

---

[1] 即"science"，此处指各种门类的学问。有版本译作"科学"，我们认为"学科"或"学术"更合适。
[2] 闲暇是学问产生的前提。在古代和现代，闲暇都是一种"奢侈品"，因此哲学又被称为"奢侈"的学问。
[3] 指亚里士多德的《尼各马可伦理学》，探讨道德、至善、幸福等问题。

慧。那么，显而易见，智慧是蕴含某些本原和原因的知识。

二

既然我们正在寻求这种知识，就必须了解哪些涉及原因和本原的知识是智慧[1]。如果人们能接受我们对哲人[2]的定义，也许答案会更加明朗。首先，哲人知晓一切，虽然并非面面俱到。其次，能够学习有难度和晦涩知识的人，才是有智慧（感官印象是人类的共性，这一点很容易看出，所以并不代表智慧）的。再次，在每门学科中，一个人能更准确也更有能力传授知识的原因，那么他就更有智慧。而且，对于不同学科来说，追求本身和过程的学科，比追求结果的学科更能体现出智慧的本质，高级学科比次级学科包含更多的智慧；哲人不接受命令，必须发号施令；他不应服从别人，而不太聪明的人必须服从他。

我们对智慧和哲人的定义如此之多。现在，在哲人具备的众多特点中，知晓一切必须对几乎所有的普遍知识了如指掌，在某种意义上，就意味着哲人了解宇宙万物。对人类而言，最普遍的往往是最难认知；因为它们与感官印象差距甚远。而最精确的学科往往涉及最初的原理；涉及较少原理的学科比涉及附加原理的学科更精确，例如算术比几何更加精准。但是，在更高程度上研究原因的学科也具有指导意义，因为指导我们的哲人会告诉我们每件事情发生的原因。只要单纯地想追求理解和知识，就一定能够发现最可知的知识。（因为为了求知而探索真理的人，更容易领悟最真实的

---

[1] 哲学在古希腊文中，其词源的意思就是"爱智慧"。
[2] 哲人：英文版作"wise man"，指哲人和有智慧的人。

知识，这恰恰就是最可知的知识）首要原则和原因是最可知的；因而，所有事情都可以从这些原则和原因中知晓，而非通过次要事情知晓。凡究其终极目的的学科都具有最高权威性，比任何次级学科更权威；而这个终极目的就是寻求事物的善，一般来说，就是整个自然界的至善。以上可判断，这些名称属于同一门学科；这一定是一门研究首要原则和原因的科学；善，即终极目的，本是其中一个原因。

纵观早期哲学家的历史，可以很清楚地发现，它不是一门生产的学科。人类对一切都充满惊奇之感，这是他们现在和最初向哲学领域探索的原因。起初人类深感困难，然后在一些重大问题上有了点滴进展，比如探索月亮、太阳和星辰的各种现象，以及宇宙的起源。深感困惑的人认为自己愚昧无知（喜欢神话的人在某种意义上也钟情智慧，因为神话由一个个传奇[1]组成）。所以，他们为了摆脱无知[2]而开始探索哲学，显而易见，他们追求科学也是为了求知，而非任何功利目的。事实也是如此：在几乎所有生活必需品及舒适娱乐的东西都得到保障之后，人类才开始探索这类知识，显然并非出于任何功利性。但是，正因人类崇尚自由，为自我而非他人利益而存在，所以人类探索哲学，只因其是唯一自由的学科——哲学本身即为存在。

因此，如果掌握了哲学，就可能被认为拥有超越人类的力量。人性在许多方面都受到束缚，正如西蒙尼德[3]（Simonides）认为"唯神[4]才有知晓自然秘密的特权"，人应止步于寻求适用自我的知识，不应对超然物外

---

[1] 传奇：即"wonders"，意为奇观，或对……好奇，对应前文的"惊奇"。
[2] 苏格拉底常说："我知道自己无知。只有神才是有智慧的。"
[3] 西蒙尼德（Simonides，公元前556—前468年），古希腊智者和诗人。
[4] 神：英文版为"God"，即上帝或神。古希腊时基督教的上帝观念尚未形成，此处的神不等同于上帝。另外，在本书中，亚里士多德会混用"哲学"与"神学"两个词。他在下文这样解释：哲学要探索的是世间第一原理，而神被看作是万物的原因；另外，哲学超过了经验的范围，探求的是为神所知而不为人所了解的知识。

□ 天长地久

对于哲理的探索，人类总是先惊讶于自然万物，当置身浩渺的宇宙，总会出现各种迷惑和疑问。日月星辰怎样运转，宇宙如何产生，获取这样的知识或许在人类能力之外。"自然的秘密只有神知道"，先哲们认为，人类只应获得世俗人间的知识，只有作为万物本原的神，才能独有这最崇高智慧的学术，即第一哲学。

的知识充满好奇。如果诗人的言语中泄露了"天机"，神自然会因此心怀嫉妒。若有人从诗人之言语中参悟到真理，就会遭到天谴，所以，所有擅长哲学知识的人都是不幸的。但神不可能心生嫉妒（根据谚语"吟游诗人讲谎话"[1]），也没有哪门学科比哲学更值得尊重。因为最神圣的学科也是最让人尊重的；这种学科在这两个方面都最神圣。对于神来说，和他不谋而合的学科就是神圣的，任何与神圣事物有关的学科也是如此。而且只有这种学科才具有这两种性质，因为（1）神被认为是万物的根源，也被人们看作是首要原则。（2）这样的学科要么只有神才能拥有，要么是神比人先拥有。事实上，所有的学科都要比这门学科更具实用性，但这门学科却意义非凡。

然而，在某种意义上，想要获得这门学科，结果又与我们最初的探索相反。正如我们所说的，所有人起初都想知道，事物是如何开始运行的，就像他们对牵线木偶感到困惑，或对"正方形的对角线与其一边的不可通约性"疑惑不解；对于还没有看到原因的人来说，这似乎是一件惊奇的事，即使是最小的单位也不可测量。但结果却恰恰相反，按照谚语，"初出茅庐艺更佳"，人们所处更好的状态就是学习原因之时；而几何学家认

---

[1] 此谚出自古希腊雅典的政治家、诗人梭伦（Solon），梭伦是古希腊七贤之一。

为，如果对角线可通约，那简直匪夷所思。

我们已经清楚解释了正在探求的学科本质，以及探索和整个研究中必须达到的目标。

三

显然，我们必须探索最初的原因（只有我们认识了事物的最初原因时，才能说知晓了这个事物），而原因可以分为四种类型。[1]其一是实体[2]，即本质[3]（因为"为什么"最终可归结为定义，而最终的"为什么"是原因和原则）；其二是指质料[4]或基质[5]；其三是运动（变化）的根源；其四是与此相反的原因，即"目的"和"善"，因为这是所有创生和变化的终极。我们在《物理学》[6]中，已经充分地研究了这些原因，但是还要斟酌一下先哲的

---

〔1〕这就是亚里士多德著名的四因说，四因分别为：形式因、质料因、动力因和目的因，对应下文中的本质、质料、运动、目的几个术语。其中目的因也在有的书中译作"终极因""极因"。

〔2〕实体，即"substance"，亚里士多德首创的一个概念，具有非常丰富的内涵，后文中还会提到多次。有的书中称作本体。实体为存在的一种，意指能够独立存在，作为万物本原和所有属性的基础事物。在后来的哲学史中，实体的概念被大大扩展了。

〔3〕即"essence"，本词翻译历来难以统一，有译作"怎是"，也有译作"所以是的是"，亚里士多德经常将本词与"实体"通用，指形式意义下的实体。

〔4〕即"matter"，意为物质、事情，也有原因之意，有的版本译为"物质"。

〔5〕即"substratum"，基础、下层之意，也有的版本译作"底层""载体"。

〔6〕关于原因的讨论在《物理学》的第二章。亚里士多德的物理学与现在的物理学不同，包含了自然界的很多方面，如天文、物理、生物等，更接近于自然哲学。

意见——那些对现实进行研究和哲学思考的前辈们的观点。显然，他们也曾谈到某些原则和原因，回顾他们以前的意见和观点有利于目前的研究。我们要么找到其他的原因，要么更加确信现在支持的那些观点是正确的。

早期哲学家中，大多数人认为物质的本原[1]是万物唯一的原则。一切物质皆由它组成，首先由它们创生[2]，最后以它们结束（这种东西仍然存在，但在改变中不断变化），他们说这是元素，即事物的本原。因此，他们认为没有东西可以创生，亦或遭到毁灭，这种实体总是保持不变。正如当苏格拉底变得美丽，或在音乐方面有造诣时，他仍然是苏格拉底，而失去这些特征后，苏格拉底并不是就不存在了，由于事物本质的存在，苏格拉底这个人仍然存在。因而，他们认为一切都无法创生和毁灭；因为必须有一个或一个以上构成事物的实体，而这种实体保持不变且永远存在。

然而，对于这些本原的数目和性质，哲学家们意见不一。这类哲学[3]的创始人泰勒斯（Thales）说，本原是水（由此，他大肆宣称大地依赖水而运动）。这一想法的提出，也许是因为他看到所有营养物质都是潮湿的，热本身由潮湿产生，并靠它维持热度（事物产生的原理就是万物的本原）。从这个事实和万物的种子都具有潮湿的本质，以及水是潮湿物的本质起源，泰勒斯得出了他的观点。

有些人认为，即使距现代遥远的古人，也有着对神明的初步记载，同样会有类似的看法。在神话中，奥切安（Ocean）和特提斯（Tethys）[4]成为

---

[1] 即 "principles"，意为原则、原理、法则，是一个重要的哲学术语。也有译本称作始基、元质，本原就是万物的基本或最初根源。

[2] 即 "come to be"，意为形成，较常见的翻译为"生成"，我们认为"创生"更合适，见卷E（六）第七章。

[3] 指自然哲学，以自然万物为研究对象的哲学，是现代自然科学的前身。

[4] 奥切安为海洋之神，特提斯为海洋女神。——译者注

创造的父母，也描述到众神往往指水为誓，并取名为斯蒂克斯。最古老的仪式往往最受尊敬，而最值得尊敬的就是一个人发誓时所指的事物。[1]这种关于自然的观点，是否从远古开始，也许还不确定，但是无论如何，泰勒斯都宣称自己发现了世界的本原。不过没有人会把希波（Hippo）[2]列入这些思想家之中，因为他的思想毫无价值。

阿那克西美尼和第欧根尼认为气先于水而产生，气是简单物体中最原始的物质，而美塔彭提昂的希帕苏斯和爱菲斯的赫拉克利特说它是火，恩培多克勒[3]说它是四种元素[4]中的其中之一（把第四种加入到那些已经命名的元素中）；因为这些元素虽然有时或多或少，时聚时散，但总是保持基本状态，而且并不是后天形成的物质。

克拉佐美尼[5]的阿那克萨戈拉（Anaxagoras）虽然比恩培多克勒年长不少，但在哲学上的研究却晚于后者，他认为本原在数量上是无限的；因为几乎所有的物质都是由与其相同的部分构成，比如水或火就是如此，只是聚集和分离，并不在任何意义上创生或毁灭，而是永远存在。

从这些事实中，人们可能得出结论，即唯一原因就是所谓的质料因；但是，随着人类的进步，事实本身为他们打开了道路，并迫使他们一起去研究这个问题。或许所有创生和毁灭的过程都可能来自某一个或（对于那种物质而言）更多的元素，无论如何这都是真实存在，但是生灭为什么会发生？原因又是什么？至少本原自身不会改变，例如，木材和青铜本身都不

---

[1]比如中国古人指天为誓，或者以祖宗之名起誓。
[2]希波，毕达哥拉斯的弟子，属于自然学派，宣称水为万物之原。
[3]恩培多克勒（约公元前495—前435年）：古希腊哲学家，提出了著名的四元素说，认为万物由火、土、水、气组成。
[4]四种元素即水、气、火、土。
[5]地名，属于伊奥尼亚，位于爱琴海东岸，现在的土耳其西南海岸地区。

□ 水与天（一）

当具象的鱼渐变为具象的鸟，我们可以联想抽象天空与深水，这是一个隐含着鱼鸟图形的契合渐变结构，精密且逼真。由鸟想到白天，从鱼想到水，一切犹如衔接咬合的齿轮，通过虚实过渡和黑白转换，呈现宇宙万物互相包融、共生共长的象征意义。

会自己发生变化，木材不会自动成为床，青铜也不会变为雕像，而另外的事物才是变化的原因。寻求这一点就是寻找第二个原因[1]，即动力因。那些一开始就提出这种问题，即本原仅是其中一个原因的人，他们洋洋自得；虽然有一些人认为本原是一个原因，却似乎深受寻找第二个原因的苦恼。也就是说，人和自然作为一个整体是不可改变的，不仅在创生和毁灭方面（因为这是一个原始的信念，所有人对此表示赞同），在所有方面也是如此；这是他们独一无二的想法。有些人称宇宙是一，但这些人中，除了巴门尼德（Parmenides）之外，没有一个人成功发现这种原因。而巴门尼德也只是认为，在某种意义上，不仅有一个原因，而且可能有两个原因。但是对于那些认为存在更多元素的人来说，更有可能提出还有第二个原因，例如把热和冷、或火和土作为元素的人，他们认为火具有推动事物的性质，而水和土之类的物质则具有相反的性质。

人们熟知这些人的观点和提出的本原后，就会发现后者不能充分揭示事物的本质，因而人类又再一次受真理本身所迫去调查另一种原因。无论

---

[1]亚里士多德本人排列四因的习惯为：形式因、质料因、动力因、目的因。这个排列与他的实体和生成学说相一致。但是他同时指出，先哲们对这四因探索的历史顺序应该为：质料因、动力因、形式因、目的因。这样，动力因就排在了第二位上。

火、土还是任何此类元素，都不可能成为事物存在和创生中表现善和美的原因，也不可能成为那些哲学家所认为的元素；同时，把如此重要的事情归于自发性和偶然性也不恰当。那么，当有人认为"理性"[1]存在于动物中，乃至整个自然界，它是秩序和所有安排的原因，这个观点似乎有点道理，与那些高谈阔论大不相同。我们知道阿那克萨戈拉采纳了这个观点，但大家认为克拉佐美尼的赫尔摩底谟[2]较早提出了这些观点：只有一个本原，它同时是美的原因，也是事物的运动的原因。

四

有人可能会推测，赫西俄德（Hesiod）[3]是第一个探索这类事情的人，或者他会像巴门尼德一样，把爱或愿望当作本原。因为在创世纪之时，他说：

爱神是创立众神之时最初的神[4]。

赫西俄德接着说：

最初万物一片混沌，

而后形成广阔大地，

---

[1]理性：即"reazon"。此处的理性与后来启蒙思想家们宣称的理性含义不同，见后文叙述。
[2]赫尔摩底谟：生卒年月不详，相传是毕达哥拉斯（Pythagoras）的老师。
[3]赫西俄德是古希腊诗人，约生活在公元前8世纪，著有长诗《工作与时日》《神谱》。
[4]爱神指阿芙洛狄忒。

爱神位列诸神前列。

这意味着在现有事物中，必有一个原因推动事物并把它们聚合在一起。如何根据发现的顺序，给这些哲学家排序，我们稍后再作出决定；但是由于在自然界中存在各种形式的对立面——有序、无序、美丽、丑陋都混在一起，而且坏的、卑贱的东西比好的、美丽的东西多——因此另一个哲学家[1]引进了友爱和冲突，这两个原因也是这两类事物的原因。如果我们要遵循恩培多克勒的观点，按照它的含义而不是它的口头表达来解释，那么就应该发现友爱是美好的原因，冲突是丑陋的原因。假设恩培多克勒在某种意义上提到了两者，而且他又是提出此想法的第一人，也许我们会认为善恶作为世界的本原的观点是正确的，因为万物善的原因就是善本身。

正如我们所说，这些哲学家在这个程度上，明显找到了我们在《物理学》[2]所区分的两个原因，即质料因和动力因。然而他们只是隐约可见，而且没有明显的表现，正如未经训练的人在战斗中的表现一样，他们与对手周旋，虽然有时打出了几组好拳，但是并非按照科学的原则进行战斗，所以这些哲学家似乎也不完全清楚自己的想法是什么。很明显，通常情况下，他们并不会论述原因，除非在一些特殊情况。对于阿那克萨戈拉，他把"理性"看作世界的创造者。但只有当他对必然原因困惑不解之时，才会用"理性"来思考，而在其他的情况下，他都把事件归结为任何别的东西，而非"理性"。尽管恩培多克勒在很大程度上运用了理性的思维方式，却不够充分，也没有达到完美契合。至少在很多情况下，他用爱将事

---

[1]指恩培多克勒，见下文。
[2]亚里士多德的《物理学》除了探讨物质和运动，还包含有一些在今天看来应当归于哲学的内容。

物分开，用冲突将其相聚。每当宇宙被纷争冲突分解为元素时，火就会聚集，其他各个元素也是如此。但是每当再次受到爱的影响时，聚集的部分必须再次分离出来。

相比前辈，恩培多克勒首次介绍了原因的划分，但并没有提出运动的一大来源，而是提出了不同和相反的来源。除此之外，他又第一个提到四种元素物质，却没有用到四种元素这一概念，而是把它们当作两类来看待；把火本身看成一类，与火相对立的土、气和水看作另一类，这些可以通过阅读他的诗句而知晓。恩培多克勒用这种方式谈到了原理，并阐述了其相应的数目[1]。

留基伯（Leucippus）和他的同门好友德谟克利特（Democritus）[2]则认为，"实"和"空"皆为本原，一个叫存在，另一个叫非存在；"实"为存在，"空"为非存在（存在并不比非存在"实"，因为物体并不是"空"）；他们认为二者是事物的质料因。但有些人把底层物质看作本原，认为底层物质可以通过改变产生所有的物质，假设稀少和密集是改变之源。同样，这些哲学家认为元素之间的差异产生了不同的特征。这些差异包括三方面：形状、顺序和位置。但真正的差异只有"节奏""接触"和"转向"的不同。节奏就是形状，接触就是顺序，转向就是位置；因为与A和N形状不同，则AN和NA顺序不同，M和W位置不同。那么关于运动的问题就是：它从何而来，属于什么样的事物，或如何属于事物？但这些哲学家竟然完全忽视了这一点。

关于这两种原因，似乎早期的哲学家只是研究到了这里。

---

〔1〕即四或者二，对应上文的四种元素或者两种元素。
〔2〕德谟克利特（约公元前460—前370年）：古希腊哲学家，原子论学说创始人，认为万物由不可分的原子构成。

五

这些哲学家[1]的前辈和同辈——毕达哥拉斯学派,最早开始研究数学,他们不仅推进这项研究,而且在研究中提升自我,提出它的本原[2]即为万物的本原。在这些本原中,数在本质上位于第一位,在数上似乎可以看出存在和创生的东西之间有许多相似之处——绝不仅仅限于火、土和水。(这种数的变化就是"正义",另一个是"灵魂"和"理性",还有一个就是"机会"——几乎所有的东西都可以用数来表达。[3])他们再次认识到,音阶的变化和比例可以用数来表达;所有的事物似乎都以数为模型,数似乎排在整个自然界的首位,数的本原便是万物的本原,而"天"[4]也是音阶和数。他们认为,万物所表现出来的所有数和尺度的属性,符合"天"的属性和部分特征,以及"天"的整体安排,从而将其收集并纳入自己的理念中。如果什么地方有欠缺,他们很容易就能作出补充,使整个理论一致连贯。例如,他们认为数字10是完美的,包含数的全部性质。宇宙应当有十个天体,但是可见的只有九个,为了证明这一观点,他们发明了第十个天体——"反地球[5]"。我们已经在其他地方[6]讨论过这点了。

我们回顾的目的,是从这些哲学家那里学到他们认为的本原,以及

---

[1] 指上文中提到的哲学家。
[2] 它指的是数学,数学的本原是数,因而数是万物的本原。
[3] 这里包含了比例,即用数与数之间的比例来表达。
[4] 即"heaven",意为天空、天堂。
[5] 反地球:英文为"counter-earth",毕达哥拉斯学派想象出来的,与地球运动轨迹相反的天体。当时的人认为宇宙中有9个天体:日、月、五大行星、地球和恒星天。
[6] 见亚里士多德的自然哲学著作《论天》。

这些是否符合我们命名原因的本原。显然，这些哲学家也认为，数既是物质的本原，又是形成动态和静态的本原。数的元素是偶数和奇数，奇数有限，偶数无限；数都是从1开始的（因为它既是偶数，也是奇数）；还有之前提到的，整个"天"就是数。

同一学派的哲学家提出有十个本原，并把它们分成两类——有限和无限、奇数和偶数、单一和繁多、左和右、男和女、静和动、直和曲、明和暗、好和坏、正（长）方形和平行四边形。阿尔克曼[1]似乎也认识到了这个问题，他和那些哲学家的想法几乎一致，不知道是否相互有所借鉴。但他提到人类大多数的事情都是成对出现，这并不是毕达哥拉斯学派提到的有限矛盾之处，即白与黑、甜与苦、善与恶、大与小。他对矛盾之处提出了自己的独特见解，但毕达哥拉斯学派却只讨论了有多少种矛盾之处以及哪些是矛盾。

从这两学派中，我们可以更深入地了解到矛盾是事物的本原，本原到底有多少，以及哪些才是本原，可以从其中一大学派中有所了解。但是这些本原如何能够归纳在我们所提到的原因[2]之下呢，这些本原并没有被清楚地表达解释出来。他们似乎把元素置于物质的分类之中，因为物质是由内在部分组成和创造的。

从这些事实中，我们可以充分理解古人的想法，他们认为自然界的本原不止一个，也有一些人认为宇宙似乎是一个实体[3]，尽管他们的陈述与大自然的事实并不完全符合，也不吻合我们目前对原因的研究。他们并不像一些自然哲学家一样，认为存在是"一"，万物从中产生，但会用另一

---

[1] 阿尔克曼，克罗顿人，毕达哥拉斯的弟子之一。
[2] 即前文亚里士多德提出的四个原因，数显然并不能归入其中的一种。
[3] 以巴门尼德为首的爱利亚学派持此观点，他们认为世界的本原是不变的一。

种方式表达想法。自然哲学家会在此基础上增加运动，因为宇宙是后天形成的，但这些哲学家却认为宇宙是不变的。然而，这与目前的研究密切相连：巴门尼德似乎对定义"一"很慎重，麦里梭（Melissus）则更强调物质上的"一"，因此前者认为"一"有限，后者认为无限。关于"一"的这派人中，色诺芬尼（Xenophanes）（据说是巴门尼德的学生）最早提出其定义，但是并没有给出明确的说法，似乎也没有掌握这些原因的本质，而是参照了整个物质宇宙，即"一"便是神。现在这些哲学家忽视了当前研究的目的，而色诺芬尼和麦里梭则完全弃之不顾，他们简直太天真了。巴门尼德发表了更多高瞻远瞩的见解，比如他提到除了存在，一切皆不存在，他认为一切存在都是必然，存在即为一切（这点，在《物理学》一书中，我们已经清楚表述了）。但是迫于遵循观察到的事实，即据我们的感觉，存在不只局限于"一"与假定存在涵盖于"一"的定义有所矛盾。于是他又提出了两个原因和两个本原，把它们叫做冷和热，即火和土；热即存在、冷即非存在。

从已经提到过的内容，以及从一起围坐讨论的哲人那里，我们已然收获颇多。这些观点，一方面来自最早的哲学家，他们认为第一本原是物质（水和火这些东西都是实体）；其中一些哲学家认为存在有形的本原，另一些则认为本原不止一个，但都把本原归于物质之列。另一方面，有一些哲学家既肯定质料因，又列出动力因，一些人认为有一个动力因，还有一些人则认为有两个动力因。

除此之外，意大利学派的哲学家们对这些问题的讨论比较模糊，事实上，他们除了用两种原因来解释，其中一种是动力因——来源于一或二。但毕达哥拉斯学派也用同样的方式提到过有两个本原，还增加了许多新内容，这是他们独一无二的理论，即他们认为有限和无限不是某些事物的属性，例如火、土或任何东西，无限本身和整体本身就是他们所设想事物的本原，这就是为什么数是万物的本原。在这个问题上，他们持有的看法是关于本质的问题,并开始作出解释和定义,但是他们处理问题很简单。因为他们仅从表面定义,并且认为诠释定义的首要目的就是定义事物的实质,就好像人们认为"双倍"和"2"是一样的,因为2是诠释"双倍"的首选。当然,"双倍"和"2"又不能完全等同,如果这样的话,一件事情实际上就会得到许多结果。从早期的哲学家和他们的后继者中,我们可以学到很多东西。

六

在上述那些哲学家的体系之后,就出现了柏拉图的哲学,柏拉图在很多方面都遵循这些哲学家的观点,却与意大利学派大相径庭。青年时期的柏拉图,起初对克拉底鲁(Cratylus)[1]和赫拉克利特(Heraclitean)的哲学思想(即所有感性事物总是不断变化,认识事物是不可能的)较为熟知,甚至在晚年时期,他也持有这种哲学思想。然而,苏格拉底则忙于探索伦理问题,忽视整个自然界[2],他想从这些伦理问题中寻求普遍性,第一次把思想着眼于定义之上。柏拉图虽接受了他的教诲,却认为这并不适用于可感觉事物,而适用于另一种实体,因可感觉事物总在变化中,一般性的定义不能定义所有可感觉事物。于是,他称这种另类的东西为理念[3],可感

---

[1]克拉底鲁:古希腊哲学家,赫拉克利特的学生,据说曾经是柏拉图的老师。

[2]西塞罗称苏格拉底"把哲学从天上拉回人间"。

[3]即"idea",柏拉图哲学的核心概念,指独立于感觉、仅能被理性认识的事物。也有译作"理型""观念"的,吴寿彭译为"意式"。柏拉图经常把理念和形式两词混用。

□ 天鹅

　　镶嵌画面充满数学的美感。流动循环的画面，每一只黑白天鹅的交替和扭转都经过精密的数学计算和反复推演，如机械复制般的严丝合缝，将数学的匀称、循序等特性表达出难以言喻的美。黑白两色的画面象征世界的二元性构成，如正负两极或阴阳之别。

觉的事物名字都来源于理念，并且与理念紧密相关。许多存在的东西分有[1]了相同的理念，所以就具有了相同的名字。这里只有术语"分有"是新的；毕达哥拉斯学派认为事物是通过"模仿"数而存在的；柏拉图说，他们是通过"分有"来存在的，仅仅是一个名称的改变；但是，对于如何"分有"或者"模仿"理念（形式），他们留下了一个开放性的问题给大家去思考。

　　除可感觉事物和形式之外，他还提到数学对象[2]位于中心位置，具有永恒不变的特点，与可感觉事物不同；也存在许多相似之处而别于"形式"，因"形式"本身在每种情况下都独一无二。

　　由于各种各样的"形式"产生了世间万物，因此他认为构成各种"形式"的元素便是万物的元素。对于物质，大小是本原；对于实体，"一"是本原；由大到小都包含"一"，从而产生"数"。他虽然同意毕达哥拉斯学派的观点，即认为"一"是本原，不是事物的附属品，"数"产生了事物的实体；但自己却提出"二"的概念，并从大小中构建出无限大的

---

　　[1]分有：即"participation"，参与、分享之意。柏拉图哲学中的核心概念，指可感觉世界中的事物对理念的模仿。现实事物只有通过分有理念才能存在。有版本译作"参"，也有的直接译作"分享"。

　　[2]数学对象就是数字、几何图形等。

思想，他并没有把无限看作是"一"，这是他独到的观点。同时他还认为"数"独立存在于可感觉事物之外，而毕达哥拉斯学派却提出事物本身就是"数"，没有把数学对象放在"形式"和"可感觉事物"之间。在"一与数"和事物相分离的观点上，他与毕达哥拉斯学派的学者们意见相左，加之他引入"形式"的概念，都是由于他对定义领域问题的研究（因为早期的思想家并不熟悉辩证法）。除了"一"，他提出了"二"的概念，他认为不包含素数的那些数可以直接从"二"得出，就像从某些可塑材料中创生出来一样。但实际恰恰相反，这个理论并不合理。因为他们认为物质创生事物，而形式只不过是昙花一现。但是我们观察到的是：一张桌子可以由一种事物构成，如果学会应用这种形式，即使只是一个人，却也能制作多张桌子。雄性和雌性的关系也类似，雌性因交配而受孕，雄性会使许多雌性受孕，这些最初的原则都是大同小异。

　　柏拉图对这些问题的看法也是如此。上文中提到过的内容，很显然可以看出他只采用了两种原因，即形式因和质料因[1]（因为"形式"是万物本质的原因，"一"又是"形式"本质的原因）；在处于可感觉事物的情况下，可以判断出潜在物质所处的"形式"，而在"形式"的背景之下，可以探究出"一"，也就是曾经提出的"二"的概念，即"大和小"。此外，正如他的哲学家前辈一样，恩培多克勒和阿那克萨戈拉提出，把善因和恶因都归于本原，而且每个原因与本原对应。

---

　　[1]实际上，柏拉图不止一次提到过动力因和目的因，见其对话录《蒂迈欧篇》。

七

对于哲学家们提出的本原和现实的观点,以及他们陈述问题的方式,我们仅作简明扼要的概述,却从中受益匪浅。我们知晓那些谈论"本原"和"原因"的人,除了已经在《物理学》中区分出来的本原,没有人提到其他的本原。虽然他们闪烁其词,但显然都涵盖了他们的一些想法。无论他们认为存在一个或者多个本原,本原是实体还是非实体,都提到了本原是物质。例如,柏拉图提到大和小;意大利学派提出的无限;恩培多克勒提出的火、土、水、气;阿那克萨戈拉提出的无尽是由众多类似部分组成的。这些人都提出了这样的概念,而且那些谈到气、火、水或者某些东西比火密度大,比气密度小的人,也提出了同样的概念,是因为有些人说过本原就是这类东西。

这些哲学家只领悟了这个原因,但某些哲学家已经提到了动力因,例如他们提出友谊和冲突、理智、爱是万物的本原。

本质,即实体的实是。没有人明确提出过这一概念,主要是那些相信"形式"的人在观点中有所暗示。因为他们既不认为"形式"是可感觉事物的质料以及"一"是"形式"的质料,也不认为它们是动力因(因为他们称这些原因是不变的,而且处于静止状态)。但是他们把"形式"看作每件事情的实体,并把"一"作为"形式"的实体。

有些人认为这是某种发生动作、变化以及运动的原因,但不以这种方式进行,也就是说,该原因不是产生实体的方式。对于那些谈到理性或友谊的人来说,他们把这些原因归为善。但并没有人提出任何存在的东西,或是那些为了存在而产生的东西是由于这些原因而存在,只是指出运动始于这些原因。那些以同样方式提出"一"或"存在"即为善的人,也认为善是事物的原因,但实体的存在并非只有一个原因。因此,从某种意义上说，他们说与不说，都认为善是一个原因。因为他们并没有把善看作直接原因，只是偶然发现所得。

这些哲学家没有提出其他原因，所以似乎证明了我们已经准确无误地确定了有多少种原因以及各种原因都是什么。除此之外，显而易见的是，在寻找原因时，要么探究四者，要么寻找其中之一。接下来我们将讨论一下这些思想家在每一种思维方式中可能遇到的困难，以及他们对于本原的态度。

八

有些思想家称宇宙为"一"，而且把"一"看作是物质，尤其是占有空间的有形物质，他们显然在很多方面都已误入歧途。尽管存在许多无形的事物，但他们只看到了有形事物的要素，并非无形事物的元素。在试图解释创生和毁灭的原因以及探索所有事物的本原时，他们摒弃了动力因。而且不把本质即形式作为任何事物的原因（形式因），也是他们的一大错误。除此之外，他们把土之外的单纯物质称为第一本原，而不研究火、水、土、气等元素如何相互创生。有些东西是彼此组合生成，另一些则是分离生成，这就造成了它们先天和后天的截然不同。因为（1）在这种方式中，最基本元素的性质，似乎都归于组合产生物质的最初事物，而这一属性也体现在事物最细微精妙的部分。对此，那些认为火是本原的哲学家对该说法大为赞同。但是另一些哲学家认为，物质元素也属于这一类。至少那些认为本原是一种元素的哲学家没有一个人称土是元素，显然是因为它的细小部分是粗糙的。（三种元素各自都有支持者；一些人认为是火，一些人认为是水，还有一些则认为是气。但是为什么他们不像大多数人一样认为土是元素呢？因为人们都认为万物源于土。赫西俄德也提出，土是由有形物质最先创生的，可见这几乎是所有哲学家最初一致的想法。）那么，从这个论点中可以看出，没有人的观点是正确的，他们要么提出本原是除火之外的元素，要么认为本原是比空气密度更高，比水密度小的物质。但是（2）如果物质是由后天生成却先表现出本质、通过混合和组合才形成，那么，与我们背道而驰的观点一定是真实可靠的，即水必比空气先产生；土也必比水先产生。

对于提出一种原因的哲学家，我们就讨论到这里。但是如果其他哲学家提出还存在更多的本原，比如恩培多克勒认为有四个，情况也是如此。这不但会带来一些和前面提到的相同的难题，而且还面临另一些特殊的后果。我们看到这些物质相互作用创生，这意味着同一个物体并不总是保持火或土本原的状态（我们在关于自然的著作[1]中已经谈到了这一点）；关于动力因以及四元素归于一个还是两个本原的问题，我们认为他的看法既不非常准确，也不合情合理。而且通常，持该观点的哲学家认为必然要忽略质的变化，因为热不能产生冷，反之亦然。如果可以产生，就会有一些事物本身可以包容矛盾，而且会有一个实体既是火又是水。恩培多克勒否认了这一点。

有人猜测，阿那克萨戈拉曾提出有两种元素，这个猜想与他表述的论点如出一辙；如果任何人给他些许关于这个论点的提示，他肯定会准确提出这个论点。诚然，人们认为起初所有的东西都混杂在一起，但这是荒谬的想法。因为，如果万物以前是以一种纯粹的形式存在，那么自然界也不允许任何偶然的东西相互混合。按照这个观点，属性和偶然可以独立于物质而单独存在（因为混合在一起的同一事物也是可以分开的）。但是如果有人继续追问，并把他的想法拼凑在一起，就可以看出这也许是个很超前的观点。当没有东西被分离出来时，显然不能从任何东西中真正判断出当时存

---

〔1〕指亚里士多德的自然哲学著作《论天》。

在的物质。我的意思是，例如，它既不是白色，也不是黑色、灰色或其他颜色，那必然是无色的；因为，如果它有颜色，一定会是这些颜色中的一种。同样的道理，按照此观点，它是无味的，也没有任何相似的属性；它既不具有任何质量和任何大小，也不可能是任何明确的事物。如果不是这样，那么它就拥有了其中一种特定的形式了，而这又是不可能的。因为所有的形式都混在一起了，特殊的形式必然已经被分离出来，但唯独理性是没有混合纯粹的，除此之外，事物都是混合的。由此可见，他必会提出原则既是"一"（因其简单没有混合），又是"别"[1]，因其具有这样一种性质，即在定义和具有某种形式之前是不确定的。因此，他表达的观点并不清晰准确，但他的观点却在后期哲学家的理论中也有所提及，而且现在这种观点也愈加清晰。

但是，这些哲学家毕竟只是在争论关于创生、毁灭和运动的问题，实际上，他们只从这类物质中寻求本原和原因。但是那些视野延伸到现存事物的哲学家在探索中发现，有些事物是可知的，有些则不可。他们显然研究了这两类事物，这就有更多的理由促使人们投入时间，去思考他们的观点中，哪些是好的，哪些又是坏的。

毕达哥拉斯学派对待本原和元素的态度，与自然哲学家大为不同（原因是他们从不可感觉事物中寻求本原，因为除了天文学之外，数学对象都不会运动[2]）。但他们的讨论和调查都关于自然；自然产生了宇宙，毕达哥拉斯

---

[1] 别：英文版作"the Other"，有的作"otherness"，即他者、他物之意。有学者认为，亚里士多德此处说阿那克萨戈拉未得出"一"和"别"的原理，正是他自己要提出的原理："一"是独净不混的理性，"别"则是未获确定形式的"未定物"，前者相当于"形式"，后者相当于"质料"。见翁绍军著《〈形而上学〉论稿》。

[2] 古希腊人把天文学归入数学的一个分支。

学派的学者观察到了关于自然的部分、属性和功能所表现出的现象，并且用它们的本原和原因来解释这些现象。这意味着他们与自然哲学家想法一致，现实就是所谓的"天"包含的一切东西。但是，他们提到的原因和本原，足以作为奠定通向更高的存在的基础，而且相比自然理论，更适合于这些存在。但他们没有讨论如果有限、无限、奇数和偶数是唯一的事物，又怎么会有运动呢？或者如果没有运动和变化，又怎么会有创生、毁灭或者天体运动呢？

此外，如果一个人认为空间大小由这些元素组成，或者这一点得到证明，仍然会质疑为什么一些物体是轻的，而其他物体是重的呢？从他们所持有的观点来判断，对于可感知事物的研究和数学对象的研究所差无几；所以他们没有任何关于火、土或其他事物的想法，我想是因为他们对于可感觉的事物无话可说。

我们还探索如何将以下观点整合在一起，即数的属性和数本身是目前为止宇宙中存在和发生事情的原因。除了这种数以外，有没有其他数组成的世界呢？当他们把"观点"和"机遇"放在一个特殊领域时，在稍上或稍下的位置放上"不义""分离"或"混合"，来证明每类抽象物质都是一个数，而且碰巧在这个地方已经有多个由数组成的物体，这些数的属性附加到不同的地方——就是因为数，那么抽象的数和物质世界中的数是相同的数，还是不同的数呢？柏拉图说这是不同的，他甚至认为这些物体和原因都是数，但是可理知的数是原因，而其他的数则是可感觉的。

九

现在姑且不谈毕达哥拉斯学派，因为之前详细讨论过。对于把理念作为原因的人来说，首先，为了探索周围事物的原因，他们引入了与其数目相同的其他事物，好比一个人要计算事物，却认为个数太少，无法计算，因而要添加一些数量，才会尝试计算。[1]"形式"[2]（在数的方面）实际上等于或者不少于"事物"，可以用来尝试解释这点——这些哲学家从寻求事物的原因到寻求形式的过程。对于每个事物，都会对应一个同名的实体，而且实体的存在是与这些物质分开的。在其他情况下，无论实体仅在这个世界还是永久存在，都存在"一对多"的情况。

此外，我们证明了"形式"的存在方式，但没有一种令人信服。因为有一些方式没有得出必然的推论；而"形式"往往又从一些没有形式的东西中出现。根据学科存在的论据，将会出现有多少学科就有多少类形式，而且按照"一对多"论点，甚至将会出现否定的"形式"。事物会毁灭，我们对事物的"观念"并不会毁灭，因而又会有已毁灭的事物的形式。此外，从更准确的论点中可以得出一些关于"关系"的理念，但我们却认为这个观点并不具有独立性，从而有些人引入了"第三人"的观点。

一般来说，论证"形式"破坏了事物存在的方式，相比探索理念的存在，我们更热衷于事物的存在。因为它遵循的不是"二"的概念，而是数是第一原则的观点，也就是说，相对先于绝对。此外，某些人持有的观念与先前的原理冲突。

而且，基于我们相信"理念"的观点，不仅存在实体的"形式"，而且还有许多非实体的"形式"（因为这个概念在实体和其他情况下都是单一的，不仅存在实体的学科，还存在其他事物的学科，它们面前还摆着一千多个这样的难题）。但是，根据这个问题的必要性和关于"形式"的看法，如果"形式"

---

〔1〕亚里士多德此处对理念论的批评与"奥卡姆剃刀"有异曲同工之妙："如无必要，勿增实体"。

〔2〕亚里士多德也与柏拉图一样，在不止一处地方把"理念"和"形式"混用。

可以分有，那么只存在实体理念。它们不是偶然分有，而是一个事物必须与它的"形式"分有，并不是以某事物为前提（通过"偶然分有"，我指的是，如果一个事物分有"双倍"，它也可以分有"永恒"，但这都是偶然的。因为"永恒"恰好是"双倍"的偶然性）。因此，"形式"将是实体，但同一个词表明既是现有世界又是理想世界中的实体（或者说，除了特定的事物之外，"一对多"是什么意思呢？）。如果分有的理念和细节具有相同的形式，那么一定会有共性的东西。为什么"2"应该成为许多易毁灭的2，或是那些很多但是永恒的"2"中的一个呢？而在"2"本身中体现的又是不一样的呢？但如果形式不同，只是名字相同，就好像一个人把"卡里亚斯"和木偶都称为"人"，却没有意识到他们之间的任何共性。

最重要的是，人们要讨论的问题——无论那些永恒的事物，还是那些已经形成和不复存在的事物，究竟什么"形式"造就了可感觉的事物？它们既不形成运动，也不产生改变。而且，对于我们了解事物的知识以及事物的存在毫无用处（它们甚至不是这些事物的实体，否则将会包含其中），同样无助于它们的存在，如果它们不在分有它们的那些特殊事物之中。假设它们存在，也就可能被认为是原因，正如白色通过其组成部分产生白色物体的"白性"。这一论点最先由阿那克萨戈拉提出，即便后来为欧多克索以及后人所使用，也经不起推敲，很容易就可以收集到大量关于该观点无法争论的反对意见。

但是，进一步来说，世间万物都不可能来自通常意义上的"形式"。称"形式"为模式，其他东西分有它而存在，只不过是说空话和诗意的比喻而已。单从理念的角度来看，它创造了什么？任何相似的东西都无需模仿，所以无论苏格拉底是否存在，生成一个像苏格拉底的人都可能成为现实；显然，即使苏格拉底是永恒的，结果也是如此。同一事物有几种模式，就会有几种形式，例如"动物""两只脚"和"人本身"都是人的"形式"。还有，"形式"不仅是可感觉事物的模式，也是"形式"本身，比如属和种[1]，此属可为此种的属，也可以为彼属的种。因此同一事物将是模式，也是复制品。

同样，实体和具有实体的物质分开存在，这似乎是不可能的。因此，作为物质实体的理念应该如何分开存在呢？在《斐多篇》中，有这样的说法："形式"是存在和创生的原因，但是当"形式"存在时，除非有动力因，否则它们所分有的事物就不会存在。还有许多存在的东西，（比如一座房子或者一枚指环）没有形式，因此很明显，其他东西也可以成为存在和创生的原因。

□ **生命之路**
　　四只灰鱼向中心部分作圆周运动，消逝于中心点，逐渐成为无限小的物体。同时，灰鱼又不断创生出越来越多白色的鱼，如同生命之路孕育、成长、消亡、重生的循环，无休止地永远进行下去。

此外，如果"形式"是数，又怎么会成为原因呢？是因为存在的东西是其他的数吗？例如，一个数是人，一个是苏格拉底，另一个又是卡里亚斯？那么为什么一组数是另外一组数字的原因呢？即使前者永恒，后者不是，也没什么区别。但如果在这个可感觉的世界里，（比如和谐）事物是数的比例，显然它们之间的比例是某类事物。如果这个事物是某些确定的事情，显然数本身也是某个事物的比例。例如，假设卡里亚斯是火、土、

---

　　[1]属和种：亚里士多德首创的一对逻辑学概念，指一个概念完全包含另一个概念。比如，猫是种，那么动物就是属，动物这个属概念包含了猫这个种概念。值得注意的是，按照亚里士多德的原文，种应该是包含属的，因此有的译本这两字的意义恰好相反。随着生物分类学的发展，"门纲目科属种"确定，属包含种已经使用得更广，故我们采用属包含种这个译法。

水和气之间的一个比例，他的理念也将是一些潜在事物的数；而人本身，无论是否在某种意义上是数，仍然是某些事物的比例，但不是某个特定的数。[1]

还有，一个数由众多数构成，但是多种"形式"又如何构成一个"形式"？如果数不是来自许多数本身，而是来自其中的单位，例如，在10000这个数中，它的单位是什么？如果单位极其相似，将会出现许多荒谬之处。如果不相似（一个数本身的单位既不彼此相同，也不与数中的单位相同），也会产生荒谬的结果。因为如果它们没有各自的属性，那相互间有什么不同呢？这个观点并不可信，也不符合我们在这个问题上的看法。

此外，他们必须建立第二类的数（用算术方法）和所有对象（某些哲学家称为"中间体"）的概念。这些又是如何存在？从什么本原产生？或者为什么它们必须是介入这个可感觉的世界和事物本身的"中间体"呢？

另外，每个单位必须来自先前的数，这又不可能。

另外，为什么整体的数是一呢？

同样，除了已经提到的，如果单位多种多样，柏拉图主义者应该像那些主张有四种或两种元素的人一样高谈阔论。因为这些哲学家都不是按照事物的共性命名，例如，命名火与土，无论它们之间是否有共性，都称之为元素。但事实上，柏拉图主义者似乎把"一"看成是像火或水一样是同质的物体，如果这样，数就不是实体了。[2] 显然，如果存在"一"，它又是本原，那么"一"就适用多个意义，否则这个理论就不成立了。

当我们希望把实体细化到本原时，就会认为，线由长和短构成（即一种

---

[1] 本节某些语句含义模糊，疑为抄本错误。前文有说过，比例也属于数，因此此处显然矛盾。

[2] 意即数就只是同质的单位，只能用来计算，而不是作为实体存在。

大和小)、面由宽和窄构成、体由深和浅构成。然而，面如何包含线，或者体如何包含线和面呢？因为宽窄与深浅属于不同的类。因此，正如数不存在这些之中，因为多和少不同于这些，显然没有较高类置于较低类之中。但是，宽并不具有包含深的属性，否则体就成为面的一种了。

而且，从什么原理可以推导出线中的点呢？柏拉图曾经反对将这类事物作为几何构成。他给线的原理命名，而且他经常提到这个原理，即不可分割的线。然而这些线必须有一个界限。因此，关于线存在的论证也证明了点的存在。[1]

一般说来，虽然哲学寻求可感觉事物的原因，但是我们却忽视了一个问题（因为我们没有提到变化开始的原因），但是当我们想象正在说明可感觉事物的实体时，我们断言存在第二类实体，而对它们是可知事物实体的存在方式，我们的描述不过是空话。因为正如我们之前所说的，"分有"并不意味着什么。

这些"形式"与我们所认为的艺术领域中的原因没有任何联系，而人类的全部思想和整个自然都是有效运行的——我们坚持认为这个原因[2]是一大本原。但对于现代的哲学家，数学等同于哲学，尽管他们研究数学是为了更好地探索其他学科。此外，有人可能会认为，它们作为物质基础的实体过于数学化，并且是实体即物质的谓词和差异，而不是物质本身，是所谓的"大小"。它们都像自然哲学家所说的稀少和浓密一样，成为基质的主要差别；因为这是一种过剩和缺陷。关于运动，如果大小都是运动的，那么显然"形式"也是运动的，如果它们不是运动的，那么运动来自哪里

---

[1]前文说，线必须有一个界限，这个界限就是点，所以亚里士多德说线存在，点就存在。

[2]指目的因，也就是至善，对应前文的整个自然和人类思想。

呢？如果这些问题有答案的话，我们对于整个自然界的研究也就是徒劳了。

人们认为最简单的事，就是说所有事物都为"一"，但这并没有完全得到证实。即使我们允许所有的假设都成立，目前的例子并不能阐释事物都是"一"，而只能证明"一"本身存在。但如果不承认普遍是一个属，即使这个理论我们也无法得出，某些情况下是不可能成立的。

"一"也不能解释产生数之后，线、面和体如何存在，或如何可能存在，以及它们具有什么意义。这些既不属于"形式"（因为它们不是数），也不属于"中间体"（那些是数学的对象），也不可能是易毁灭的事物。显然属于不同的第四类。

一般来说，如果不区分存在事物的多种意义，就无法寻找存在事物的元素，尤其是以这种方式来寻求事物构成的元素时。因为不可能发现什么是组成"作用""被作用"或"直"的元素，如果能发现元素，那也只不过是实体的元素。因此，寻求所有存在事物的元素，或者认为已经找到元素的观点都不正确。

我们如何了解万物的元素呢？显然，并没有前人提供的知识可以借鉴。正如当一个人学习《几何学》时，他可能知道以前的其他知识，却不知道如何应用到这门学科中，别的情况也是如此。所以，如果有一门包罗万象的学科，就像某些哲学家坚持认为的那样，那么正在学习它的人以前也是对此一无所知。所有的学习都是通过已知的前提来了解未知的知识（无论是全部还是其中的部分知识）——无论是通过证明还是定义来学习都是如此，因为定义具备的要素必须是要事先知道而且对此熟悉，用归纳方法学习也是如此。但如果知识真的是一种天赋之物，我们却不知自己拥有这些伟大的知识，就太可惜了。

还有，人们如何知道万物是由什么构成的呢？又是如何表达出来呢？这也为我们提出了一个难题。对此，我们可能意见相左，比如像某些音节，有些人说za是由s和d和a构成的，另一些人则认为它是一种独特的声音，没有类似的声音。

而且，我们如何知道感官的对象是什么，假如我们没有相对应的感官呢？只有事物都是由相同的元素构成，正如复杂的声音由对应的元素组成，我们才能认识它。

十

显而易见，甚至从上文也可以看出，所有人似乎都在寻找《物理学》中的原因，除此之外，我们没有提出任何别的原因。但是那些哲学家只有一个大致的想法，尽管在某种意义上，他们都有过描述，但从另外一种意义上，又都没有描述过。至于最早的哲学，对所有问题都诠释得含糊不清，各种学科都处于萌芽之中。恩培多克勒甚至说骨骼是由于它的比例[1]而存在，比例指的就是事物的本质和定义。同样地，肌肉和每种组织必然也是元素的比例，否则就不会构成事物。因而并非质料的原因，肉、骨和一切事物才会存在。这种质料称为火、土、水和气。但如果其他的哲学家提到过类似的想法，他肯定会表示赞同，他自己却没有论述清楚。

我们已经表达过对这些问题的观点了，回过头来列出在同样问题上可能遇到的困难，这些或许会对未来可能遇到的挑战给予一些帮助和启示。

---

[1] 此处的比例是指四元素火、土、水、气之间的组合比。

卷α（二）

一

追求自然界的真理一方面很困难，另一方面又很简单。[1]从事实可以看出：没人能够详尽地道出真理[2]，但也不可能毫无所得，只不过每个人各有见解。虽然我们对真理探索的贡献很少——甚至是没有，但是众人拾柴火焰高，从古至今人们也积累了大量的真理。所以真理似乎就如谚语的门，谁都不会弄错，这样看来，也很容易。但我们虽可以探索全部知识，却不能掌握特定的部分，这就是难点。

究其困难的原因，并不在于事实，而在于我们自己。就像蝙蝠的眼睛对白天光亮的反应一样，我们灵魂中的理性对于事物的反应也是如此，而且本质的反应最为明显。

我们应该怀有感激之情，不仅要感谢与我们观点一致的人，还要感谢那些表达过较为浅显观点的人；这些人也为我们继续探索思想的发展作出了贡献。确实，如果没有提摩特俄斯（Timotheus），我们应该没有那么多的抒情诗；如果没有费吕尼斯（Phrynis），就不会有提摩特俄斯[3]。这同样

---

[1]本卷与卷A（一）不相衔接，开篇讨论的就是自然界，与哲学不太相干。许多学者认为，本卷不应编入此书。有的版本把本卷作为卷A（一）的附属。我们姑且参照现存的大多数译本，把本卷作为卷α（二）。

[2]亚里士多德的名言：吾爱吾师，吾更爱真理。

[3]提摩特俄斯和费吕尼斯都是希腊抒情诗人，费吕尼斯的时代更早一些。

也适用于那些对真理表达看法的人。因为我们从一些哲学家那里继承了某些思想，这些哲学家也从前辈那里获得思想。

因此，哲学应该称为真理的知识。理论知识的目的是真理，而实践知识的目的是实用（即使考虑到事物如何运行，进行实践活动的人也不会研究永恒的事物，而是研究相对和现有的事物）。现在，我们不了解无法解释原因的真理，一个事物，因其本身并赋予其他事物相同的性质，那么这个事物就具有较高程度上的性质。（例如，火是最热的，因为它是所有事物产生热的原因。）所以使其他事物为真的原因，就是更高一级的真，永恒事物的本原也必须永远最真实（因为它们不仅有时真实，也没有任何存在的原因，而是本身就是事物存在的原因）。那么，正如每个事物都涉及存在，真理也是如此。

二

但显然有一个最初的本原，事物的原因既非无限，也非变化不定。一个事物不能无限地转化成为另一个事物，比如物质（例如，土生肉、气生土、火生气，如此循环往复）。而动力因也不是无穷尽的过程（例如，气施于人，太阳施于气，冲突施于太阳[1]等等）。同样地，目的因也不能无限地进行下去——散步是为了健康，健康是为了快乐，快乐是为了某些事，某些事情总是为了另一件事情。各种情况的本质都相似。因为存在"中间体"，它有一个后面的事物和一个前面的事物，前面的事物一定是后面事物产生的原因。如果我们不得不说这三者中哪一个是原因，应该会说第一个，必然不是最后一个。因为最后一个无法构成事物的原因，甚至也不是中间的那

---

〔1〕太阳因冲突或斗争而运动，此观点出于恩培多克勒。

个，它只是后一位的原因（不管有一个"中间体"还是多个，无限还是有限，都没有任何区别）。但按照这种方式，无限、一般无限以及现在展示的所有部分，都具有相同的中间体。所以如果没有第一个，根本就不存在原因。

也不可能存在无限向下的过程，一开始是向上的方向，所以水应该由火生成、土由水生成[1]，总会要生成某些其他的东西。有两种方式可以从一种事物产生另一种事物——"来自"不意味着"无限追溯"（正如我们所说在伊斯特米赛会后，才是奥林匹克赛会），但是（1）正如人是从小孩长大的，即随着小孩的变化而长大成人；或（2）气由水生成。所谓"人是从小孩长大的"，我们的意思是"正在变化的事物会变成已经成为存在的事物"或者"试图达到的事物会成为已经完成的事物"（因为正在变化是处于存在和非存在之间的，所以正在变化的一直处于是和不是之间；因为学习者是正在获取知识的人，这就是我们说的，学习造就了有学问的人）；另一方面，来自另一个事物，比如水由气生成[2]，这就意味着另一个事物的消失。这就是为什么前者的改变是不可逆转的，孩子不能从成年人变来（因为这不是来自生成的事物，而是形成以后才存在，正如白天要从早晨而来，因为早晨到来以后，才会开始一整天，这就是为什么早晨不能从白天而来），但事物种类的变化是可逆的。那么这两种情况下，数目无限发展应该不太可能。对于前者而言，作为中间体必须要有结点，而后者又变回另一个事物，因为任何一个事物的消失都代表着另一事物的生成。

同时，永恒的第一原因不可能被毁灭，因为向上的过程中，生成并

---

[1] 古希腊的四元素说与中国古代的五行学说有类似的地方，但在相生相克方面差别很大。四元素说曾经在相当长的历史期限内主宰着欧洲各项学术的发展，比如天文学、化学、物理学、哲学等。

[2] 这里说水由气生成，上文说气由水生成，应理解为亚里士多德举例说明问题。

非无限。那么由于第一原因毁灭而产生的事物,必定不是永恒存在的。[1]

而且,事物的目的便是结果,不因其他事物而结束,而其他事物都为了这个目的。所以如果存在最后的事物,这个过程将不会无限进行;如果不存在,就没有目的因。但是那些提出无限的人并不知道,他们没有考虑"善"的存在(如果有人不打算达到某个限度的话,也不会试图做任何事情)。世界上也不会存在任何理性,因为理性的人至少会因为一个目的而行动,这就是一个限度,因为最后的目的也是一个限度。

再有,本质也不能归结为另一种更充分表达的定义。原来的定义总是更为贴切,而后面的并不是。在一类事物中,如果第一个定义不具备必要的特征,那么下一个也如此。此外,提出无限的人颠覆了科学知识,因为只有探索到不可分析的事物时,才有可能了解科学知识。知识变为不可知[2],如何以这种方式理解无限呢?这与线的例子大为不同,线的可分性是无止境的,但如果分割不停顿,我们就无法进行理解(因而人们探索无限可分的线时,不能计算其可能性),所以只能理解整条有长度的线而已。再

□ 宿命

一只只振翅而上的白鸟,执着笃定地在沿着既定路线飞行,它的生命终结就是被黑鱼咬断颈项发出的悲啼吗?与之对比,黑鱼锯齿般的利齿,似乎能掌控一切,隐藏不可捉摸的微笑。白鸟与黑鱼一起给画面带来戏剧性和荒诞感。

---

[1]这段话的含义前后矛盾。学者吴寿彭注:这一节原文晦涩而论旨不明。(见商务印书馆《形而上学》第39页)

[2]意为如果存在无限,将有无限多的对象,这就不可能有确定的知识,从而导致无知。

有，没有事物可以无限存在，如果存在，那么它就不会是无限的。

但是，如果这种原因在数量上是无限的，那么知识也将成为不可能的事物；因为只有确定原因时，我们才会认为自己知道，但是要加上无限的原因，在有限时间内是无法认识的。

三

讲课对听众产生的影响取决于听众的习惯。我们会要求使用习惯性语言，而不同的语言会因不熟悉而产生不解和陌生感，这些都会对理解有所影响。习惯是可以理解的，比如法律，里面的幼稚和神话成分，远远超出了我们对法理的了解。因此，有些人不理解演讲者的发言，除非用数学的方式进行演讲；有些人除非听到列举实例才能理解，还有些人希望演讲者引用诗人的话语举例。一些人想把所有事情都做到准确无误，另一些人则因为精确性而抓狂，要么是因为他们无法与其思想交流，要么是因为他们认为这很无聊烦闷。精准具有自己的特点，所以在交流和论据中，人们认为它的意思相同。

因此，必须经过训练才能知道如何采取各种论证，但同时寻求知识和获得知识的方法又极为荒谬，即使获得其中之一也非易事。并非所有情况都要求有数学的精确性，只有在不存在物质的事物中才需要。因此，数学方法不是自然科学的方法，因为几乎整个自然界都存在物质。所以我们首先要研究自然是什么？我们也应该看到自然科学要应对什么样的问题（以及它是属于一门单独的学科，还是更多用来研究事物原因和原理的学科）。

卷 B（三）

一

为了探索科学，我们必须论述首要讨论的问题，包括一些哲学家对本原所持有的观点，以及那些刚好被忽略的意见。对于希望弄清楚困难的人来说，好好讨论一下目前面临的困难是有益处的。后期的哲学家能够灵活运用观点，表明他们解决了以前存在的困难，但是解开未知的疑团又似乎不现实。思考的难点在于目标对象的"结"，正如我们的思想陷入困境一般，受束缚的人面临的情况也是如此。这两种情况下，继续前进都不可能。因此，我们应该事先弄清摆在面前的一切难题，无论是以前提到的目标，还是研究时没有提前考虑的困难，不然就如那些不知道何去何从的人一样。此外，有的人甚至不知道在既定时间里是否找到了追寻的东西，这种人目标并不清楚，但对于一开始就讨论可能遇到的困难的人来说，却目标明确。而且，凡是听过辩论双方激烈争论的人，宛如当事人一般，他必定处于更有利的判断立场。

第一个问题涉及我们讨论过的话题。即（1）研究原因属于一门还是多门学科。（2）这种学科只研究实体的首要原理，还是也研究所有人以此为依据的那些原理呢？例如，是否能同时肯定和否认同一事物，以及所有此类问题。（3）如果讨论的学科涉及实体，是只有一门还是不只一门，如果是多门学科，无论所有学科是否类似，那么是否只有其中一些学科必然称为"智慧"，其他学科则不能。（4）这本身也是必须讨论的一大话题——

是否只有可感觉的实体存在，还是其他实体都存在；这些属于一种还是几种实体，就像有些人相信"形式"和介于"形式"与可感觉事物之间的数学对象一样。我们也必须探索这些问题。（5）我们的研究只关于实体，还是关于实体的本质属性。此外，关于相同和不同、相似和不相似以及矛盾，还有关于先后以及其他[1]，辩证学家仅从可能的前提开始试图研究它们——谁应该继续研究这些问题呢？而且还要讨论这些物质本身的本质属性，不仅要弄清楚每个事物是什么，还要了解是否每种事物都有对立面。（6）事物的本原和元素是属吗？还是每个事物中存在的部分？（7）如果它们是属的话，是靠近个体还是最高的属？比如，第一本原是动物或人类还是更加独立的个体？（8）我们还要着力研究和讨论，除物质之外，是否有任何事物本身就是原因，它是否可分，是一还是多，以及除了具体的东西，是否存在东西（这里具体的东西指的是某种已经表述过的物质），或不存在分离的东西，还是在某些情况下可以存在某种分离的东西，某些情况下却不能。（9）我们会有所疑问，根据定义和基质，是否这些本原在数量和种类上都有限？（10）可毁灭和永恒事物的本原是相同还是不同？是所有的本原都永恒，还是可毁灭事物的本原是可毁灭的？此外，还有（11）最困难、最令人困惑的问题——是否如毕达哥拉斯和柏拉图所说的，"一和存在"不是事物的属性，而是存在事物的实体；又或者事实并非如此，就像恩培多克勒所说，基质（底层）是另一种东西，他指的是爱；或像一些人所说，是火，而另一些人说是水或气。[2]（12）我们会问，这些本原是普遍还是个别事物？（13）这些本原是现实存在还是潜在存在？进一步讲，是

---

[1]以上提及的术语详见卷Δ（五），其中有专门的章节进行论述。
[2]这里的火、水、气都是基质，也就是前面说的质料。

否除了运动，它们在任何意义上会真正或可能存在？这些问题也有很大的困难。还有（14）数、线、形和点是否同一类实体？如果是，它们是与可感觉事物相分离还是存在其中？[1] 所有这些问题，不仅把握真理很难，甚至想要清楚地表述准确也不是容易的一件事。[2]

二

（1）首先第一个提到的问题：研究各种原因属于一门还是多门学科？如果这些原理不成对，怎么可能属于一门学科呢？

此外，很多事情并非涉及所有原理。运动的原理或善的本质，如何能够存在于不动的事物中呢？如果每件事情的本身或本质是善，那么某种意义上事件本身也是原因，即事物创生和存在的原因。由于结果或目的代表某种活动的结束，那么所有的活动都意味着运动吗？所以，对于不动的事物而言，这个原理不可能存在，也不可能存在善本身。这就是为什么数学中的任何原理都无法用此类原因来证明，也没有任何"因为它更好或更坏"这样的证明。实际上，甚至没有人提到过这样的事。为此，一些学者，例如，亚里斯提卜（Aristippus）[3] 常常嘲笑数学家，因为（他认为）在技巧方面，甚至在工艺方面，例如木工手艺和纺织技术，总会考虑是"更

---

[1] 有的版本列出的是13个问题。本书的英文版把第6个问题分成了两个，因此总数就是14个。

[2] 对哲学来说，提出一个问题往往比回答一个问题重要得多。

[3] 古希腊哲学家，曾师从苏格拉底，创立了昔勒尼学派，为小苏格拉底学派之一。

□ 棕榈树

自然事物由自然创生，就如灌木般的两株小棕榈，一定是土地孕育种子的结果。自然而生的产物被称为"制品"，有的来源于思想，如健康的产生，有的来源于技术，比如由棕纤维制成的绳索、茅棚和毛毡，由某个物质创造的事物，产生之后我们说是"某物做的"，比如茅棚并非棕树，而是棕树做的。

好或更坏"，但在数学领域，不会考虑好和坏。

如果有几门关于原因的学科，还有另一门针对不同原理的学科，那么究竟我们寻求的是哪一门学科呢？或者，哪些人具备讨论对象最全面的学科知识？同类事情可能有各种各样的原因，一座房子的动力因是技术或者建筑者，目的因是实现其功能，质料因是土和石，形式因是定义。据我们以往对哪一门学科应该称为"智慧"的讨论，完全可以把这个名字应用到每门学科。因为它是最具有知识体系和权威性的，而其他学科，如奴隶一样不能与其相矛盾，这就是关于目的和善的学科，具有智慧的本质（其他事物都以它为目的）。但由于实体的学科被描述为"解决最初本原和最高层次的知识对象"，所以它必然也具有智慧的本质。既然人们可以从很多方面了解同样的事情，我们便认为了解而认知的人比不了解而认知的人懂得更多；前种情况下，这种人更加见多识广，而且知识最为渊博的人最清楚事物是什么，不是它的量、质或因自然本质产生的结果。进一步地，在所有的情况下，我们也认为每个事物具有的知识，即便可以证明存在的事物，只有当我们知晓其本质，才能认识它的存在。例如，矩形如何变成正方形？即找出平均值，所有情况也是如此。当我们知道动力因时，就会知道创生、作用和每种变化，这与目的不同，而且背道而驰。因此分开研究这些原因似乎属于不同的学科。

但是（2）从证明的原理和原因开始进行研究，无论它们是一门还是许多门学科的对象，这都备受争议（至于从证明原理开始研究，我指的是共同的想法，所有的人都以此为基础）。例如，所有的事情都必须得到肯定或否定；每一事物不可能同时存在又不存在；在这样的前提下，问题就是：同一门还是不同学科可以解决它们和实体存在？如果不是一门，两门中的哪一门与我们现在探索的学科有关呢？这些话题应该是一门学科研究的对象，这一观点是不合理的；因为如果要理解这些问题，为什么特别适用几何学或其他学科呢？如果它属于每一种类似的学科，而不属于所有学科，那么关于解决这些问题上，研究实体的学科相比任何学科，也就没有独到之处了。而且，同是本原的学科以什么方式产生？我们现在知道每一门学科实际都是什么（至少其他学科也可以熟练运用它）。但是如果要成立一门实证学科，就必须有一个基础学科，其中一些必须得到证明，而另外一些则必须是公理（不可能证明全部学科）。因为证明必须具有某些前提，并且涉及某个主题并证明某些属性，所以所有可以证明的属性都必属于同一类别，所有证明的学科都要运用公理。

但是，如果有关实体的学科不同于运用公理的学科，那么哪门学科本质上更具权威性和"居先"呢？公理是最普遍的，且是万物的本原。如果不是由哲学家探究真假，究竟由哪些人来探究呢？

（3）一般来说，所有实体属于一门还是多门学科？如果是多门，现在的学科对象又是哪类实体呢？另外，让一门学科解决所有的事情是不合理的；因为这会需要一门证明学科来解决所有事物的属性。每门证明学科都是从一些共同的观点出发，研究某些物体的本质属性。因此，从一系列观点出发，研究一类事物的本质属性是一门学科的内容。因为主题属于一门学科，前提也是一门学科，两者的学科无论相同与否，无论它们通过这些学科进行研究，还是由一门综合的学科研究，属性也都各不相同。

（5）[1]此外，我们的研究只针对实体，还是也解决其属性问题呢？我的意思是，例如，如果体是一种实体，线和面也是实体，那么了解这些事物及其不同种类的属性（数学证明此类属性），属于同一门还是不同学科的研究范畴？如果是同一门学科，实体的学科也必然是实证的学科，但人们却认为没有对事物存在的证明。如果是后者，那么研究实体属性将属于哪种学科呢？这是一个非常棘手的问题。

（4）而且，是否一定只存在可感觉的实体？还是也存在其他实体？这些实体是一类，还是像有些哲学家声称的，存在用数学科学来解决的"形式"和"中间体"一样，实际上会有几类？我们称"形式"既是原因，也是独立的实体，这一含义已经在第一次谈到时就解释过了。[2]虽然这一理论在很多方面都经不起推敲，但最矛盾的是，除了物质世界的事物之外，还有一些事物[3]和可感觉的事物一样存在，但它们亘古不变，可感觉的事物却是稍纵即逝的。因为他们没有进一步解释，存在一个人本身、一匹马本身和健康本身——这个说法就像人们认为世界有神的存在，但只具有人的形式。所以他们提出不是别的，就是永恒的人而已，柏拉图主义者也是把这些"形式"看作永恒的可感觉事物而已。

如果我们提出除"形式"和可感觉事物外，两者之间还有"中间体"，那么将会面临许多挑战。因为，明显基于同样的原理，除了线本身和可感觉的线外，还有其他的线，其他各类事物也是如此。所以，既然天文学也属于数学中的一门，那么除可感觉的宇宙外，还存在另外一个宇

---

[1]本章出现的这些序号，希腊文本并没有，为英译本译者按照上一章的问题列表所加，并没有按照数字的自然顺序排列，此处保留。

[2]此处指卷A（一）第六章谈柏拉图学派时的论述。

[3]此处是对柏拉图"理念"的批评。

宙；除可感觉的太阳和月亮外，还有另一个太阳和一个月亮（其他天体也一样）。然而，该如何相信这些事情呢？假设这样的物体是不动的，也不合理；但假设其一直运动，也不可能。光学和数学函数研究的对象也是同样的道理。鉴于相同的原因，这些事物也不能脱离可感觉的事物存在。如果"形式"与个体之间存在可感觉的事物和感觉中间体，那么动物本身和可毁灭的动物之间也一定存在着动物的中间体。我们也可以提出这个问题：对哪些现有的事物，必须要去探索中间体？如果几何学不同于测量法，只在于前者解决不可知的事物，后者解决可知的事物，那么也必将存在一门非医学，介于医学本身和单独医学之间，这同样适用于每一门学科。然而，也会存在介于可感觉的健康和健康本身之间的"健康中间体"，这怎么可能呢？——测量法解决可感觉和易毁灭的量，因为当这些量消失时，测量法也不复存在，这种说法也不是真的。

但是另一方面，天文学不能解决可感觉的量，也不能解决浩渺宇宙的问题。可感觉的线既不是几何学家所说的那种（因为没有任何可感觉的东西如定义"直"和"圆"一样，是直线或圆形的。"圆与直线相切，相交于一点，"但普罗泰戈拉[1]在反驳几何学家时，认为现实中的圆圈和直杆不可能只相交于一点），也非天文学家研究天体运动和圆形轨道那样。星辰的标记与现实的星体也不具有相同的性质。有些人认为"形式"与可知事物之间所谓的"中间体"是存在的，不与可觉知事物分离，而是存在其中，列举这种观点带来的不可能结果可能需要漫长的过程，但只要考虑以下情况就足够了：仅仅"中间体"存在于可感觉事物当中，这是不合理的，显然，"形式"也可

---

［1］普罗泰戈拉（约公元前490—前420年）：古希腊哲学家，智者派的代表人物，主张"人是万物的尺度"。

以存在于可感觉的事物中。因为这两种观点都适用于同一理论。此外，从这个理论来看，在同一个地方有两个体[1]，而且中间体并非不动，它们处于运动的可感觉事物中。总而言之，人们既然假设它们[2]存在，为什么又存在于可感觉的事物中呢？这就会出现我们已经提到过的矛盾，除宇宙之外还有另一个宇宙，却在同一地方不分离，这就更不可能了。

三

（6）从这些论述中，要辨别真理确实有一定的难度，探讨本原问题更是难上加难，我们应该把元素和本原看作属还是事物的主要组成部分呢？例如，组成清晰语音的主要部分，人们认为是语言的元素和本原，而不是语言这个属。我们给几何命题命名"元素"，其证明隐含在全部或者大多数几何命题的证明中。而且，认为有形事物具有几种元素的哲学家，以及只有一种元素的哲学家都称组成物体的部分是本原。例如，恩培多克勒称，火、水以及其他事物是元素，但并没有把它们描述为存在事物的种。除此之外，我们想研究任何事物的本质，就要研究其组成部分。例如，研究一张床由什么组成以及如何组成，便知晓它的本质。

由此判断，事物的本原不是属。但如果按照定义去了解每件事物，属又是定义的本原或起点[3]，那么属也必然是可定义事物的本原。而且想要

---

[1] 即可感觉事物及"中间体"。
[2] 指中间体。
[3] 常用的定义方法是属加种差，因此，属是定义的起点。

获得有关命名事物种的知识，那么至少可以从属开始了解。还有一些哲学家称"一"和"存在"，或"大和小"是事物的元素，这似乎也把它们当作属。

但不可能用两种方式描述本原，因为本质的公式只有一个，用属定义本原与它是事物的组成部分，二者的表述截然不同。

（7）除此之外，即使属是最高程度的本原，我们应该把第一个属作为本原，还是直接把最后的种作为本原？这一点也备受争议。因为如果普遍总是体现更多本原的本质，显然最高的属就是本原；它们表述了所有种类的事物，那么，就会有与最高的属相对应同样多的本原。因此，"存在"和"一"将是本原和实体，这些最能表述所存在的事物。但是，无论存在还是一都不可能是单一的属，任何属的差异必定体现在每一个既"存在"又是"一"的事物中，属不可能脱离种（除了属的种类以外）来表述它特有的差异。因此，如果"一"和"存在"都是属，那么就不会有任何差异了。但如果不是，那么两者都不是本原。再有，本质具有差异的"中间体"按照这个理论也是属，将其细化属于不可分的属。事实上，一些事物被认为是属，另一些则不是。此外，差异甚至比属更能体现本原。如果这些差异也是本原的话，实际上就会有无数的本原，尤其是当我们认为最高的属是一个本原时。然而，如果"一"更体现本原的本质，那不可分的事物就是"一"，而且在量或种上都是不可分的，种方面的不可分在前，属是可分为种的（因为人不是个体的人的属），直接表述的个体更体现"一"。而且，有先后差别存在于事物的情况下，这些可以表述的事物不能是同类事物（例如，如果二是第一个数，则不会有不同于这类数字的"数"，同样也不会有不同于这类形状的"形状"；如果这些事物的属包含种而存在，那么其他事物的种也是如此）。但在个体事物中，并没有先后顺序，而且，在一件事情较好，另一件事情较坏的情况下，较好的总是排在前面，所以这些也都不存在属了。

根据以上理由，表述个体称谓的种似乎比属更能体现本原。但是还有，很难知晓种是从何种意义上作为本原的。因为本原或原因必须与其构成的事物并存，并且必须能够脱离它们单独存在。什么理由可以让我们认为，除了它们普遍表述一切事物以外，任何此类事物与个别事物一样存在呢？如果这就是原因，那么更加普遍的事物就会被认为最具有本原的特点，所以最高的属便是本原。

四

（8）有关这些的一大难题，是我们面临的最大挑战，也最需要加以检验，目前正等待我们去讨论。一方面，如果除了个别事物之外，什么也没有，而且个别事物的数量是无限的，怎么可能从无限事物中获得知识呢？我们知晓的万物具有统一性和共同性，并且因其具有某些普遍属性，才会被我们所认知。

如果这是必然的，而且必须有一些与个体不同的事物，那么属就必然要与个体分开，不论最低还是最高的属都是如此。通过我们刚才的讨论发现，这是不可能的。

此外，如果我们完全承认某种东西脱离具体事物而存在，那么每当表述某种事物时，如果存在某种分离的东西，就必定有除了个体以外的东西存在，或者分离地存在于另一些个体之外？或者不存在于任何个别事物中？（A）如果除个体外，没有任何普遍事物存在，那么就没有思想的对象，所有事物都会是感觉的对象，除非我们称感觉为知识，否则不会有任何知识。而且，没有什么是永恒或不变的，所有可知的事物都会消亡，并处于运动中。但是，如果没有永恒的东西，就不会有创生的过程。因为肯定存在某种创生，即某物从另外的事物产生出来，而这个系列中的最初是不创生的，创生的环节是有限的，没有任何东西可以于平白无故中创生[1]。还有，如果存在创生和运动，那也必有一个限度。没有无限的运动，每个运动都有始有终，不可能发生无法结束的运动。已经完成的运动，一旦发生，就必然存在。[2]此外，既然物质存在，因其不是创生出来的，那么物质在任何时候变成的实体或本质也应该存在，这一说法就变得更为合理了。因为如果实体或物质不存在，就必定存在某种脱离具体事物的东西，即"形状"或"形式"，这又是不可能的。

但如果（B）我们假设该观点成立，却很难弄清楚哪些情况成立，哪些情况不成立。显然，不可能所有情况都完全适用，不能认为除那些具体的房子外，还存在抽象的房子[3]。此外，所有个体的实体，例如每个人的实体，将会是"一"吗？这是一种诡辩论，因为所有实体为"一"的事物都是"一"，但会存在各种各样的实体吗？这也是不合理的。同时，物质是如何组成每个个体的呢？具体事物又如何由这两种元素（即质料和形式）构成的呢？

（9）人们也可能提出如下几个关于本原的问题：如果它们只在种类上是"一"，就没有任何事物将在数上是"一"，甚至"一"和"存在"本身都不会是"一"；如果一系列个体组成的事物没有共性，认识又如何存在？

但如果存在一个共同元素，在数上是"一"，而且每个本原也是

---

[1] 此处意为生成链条不会是无限的，A由B生成，B由C生成……最终会追溯到一个最初的东西，这个最初的东西是永恒的、不变的，它创生万物却不被任何其他东西创生。后来的经院哲学家把这个永恒的存在称为"上帝"。

[2] 现代物理学认为，静止是相对的，运动是永恒的。如果不受外力作用，物质将永远运动下去。

[3] 抽象的房子指房子的理念或者形式。

"一",那么对于可知的事物而言,本原就不会因不同的事物而不同(例如,既然特定音节的种类都是相同的,它们的本原也会是同类。即使种类相同,就像音节一样,不同环境下数值也是不同的)。如果事物的本原在数值上是"一",那么除元素外便再无他物(因为"数值是一"和"个体"之间没有意义上的区别;"数值是一"意味着"个体",普遍意味着表述个体)。因此,如果本原像清晰的语音一样数量有限,那么世界上所有的语言都只限于几种元素,因为不会有两个或更多的同类字母。

(10)当代哲学家和他们的前辈忽视了一大难题:可毁灭事物和不可毁灭事物的本原是相同还是不同?如果相同,那么为何有些事物是可消亡的,另一些则不是?赫西俄德学派和所有的神学家都只想到了貌似对自己观点有利的证据,却没考虑后代人的想法。他们声称万物由神创造之时,就认定没有品尝神酒和神膏的便终有一死。显然他们在用熟悉的语言表达想法,但解释这些原因的说辞却超出了我们的理解。如果众神为了享乐而品尝神酒神膏,那么这些都不是他们存在的原因;如果众神靠品尝它们来维系存在,那么需要食物的神又怎么能是永恒的呢?但神话学家观点的微妙差异并不值得引起我们的重视,然而,我们必须询问那些论述观点的人,并质疑同样由相同元素组成,为什么一些事物本质上是永恒的,而另一些则会毁灭。既然这些哲学家没提到原因,而且事情应该如他们所说,是不合理的,那么显然事物的本原或原因就不能相同。即使恩培多克勒的观点被大家认为最具逻辑,他也犯了同样的错误。他认为冲突是造成毁灭的原因,甚至冲突似乎会产生除"一"以外的一切事物,因为除神外,所有事情都由冲突产生。至少他这样说:

　　过去、现在和将来,
　　一切事物由此产生
　　——树木、男人、女人都慢慢成长,
　　还有野兽、飞禽和鱼类,

以及长生不老的众神。

即使没有这类话，其含义也显而易见。他认为原因在于，如果冲突没有存在于事物中，那么万物都归于一。因为当它们相聚之时，"冲突位于最远的位置"。由此得出他的理论：最受祝福的神反而最不明智，因为神不知道所有的元素；内部也没有冲突，知识也是类似的道理。"关于土"，他说：

因土看土，以水为水，
因以太知众神以太，以火为燃，
因爱生爱，以阴郁之争为战。

但是，至少我们的出发点很明确，根据他的理论，冲突既是存在的原因，也是毁灭的原因。同样，有爱也不是存在的唯一原因，因为把事物聚在一起成为一，就破坏了所有事物。与此同时，恩培多克勒没有提到变化本身的原因，只不过说事情自然如此。

事物内部，冲突扩大。
时间已到，本质初现。
强大誓言，事物确定。

这意味着变化是必然，但他未表明原因。不过至少到目前为止，他还是有逻辑地讨论问题。他并没有认为一些事物变得可毁灭，一些事物变得永恒，而且认为除元素外，所有事物都是永恒不变。而现在我们遇到的困难是：如果万物都由相同的本原组成，为什么有些事物是可毁灭的，而另一些则不是？

关于本原不可能相同的论述就说到这里。但如果有不同的本原，必然

出现一大难题：这些本原是永远存在还是会毁灭？如果它们易毁灭，显然也必须包含某些元素（所有消亡的事物就是分解成它们所组成的元素）。所以在这些本原之前还存在其他的本原，但无论这个过程是有限还是无限，这都不可能。而且如果本原都毁灭了，可毁灭的事物应如何存在呢？如果这些本原不可毁灭，为什么由这些本原组成的一些事物又是易毁灭的呢？而组成的另一些事物则是不可毁灭的？这既不合理也不太可能实现，需要很多证据加以证明。甚至没有人试图主张存在不同的本原，他们都认为万物拥有相同的本原，却忽略了我们前面提到的难题，似乎在他们看来这并无意义。

□ 发展

正方形内，通过小灰色格子的旋转变化，最后变成为顺时针方向的蜥蜴。每个方格的变形都是凹凸平面的一次重新镶嵌，它们的数量相等，面积恒定。从外到内由灰到白逐渐清晰。事物的演变发展总是渐进改变，最终的成形已与起点相去甚远。

（11）探索真理时，最困难和最必要的一点就是探讨"存在"和"一"是否为事物的实体；是否每个存在的事物，分别具有"存在"或"一"的本质属性；还是我们必须研究什么是"存在"和"一"，这意味着它们有其他基本性质。有些人认为它们是前者，有些则认为它们具有后者的性质。柏拉图和毕达哥拉斯认为"存在和一"并非其他性质，而是它们的本质，本质即为"存在"和"一"。但自然哲学家论述的观点截然不同，例如，恩培多克勒细化到用更易理解的事物来解释"一"，似乎他的观点就是"爱"：至少，这是万物为"一"的原因。其他人则说，构成和创造事物的"一和存在"是火，还有人说是气。认为元素不止一个的人也表达了类似的看法；因为他们必定会说"一"和"存在"正是他们称为本原的一切事物。

（A）如果我们不认为"一"和"存在"是实体，那么宇宙万物都不是实体。因为这两者都是最普遍的，如果没有"一"或"存在"本身，在任何情况下，就不会有脱离个体而存在的事物了。另外，如果"一"不是实体，显然数也不会作为一个与个体事物分离的实体存在；数是单位，单位恰好是某种"一"。

但是（B）如果有"一和存在"本身，那么它们一定是实体。因为并非某物，而是"一和存在"普遍表述的事物。但如果有"一和存在"本身，那么看待除这两者外的东西会难上加难，我的意思是说，事物怎么会在数量上多于"一"？因为不同于存在的东西是不存在的，所以根据巴门尼德的论据，所有存在的事物是"一"，这就是"存在"。

这两种观点都有反对意见。因为无论"一"是实体，还是其本身，数都不能成为实体。我们已经提到过，如果"一"不是实体会有什么结论。如果是实体的话，研究存在也会出现同样的难题。因为除一外，还有另一个一来自何处？它一定不是"一"，但万物要么是"一"，要么是"多"，每个"多"也都是"一"所成。

而且，如果一本身不可分，那么按照芝诺[1]的假设，便是虚无。对于增加和减少都不变的东西，他断定它们没有存在，显然他认为只要存在，就会占有一定空间。如果有大小，就是有形物体，只有这样才能存在于每个维度中。[2]而数学对象，比如一个面或一条线，在某种情况下会因增加而扩大或延长，另一种情况下则不会；而且一个点或一个单位绝不会发生

---

[1] 芝诺（公元前490—前425年）：古希腊哲学家和数学家，巴门尼德的弟子，提出了著名的"芝诺悖论"论证存在是一和不动的。

[2] 这里的维度指空间上的长、宽、高。

这种变化。但由于他的理论研究尚处于初级阶段，而且不可分的东西可以以这种方式而存在，所以可以质疑甚至反对他的观点（因为不可分的东西增加的是数量，不是体积），但大小规模如何能从一个或多个这种不可分的东西构成呢？这就好比线是由点构成的。

即使人们假设如此，按照某些人的说法，数从一本身和非一的东西发展而来[1]，如果非一两种情况下都不同而且有同样的本原，那么我们就必须要研究事物时而是数，时而是大小的原因和方式。因为大小规模如何从"一"和这个本原，或某个数和本原中产生是不明显的。

五

（14）与此相关的一个问题是：数和体、面、点是否是一种实体。如果不是，那么存在和物质实体是什么，这就会令我们感到困惑。因为性质、运动、关系、倾向和比例似乎并不表示任何事物的实体；它们都表述原因，没有一个与"这"相关。至于最能表示的物质——水、土、火和气构成组合物体；热和冷等是这些物质的性质，不是实体，而只有具备这些性质的物体才可以作为实体真正存在。另一方面，体肯定比面的实体少，面比线少，线比单位或点少。因为面、线、单位或点被认为能够没有体而存在，体却局限于此中，不能没有这些而单独存在。这就是为什么许多先哲认为实体和存在等同于体，而所有东西都具有该性质，所以体的本原即存在的本原。近代一些更有智慧的哲学家[2]认为数是本原，但如果这些不

---

[1]此处指柏拉图的数理哲学。
[2]指柏拉图和毕达哥拉斯。

是实体，就没有实质和存在，那么偶然事件也不能称为存在物。

但是，如果认为线和点比体更具实体特征，除非可以看到这些物体可能属于哪种实体（因为它们不存在可知的物体中），否则依然没有实体。还有长、宽、高很显然是体的组成部分。此外，体可呈现多种形状，如果赫尔墨斯不在石头里，那么立方体的一半也不确定；面也不在其中。如果有任何面的话，分开立方体一半也会出现面，线、点和单位也是如此。所以，如果一方面体是最高的实体，而另一方面点、线、面又更具实体特征，那我们在探讨存在和实体时就会疑惑重重。而且摆在我们面前关于创生和毁灭的问题也是矛盾重重。如果以前不存在的实体现在存在，或已经存在过的实体现在不存在，这种变化代表创生和毁灭的过程。但是点、线、面时而存在，时而不存在，却不处于创生或毁灭的过程中。当体处于相连或分开情况下，界线分别成为一或二。合并时，界线并非不存在，而是消失了；分开时，又出现以前不存在的界线（因为不可分的点不会分成两个）。如果界限不复存在，它们是从什么地方产生的？或许可以在讨论"现在"的时间点时，找寻类似的答案。这也不是产生或消失的过程，两者似乎截然不同，这表明它不是一个实体。显然，点、线、面也是如此，它们都有限或可分，因而适用同样的论证。

六

一般来说，人们可能会提出一个问题：为什么除可感觉事物和中间体外，我们还必须寻找另外一类事物，即"形式"。如果因为数学对象在某些方面与世界上的事物有所不同，但因同类事物繁多，又并非完全不同，所以它们的本原数量可以是无限的（正如可感觉世界中，所有语言的元素数量无限，种类有限，除非个别音节的元素或清晰语音的元素——它们的元素也有限，所以是否中间体也是同样的情况？因每个同类事物也是数量无限的）。如果除可感觉对象和数学对象之外，没有"形式"这种东西，那么就只有种类为一的实体，不存在数量为一的实体；事物种类会受限，本原的数目却不受限。如果一定要这样推论，那么"形式"也必定存在。即使那些支持此观点的人没有清楚表达，但他们认定每一个"形式"都是实体，没有偶然。

但是，如果假设存在"形式"和本原数量（非种类）为"一"，必然得出不可能的结果。

（13）与此密切相关的问题是：元素是潜在地存在其中还是以其他方式存在？如果以其他方式存在，本原出现之前一定还会有别的东西，因为潜在会变为现实，但并不是所有潜在的东西都会变为实际。但是如果这些元素可能存在，那么所有事物应该是不存在的，这就是不可能的。因为有的事物即使现在还没存在，某天也会存在，但无法存在的事物，一定不会存在。

（12）我们不仅要提出这些关于本原的问题，还要探讨它们是普遍事物还是个体的问题。如果是普遍事物，它们将不是实体，因凡是共同的东西都不会显示"这个"，而是"这类"，但实体显示"这个"。如果我们认为共同的谓语是"这个"和单一的事物的话，那么苏格拉底将是几个动物了——他自己、"人"和"动物"，每一个都表示"这个"和单一的事物。

那么，如果本原是普遍事物，会得出上面的结果；如果不是普遍事物，而是个别事物，那么就无法获得知识。因为任何东西的知识都是普遍的。因此，如果有关于本原的知识，那么必定有先前的本原的知识，即普遍表述它们的知识。

卷Γ（四）

一

有一门研究事物作为存在的存在，以及其相关本质属性的学科。目前该门学科与任何所谓"专门学科"[1]截然不同，因为没有一门学科研究事物本身的存在，只是选取关于存在的一部分及其属性进行研究，比如数学。既然我们正在探寻本原和最高原因，必然会发现这些包含在某些事物的本质中。如果那些寻求存在元素的人正在寻求这些相同的本原，那么这些元素必然不是偶然存在，而是作为存在的存在。因此，我们也必须深入了解事物本身存在的首要原因。

二

一种事物可以有多种意义的"存在"，但都关于一个核心，一类既定的事物，而不是单纯模棱两可的说法。就如有关健康的一切都以健康为核心，一种意义是保持健康；一种意义是变得健康；一种意义是健康的症

---

[1]指物理、数学、生物学、天文学等学科。

状；一种意义是获得健康。有关医学的一切都与医学有关，一方面因为具有医学知识称为医学；一方面因为天然适用；一方面是因为具有医学功能。我们还会发现相似的说法。所以，"存在"也有很多意义，但永远以本原为核心；有些事物被认为是"存在"，因为它们是实体；一些则因为它们具有实体的属性；另一些则因为它们是变为实体的过程，或是实体的破坏、缺失、性质、创生、制造，或是有关实体的事物及其本身的否定。为此，"非存在"即为"非存在"。那么，如果有一门学科能够解决所有关于健康的事情，其他事物也会有相对应的学科。因为不仅事物的概念相同才属于同一学科，事物的性质相同，也是如此。甚至这些事物在某种意义上也有共同的概念，那么显然研究存在的事物也是一门学科的内容。但是无论何时何地，这门学科主要解决的都是那些最基本、赖以存在以及由此得名的事物。这就是实体，就是哲学家必须探究的本原和原因。

每一类事物都有一种感觉，所以对应一门学科，比如，语法是一门研究发音的学科。因此，研究所有存在的种类也是门学科，而研究某些特殊存在的种类则属于特殊学科。

如果"存在"和"一"是意义相同的事物，那么它们相互包含如本原和原因一样，而不是由同一个定义解释（即使我们假设二者并无差别，事实上这甚至会加深我们的判断）。因为"一个人"和"人"是同一事物，"存在的人""人"以及"一个人和一个存在的人"重复的词也是一样，并没有表达什么不同的意思（显然两者在生成或毁灭上都是一致的）。同样地，"一个存在的人"和"存在的人"意思相同。所以，显然这些情况下附加了成分但意义相同，而"一和存在"并无差别，而且如果每件事物的实体在并非偶然情况下都是一，那么"存在"也是如此。从本质上来说，"存在"种类的数量一定与"一"相同。研究这些问题的实质是一般性学科的工作内容，例如，讨论"相同""类似"和这类概念，几乎所有矛盾都可以称为本原，但在《矛盾选集》[1]中我们已经详细研究过了。

哲学按照实体的种类进行分类，所以必然有第一哲学和之后的哲学。因为存在分为属，为此各门学科也将对应这些属。那么哲学家这个词就像数学家一样，因为数学也有一些分类，有第一门、第二门学科和后续出现的学科。

现在既然研究对立面属于一门学科，而"多"与"一"对应。研究否定和缺乏属于一门学科，因为两种情况下，我们都研究一个事物包含的否定或缺乏（简言之，这个事物要么完全不存在，要么不存在于某个特定的时期。在第二种情况下，差异在否定中隐含显现，而否定意味着缺乏，缺失蕴含事物的本质）。由此，概念的对立面，即差异、不同、不等以及所有都是由"多"和"一"衍生出来，一定属于上述研究范畴。而对立面只是其中一个概念，也是一种差异，而差异是一种不同。因此，一种事物说成"一"有多种意义，这些定义也具有不同

□ 巴别塔

"巴别"在希伯来语中，意为混乱。《圣经·旧约》里，上帝为阻止人类修造通天之塔与天抗衡的行为，混淆建塔工匠的语言，使之不能互相交流，人类各散东西，抗争也因此失败。画中的巴别塔矗立高大，读者犹如站在摩天的塔顶俯视众生。事物属性的含义指种属不同，语言及其他属性也相异，这在巴别塔的故事里早有所指。

---

[1]亚里士多德此书并未流传到后世。

含义，但这属于包罗万象的学科；因为各种定义属于不同的学科，并不是它们具有不同的意义，而是它们的意思和定义没有一个核心。既然所有的事情都涉及讨论哪一个是主要的，比如所有称为"一"的事物都涉及最初的"一"，那么这种事物也是如此。所以在区分各自的意义后，必须通过在每种情况下的表述来解释它们是如何相关联的；因为有的事物具有此特征，因而得名；有的得名因其制造；有的以其他方式得名。

显而易见，它属于一门解释概念和实体的科学（《论题篇》[1]提到过该问题），哲学家的责任就是研究所有问题。如果哲学家做不到这一点的话，谁去研究"苏格拉底"和"坐着的苏格拉底"是否是同一事物；研究一件事情是否有对立面；对立面是什么，或者它有多少种意义呢？所有问题都类似。这些都是"一和存在"的本质属性，并非数、线或火，显然这是研究事物本身及其属性的学科。那些研究这些属性的哲学家，并不是脱离了哲学的范畴，而是没有理解实体，忘记实体先于事物存在。因为数有特殊性质，例如奇和偶、可比性、相等、大于、小于等特点，这些属于数本身或者数字间的关系。同样，体、不动、运动、失重、有重量的也具有特殊的性质。所以存在也有一些特有的性质，因而哲学家必须探寻万物的真理。辩证者和智者都是哲学家的幌子[2]，因为智者只拥有表象之中的智慧，而辩证者则是辩证地讨论事物的共性，但显然他们运用的辩证法包含了这些问题，因为它们都是哲学固有的。对于诡辩论[3]和辩证法来说，研究的问题与哲学相同，但前者侧重探寻生活目标；后者侧重研究事物的本

---

〔1〕《论题篇》是亚里士多德逻辑学著作《工具论》里的论文。
〔2〕亚里士多德尤其警惕"智者"，认为他们的诡辩会把人往错误的方向上带。
〔3〕智者学派常用的手段就是诡辩。

质。辩证法批判性地看待哲学宣称的知识，智者的思想更像是哲学，但实际却不是。

再有，矛盾之一是缺失，所有矛盾都可以归结为"存在"和"非存在"，"一"和"多"。例如，静止属于"一"，运动属于"多"。几乎所有思想家都认为存在和实体是由矛盾构成的，至少都把矛盾命名为本原——有些人称奇和偶[1]；有些人称冷和热[2]；有些人称有限和无限[3]；有些人称爱和冲突[4]。而事物显然可以归结为"一"和"多"（这种简化很普遍），其他思想家所称的本原应当归于它们的属。所以检验存在显然也属于一门学科。因为所有的事情都是矛盾的，或由矛盾组成，而且"一"和"多"是所有矛盾的出发点，无论它们是否具有相同意义，都属于一门学科。事实上，它们没有同一意义，即使"一"具有多种意义，其他意义也是与主要意义（类似矛盾）有关，"存在"或"一"不是普遍事物，但在每种情况下都是相同的，或者特殊情况下才不可分（实际它可能并非如此；"一"在一些情况下代表共同特征，另一些情况下代表连续性）。因此，研究矛盾、完整、"一""存在"、同和异不属于几何学家的工作，他们只是从该点出发推论概念及原因。很明显，研究作为存在的存在及其属性是一门学科，这门学科不仅要研究实体及其属性，还包括上述问题以及解释"先"和"后"、"种"和"属"、"整体"和"部分"，和其他这类相似的概念。

---

[1] 毕达哥拉斯学派。
[2] 巴门尼德。
[3] 柏拉图学派。
[4] 恩培多克勒。

三

我们必须要说明，探究数学中的公理和研究实体属于一门还是不同的学科。显然，对这些问题的研究也属于一门学科，即哲学；这些真理适用一切，包括某些特殊种类。所有哲学家都运用这些真理，因为存在及每个种类的存在都适用于此，仅为了证明涉及种的研究目的。虽然这些真理显然适用于一切事物（因为这属于它们共同的特点），但对于研究存在的哲学家而言，探究真理也是他们的任务。因此，研究特殊领域的人并没有设法论述真理的虚实——几何学和算术学家都如此。一些自然哲学家[1]确实已作过此类研究，而且研究过程已经足够清晰明了；因为他们认为只有自己是研究整个自然和存在的。但还有一类哲学家探究普遍性和基本实体，研究范畴甚至超过了自然哲学家（因为自然只是"存在"的一个特定的属），那么对这些真理的讨论也将属于他们的任务。物理学也是一种智慧，但它不是第一种。[2]那些讨论可接受真理概念的哲学家缺乏逻辑训练，在进行特殊研究时他们就应该知晓这些知识，而不是在学习中才进行研究。

显然，哲学家应该研究实体的本质，探究综合论法[3]。最了解每个属性的人，必须能够论述事物最确定的本原，所以检验事物存在的人，必须能够陈述一切事物确切的本原。这类人就是哲学家，一切事物确切的本原一定是必然的，因为它必定是众所周知的原理（所有人都容易对他们不知道的

---

〔1〕此处的自然哲学家指以自然为研究对象的哲学家，大约相当于物理学家。

〔2〕显然，亚里士多德认为排名第一的学科应该是形而上学，因为它是研究世界第一原理的学科。

〔3〕综合论法即三段论法，是亚里士多德逻辑学专著《工具论》里提出的逻辑推理方法，对后世的逻辑学和科学发展产生了深远的影响。

事情产生误解），而且是非假设的原理。众所周知的原理不是假设，当涉及特殊研究时，只有掌握知识才能了解知识。显然，这种本原是确切的，但哪个是本原呢？它指的是同一个属性在同一方面不能同时既属于又不属于同一个对象。（必须假设任何可能增加的变化，避免出现逻辑上的反对意见。）因此这是最确定的原理，它回答了以上给出的定义。正如一些人认为赫拉克利特说的，任何人都不可能相信同一事物既存在又不存在。但对于他所提出的观点，人们又不完全相信；如果矛盾的属性不可能同时属于同一个主体（通常规定也必须在这个前提中提到）；如果一个观点与另一观点相矛盾，那么这两个观点一定是相反的，显然同一个人不可能在同一时间相信同一事物既存在又不存在，因为如果一个人混淆了这一点，他会同时产生相悖的观点。因此，所有证明此观点的人都把它作为最终的想法，因为即使对所有公理来说，毫无疑问这都是一个出发点。

四

有些人声称"同一事物有可能既存在又不存在"，并且人们认为这也是一种事实。许多人在写作关于自然的著作时，都采用了这一观点。但是我们已经假定，任何事情都不可能同时既存在又不存在。由此表明，这是所有原则中最不争的事实。实际上，有些人希望这也要加以证明，因为他们没接受过教育，不知道什么理论应该证明，什么不应该。不可能对任何事情都进行绝对证明（这是一个无限倒退的过程，所以会导致什么都无法证明）[1]。

---

〔1〕亚里士多德的意思是，证明总会从一些不证自明的公理出发。否则，就会出现这样的现象：为证明A为真，需要用B来论证，但是B的真实性又需要C来论证，以至无穷。

但如果某些事情无需证明就可以理解，那么不得不说这些人坚持的原理比现在的原理[1]更加不言自明。

然而，如果持反对意见的人作出陈述，我们也可以用反向逆推法来证明这种观点是不可能的。如果他不做任何说明，那么寻找论证来反驳没有论证的观点，就太荒谬了。这种人一开始考虑问题就过于死板。现在，区分否定证明和证明，是因为证明这个原理意味着窃取论点。但如果提出该假设，将会有反面的论据而不是证明。所有这些论点的出发点，并不是要求我们的对手应该论述某物存在或不存在（因为这个可能会认为是窃取论点），而是要求他们论述一些对自己和对方有意义的事情。如果论述有意义，必然两种观点针锋相对；如果没有任何意义，论敌就没法自己或和他人一起进行下一步的推论。但如果有人赞成这一点，就可能进行证明，因为我们已经掌握了某些确定的理论。然而，是那些想要得到证明的人，而不是进行证明的人推导出论据，而且否认推理才会想要进行推理。此外，对此表示赞成的人，认为有些事情无需证明就是真的（所以并非所有事情都是"非此即彼"）。

首先，至少这点显然是真的："存在"或"非存在"有明确的意义，所以并非所有事情都是"非此即彼"。再次，如果"人"有一种含义，可以是"两足动物"。我理解的这个含义是：如果"人"的含义是"X"，那么如果A是一个人，"X"将代表A中"人的存在"的含义。（即使"人"这个词有多种意义，只要数量有限，就没有什么区别；因为每个定义运用的词语都不同。例如，我们可以说"人"有几种意义，其中一个定义即"两足动物"，也可能有几个定义，但每个定义都要有一个特殊的名词。如果数量没有限制，名词就会有无限

---

[1]现在的原理就是上文提到过的矛盾律，即"任何事物不能同时既存在又不存在"。

的意义，那么显然推理是不可能的；因为不具有一个意思就是完全没有意义，如果没有意义，就无法进行理解，实际上就连自我认识都荡然无存了。因为，如果我们连思考一件事情都做不到，那么思考任何事情也不可能实现；凡可能想到的事物，就会有这个事物的命名。）

正如开始提到的，假设命名有意义，而且只有一个含义。那么"人的存在"就不可能完全等同于"人的非存在"，如果"人"不仅表示主体事物，而且还具有一种意义（因为我们不认为"有一种意义"指的是"代表一种主体的某事物"，在这个假设下，即使是"音乐天赋""白色"和"人"也会有同一个意义，所以万物都归于"一"。因为它们都具有相同的意义）。

除模棱两可的定义外，同一事物不可能既存在又不存在，就好像我们称一个人为"人"，其他人称人为"非人"。但问题不在于同一件事物是否可以同时称为"人"或"非人"，而在于事实上是否可以。如果说"人"和"非人"的意思并无不同，那么显然"人的非存在"与"人的存在"也没有任何区别。所以"人的存在"的意思将会是"人的非存在"，因为二者是同一事物。如果可以这样表达，比如"衣服"和"服装"，按照定义就是同一事物；如果"人的存在"和"人的非存在"是同一件事，那么它们一定意义相同。但之前已经表明，它们的意思不同。因此，说它是一个人，那它就是一只两足动物（因为这是"人"的定义）。如果这是必须是，同一时间不可能是两足动物了；因为这里"必须是"指的是不可能不是的意思。因此同一事物同时是"人"且"非人"就不可能了。

同样的说法对"人的非存在"也适用，因为"人"和"非人"意思不同，甚至"白色"和"人"也是不同的。因为前者的范围更大，所以意义截然不同。如果有人认为"白"是"一"，而且与"人"是同一个事物，那么如上所说，所有的东西，包括对立的事物都是一样的。但如果这是不可能的，那么就会得出我们的观点。如果对此持反对意见的人只能回答我们的问题，问题简单的话，他们就会用矛盾因素加以解释，这表明他们并没有回答。因为没有什么可以阻止同一事物由一个人、白色或无数事物产生。但如果问到"这是一个人"是真或是假，我们的论敌必须给出一个答案，即这意味着同一件事，而不是补充"它是白的，也是大的"。因为除原因外，不可能列举无限种偶然属性，所以他们要么列举全部，要么一个都没有。即使无数次地把"人"和"非人"看作同一事物，在回答是否是"人"的问题时，也不能称其同时也是"非人"，除非考虑到偶然因素，才能判断主体"是"或"不是"；如果有人这样辩论，那么就意味着没有遵守争论的规则。

一般情况下，持有此观点的人摒弃了实体和本质。因为他们一定认为所有的属性都具有偶然性，不存在"本质上是人"或"动物"的东西。如果有"本质上是人"这类事情，就不会有"非人"或"人的非存在"了（然而这些都是它的否定含义）。二者意义相同，这就是某事物的实体，意味着事物的本质就是别无他物。但如果人与"非人"或者"人的非存在"本质相同，它的本质就会是某物。因此，我们的论敌定会认为不存在这种对事物的定义，所有属性都具有偶然性。实体和偶然有所不同，例如，"白色"对"人"是偶然的，因为尽管有白色人种，但白色并不是人的本质特点。如果所有陈述都是偶然的，就没有要首先陈述的观点了；如果偶然总是隐含着表述主体，就必会无止境地进行证明。但这又是不可能的，甚至没有两个以上的主体因偶然性而有所关联。因为（1）一个偶然性不代表会是另一个偶然性的偶有属性，除非是两者都是同一事物的偶然性。例如，白色是有文化的，而且有文化的也是白色的，只因两者对于人来说都是偶然的。但是（2）"苏格拉底是有文化的"并不是这个意思，这两个词都是事物的偶然性。由于当时有些谓词在这种意义下是偶然的，有些在另种意义下是偶然的，（a）在后种意义下，白色对苏格拉底而言是偶然的，不能向上形成一个无限的可能，例如"白色的苏格拉底"不再加另外的属性，因为"白色"和"苏格拉底"的组合中不会出现例外。（b）"白色"也不会出现另外的偶然，例如"有文化的"。因为这不是属于它特有的偶然性，同样偶然性也不属于事物本身；同时我们也得出这种区别：虽然一些表述在这种意义上是偶然的，一些表述在那种意义上是偶然的，比如，对于苏格拉底而言，"有文化的"在这种意义上是偶然的，偶然性不代表另一个偶然性的偶有属性，仅在某种意义上才成立。所以并非所有事物都具有偶然性，即使如此，也必定存在某些实体物质。如果这样的话，就表明矛盾不能同时表述某一事物。

□ 相遇

象征乐观的白人和象征悲观的黑人，互为依托地相背而行，各自富有特定情绪的节奏感，白人轻盈欢快，黑人沉重阻滞。白人与黑人从相背而行到相向而握，是寓意殊途同归还是暗指分久必合？乐观之于白人或悲观之于黑人，并不都是必要的，只在某个地点依附于主体，这就是属性。

　　同样，如果所有矛盾的陈述同时对同一主体适用，那么显然所有事物都会相同。如果每个事物都可能肯定或否定任何事情（这个前提必须为那些支持普罗泰戈拉学派观点的人所接受），那么同一事物将会是一艘三列桨战船、一堵墙和一个人。因为如果有人认为一个人不是一艘三列桨战船，显然就不是；如果认为矛盾的陈述都是真的，那么一个人就是一艘三列桨战船，这就是阿那克萨戈拉的观点，即所有事物都混杂在一起，一切都并非真实存在。他们似乎在谈论不确定的事情，而且自以为是地认为非存在即为存在，因为它是潜在的存在，而不是完全真实的存在，也是不确定的。但他们必须表述，每个主体对每个属性的肯定或否定。如果每个主体可表述自己的否定，而某些事物不能表述其否定，这完全是无稽之谈；例如，假设"一个人不是人"是真的，那么显然也可以认为一个人是一艘三列桨战船，或者不是。如果可以表述肯定的话，那么也可以表述否定。如果不可表述肯定的话，那么相比表述主体本身，至少更容易表述否定。那么，如果可以表述后面出现的否定词，那么也可以表述"一艘三列桨战船"的否定词；如果否定词是可以表述的，那么肯定词也是可以表述的。

坚持此观点的人不得已得出结论，并进一步推论出没必要肯定或否定某一事物。因为如果"人"和"非人"是一回事，显然"不是人"和"不是非人"也为真。对于这两种说法必须用两种否定来回答，如果前者被看作是由两部分构成的单一命题，那么后者也是一个与前者相反的命题。

还有，这个理论在任何情况下都是正确的，而且同一个事物是白非白、既存在又不存在，以及所有的肯定和否定都是彼此包含；还是这个理论只对某些陈述适用而不符合陈述？如果不适用所有陈述，那么就意味着某些例外是矛盾的，只有一种才是真实存在。但如果适用所有陈述，无论什么情况，否定都是真实的；当否定是真实时，肯定也是真的，否则肯定是真的，但否定并不总是真的。（甲）在后种情况下，某些事物确实不是真实的，这是一个不争的事实；如果不存在是不争和可知的结论，那么相反的肯定将更加可知。但是（乙）如果可以肯定所有可以否定的事情，那么人们必定会论证除表述外的真与假（例如，说一个东西是白色或不是白色）。（i）如果分开陈述是不真实的，我们的论敌就没有真正表达他们的观点，而且一切都不存在；但不存在的东西怎么会说话和行走呢？按照曾提出的观点，所有事物也将为"一"，那么人、上帝与三列桨战船以及它们的矛盾将会相同。因为如果矛盾存在于每件事物中，那么事物之间就毫无差别了；如果事物存在差异，这种差异将真实存在而且独一无二。（ii）如果分开陈述是真实的，那么上述结果也会发生，同时进一步发展，而且得出的结论是一切事物亦真亦假，这表明，我们的论敌自己也认识到他们的观点是错误的。同时，我们之间的讨论显然没有任何意义；因为他们对此没有表态，既没说"是"，也没说"否"，即"是和否"，而且还否认这两种说法，即"非是非否"。反之，我们就会有某些确定的事情。

再有，如果肯定是真，那么否定就是假，反之亦然。不可能同时肯定和否定同一事物，但也许这才是问题的关键。

再有，有人判断一事物，或者说"是"，或者说"不是"，另有人则判断这事物"既是又不是"，那么谁的判断对，谁的错呢？若说是选择两可的人对，那么现存事物的性质又怎么解释，到何处去探寻呢？如若否认此观点，而认为另一种泾渭分明"是"或"不是"的观点更妥当，即便不算他对，也不能认为他错。然而真假相混，一切既正确又错误无从分辨，在此情况下，就不能充分表达观点或陈述任何可知的事情；因为同时提到"是"和"否"，如果不作任何判断，只是"思考"或"不思考"，那么人与木偶又有何区别？

显而易见，没有人会坚持这个观点，也没有人真正持有该立场。为什么一个人要去墨伽拉[1]旅行而不是待在家里？什么时候可以到达那里？为什么他不会在某天早上掉进一口深井，或摔下一处陡峭的悬崖？如果在路上恰好发生了呢？我们为什么会认为他不想拥有这种经历？显然是因为他不知道掉下去是好还是坏。他会假定一件事情更好，另一件事情更糟糕。若此判断，他还必须假设某一事物是人，另一事物为非人；假设某一事物是甜的，另一个是不甜的。因为他不以统一的标准等量齐观来判断一切，所以当他想喝水就走向水边，想与人交谈时，就走到人前并正视别人，他总想办法关注这些事物。如果同一事情是人又非人，他就应该等量齐观无差别地对待一切事物。但，如前所述，所有人的行动都是趋近好的事物，避免坏的事物。即使不能辨明一切，所有人也会对某事做出是好还是坏的判断。如果这不是出于知识，而是由他人的意见得出，那么他们应该会更

---

[1]墨伽拉位于现在的希腊阿提卡区，濒临爱琴海，距离雅典四十多公里，是希腊一座古老的城市。

加渴望真理，就如病人比健康的人更渴望健康。对真理而言，那些提出意见只会猜度的人，与真正拥有知识的人相比，并不是真正掌握真理。

然而，无论有多少事物可能"非此即彼"，但事物的本质终会有所区别。因为我们不应该认为2和3都是偶数，也不能认为4、5和1000是相同的。如果这两种想法错的程度不等，那么显然一个错得少，另一个就对得多。那更加具有本质特征的说法，也就更接近事物的本真，因为一定存在更接近真实的真理，即使没有真理，也一定会有某些更确切的东西。所以，我们就会摒弃阻碍思想中确切事物的那种不合理学说。

五

普罗泰戈拉学说由同一观点发展形成，所以这两种观点一定同时真或假。一方面，假如所有的观点和表象都是真的，那么所有陈述都必须亦真亦假。因为许多人都有矛盾的想法，认为与其意见不一致的观点是错误的，所以同一事情必定似是非是。另一方面，相反的矛盾意见只存在于个人，有人认为对，有人认为错，如是这样，那么所有的意见都必须是真实的。错误的意见和正确的意见南辕北辙；如果"实在"毫无疑问存在于这样的观点中，那么所有的观点都是正确的。

显然，这两种学说产生于同样的思维方式，但并非对所有的论敌都必须使用相同的讨论方法。因为有的人需要说服，有的则需要强迫。那些因思维有局限才提出这种观点的人，很容易意识到自己的无知，因为这并非他们所表达的论点，而是他们必须面对的思想。但那些为辩论而辩论的人，只能通过反驳他的论据和论点才能将其"医治"。

那些深感困难重重的人，往往会通过观察可感觉世界得出观点。（1）他们认为矛盾或对立同时都是真实的，因为矛盾是由同一事物产生。如果不可能产生不存在的事物，那么这种事物一定存在于矛盾产生之前。正如阿那克萨戈拉称，一切都是混合于万物之中；德谟克利特也是这种观点，因为他称虚实同样无处不在，虚代表非存在，实代表存在。[1]我们认为，那些基于这些理由得出观点的思想家，从某种意义上说，他们的观点正确；但在另一层意义上，他们又是错误的。"存在的事物"有两种意义：一种是原来没有，现在存在了；另一种是非存在。而同一事物可以同时在不同方面既存在又不存在。因为同一事物可能同时存在两个对立面，实际上却并非如此。此外，我们还要让这些哲学家相信，在现存的事物中，另有一种既不运动、破坏或创生，也不属于任何事物的实体。

（2）同样，有些人从观察可感觉世界中推断现象的真实。因为他们认为真理不应该是少数服从多数，在品尝同一种食物时，一些人认为是甜的，另一些认为是苦的。[2]如果所有人都患病或疯癫，只有两三个人健康或理智，那么少数人就会被认为患病或疯癫，其他大多数会被看做是正常人。而且，许多动物都会产生与我们相反的印象，即使对每个人来说，感觉也不总是相同的。那么，这些印象中何谓真假就变得模糊了，因为两类事物并没有一个比另一个更真实，二者都是一样的。[3]这就是为什么德谟克利特称，不存在真实的事物，如果存在也不易察觉。

总的来说，是因为这些哲学家认为知识即感觉，感觉即变化，感受到的一定是真实的。所以，恩培多克勒和德谟克利特以及几乎所有人都深受其害。恩培多克勒提到，当人改变自己的现状时，就意味着改变自己的思想：

见多而增智。

---

[1] 即原子是存在，虚空是非存在。
[2] 据说人患肝病后，蜂蜜尝起来会觉得苦。
[3] 后世的唯理论哲学家用类似的例子指出，由感觉和经验得出的知识是不可靠的。

此外，他还提到：

本性改变，思想亦然

巴门尼德同样也提到：

人由部分组成，思想也是如此；
思想即为人的肢体本质组成，
组成的肢体本质越多，思想内容越繁复。

阿那克萨戈拉和一些朋友谈论的观点也与此相关——事情也如他们假设的一样。而且他们认为荷马也赞成这一观点，因为在其著作中，他让赫克托尔在受到打击而神志不清时，只是躺着"思考其他的想法"[1]，这意味着，即使昏迷也有思想，虽然思想会有所不同。假若两者都是一种思想，那么真实的东西也同时"似是而非"。按照这个理论，得出结论会极为困难。假设最能看清楚真理的人才最为可能探索真理（这些人最热衷于此并深深热爱），对于这样的观点以及陈述真理而言，初涉哲学的人是否会大失所望？因为他们会认为寻求真理就像追逐飞鸟一样。

这些哲学家之所以持有这种观点，是因为在探究真理时，他们认为"那个存在的东西"与可感觉的世界是一致的；然而，在可感觉领域中，存在许多不确定性质的特殊意义，此前已提及。他们论述得言之有理，却并不真实。与其像埃比卡尔谟那样反对色诺芬[2]，不如作这样的评判。

---

[1] 吴寿彭考证，实际上荷马的《伊利亚特》中说的并非赫克托尔，而是欧里耶罗。

[2] 色诺芬（约公元前445—前355年）：古希腊历史学家，苏格拉底的学生，著有《希腊史》和《回忆苏格拉底》等书。

再者，因为他们看到自然世界处于运动之中，而变化没有真实的陈述。他们认为变化处处都在，所以不存在真实的陈述。正是这种想法才演变成最极端的观点，即赫拉克利特学派，尤其是克拉底鲁（Cratylus）的观点。他认为，事物既然如此瞬息万变，稍纵即逝，所以，到最后一个人若意有所向，亦无需多言，只能动动手指示其踪迹；他批评赫拉克利特"一个人不可能两次进入同一条河"的观点，他认为一次都无法做到。[1]

但是，我们也要回答这个论点，即他们的思想中有充分的理由，认为正在发生的变化不存在，这一点备受争议。因为，正在失去性质的东西，当具有某些即将消失的特性，而那正在创生的东西，一定已经是某种存在的事物。一般情况下，如果一个事物正在毁灭，将会产生一些存在的东西；如果一个事物存在，就必然有某种东西是由此创生，而这个过程不能无限进行。除这些观点外，同一事物，所变的并不在于数量和性质，即使数量不恒定，我们总是凭借其形式去认识每一事物。再次，那些批评此观点的人应该是客观的，他们在整个物质世界中，只能感觉到一小部分事物，却要将一己之见应用于整个世界。因为围绕我们的可感觉世界，才是处于毁灭和创生的过程中，但这仅是世界的一小部分而已。[2] 所以应该关注另外一大部分，而放弃周围可感觉的小部分，不宜因局部的小部分去评判其余的大部分。我们也会给出和以前相同的结论，解释此观点并说服他们：自然界存在一些本质不变的东西。事实上，那些宣称存在似是而非的人，如果要以此有所引申，也只能认为天生万物，归于既定的自有属性，

---

[1] 意为河流无时无刻不在变化之中，左脚踏入之时与右脚踏入时的河，已经不是同一条河了。

[2] 亚里士多德认为天上的星辰是永恒不变的，见本书卷 Θ（九）。而人类所在的地球是处于生灭之中的，并非永恒，但地球只不过是全宇宙的一小部分。

□ 凹与凸

视觉有时候会欺骗我们，只要你将这幅图旋转一个角度，刚才的左即为右，上即为下。画面下方的那只贝壳是凹陷还是凸起？事物的相对蕴含复杂的多样性，正反的界定必须有赖于参照物的比对，参照物变了，结果自然是本末倒置。若贝壳是凹陷的，那么左侧的那个人就在地上打盹，若贝壳为凸起，这地板就成悬挂花瓶的天花板。

因此它们不能发生任何变化，所有属性都呈现主体特征。

关于真理的性质，并不是所有的表象都是真实的。首先，即使感觉（至少感觉与感觉对象相符合）并不虚假，表面印象与感觉也不一定相符合。其次，面对论敌提出的疑问，我们也深感困惑：处于远近不同的事物呈现在人眼前时，其大小以及颜色是否相同；或者呈现在健康人和病人面前时是否相同；沉重的事物对体弱和强壮的人来说是否一样。以及，真理对清醒和沉睡的人来说，是否具有同等涵义。显然他们认为这些都不是难题，至少如果一个人在利比亚[1]，没有人会在晚上想到他在雅典，并且要去奥德昂音乐厅[2]。此外，关于未来，如柏拉图所说，医生和无知的人，对于病人健康问题的意见，其分量并非一样。

再有，面对外界陌生事物与熟悉亲近的感觉，或者同类事物与不同类事物的感觉也截然不同。颜色体现视觉效果，并无味道的属性；而味道体现味觉效果，没有视觉属性。但任何感觉下，都不会同时表示一个对象既

---

[1] 利比亚：位于北非，地中海的南岸，与希腊及意大利隔海相望。
[2] 古希腊著名政治家伯里克利修建的一座大厅，位于雅典城内，用于音乐、喜剧演出等各种用途。

如此又不如此。即使时间不同,人们也不会对性质的认识产生一致的感觉,只有性质偶然存在于所属对象时才会有例外。例如,同种葡萄酒,或因变质,或因人的感觉发生变化,才可能会变得既甜又不甜,但至少甜的那一刻,就如"存在",从未改变。如果一个人的感觉总是对的,那么甜一定是这种事物的属性。但所有的理论都与这一假设相悖,正如其否认存在任何实体一样,他们不赞成必然性存在的观点。因为必然性指的是唯一,如果一切因必然性而存在,那么就不存在"既如此又不如此"了。

总之,如果只存在可感觉事物,那么会没有生命[1],一切都将是虚无;因为感觉将不复存在。那么,说既没有感觉属性,也不存在感官这一观点无疑是正确的(因为两者都属于人们的感觉),但脱离感觉的基质不存在也是不可能的。因为感觉当然不是对其本身而言,而是超越本身,先于感觉产生;运动的事物本质上要先产生于静止的事物,感觉问题也可应用这两个相关名词。

六

那些支持这些观点的人提出了一个难题:谁能判断哪些人是健康的呢?推及一般情况,即谁可能会正确地评定每类问题呢?但是,这种问题就像疑惑我们现在是熟睡还是醒着,所有这些问题都属相同的性质。这些

---

[1]原文指"有灵魂物",包含了植物和动物。希腊人把灵魂分三类:植物灵魂仅有生命;一般动物灵魂具有生命及感觉;人的灵魂有生命、感觉和精神(理性)。

人要求一切都言之有理，因为他们要寻求突破口，试图通过证明来获得这一点，而他们的行为又想以证明的行为来寻找起点，但他们并无自信。我们已经提过他们所犯的错误——对无法解释的事物强加理由，因为证明的出发点并非另一个证明。

那么，这些人很容易相信这一真理，因为它不难理解。但那些只在论证中，强行进行证明的人是不可能得出任何结果的，因为他们允许自相矛盾——一开始就是一个自相矛盾的观点。如果并非一切事物都是相对的，而是有些事物能独立存在，那么并非一切现象都是真实的。某些人很容易观察到现象，他们会认为凡出现的事物都是真实的，万物皆相对。因此，那些人在寻找无可争辩的论证和坚持自己观点的同时，必须承认——真理并非看起来存在的事物，而是要考虑到出现的对象、时间、意义、条件和方式。如果他们不用这种方式解释，很快就会发现是自相矛盾的。因为同样的东西看起来可能是甜的，但尝起来并非如此。好比我们有一双眼睛，如果它们的视线不同，看到的事物也并不相同。对于此前提到过的，坚持"现象是真实的"那些人而言，一切都是真真假假。因为万物于众生皆不同，于个人也是如此，但往往同时呈现矛盾的一面（交叉双手去触摸物体时，触觉可能感受到的是两个物体，而视觉上只有一个）。我们会称观察到的现象不满足同一意义、时间、条件和方式，如果这些条件都具备，那么现象就是真实的。但也许正是因为这个原因，那些人认为难点并非论证真理，而是说服论敌。所以，他们必须把所有事情的观点和看法对立起来，这样就没有新的事物生成，也不会产生任何新想法。但如果产生新事物，那么并非一切都能用此观点加以说明。再有，如果一个事物是"一"，必然与某一类或一系列事物有关；如果同一事物成为两半，每"一半"又是"同量"，那么"同量"就和"两倍"没有任何关联；如果思考的人和被思考的事物是相同的，那么人将不是思考者，而是被思考的事物而已；如果每个事物都必须与思考者相关联，那么思考者将与大千世界不计其数的事物都相关联。[1]

以上所述，足以证明（1）众多观点中，毫无争议的就是，矛盾的两个说法不能同时都真；（2）如果两相真实，会有什么样的结果；以及（3）矛盾观点提出的理由。既然矛盾因素不可能同时存在于同一事物中，那么显然矛盾不能同时属于同一事物。因为矛盾的一方是本质的缺失，即否定表述一类确定的属。如果同时完全肯定和否定某一事物是不可能的，那么矛盾同时属于同一主体也是不可能的，除非某种特殊关系包含矛盾双方，或是一方处于某种特殊关系中，另一方毫无限制条件。

七

但另一方面，矛盾因素中不存在中间体，因而我们必须肯定或否定主体的一方。首先，要弄清楚真假的定义——认为"存在是存在"，或"不存在是不存在"即为真；"存在是不存在"，或"不存在是存在"即为假，所以是否真假，并非"存在与不存在"。其次，矛盾中的中间体处于这样一种状态，例如，灰色介于黑白之间；人马[2]（非人非马）介于人和马之间。（甲）如果是后种情况，就不会发生极端变化（因为变化是由不好到

---

[1]这几段体现了亚里士多德的唯物主义倾向。大意是如果事物需要依靠其他生物的感觉而存在，那么人将必须被另一个人思考到才得以存在，意即人将成为"被思考物"，那么世上就没有"能思考物"了。在《范畴篇》里，他说："如果所有的动物都不再存在，就将会没有什么知识存在，但却可以有许多知识的对象存在。"

[2]此处的人马应指神话传说中的半人马；半人马上半身是人，下半身是马。

好，或好到不好），但永远不会看到中间体发生极端变化，因为矛盾双方和中间体才是变化的产物。（乙）如果中间体真实存在，那么也会存在一种不是由非白到白的变化，但我们从未观察到此种变化。再次，无论陈述真或假，肯定或否定思维或思考的事物，按照定义都很容易理解。用矛盾的说法解释事物就是真实的，用其他方式就是虚假的。

还有，如果不是为了论证而论证，矛盾中就一定存在中间体，也可能存在非真非假的事物，以及介于存在与非存在之间的东西了，那么创生和毁灭之间也会发生中间体的变化。此外，在所有种类中，一种事物的否定，意味着其对立事物的肯定，而中间体就包含其中，例如，一个数非奇非偶，显然按照定义来看，这是不可能的。再有，这是个无限进行的过程，实际的数字不仅扩大了一半，甚至继续增加。[1] 在肯定和否定事物中，可能否定这一中间体，而其本质是某些不同的事物，所以这一概念可以解释某些确定的事物。再有，问到一个事物是否白色时，如果说不是，就意味着否定了它的存在[2]，它的非存在就是否定。

一些人通过得出悖论观点的方式，总结出此观点。当无法驳倒有争议的论据时，往往会勉强接受这一论点，并承认结论是正确的。这便是有些人表达此观点的原因，其他人也是出于同样的原因，因为他们需要一个放之四海而皆准的理由。所以，想要说服这些人，首先就要基于事物代表意思的必然性下定义，符号语句的形式便是定义。赫拉克利特的学说认为万物存在又不存在，似乎一切皆为"实"；阿那克萨戈拉的学说认为矛盾中存在中间体，似乎一切皆"虚"；万物混合时，非好非坏，因而也不存在真

---

[1] 意思是一旦设立中间体，那么中间体和某物之间又将有另一个中间体，以至于会多出无限多个新的中间体。

[2] 这里的它是指"白"，就是说白不存在。

实的事物了。

八

鉴于此，显然一些人关于万物的片面观点都是不成立的。一方面，有人认为，一切事物都不是真实存在（他们认为没有任何事物可以证明每种陈述不成立，例如正方形的对角线与其边是可以通约的）。另一方面，有人认为，一切事物都是真实存在。这些观点尤其与赫拉克利特的学说有异曲同工之处，有些人认为一切可真可假，同时也赞成一切非真即假，因为不可能存在这样的事物，这两种观点都不可能成立。再有，矛盾因素显然不能同时为真，也不能同时为假，即便从前文可以得出，存在这样的可能性。但我们必须假定并非某物真或假，而是某物所代表的意义，以此来反对这类观点，所以我们先下定义再开始论证，即定义真假的意义。如果肯定某物为真即为否定某物为假，那么所有陈述是假就不可能了，因为矛盾的一方必定为真。再有，如果必须肯定或否定每个事物，那么不可能矛盾双方都是假，只有一方是假。因此，所有观点都与本身相悖，阐释一切皆真的人也证明其相反论证为真，从而自己的

□ **群星**

浩渺太空漂浮着大小不一的群星，它们是两个或以上的正多边形以相似的排列组成的凸多面体，被统称为阿基米德立体。它们漂浮在宇宙的多维构造中，两只变色龙在最大的那个"笼子"探头张望，活灵活现的逼真动态与静止悬停的群星形成强烈的对比。

论证变为假（因为相反论证否认它的真实性）；而另一些人认为一切皆假时，又恰恰使得自己的论点变为假。如果前者不考虑对立论证，认为只有它是假的，而后者不考虑自己论证，认为只有它是真的，那么他们将会陷入无限真假的论证过程中，因为真的论证是真的，这也是一个真的论证，这样就会不断无限进行下去。

认为一切事物都是静止或运动显然都不正确。因为如果一切事物都是静止的，那么同样的陈述就总是真或假，但显然陈述是一直处于变化中的，因为进行论证的人并非总是存在。如果一切事物都是运动的，那么就不存在真的事物，因而一切皆为假，但已经证明这是不可能的。

再有，存在一定处于变化中，因为变化指的是从某物到某物。而且，并非一切事物都是时而处于静止或运动中，不存在永恒不变的事物；因为总有某种事物推动万物运动，而第一推动本身往往是静止的。

卷 Δ（五）

一

"原"[1]指的是（1）原始即事物开始的部分，例如，一条线或一条路，相反方向都可以开始延伸。（2）原始即每个事物最佳的起始点，例如，即使在研究中，我们有时也不应该从话题的第一个要点开始，而要从最容易探索的地方进行。（3）原本即事物的内在部分，例如，船的龙骨和房屋的地基，而对于动物，有些人认为是心脏，有些人认为是大脑[2]，还有些人认为是具有其本质的部分。（4）原由即事物的外在部分，运动和变化自然由此开始，就像孩子是父母孕育的；打架始于污言秽语。（5）原意即按照意志促使运动和变化进行的东西，例如，城邦中的官员、寡头和君主都称统治者，艺术也是如此，尤其是建筑艺术。（6）原理即首先认识事物的部分，这也称为事物的"原"，例如，假设是证明的开始。（"原"可以有多种意义，因为所有的"原"即为开始。）

那么，一切"原"的共性就是事物变为存在或已知的出发点，但有些是事物内在的，有些是外在的。因此，事物的性质是"原"，事物的元

---

[1]本卷讨论《形而上学》中常用的术语。原是本原、原始、原理等词的词根，相当于英文单词中的词根，由"原"字的含义引申出许多常用的哲学概念。

[2]亚里士多德本人认为是心脏，这一观点对后世影响很大，见他的著作《动物学》。

素、思想和意志、实体和目的也是"原",因为善与美开启了许多事物的认识和运动过程。

二

"因"指的是(1)事物变为存在的内在物质,例如,青铜是形成雕像的"因",银是制成杯子的"因"以及诸如此类的"因"。(2)形式或模型,即本质的定义、此类定义(例如,比例2:1和数一般是八度音阶的原因)以及定义中的原理。(3)事物开始变化或静止的东西,例如,规划是采取行动的原因、父亲是子女的原因、造物者一般是所造之物的原因,以及致变者是产生变化的原因。(4)作为目的的原因[1],即为了产生某一事物,例如,散步会获得健康——"人们为什么要散步呢?为了健康。"这样的回答已经给出了原因。某些事物从开始到结束,中间的过程也同样是原因,例如,获得健康之间的一系列过程包括减肥、清泻法、药物或器械。尽管方式不同,一些是工具,一些是行动,都是为了健康。

实际上,这些就是"因"可以解释的全部意义,其中几种意义可以得出:同一事物除去偶然原因,还存在几种原因(例如,只有在雕像中,雕刻艺术和青铜是形成雕像的原因,但方式不同,一个是质料因,另一个是动力因[2]),而且事物可以互为原因(例如,锻炼才能身体健康,反之亦然,只是方式不同,

---

〔1〕从这里可以看出,"原"和"因"有部分意义是重叠的。实际上,英语的"因"就是"cause",即原因。在本书中,亚里士多德有时候会把"原"和"因"两个字互代,本原和原因也经常通用。

〔2〕显然,这里雕刻艺术是动力因,青铜是质料因。

一个是目的因，另一个是动力因[1]）。还有，同一事物可以是矛盾双方的原因；因为某事出现会产生特殊后果，有时我们会抱怨，如果事物不出现时会出现相反的结果，例如，船只遇难，我们会认为舵手的缺席难辞其咎，因为如果舵手在的话，一定会保障安全，所以舵手在与不在都是动力因。

现在提到的所有原因显然都归为四种：字母是产生音节的原因，材料是制造东西的原因，火和土以及此类物质是形成物体的原因，部分是整体的原因，假设是结论的原因。这是一种事物是另一种事物的原因所蕴含的意义，但是其中一些是质料因（例如，部分），另一些是形式因（整体、综合和形式）。种子、医生、顾问以及一般情况下的中介都是动力因，即产生静或动的原因，则是另一些事物目的和善的原因，因为目的因常常被看作是事物最好的终极目的。无论我们称其为善或是伪善，它们之间并无差别。

原因就那么几类，但方式却多种多样，尽管总结起来也会相对较少。原因可以解释许多意义，即使同类原因，一些是"先于"的原因，另一些是"后于"的原因。例如，"医生"和"健身教练"都是健康的原因，又比如"比例2∶1"和"数"是八度音阶的原因，以及产生特殊结果的那类事物，总是产生特殊影响的原因。还有一些偶然因素以及含有偶然因素的那类事物，例如，一种意义上，"雕刻家"创作了雕塑；另一种意义上，"波里克利特"产生了雕塑，因为"雕刻家"恰好就是"波里克利特"。那么，含有偶然因素的那类事物也属于原因，例如，"人"是"动物"的一种，是雕塑的原因，因为波里克利特是人，人是动物。偶然原因中，也会有一些远因和近因，例如，不仅"波里克利特"或"人"，而且"白色"和"音乐天赋"都被看作是雕塑的原因。除所有这些多样的原因外，

---

[1] 健康是目的因，锻炼是动力因。

无论恰当原因或偶然原因，一些称"能够促使行动"的原因，另一些称"正在行动"的原因。例如，在建房屋的原因是建筑者或正在从事该工作的建筑者。语言的多样性同样也会造成原因的结果，例如，一个事物可以称为雕像或一个形象的原因，以及青铜或一般材料的原因，这同样也适用于偶然结果。而且，恰当原因和偶然原因可以一起解释事物，例如，我们可以既不称"波里克利特"或"雕塑家"是原因，而称"雕塑家波里克利特"是原因。

这些原因只分为六种，但每种用两种方式来解释，因为：（A）这些是个别原因、某一类原因、偶然原因或是含有偶然因素的某类原因，它们可以一起或简单地解释事物。（B）所有原因可以看作促使行动或能够采取行动，但与行动原因大为不同，即个别原因与其产生的事物同时存在或不存在，例如，进行治愈的人与正在恢复健康的人，以及建筑师与在建造的东西；但潜在原因并不总包含其中，因为房子不会和建筑师同时消亡。

三

"元素"[1]指的是（1）事物内在的主要成分，不可分解的种类，比如，语言的元素是其组成部分（字母），而且是最终分解的部分，不再分解不同的形式。如果事物被分解，则各部分种类相同，就像水的一部分也是水（但音节的部分却不是一个音节）。同样，一些人认为，物体元素是指物体最终分解的东西，它们不再分解为不同类的东西，而无论这类东西是一

---

[1] 即"element"，即元素、要素之意。

种还是多种，他们都称之为元素。所谓几何证明元素，以及一般证明元素具有相似的性质；每个基本证明蕴含在许多证明之中，因而称为证明的元素；原始的综合论法有三个术语，从中间开始论述，具有这种性质。

（2）从这个意义出发，人们也将"元素"一词应用到那种具有单一和细微的特点，而且对许多目的有用的事物上；因此，单纯（单一）、微小、不可分的事物被称为元素。因此，最普遍的东西就是元素（因为纷繁事物中，它们中的每个都是单一的东西，存在于所有的东西中，或是在尽可能多的东西中），并且一些人认为"一"和"点"是本原。现在，由于所谓的种是普遍和不可分的（因为它们没有定义），有些人说这些属是元素，比种更重要，因为属更普遍；存在种的地方，属便如影随形，但存在属的地方，种并不总是如此。每个事物的元素都是其内在的第一组成成分，这便是所有意义的共性。

四

"本性"[1]指的是（1）事物发展的起源——如果一个人可以发出"υ"的长音[2]，那么"本性"即为这个意思。（2）事物的内在部分，其发展的开端。（3）每个自然物体基本运动的源泉，因本质而存在。据说这些东西是通过接触，或有机统一或有机粘合，从某物获得而发展壮大，就如胚胎发育一样。有机统一不同于接触，因为后种情况下，除接触外无

---

[1] 即"nature"，意即自然和本性，也有版本将其译为"自然"。
[2] 希腊文的本性是 φυσις，包含了"本性""自然""万物""物质""本质"等不同的意义。

需任何其他东西；但在有机统一中，两个部分中某些东西完全相同，从而二者不仅仅接触，而且一起发展，在连续性和数量方面，而非质方面成为一体。（4）"本性"是指组成或形成任何自然物体的基质，相对无定型，不能因自身的潜能而改变。例如，据说青铜是雕像和青铜器的本性，木材是木制品的本性；因为这些材料制成产品时，基质一定保留其中。所以，人们把自然物体的元素也称为本性，有人认为是火，有人认为是土，有人认为是气，还有人认为是类似的物质，另外有些则认为是其中的一种或全部。（5）"本性"的对象是自然物体，就像那些认为本性是构成事物的基本形式，或者如恩培多克勒所说：

万物皆无本性，

不过将混合的物质重组分离，

本质即人们给出的定义。

因此，对于自然而然产生和存在的事物，尽管它们已经存在，但我们认为除非它们具有形式和形状，否则还没有属于自己的本性。天然存在包含两者的东西，比如，动物及其肢体：一个是基质（有两个意义，即开始计数的第一个，或一般的第一个，例如在制作青铜器时，铜是第一个要用到的物质，但一般情况下，如果所有融化的物质都可以看作是水的话，那么水或许是第一种物质[1]），另一个还有形式或本性，这是形成过程的结果。（6）从"本性"的这个意义延伸，所有的实体都可称为"本性"，因为事物的本性总会是某种实体。

---

〔1〕古希腊人的四元素中并没有"金"，这与中国古代的"五行"——金、木、水、火、土不同，因为古希腊人认为金属融化之后成为液体，而液体属于水的性质，所以金合并进了水元素。

根据以上讨论，从严格的意义上说，本性就是事物内部固有的提供运动的本原实体。质料称为本性，因为它是运动的载体；形成和发展过程称为本性，因为它们是由此而进行的运动。从这个意义上来说，本性是自然万物运动的源泉，以某种方式潜在或完全存在其中。

五

我们称"必然"[1]是指（1）（a）如果没有这个条件，一个事物就不能存在。比如，呼吸和食物是动物所必需的，没有这些动物就无法生存。（b）没有这种条件就无法产生善，无法摆脱邪恶，比如，为了治愈疾病，喝药是必然；一个人为了赚钱，航行到埃伊娜岛[2]是必然。（2）强制性和强迫性，即阻碍和趋于阻碍，与冲动和目的相反。因为强制性称为必然〔因此，必然性是痛苦的，尤埃诺斯（Evenus）[3]说道："因为每件必然事件都让人心力交瘁"〕，而且强制是一种必然，正如索福克勒斯[4]所说："但强制力迫使我必须这样做。"

而且，人们认为必然是不能被说服的，这一说法是正确的，因为它违背了符合目的和理性的运动。（3）我们认为非此不可的事情是必然的。从这种"必然"的意义来看，所有的意义都是以某种方式衍生出来。因为，

---

〔1〕"必然"的英语是"necessary"，即必需的、必然的，也有必需品之意。
〔2〕意指去埃伊娜岛经商获利。
〔3〕与苏格拉底同时代的哲学家和诗人。
〔4〕索福克勒斯（约公元前496—前406年）：古希腊剧作家，雅典三大悲剧作家之一，代表作是《俄狄浦斯王》。

只有当它并非按冲动行事，而是受到强制执行时，一个事物才会认为经历必然性，这意味着必然性是事物独一无二存在的特征。在生和善的方面也是如此；因为当善是一方面，生或存在是另一方面时，如果没有一定的条件，这是不可能的。条件就是必然，而这种原因也是一种必然。另外，（4）证明也是必然，因为如果证明是绝对的，而这种必然的原因归为大前提，即综合论法所得到的命题是如此，那么结论也就不能不如此。[1]

有些事物的必然来自于除本身以外的某物，有些事物并非如此，但它们本身在事情上就是必然的源泉。因此，本义和狭义上的必然性是单纯的，只能处于一种状态，不能从一种状态到另一种状态；如果可以的话，就已经不止一种状态了。那么，如果一切都是永恒不变的，那就没有事物强制改变状态或违背它们的本性。

六

"一"是指（1）属性（2）本性。（1）属性是"科里斯库和文明的意思""文明的科里斯库"（因为二者是同一回事）"文明和正直的意思"以及"文明和正直的科里斯库"。因为属性，所有都称为"一"。"文明和正直"是一个实体的两个偶有属性；"文明和科里斯库"中一个是另一个的偶有属性；同样，"文明的科里斯库"与"科里斯库"在某种意义上组成一个"一"，因为短语中的一部分是另一部分的偶有属性，即"文明"是科里斯库的偶有属性；"文明的科里斯库"与"正直的科里斯库"组成一

---

[1] 指证明的前提如果是绝对的、必然的，那么推导出来的结论也同样是必然的。

个"一",因为其中的每一部分都是同一主语的偶有属性。如果偶有属性表述一个属,或任何通用名词,则情况类似。例如,如果有人认为,人等同于"文明的人",因为"文明"是人的一种偶有属性,人是一个实体;或是因为两者都是某个人(例如科里斯库)的偶有属性。然而两者都不是以同样的方式在他身上呈现,而是一个是他的实体属性,另一个是实体的状态或情感。

那些因本质属性而称为"一"的事物由此而命名。(2)在一些因本性而称为"一"的事物中,(a)有些是因连续性,比如,一捆木棒是用带子变成一个整体;碎木屑是用胶变成一块木头;即使是弯曲的线,如果它是连续的,也称为一条线,好比腿或手臂是身体的一部分。对于这些事物本身而言,本质的连续性比技术的连续性更易成为"一"。称为连续性的事物其本质是一种运动,并不是其他样子,运动是"一"而且时间上不可分。有些事物不仅因为接触,而且本质上具有连续性才能成为"一",因为如果把碎木屑放在一起,不能认为是一块木头,一个整体或任何一种连续体。那么,无论如何,只要是连续性的事物,即使是弯曲的,都称为"一",而不弯曲的更是如此;比如,小腿或大腿比整个腿更能体现"一",因为整个腿的运动不一定是"一"。直线比曲线更加体现"一",有角度的曲线既可以称为"一",也可以不称为"一",因为它的运动可能同时或不同时进行,但直线的运动总是同时发生,不会像曲线一样,有的地方静止,有的地方运动。

(b)(i)从另一种意义上说,事物是由于它们的基质种类大致相同才称之为"一"的,对于感觉上不可分的事物,基质并无差别。基质指的是最接近或最远离终态的事物,因为一方面,酒和水都被认为是"一",两者种类都是不可分的;另一方面,所有汁状的液体,比如,油和酒都被认为是"一",所有可以融化的东西也是如此,因为一切可融物的最终基质是相同的,都会变成水或气。

□ 秩序与混乱

不相关联的一堆事物往往隐藏通行的规则。一个十二面的星形体被置于透明的水晶球里,周围均匀散落着各种杂物,碎玻璃瓶、纸团、断线、鸡蛋壳、破烟头,有序与无序,秩序与混乱的对比一目了然。如艺术家所言,我们生活在一个秩序井然的世界里,而不是一个混沌无序的世界。这也可为数学何以美作注脚。

（ⅱ）有些事物的属是"一",也被称为"一"。虽然它们的属性截然不同,但因包含差异的属是"一"（如马、人、狗形成一个整体,因为都是动物）,所以这些也都被称为"一",事实上这与质料是"一"的方式非常相似。这些事物有时称"一",但有时它们所属的更高的属称为同类（如果它们属于属下面最低级别的种）——例如等腰三角形和等边三角形都是"一"和同样的图形,因为都是三角形,但并不是相同的三角形。

（c）两个事物称为"一"的条件是,陈述一个事物本质的定义与另一个事物的定义是不可分的。那么,曾经增加或减少的都是"一",因为它的定义是"一",就像平面图形,对它的形式定义是"一"。思想的本质一般是不可分的事物,而且时间、地点或定义都不可区分的事物大多数是"一",尤其是那些实体事物。因为不可区分的事物一般因其性质而称为"一",如果有两种东西,作为人来说不可区分,那么它们就都是人;如果是作为动物不可区分,那就都是动物;如果是作为规模不可区分,那么就是相同大小。大多数事物都称为"一",因为它们做过、具有、经历过或与某些是"一"的事物有联系,但最初称为"一"的事物是实体,是"一"的事物——连续性、形式或定义上是"一"的事物。我们称在这些方面非"一"的事物为多于"一"。

一种意义上,我们称任何数量连续的事物为"一";另一种意义上,如果事物是一个整体，我们才会称为"一"。例如，如果我们看到鞋子的各个部分放在一起，无论如何我们都不应该称它们为"一"（除非因为它们的连续性）。只有把它们缝在一起成为一只鞋子，并且已经有一个特定的形式，才能称为"一"。这就是为什么在所有线中，圆属于真正的"一"，因为它是完整的一个整体。

（3）具有"一"的事物的本质是数的某种开端，因为第一个量度便是开端，我们通过量度最先知道每类事物。那么，"一"是关于每类可知性的开始，但所有类中，"一"都大为不同。这是一个四分音，那里是元音或辅音，或许还有另一个重量单位和运动单位。但无论数量还是种类上，"一"都是不可分的。现在，数量上不可分的事物，如果在任何维度上都不可分，而且没有空间位置，那么它就是一个单位；如果任何维度上都是不可分的，并且有空间位置，那么它就是一个点；如果在一个维度上是可分的，那么它就是线；如果在两个维度上是可分的，那么它就是面；如果在三个维度上是可分的，那么它就是体。而且顺序颠倒的话，两个维度上可分的是面，一个维度上可分的是线，数量上不可分的是点或单位——没有空间位置的是单位，反之则是点。

而且，一些事物数量为"一"，一些事物属性为"一"，一些事物种类为"一"，还有的事物因类比为"一"；数量上是质料为"一"的事物，属性上是定义为"一"的事物，种类上是表述相同的事物，类比是相关的事物，就像第三类事物与第四类事物相关。如果前者是"一"，那么在后者中一定能发现"一"，例如数量为"一"的事物，种也为"一"，但种为"一"的事物，不一定全部数量为"一"；种为"一"的事物，都是属为"一"的事物，但属为"一"的事物，不一定全部是种为"一"，属为"一"的事物，全部都是类比为"一"，而类比为"一"的事物，并不一定属为"一"。

显然，"多"与"一"意思相反。有些东西是"多"，因为它们不是连续的;有的则是因为它们的质料——无论是接近它们的质料还是终极质料,种类都是可分的;还有是因为其本质的定义多于"一"。

七

事物看作为"是"[1](1)属性;(2)本性。

(1)属性上,例如我们认为"正直的行动派是文明的""人是文明的"和"文明的是人",就像"文明人建造房屋"一样,因为建筑师恰好是文明的,或文明人恰好是建筑师,这里"一件事是另一件事"是指"一件事是另一件事的属性"。所以,在上述情况下也是如此,当我们谈到"人是文明的"和"讲文明的是人",或者"脸色苍白的人是文明的"或"那些讲文明的人脸色是苍白的",后两句意味着这两个属性都是同一事物的偶有属性。第一句意为其属性是一个偶有属性,而"讲文明的是人"意味着"文明"是人的偶有属性。(从这个意义上看,"不是苍白"也看作是,因为这是一个偶有属性。)因此,当一个事物在偶然意义上被说成是另一个事物时,或因两者属于相同事物,或因其属性属于另一个事物,或因另一事物具有它本身表述的属性。

(2)本质存在的种类,正是那些由表述范畴所示的类型,因为"存在"的意义恰好和这些种类一样多,既然有些谓词表示主体是什么、有些指示主体的质、量、关系、活动、被动性、"地点"和"时间","是"的意义可以解释每个问题。因为"一个人正在康复"与"人恢复健康"之

---

[1] 英文即单词"be",基本含义有:是、存在、有、做和成为等。一般译作"是"、"存在",也见译作"存有"。

间、"一个人在走路还是在切东西"与"一个人走路"或"切东西"之间都如出一辙,其他情况下也是如此。

(3)还有,"存在"和"是"意味着陈述是真实的,"不存在"意味着不是真实,而是虚假的。肯定和否定情况下也是如此,例如,"苏格拉底是文明人"意味着这是真实陈述,或"苏格拉底脸色不苍白"也意味着这是真实的,但"正方形的对角线与边不是可通约的"意味着谁说"是"即为虚假的。[1]

(4)再有,"存在"和"是"意味着我们曾提到的一些事情可能"存在",另一些事情则是完全现实的"存在"。因为我们认为既可能看到某些东西,又实际看到某些东西,那么这些东西就是"看";既能够实现认识,也能真实体现认识,那么这即为"认识";既能呈现静止,也能存在静止,那么这即为"静止",同样对于实体也是如此。我们认为赫尔墨斯[2]在石头里、线段在这条直线中和未成熟的种子孕育在谷物中。当事情可能存在或没有迹象存在时,必须随时随地加以解释。

八

"实体"指的是(1)单纯物体,即土、火、水和这类物体,以及一般物体和由它们组成的物体,包括动物和神灵[3],以及这些物体的部分。所

---

[1]正方形的对角线与边长的比值是个无理数$\sqrt{2}$,因此它们无法通约。所以,如果说它们是可以通约,即为虚假。

[2]赫尔墨斯是古希腊奥林匹斯十二主神之一,他出生在阿耳卡狄亚的一个山洞里,因而他最早是阿耳卡狄亚的神,是强大的自然界的化身。

[3]此处的神灵应当包含了"鬼怪",原词意思为"鬼物"。

有这些都称为实体，因为它们不能表述主体，但别的一切都可以用来表述它们。（2）存在于这些事物中，不能表述主体的部分是其存在的原因，就像灵魂是动物存在的原因。（3）这些事物存在的部分，限制它们，使其成为个体，这部分破坏，整体跟着消亡，就像体的消亡是因为面的毁坏，而面的消亡是因为线的毁坏。一般认为数具有这种本质，因为一些人认为，如果毁坏了数，就无任何存在，一切皆因数受限。（4）本质，其原理为定义，也被认为是各种事物的实体。

那么，"实体"具有两种意义：（A）终极基质不再表述任何事物；（B）作为"这个"的物质也是可分的，而且每个事物的形式或形状都具有这种本质。

九

"同"[1]指的是（1）在属性上，例如"苍白"和"文明"是相同的，因为它们是同一事物的偶有属性；"人"和"文明"也是相同的，因为它们是彼此的偶有属性，而"文明"同于"人"，因为它是人的偶有属性。（复杂实体和单纯实体是一样的，而且每类都相同，因为"人"和"文明"与"文明人"一样，反之亦然。）这就是为什么这些陈述并非放之四海而皆准，因为，说每个人都是文明的，并不真实（普遍属性因本性存在于事物中，但偶有属性却并非如此）；但个体的陈述却是绝对正确。因为"苏格拉底"和"文明的苏格拉底"被认为是相同的，但"苏格拉底"并不代表其他个体，所以我们并不认为"每个人"即为"每个苏格拉底"。

---

[1] 英文版即"the same"，意为同样的、相同的。

有些事情在这个意义上被认为是"同",意义上(2)本性是"同"的,从而具有同样多的意义。因为无论质料的种类或数量是"一"的事物,还是本质是"一"的事物,都被认为是相同的。显然,同一性是多于一个事物或视为多于一个事物存在的统一体,即当提到一个事物与本身相同时,会把它看作是两个事物。

如果事物的种类、质料、定义和本质多于"一",那么这类事物就称为"别"[1]。一般而言"别"与"同"的意义相反。

"异"[2]适用于(1)那些事物,虽然在某些方面相同,但在数量、属、种或类比上都不同;(2)那些不同属的事物、矛盾事物以及本质上具有相反性质的事物。

"似"[3]的事物是指在各个方面都具有相同的属性,相同属性多于不同属性,质上为"一",而且与另外事物共享更多或更重要可变的属性(矛盾双方)。"不似"与"相似"的意义相反。

十

"相反"[4]一词应用于矛盾因素、矛盾、相对条件、缺失和拥有,以及创生和分解产生的极端事件;而那些不能在同一个体同时存在的属性认为是相反的——不论是它们本身还是其组成部分。例如,灰色和白色不同

---

[1] 即"other",意为其他的、另外的、别的。
[2] 即"different",意为不同的、个别的。
[3] 即"like",意为相像的、相似的。
[4] 即"opposite",意为相反的、对立的。

时属于同一事物[1]，因此它们的组成部分是相反的。

"相对"[2]一词适用于（1）相异的属性，而且不能同属一个主体；（2）同属中差别最大的事物；（3）同一受体中差别最大的属性；（4）同一职能下差别最大的事物；（5）种或属上绝对差别最大的事物。之所以称为相对的事物，有些是因为它们有上述类型的相反之处，有些是因为它们具有此类特征，有些是因为它们由此产生或易受影响，正在创生或正在经历，损失或获得，拥有或缺失。由于"一"和"存在"有很多意义，那么由此得到的术语，即"同""别"和"相对"就必须与此对应，所以它们在每个范畴上一定都是不同的。

"品种有别"[3]一词适用于同属但不相同的事物，或同属事物存在种差或实体中有矛盾而且矛盾在属中各不相同（要么是所有的矛盾，要么是所谓的原始意义上的矛盾）；同样适用于那些与最低种定义不同的事物（例如，人和马的种都是不可分的，但是它们的定义却不同），而那些存在于同一个实体的事物也有不同之处，"物种相同"具有与之相反的不同意义。

十一

"先于"[4]和"后于"[5]这两个词应用于（1）某些事物（假定每类事物中有一个第一，即一个开端），因为它们更接近某个开端，这由绝对或本

---

[1] 灰色由黑色产生，黑与白相反，因此不可能同时出现在同一物中。
[2] 即"contrary"，意为对立、反面。
[3] 即"other in species"，字面意义是物种不同、其他种类。
[4] 即"prior"，意为在先的、在前的。
[5] 即"posterior"，意为后部、较后的。

质决定，或者参考某类事物，在某地由某些人决定；例如，因为事物在位置上是"先于"，因为它们离本质所决定的某地（比如中间或最后）或者某个偶然对象更近，而较远的就是"后于"。有些事物在时间上是"先于"；有些事物离现在较远，即过去事件（特洛伊战争发生在波斯战争之前，因为特洛伊战争离现在更远）。有些事物离现在较近，即未来事件（尼米亚赛会发生在皮提亚赛会之前，如果把现在看作开始和起点，它们更接近现在）；有些事物在运动上是"先于"，因原动力是绝对的开始，所以更接近原动力的会最先发生（比如，先有小孩后有成人）。有些事物在力量上是"先于"，因超越力量，即更有力量的事物最先发生，而且根据其意志，另外的事物（后面的事物）会随之发生。所以如果前者没有开始运动，后者将处于静止状态；如果开始运动，后者随之运动，那么这里意志就意味着开始。有些事物在次序上是"先于"，它们是按照某些规则放置在某些确定事物的间隔中。例如，合唱中第二个人在第三个人之前；七弦琴中次低弦在最低弦之前，因为两种情况中，领唱和中弦[1]是开端。

那么，这些事物在这种意义上称为"先于"，但是（2）在另种意义

□ 爬行动物

二维平面的蜥蜴从拼图里逃离，浮凸活现，在高高低低的字典、三角板、石膏上攀爬，打了个响鼻，还喷出一团烟雾，最后从铜钵销迹入画中，一张安静的桌面成了它们嬉戏的空间，二维生长出三维最后又回到二维。"先于""后于"的概念在这里有生动的演绎。

---

[1]中弦：古希腊的七弦琴也叫里拉琴，中弦就是第四根弦，位于最中间。

上，认知之前也被认为是绝对的"先于"，其中在定义上为"先"的事物并不与感知为"先"的相关事物完全契合。因为在定义中，相比感知个体而言，共性是"先于"。属性也发生在整体之前，例如，"文明"先于"文明人"，因为没有这个部分，这个定义就不能作为一个整体存在，除非有文明的人，否则文明是不可能存在的。

（3）先前事物的属性称为"先于"，例如，直在滑之前，因为直是线的属性，滑是面的属性。

有些事情在这个意义上称为"先于"和"后于"，事物（4）是在本质和实体上这样命名，即那些不依靠其他事物而存在的事物，而反之则不成立——这是柏拉图提出的事物之间的差别。（如果我们考虑"存在"的各种意义，首先主体是"先于"，所以实体是"先于"；其次，考虑到潜力或真正的现实，不同的事物是"先于"的。因为有些事情在潜能上是"先于"，另些事物在真正的现实上是"先于"，例如，在潜能上，半线在整条线之前，部分在整体之前，质料在具体实体之前，但在真正的现实中，这些都是"后于"。因为只有分散整体时，它们才会存在于真正的现实中。）因此，从某种意义上说，一切称为"先于"和"后于"的事物都是按照第四种意义来定义的，某些事物在创生中无需事物便可以存在，比如，整体没有部分可以存在；某些事物在分解中无需事物便可以存在，比如，部分没有整体可以存在。情况也是如此。

十二

"能"[1]是指（1）潜在即运动或变化的源泉，存在于另一事物中，

---

[1] 即"Potency"，意思是力量、潜力、效能。

而非被动变的事物中，或存在动变事物但非动变的状态。例如，建筑艺术是一种在建筑物中无法体现的能，而医术可能是体现在康复的人身上的能，而不存在正在接受治疗的人中。[1]那么"能"通常指的是使他物变化或运动的源泉，它使另一事物或以自身为另一事物而产生动变，以及（2）另一事物或作为事物促使本身运动的源泉。由于这个原理，病人忍受任何痛苦，我们称之为"能"遭受痛苦；如果经历一切事物或是经历某些事物，从而变得更好，那么也称为"能"。（3）按照意图把事很好完成的能力；有些人虽然能走路或说话，但没有他们预期得那么好，有时我们会认为这些人不会说话或走路。同样（4）适用于被动的情况中。[2]（5）事物处于完全静止或不变，或者不易恶化的状态，称为"能"，因为被打破、压垮、破坏不是因为具有潜力，而是因为没有潜力而且缺失某种东西；事物对于这种过程无动于衷，如果几乎不受它们影响，就是因为"潜力"，促使它们"可以"做某事，并处于积极的状态。

"能"有多种意义，那么一种意义上，"有潜力的"或"有能力的"将意味着某一事物可以在事物或自身中开始一个运动或发生一般的变化（因为即使是能够使事物静止的变化也是一种"有潜力的"事物）；一种意义上，事物有控制自身的"潜力"；一种意义上，具有变成某种事物的"能"，无论变得更坏还是更好（因为即使那些消亡的事物被认为是"有能力"消亡，因为如果它没有"能力"，就不会消亡。但事实上它具有某种倾向、原因和可以解释遭受状况的原理。有时会认为它属于这类，因为它具有某种东西，或因为它丧失了某些东西。但如果，缺失在某种意义上意味着"有"或"习惯"，那么每件事都可以通过拥

---

[1]意指正在康复中的人身上有一种可以让自己痊愈的"能力"，但这必须是在接受了医术治疗之后。这个观点与中医有几分相合。
[2]与上文的（2）类似，所以亚里士多德未展开讨论。

有某种东西来获得"能力",这样,事物便通过积极的习惯和原则以及缺失而拥有二者;如果有可能有缺失,缺乏便不是某种意义上的"习惯",那么"有能力"就有两种不同的意义)。事物在另一种意义上是"有能力的",因为任何事物或是本身都不具有可以破坏它的潜力或原理。还有,所有这些事物都是有能力的,或仅仅因为事情可能发生或者不发生,或因为可能很好实现。这种潜力甚至可以存在于无生命的事物中,例如乐器,因为我们认为这架七弦琴可以演奏,而另一架如果音色不好则不能演奏。

"无能"是能的缺失,即曾描述过的这种本原的缺失,无论是一般情况,还是在某些事物天生具有"能力"时,甚至当时自然已经具有的情况下。因为我们称一个孩子、男人和宦官[1]"不能生育"时,意义截然不同。再有,对于任何一种"能"来说,都存在一种相反的"无能"——无论是对于只能产生运动的"能力",还是可以很好地产生事物的"能力"。

一些事情因这种"无能力"被称为"不可能",而另一些则在其他意义上如此,即"能"和"不能"。与不可能对立的便是真实的,例如,正方形的对角线与其一边具有通约性是"不可能的",因为这样的陈述是错误的,与该陈述对立的说法是真实的而且必要的。如果认为具有通约性,那么必然是错误的,而且毫无疑问。其对立观点并非一定错误时,可能会发现与此对立的说法。例如,一个人应该坐着,这是"可能"的,但说他并未坐着,这并非必然是假的。那么,从某种意义上,提到过的可能性指的是非必然假的事件;一种情况下,这是真的;一种情况下,这可能是真的。几何学中的"潜能"是所谓意义的变化。这些"能"或"可能"

---

[1] 据希罗多德的《历史》,古希腊的宦官很多来源于波斯帝国,当时的波斯人相信,宦官比普通人更值得信任,也更忠心。

的意义不涉及力的含义。但涉及能的意义都与基本类型的能有关，这是在另一件事物中，或作为另一件事物在同一事物中变化的源泉。因为事物具有"能"，一些是因为某些事物有控制自身的"能"，一些是因为没有"能"，一些是因为以一种特殊的方式拥有"能"。那些"无能"的事物也是如此。因此，基本类型的能的正确定义，将是"使另一事物或作为另一事物在同一事物中的变化源泉"。

十三

"量"[1]是指可以分解成两个或更多个组成部分的"量子"，每个组成部分本质上都是"一"和"这个"。如果"量子"是可数的，那么它就是多；如果量子是可度量的，那么它就是大小。"多"是指可以潜在地分成不连续的部分，"大小"是指可以分成连续的部分，即在一维度上连续的是长；在两维度上的是宽，在三维度上的是高。其中有限"多"是数，有限长是线，宽是面，高是体。

而且，一些事物因其本质而称为"量"，一些事物则因偶然因素，例如线因其本性而是"量"；文明是"量"则出于偶然因素。因本性称为"量"的事物中，有些作为实体也是如此，例如，线是一个"量"（因为"某种量子"存在于解释它的定义中），而有些则是这种实体的属性和状态。例如，多和少，长和短，宽和窄，深和浅，重和轻以及此类属性。还有存

---

〔1〕英文版作"quantum"，意思是量子、额度。虽然这个词也是"量子力学"的来源，但是这里的量和物理学中的"量子"并不相同，其含义更接近数量。

在于本身和彼此相对的大小和更大更小，这些本质上都是"量"的属性，但这些名字也应用到事物中。在偶然是"量"的事物中，有人认为某种意义上，文明和白色是"量"，即文明的和白性属于一个"量"；而有些是"量"，是因为在运动和时间的方式是"量"，因为这些也称为一种连续的"量"，具有这些属性的事物是可分的。我指的不是运动的事物，而是空间移动，因为"量"的运动也是"量"，而且因为空间是一个"量"，那么时间也是一个"量"。

十四

"质"[1]指的是（1）实体的差异，例如，人是某种质类动物，因其有双脚；马也是如此，因其有四足，圆圈是一个有特殊质的图形，因为它没有角度，这表明实体的差异便是质——这是质的第一个意义，即实体的差异。但是（2）它适用于不变的数学对象，这是"质"的另一个意义，即数字有某种质。例如，复合数不仅在一维中，而且面和体都有（这些是平方数或立方数）；一般情况下，不考虑"量"，质存在于数的实体中，因为每个事物的实体就是它曾经的状态，例如，6的实体不是3的2倍或2的3倍，而是一旦为6，便是6。[2]

（3）所有运动实体的性质（例如，热和冷，白和黑，重和轻以及此类物质）。当它们改变时，物体因而发生变化。（4）美德和恶行的质一般指的是善与恶。

---

[1] 即"quality"，意为质量、品质、特性。
[2] 意即一物的实体并不需要其他实体表述，其自身就能成为存在的原因。

实际上"质"似乎有两个含义,其中一个更为恰当。原始的"质"是实体的差异,而数的质是它的一部分,因为它是实体的一大不同之处,却不是那些运动与否事物实体的不同。其次,具有运动,作为运动,运动的差异事物的属性。美德和恶行属于这些属性,因为它们代表运动或活动的差异,所以运动中的事物可以或好或坏地进行;那个可以运动或者以一种方式进行的事物是善,而以另一种方式也是如此——相反的方式则是恶。善恶表示有生命事物中的质,特别是那些有目标的事物。

十五

事情是"相关的"[1](1)比如,二倍相对于一半;三倍相对于三分之一,一般来说,倍数大的包含倍数小的;多余相对于被多余。(2)比如,加热的物质相对于被加热的物质;能切的物质相对于被切的物质;主动一般相对被动。(3)比如,可度量的相对于度量;可认识的相对于知识;可感觉的相对于感觉。

(1)第一类相对术语,无论是无限还是有限,与数字本身或数字相关。例如,"倍"与"1"有明确的数值关系,"倍数"与数字1有关,但不确定,即不是数的关系。一半大的事物与数有明确的关系;而$(n+1)/n$倍的事物与数是不确定的关系,因为那个"很多倍"与1是无限的关系,超过此类关系在数上是完全不确定的,因为数总是成比例的,"数"不表述为不成比例,而是超过此范围的数非常多。多出来的数量是不确定的,因为

---

[1]即"relative",意为有关系的、相关物,也有相对的之意。

它可以完全等于或不等于超出的数量。所有这些关系都是数表示的，由数决定，因此这属于另一种方式的相等、相似和相同。所有人都认为数即是"一"，相同事物的实质是一，相似事物的质是一，相等事物的量是一，而1是数的开始和度量。所有这些关系都意味着数，尽管方式不同。

（2）主动或被动的事物，隐含主动或被动的潜力及其实现，例如，能够加热的东西与能够被加热的东西有关，因为前者可以加热后者。还有，能够切断的东西与能够被切断的东西有关，某种意义上，它们确实在做这些事情。但除以前提到过的意义外，并没有实现数的关系，而且也没有实现运动的意义。隐含潜能的关系中，某些进一步隐含特定时间的关系，例如，产生的东西与被产生的东西有关。这样，父亲就是他儿子的父亲。因为在某种方式中，一个是施动者，一个是受动者。此外，一些相对术语隐含潜能的缺乏，即"无能"和类似术语，例如"无形"。

因此，隐含数或能的术语都是相关的，因为它们的本性包含了事物的本质，而不是因为事物涉及它的本质；但（3）可度量，可知或可思考的事物称为相对相关，因为事物都涉及于此。"可思考"隐含着可能存在的思想，但思想与"思想的主体"并不相关，因为这样我们就应该对同样的事情说两次。同样，视觉是对某物的视觉，而不是"视觉的主体"（当然尽管这是事实）。实际上，它是与颜色或这类相关，但根据另一种论述方式，即同样的事情会说两次——"视觉是主体的视觉。"

因自身本性称为"相关"的事物，有时在这些意义上这样命名，有时候如果包括这些类的事物也是这样命名，例如，医学是一个相对术语，因为它的属性"科学"被认为是一个相关术语。此外，具有此类性质的事物被称为相关，例如，均等是"相关"，因为等是"相关"；相似性是"相关"，因为相似是"相关"。事物因偶有属性而相对，例如，一个人是相关，因为他恰好是某物的两倍，而倍数是一个相关名词；或者如果同一事物刚好是两倍和白色的，那么白色是"相关"。

十六

所谓的"完全"[1]是：(1)在其之外不可能找到它的任何部分。例如，每件事物的"全期"是在其之外，不可能找到它任何部分的时间。(2)事物的卓越和善良无法超越。例如，一个"完全"的医生或长笛演奏者，指的是他们的卓越表现精湛无比。[2]因此，如果这个词形容不好的事物，就会出现"完全"的丑闻传播者和小偷。实际上这代表着好，即好的丑闻传播者和小偷。卓越是一种"完全"，因为每一件事和每个实体都是完整的。就其卓越的形式而言，它并不缺少其本质大小的任何部分。(3)达到结果，即善的事物称为"完全"。事情已经完成，因其达成目的。因此，既然结果是终极的事物，用这个词描述不好的事物，即形容一个事物已经完全毁坏，如果它没有出现任何的破坏，那一定发生在最后的时刻。这就是为什么死亡在修辞上也称终结，因为两者都是最后的事情，但终极目的也是结果。那么，因其本性而称为"完全"的事物在所有这些意义中也都如此命名，有些是因为善的方面，它们一无所缺，脱颖而出，而且在其之外，找不到适合的部分；则因为它们无法在同类中脱颖，在其之外没有适合的部分；假设了前两种称为"完全"，因为它们要么产生某种事物，要么适应这种事物，或者以一些方式，或另一些涉及原始意义上的完全事物有关。

---

[1] 即"complete"，意为完整的、完全的、彻底的。
[2] 亚里士多德在道德方面的主张是"卓越和优秀为完全"，所以接下来会有"好的小偷"这种说法。

十七

"限"[1]是指：(1)每件事物的最后结点，即超出它便不可能找到任何部分，以及在它之内便有每个部分；(2)空间大小的形式，或具有大小事物的形式；(3)每件事物的终结（本质即为运动和活动发展的终点，而不是初始点，尽管有时同时是运动开始和结束的点，即终极原因）；(4)每件事物的实体和本质，因为这是认识的极限。如果是认识的极限，便是对象的极限。因此显然，"限"与"始"有同样多的意义，甚至还有更多；"始"是"限"起点，反之则不成立。

十八

"由彼"[2]具有几种意义：(1)每件事物的形式或实体，比如，"因人是善"即为"善"本身。(2)最接近的主体，其中发现它是属性的本质，比如，表面的颜色。那么"由彼"的原始意义是形式，次要意义是每件事物的质料和原始基质。一般情况下，"由彼"和"原因"有同样多的意义，因为我们对此不加以区分。(3)"他由何而来"或者"他来是为何"。(4)"由何才推断错误"或"推理错误是为何"，而且(5)"由彼"用于指示位置，例如，"他站的地方"或"他走的地方"等，这些短

---

[1] 即"limit"，意为界限、限定、限度。

[2] 即"That in virtue of which"，其中"in virtue of"是由于、凭借的意思。

语都指出地点和位置。

因此,"由己"[1]也一定有几种意义。(1)每件事物的本质,比如,卡里亚斯因"由己"是卡里亚斯,以及是成为卡里亚斯的原因。(2)一切尽在"由己"中,比如,卡里亚斯因其自身而属于动物。因为"动物"在他的定义中,所以卡里亚斯是一种特殊的动物。(3)一个事物自身直接或在其某个部分中体现的属性,比如,一个事物因其自身而表面是白色,或一个人"由己"而活着。因为灵魂是在生命之中,是人的一部分。(4)除了自身外没有原因的事物;人有不止一个原因——动物和两足,但人"由己"而成为人。(5)只属于一个事物的任何属性,仅从它自身和脱离自身考虑,这些属性都只属于该事物。

十九

"安排"[2]是指在地点、潜力或种类上,各部分的安排。因为如"安排"的意思,一定有某一位置。

二十

"有"[3]指的是:(1)拥有者以及所有物(某种类似活动或运动的事

---

[1] 即"in virtue of itself",由于它自己之意。
[2] 即"Disposition",意思是处置、部署。
[3] 即"Having",意思是有、所有。这个词在这里有过程的含义。

物）的一种活动方式。因为，当一件事产生和另一件事情被产生时，两者之间存在"产生"；同样，有衣服的人和他的衣服之间也存在"有"。那么显然，我们不可能具有这种"有"；因为如果可能的话，那么过程便会无限循环。[1]（2）"有"或"习惯"指的是一种安排，根据这种方式，可以或好或坏地安排事物，这或许发生在事物本身或事物中。例如，健康是一种"习惯"，因为它是这样的一种安排。（3）对于"习惯"，如果有这样安排的一部分，那么即使是部分的优点也是整个事物的"习惯"。

二十一

"感受"[2]是指：（1）可以改变事物的质，比如，白和黑，甜和苦，重和轻以及类似事物。（2）这些事物（已经完成的改变）的现实化。（3）特别是有害的改变和运动，尤其是痛苦的伤害。（4）大量不幸和痛苦经历都称为感受。

二十二

"缺失"[3]是指：（1）如果事情没有它自然拥有的属性，甚至事物

---

[1] 意思是我们不能拥有"有"，如果这样的话，会导致无限。
[2] 即"affection"，本义是情感、影响的意思。
[3] 即"privation"，本义为贫困、贫乏，也有被剥夺的含义。

本身不会自然拥有。例如，植物看作是"缺失"眼睛。[1]（2）如果事物本身或其属自然具有属性，但它却不具有。例如，盲人和鼹鼠在不同意义上"缺失"视觉，后者与其属形成对比，前者与自己的正常本质形成对比。（3）尽管它天然具有属性，但当它应该具有时，却没有。因为失明是一种"缺失"，但一个人并非在任何年龄都是"失明的"，而只是在一个人自然拥有视力的年龄，却没有看到。同样，如果一个事物在媒介中、器官、关系、方式和环境中缺失某种天然具有的属性，那么它就称为盲。（4）暴力夺取任何东西都被称为"缺失"（剥夺）。

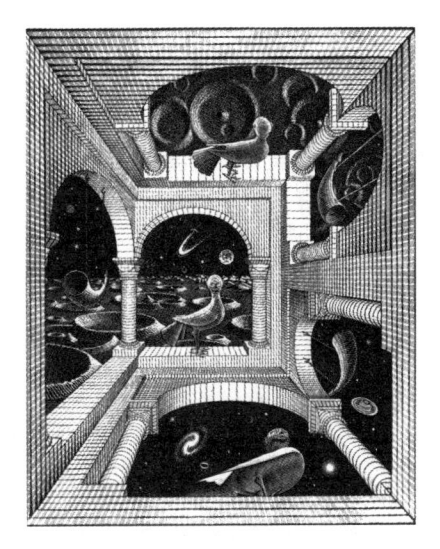

□ 异度空间

看着窗台上的三只鸟，还有拱门悬挂的牛角，你确定自己在天还是在地？你在画里还是画外？失重状态下，人将丧失方向感，也才有机会发现高低重置、天地互换的错愕和乐趣，"汝之蜜糖，彼之砒霜"，可见我们坚信秉持的观念思想充满太多的相对性和多样性。

事实上，缺失与具有否定前缀的词语一样多种类。一个事物称为"不等"，因为尽管它自然拥有这种属性，但它是不等的。比如，一个事物根本没有颜色，或者因为颜色暗淡而"不可见"；一个事物根本没有"足"，或者因为它的"足"有不完整而"无足"。再有，可能用到"缺失"一词，是因为事物几乎没有这个属性（这意味着在某种意义上它是不完全的），例如，"无核"；或因为不容易或不能很好运用这一术语（例如，我

---

[1] 植物缺失眼睛，仅符合事物本身不会自然拥有的定义，在这里并不是很恰当。

们称为不可切的事物，不仅是不能切的东西，而且也是不容易切或切不好的东西）；或因为它根本没有属性，因为不是独眼的人，而是双目失明的人才叫做盲人。这就是为什么不是每个人都是"善"或"恶"，"正直"或"非正直"，也有一个中间状态。[1]

二十三

"有"或"持有"[2]有多种意思：（1）根据自己的本性或冲动来对待事物，所以疾病是人"具有"的；暴君是城市"具有"的；穿的衣服是人"有"的。（2）事物存在于作为主体的某物中，比如，青铜"具有"雕像的形式，身体会有疾病。（3）因为事物包含着所包含的东西，持有一件事物就像它在一个容器里一样。例如，我们说容器里"有"液体；城市里"有"人；船上"有"水手。所以整体"拥有"部分。（4）阻碍事物按照自己的冲动运动或行动的事物，被认为是"持有"某物。比如，柱子承担着压在上面的重量；诗人则使阿特拉斯背负苍天[3]，如果不这样，就像一些自然哲学家所说，天就会掉到地球上。在这种方式中，把事物放在一起也被认为拥有这些东西，否则它们会因自己的冲动而分开。

"存在"与"有"或"持有"具有相似和相应的意义。

---

[1] 后世经院哲学家即认为"恶"是"善"的缺失，用这点来否认"恶"的存在，因为"恶"与全善的上帝难以共存。

[2] 即"hold"，意为拥有、持有。

[3] 阿特拉斯是古希腊的天文学家，经常在山顶观看天象，后世的诗人就把这件事神话了，称他能支撑着天，没有他，天就要塌下来。

二十四

"从所来"[1]指的是：（1）比如来自质料，这有两种意义，即最高的属和最低的种。例如，一种意义上，所有可以融化的东西都来自水；但另一种意义上，塑像来自于青铜。（2）从第一运动的本原出发，例如，"斗殴是从何而来？"来自污言秽语，因为这是斗殴的起源。（3）来自物质和形状的复合体，正如部分出自整体；诗篇出自《伊利亚特》以及石头出自房子（在每种情况下，整体都是物质和形状的复合体）。因为形状是结果，只有达到终结才是完整的。（4）作为其部分的形式，例如，人来自"双脚"动物，音节来自"字母"。因为这与雕像来自铜的意义完全不同。复合实体来自于可感觉质料，但形式也来自于形式的质料。那么，有些事物在这些意义中被看作出自事物，但是（5）如果其中一种意义适用于另一事物的部分，那么也可以这样描述事物了。例如，孩子来自父母，植物来自土地；因为它们来自这些事物的一部分。（6）它指时间晚于某事情而产生。例如，夜晚来自白天，暴风雨来自晴朗天气，因为是一个接一个地发生。在这些事情中，有些是这样描述的，因为它们肯定变化为另一事物，就像现在提到的情况一样；有些仅因为它们在时间上是相继发生。例如，航行来自"春分或秋分"，因为它发生在春分或秋分之后；塔尔戈里亚节[2]来自狂欢节[3]，因为它在狂欢节后庆祝。

---

〔1〕即"To come from something"，字面意思是来自于某事。
〔2〕塔尔戈里亚节：古希腊人纪念太阳神阿波罗和月亮神阿尔忒弥斯的节日，在5月末。
〔3〕这里的狂欢节是指酒神节，在3月。

二十五

"部分"[1]指的是：（1）（a）量可以以任何方式分成的部分；对于从作为量的量中得到事物总称为整体的一部分，比如，在某种意义上2是3的一部分。这意味着（b）第一种意义的部分只是测量整体的部分，这就是为什么2在一种意义上是3的一部分，在另一种意义上却不是如此。（2）一种事物从量中分成的元素也被称为它的一部分。因此，我们认为种是属的一部分。（3）一个整体分成多种元素或者由这些元素构成。"整体"指的是形式或具有形式的整体，例如，铜球或铜块都是铜，即形式中的质料和具有事物特征的角度也是部分。（4）解释事物定义中的元素，也是整体的一部分，这就是为什么种被称为属的一部分，尽管在另一种意义上，属是种的一部分。

二十六

"全"或"全体"[2]指的是：（1）一个部分都不少的事物自然而然是一个整体；（2）所包含的东西组成一个统一体，这有两个意义，即每个分别为单一的事物，或者它们之间形成统一体。（a）对于整体这类事物，和看作整体的事物（这隐含它们是一种整体）某种意义上符合全体的特征，因为它包含许多事物以及所有这些事物是共性的，例如，人、马、神是单一

---

[1]即"part"，部分之意，也有分开的含义。
[2]即"a whole"，意思是整体、全部，还有完整的之意。

的事物，因为它们都是动物。（b）连续的和有限事物是一个全体，但当该全体是由若干部分组成时，尤其是如果它们仅仅可能存在，即使它们实际存在，也不能成为全体。在这些事物本身中，技艺上是全体，但本质更是高程度的全体。如我们认为在统一性存在的情况下，"全体性"实际上是一种统一性。

（3）再有，有开始、中间和结束，而且位置没有区别的量被称为"总数"，有区别的量被称为"全体"，符合这两种描述的都是"全体"和"总数"。这些是在变化之后其性质保持不变的事物，但其形式却发生变化。例如蜡或涂料，它们称为"全体"和"总数"，因为它们有这两个特点。水和所有的液体和数被称为总数，却不称为"全数"或"全水"，除意义的扩大以外，才会提到。作为"一"的事物，"总数"可以应用；当它们分离时，"全部"一词也可以应用，比如"这个总数"和"所有这些单位"。

二十七

并非任何碰巧量化的事物都可以说是"剪裁"[1]。它必须是一个可分的整体，如果拿走二中的一个，不仅二不是"剪裁"（因为剪裁移除的部分永远不等于剩余部分），而且数一般都是非"剪裁"，因为其本质依然存在；如果一个杯子被"剪裁"，它仍然是一个杯子，但数却不再相同。此外，即使事物由不同的部分组成，也不能认为这些事情是"剪裁"，因为从某种意义上，一个数有不同的部分（例如，2和3）以及相似的部分，但总的

---

[1] 即"mutilated"，意为残缺的、破坏的、切断。

来说，它们的位置并无差别，例如，水或火，都不是"剪裁"。事物必须因其本质而占有某个位置。再有，它们必须是连续的，音阶由不同的部分组成而且占有位置，但不是"剪裁"。另外，甚至整体的事物都不因缺失任何部分而称为"剪裁"。去掉的部分必须既不是那些决定本质的部分，也不是不限位置任何碰巧的部分，例如，一个杯子如果钻了个洞，不能叫"剪裁"，只有杯的把手或突出部分截去时才算。一个人如果身体或脾脏被移除，不能称为"剪裁"，但如果没有四肢，就是"剪裁"，因为四肢是无法长出来的，所以秃头不是一种"剪裁"。

二十八

"属"[1]指的是：（1）如果事物具有相同形式且生成是连续的，例如，"延续人类的种族"意思是"人类绵延不断"。（2）用于那些首先使事物存在的事物。因为按照种族，有些人叫希腊人；有些人叫爱奥尼亚人。前者的祖先是希伦，后者的祖先是伊雄。这个词用于生殖者与父系的关系更加密切，尽管人们也从女性中获得种族名称，例如，"皮拉[2]的后裔"。（3）这个意义上的属中，"面"是平面图形的属；"体"是立方体的属。在这种情况下，每个图形都是这样一种"面"或"体"，这便是隐含的差异。（4）定义中，包含在"什么"中的第一个构成元素是属，其差

---

〔1〕即"genus"，原本是种、类的意思，在生物学上称为"属"，比"科"低一级，但是比"种"高一级。属和种也是亚里士多德逻辑学中一对非常重要的概念。

〔2〕皮拉：古希腊神话中，宙斯为惩罚人类降下滔天洪水，皮拉和她的丈夫是唯一幸存的人类。

异被称为"质",从而"属"被用于所有这些方面。(1)涉及同类连续的生成。(2)涉及推动同类事物的第一推动者。(3)作为质料,差异或质所属的便是基质,称为质料。

那些事物称为"不同属",它们的原始基质是不同的,不能把它们分解成另一事物,也不能变为同一个事物(例如,形式和质料属于不同种)。属于存在不同类别的事物(对于一些被认为"是"的事物,意味着本质;一些事物意味着质;一些事物则属于我们之前区分的范畴)。这些事物也不能把它们分解成另一事物,也不能变为同一个事物。

二十九

"假"[1]是指:(1)一个事物是假的,(a)因为它不能归在一起,例如"正方形的对角线与其一边是可通约的"或"你是坐着的",因为其中一个总是假的,另一个时而为假。在两种意义中,它们都是不存在的。(b)有些事物是存在的,但其本质不是它们本身,或者是不存在的事物,例如草图或梦,因为这些是某物,但不是在我们身上产生表象的事物。我们称这些事物是假的,或因它们本身并不存在,或因为它们产生的表象是不存在的事物。

(2)"假"的陈述是针对于不存在对象的,因此当用来描述非适用本身的事物时,该陈述是假的。例如,描述"三角形",对"圆"而言是"假"的。在某种意义上,每个事物都有一个陈述,即其本质的描述,但在某种意义上,还有很多种陈述,因为事物本身和具有属性的事物,在某

---

[1]即"the false",意为错误的、虚假的。

□ 三个球

三个同样扁平的圆，因为有了光线、反射和明亮对比，成为各具特征的球体。光线自左侧而来，三个球表现出不同的反射性。中间球最高，清晰映出作者本人和办公室环境，能看出左侧球反射的窗户比中间球模糊，我们由此判定这两个球为玻璃球，而右侧球似乎是一个木球或橡胶球，但这仅是我们的心理判断和视觉幻觉。我们看到的，也许就是谎言。

种意义上是相同的，例如，苏格拉底和文明的苏格拉底（除严格意义外，一个假的陈述不能描述任何事物）。因此，当安提西尼称，只有通过适当的陈述才能描述事物时，即一个谓语对一个主语，他的想法实在太简单了。由他的观点得出结论，既不会存在矛盾，也不可能会有错误。但可能通过陈述自身和别的事物来描述每一件事情。两者都可能是假的，但也有一种方法可以真正做到这一点。例如，通过用定义2的方式，8可以描述为一个倍数。

因此，事物在这些意义上称为"假"，（3）但如果称一个人为"假"，是指他已经作了这种陈述或对这种陈述情有独钟[1]，并非任何原因，只为了自己，并且善于以这种陈述打动别人。就像我们认为事物会产生假象，这就是为什么《希庇亚斯》中，证明同一个人"是假又是真"，其具有误导性。因为，假设一个欺骗他人的人是虚假的（即知晓道理的聪明人），而且那个心甘情愿变坏的人是更好的人。这是归纳现象得出的错误结果——因为一个心甘情愿地跛行的人，比不情愿的人更好。柏拉图认为"跛行"是指"模仿跛行"，因为如果这个人心甘情愿地跛行，在相应的道德标准中，他可能是一个更坏的人。

―――――――――――――――――――

[1] 这种陈述指撒谎。

三十

"偶然属性（即偶性）"[1]是指：（1）与某物有关并且可以被真正确定的事物，不是必然或经常发生的事件，例如，如果有人种树挖洞却发现了宝藏。发现宝藏对于挖洞的人来说是偶然事件，因为一方并非必须出自另一方，或在另一方之后发生，或者并非种树就会发现宝藏。一个文明人可能脸色苍白，但这种情况并非必然，所以我们称之为偶然属性。因此，存在一些属性而且它们属于主体，其中一些属性只在特定的地点和时间属于主体。但无论属性是否属于主体，并非因为该主体，这个时间或地点，这都将是一个偶然事件。因此，偶然事件也没有确定的原因，而是一个偶然因素，即不确定的原因。比如，如果一个人不是要去爱琴海，而是因为他被暴风雨阻挡，或者被海盗抓住才到那里，那么去爱琴海便是他的偶然事件。偶然事件的发生或存在，不是因主体的本意，而是由于其他原因。因为暴风雨是他航行到未预料之地的原因，而这个地方就是爱琴海，但那并不是他本来想去的地方。

（2）"偶然属性"也具有另一个意义，即有些事物自身依存于个体，但并不存在于实体之内。例如，内角和等同于两个直角是三角形的属性。这类偶然事件可能永远不变，但别的偶然事件却并非如此。这一点已经解释过了。

---

[1] 即"accident"，本义是意外、事故。

卷Ε（六）[1]

一

我们正在寻求事物的本原和原因，显然它们是作为存在的事物。身体健康和良好状态有原因，数学的对象也有本原、元素和原因，每门涉及推理的学科，一般都会尽可能详尽地研究原因和本原。所有这些学科都区分出某种特殊的存在和某种属性，并对此进行了探究，但并不是简单地研究作为存在的存在，也没有对事物的本质进行任何讨论，而是从本质出发。有些人认为它是一种意义；有人则认为它是一种假设，然后他们或多或少都有力地证明了本质属性。因此，这种归纳方式显然无法证明实体或本质，仅仅只是另一种展示方式。同样，科学忽略了它们所属的门类是否存在的问题，因为研究它们的门类以及存在，属于同一种思维方式。

而自然科学[2]，如其他学科一样，其实就是研究这样一类事物的存在，即本身具有运动和静止本原的那种实体。显然，这既不是实践的也不是生产的学科。因为，对于创生的事物而言，本原存在于创造者中——或是理性、技巧，或某些能力。而在实践活动中，它是存在于实践者身上，即意愿。那么，已经做完的事情等同于意图完成的事情。因此，如果所有

---

[1]本卷按照全书的逻辑结构，应当是承接卷Γ（四）的论述，继续讨论哲学的研究范围和各种学科的分类。

[2]亚里士多德称呼的自然科学和自然哲学，更接近于现在的物理学。

的思想是实践的、生产的或是理论的，那么物理学一定是门理论的学科，它将一些事物理论化，包括可能被推动事物的存在和实体，而且按照定义，实体大都与质料无法分离[1]。现在，我们一定要重视本质和定义的存在方式，因为如果没有这个方式，研究便无任何意义。对于定义的事物，即是"什么"，例如，有些像"扁翘鼻"，有些像"凹形"。不同之处在于"扁翘鼻"与质料密切相关（因为"扁翘鼻"是一个凹形的鼻子），而凹度与可知的质料无关。如果所有的自然事物，本质上都与"扁翘鼻"的解释类似，例如，鼻、眼、脸、肉、骨，以及一般动物；叶、根、树皮，以及一般植物（因为这些事物的定义都与运动有关，它们总是有质料的）。所以，我们便会清楚认识到，如何寻找和定义自然物体是"什么"，以及自然科学家甚至要在某种意义上研究灵魂——灵魂也并非能够脱离质料。[2]

从这些考虑中，显而易见物理学就是一门理论学科，数学也是理论学科，但其目标是否不可运动和与物质是否可分离，目前尚不清楚。很显然，有些数学定理认为它们不可运动，与物质也是可分离的。但是，如果某些事物是永恒的，不可运动和不可分的，显然它的知识属于理论学科，并非物理学（物理学涉及某些可运动的事物），也不属于数学，而是先于二者的学科。物理学研究的是单独存在却并非不可运动的事物，而数学的某些原理，研究的事物是不可运动的，但可能不分离而存在，体现在质料中。然而这门第一科学[3]是研究分开存在和不运动的事物。所有的原因必定是

---

[1] 此处的实体指物理学的研究对象。
[2] 亚里士多德著有《论灵魂》一书。其研究的对象与我们现在说的灵魂不太一样，而是包含了心理学和部分认识论的内容。亚里士多德认为灵魂是不能与身体脱离的生命形式。
[3] 这里的第一科学和后文的"最高的科学"，都是指第一哲学，即形而上学。

永恒不变的，尤其是这些学科更是如此。因为，它们是我们所看到可以解释众多神灵的原因，那么就必须有三方面的理论哲学：数学、物理学和神学[1]。因为很明显，如果到处皆有神灵，那么它就存在于这类事物中。最高的科学一定是研究最高的属，因此，虽然理论科学比其他学科更受欢迎，相比之下，最高的科学最受欢迎。人们可能提出疑问：第一哲学研究普遍问题还是存在这个属？甚至，连数学在这方面都不尽相同——几何学和天文学都是研究某种特殊的事物，而通用数学则适用于所有的事物。如果，除了自然界形成的东西之外没有实体，那么物理学将是第一科学；但如果存在一种不可动的实体，那么研究它的学科就必须属于第一哲学，而且具有普遍性，因为该实体是首先存在的。研究存在的存在也将属于这门科学，包括事物的内容及其作为存在的属性。

二

但由于"存在"这一绝对术语有几个意思，其中一个是偶然性，另一个是真实性（"非存在"是假的），除此之外还有许多属性（例如，"怎么"、质、量、地点、时间，以及"存在"可能具有的类似意义），还包括可能或实际存在。"存在"有很多意义，对于偶然事件，不可能有科学依据。事实证明，没有任何实践的、生产的或理论学科把它作为研究对象。一方面，建造房屋的人不会产生房屋的所有属性，这些属性不计其数；所建造的房

---

[1] 神学指研究"神圣"的事物的学问，也就是第一哲学。但是，亚里士多德的"神学"和后世的神学，无论从概念上还是研究的对象来说，都不是同一门学术。

子，对于某些人来说是一种快乐，对某些人是一种伤害，对某些人是有益的，简而言之，一切事物所带来的影响完全不同。而建筑学并不旨在产生任何这些属性，同样，几何学也不研究图形的属性，以及研究"三角形的内角和"与"角度等于两个直角"是否不同。这种情况恰好发生，那么偶然事件实际上没有任何意义。所以柏拉图指出诡辩论是在讨论非存在，从某种意义上说，他的观点是没有错的，因为诡辩家的论点主要是偶然事件，例如"文明的"和"读书的"相同还是不同；"文明的科里斯库"和"科里斯库"是否相同，以及"是否永恒的一切都将存在"。那么便会得出自相矛盾的结论：如果一个文明的人变得有文化，那么他也必须是一个有文化的人，而且已经变得文明。所有的论证皆是如此，偶然属性显然与非存在类似，从以下这些论点中也可以清楚地看出：经历生成和毁灭的过程，是存在物的另一种方式，而偶然事件却不是。但就偶然事件而言，我们还应该尽可能地进一步研究它的本质是什么，它是由什么原因产生的，这样便可以清楚地了解，为什么没有研究它的学科。

在某些事物中，有些总是处于相同的状态，而且有其必然性（并非强制意义上的必然性，而是事物不可能出现其他的情况）；有些并非必然，也不是永远存在；大多数情况下，这是偶有属性存在的原因和原理。一个事物时而发生，我们称其为偶然。例如，如果在盛夏，天气寒冷，我们便认为这是一个偶然事件；但如果天气闷热，则非偶然，闷热总是时有发生，寒冷却罕见。一个人脸色苍白是偶然事件（因为并非总是如此），但他是一个动物并非偶然。建筑师可以使人健康，这是偶然，因为这并非建筑师的本性，而是医生的本性，但建筑师恰好是医生（就是偶然）。同样，甜品商旨在带给人们快乐，也可能做成某些有益健康的食品，这并非出自他的厨艺[1]，

---

[1] 意思是好吃的食物不一定是有益健康的。

□ 水与天（二）

通过动物形象的虚实转化，展现具象和抽象互为渐变，共生、正负的相互制约。黑白反转相错，海洋上升为天空，鱼形随即变成动态逼真的飞鸟，过渡融合区域的形象轮廓线彼此共用，表达了富有哲思的逻辑寓意。

因此我们认为"这是个偶然事件"，而且尽管在某种意义上他做出了食物，但绝对意义上并非如此。其他事物中有产生它的潜能，偶然事物却没有相应的产生它的技巧或潜能。因为对于偶然发生的事情，原因也是偶然的。既然，并非所有的事情都是一直存在或者是必然，总的来说，绝大多数事情都是这样，那么偶然就必然存在。比如，一个苍白的人并不总是文明人，但因为这件事有时会发生，所以一定是偶然的（如果不是这样的话，一切都是必然）。因此，这种与平时不同，能够存在的质料必定是偶然事件的起因。我们必须以此为出发点，探讨是否不存在非经常又非大多数如此的东西，当然这是不可能的。那么，除此之外，还存在一些偶然的事情。

但没有事物是永远存在或一直存在的吗？或者有永恒的事物吗？我们稍后再探讨。但是，没有研究偶然的学科是显而易见的，因为，所有的学科都是研究一直存在或大部分时间都存在的事物（要如何学习或者教授别人呢？事情必须被确定为总是或者大部分时间都会发生，例如，蜂蜜水对于发烧患者是有用的，大多数情况是适用的）。但与普遍规律相悖的原理将无法陈述，即事情没有发生，比如"新月之日"。因为即使发生在新月出现的那一天的事，可能总是或大部分也会发生在其他日子，但偶然事件却与此相反。那么，我们已经陈述过偶然事件是什么，它是由什么原因造成的，以及没有相关研究它的学科。

三

显然，可创生和可毁灭的原理和原因，并非存在于被创生或毁灭中，否则，一切皆为必然。因为，正在被创生或被毁灭的事物，必定有一个非偶然的原因。某物是否存在？如果存在另一物，则某物存在，否则便不存在。如果存在此物，则另一物将存在。因此，如果时间在过去的有限范围内不断减去，显然就会逐步逼近到现在。一个人如果出门，就会死于暴力；如果他感到口渴，就会出门；如果由于其他事情，就会感到口渴，等等，这样我们将一直推到现在发生的事情，或者某个过去事件。例如，如果他感到口渴，就会出去；如果他吃辛辣的食物，就会感到口渴；这可能发生也可能不发生，所以他必然死亡或不会死亡。同样，如果一个人置身于过去事件中，也会发生同样的情况，因为过去的条件已经存在于某物中，那么一切都将是必然的。比如，活着的人有一天必然会死去，已经有一些条件已经存在；又比如，矛盾存在同一事物中。但一个人是否因疾病或暴力死亡尚未确定，这取决于某件事情的发生。显然这个过程可以回到某个起点，这个点不再进一步指向某个事物。这就是偶然的起点，没有任何别的事情成为存在的起点。但偶然原因是出于什么样的出发点和原因——质料（因），或者目的（因），还是动力（因）？这是必须认真思考的问题。

四

先不考虑偶然存在,因为我们已经充分确定了它的本质。但是在"真"的"存在"意义上,或者"假"的"非存在"意义上,它就取决于组合和分开,真假一起取决于一对矛盾命题的分别论述(因为真命题肯定了主语和谓语组合之处,否认了它们分开之处;而假命题则恰恰相反。如何把事物组合或分开,这是另一个问题。我认为"组合"和"分开"在思想中不是相继关系,它们应成为一个统一体)。因为真假并不体现在事物中——并非善一定为真,恶一定为假,而是体现在思想中。[1]关于简单的概念和真假的本质,甚至不存在于思想中,因此,我们必须以后再讨论关于这个意义的"存在"或"不存在"。但组合和分开在思想中而非事物中,这种意义的存在,与完整意义的事物是截然不同的(因为思想附加或去掉了主体的"内容",或是它的存在是某种质、量或某种其他东西),必须抛开偶然和真实意义的存在。偶然的原因是不确定的;真实意义的原因是思想的某种情感,二者都与存在的其余属有关,并不表示任何单独存在的存在。因此,抛开一切,思考存在本身和作为存在的存在的原因和原理。(在讨论术语的各种意义时,已经很清楚"存在"具有的几种意义。)

---

[1]意为"真"与"假"出于人的主观判断,与客观存在的善恶并不能一一对应。这点与柏拉图非常不同。

卷 Z（七）

一

正如我们在讨论词的各种意义时指出，一个事物可以在多种意义上称为"存在"。一种意义上，"存在"的意思是事物"是什么"，是"这个"；另一种意义上，"存在"的意思是质、量或表述其他范畴。当"存在"具有这些意义时，显然其"原始"意义便是"是什么"，指事物的实体。当我们提到事物的质时，会认为这是好或坏，不是三肘[1]长或是一个人；若提到该事物"是什么"时，不会认为是"白"、"热"或"三肘长"，而是"人"或"神"。事物被认为"是"，是由于它们"存在"，在原始基本意义上是量、质、变化或其他限定的范畴。从而，人们又可以提出这样的问题，"行走"、"健康"、"坐着"这些词，是否意味着它们在一切情况下皆存在？因为它们中的任何一个都并非自我存在，或者能够与实体分离而存在。如果存在，便是那种"行走"、"坐着"或者"健康的"存在的事物。现在，这些被看作更加真实的事物，是因为有某些确定的事物（即实体或个体）隐含其中。我们从不用不包含主语的这类词，比如"好"或"坐着"，是由于此类范畴是"存在"，使得范畴也必是"存

---

[1]三肘：古希腊度量词，我国古代也普遍使用。一肘为一尺五寸，三肘为四尺五寸。一说为：一肘二尺，则三肘为六尺。

影响人类文明进程的文化与科学巨著

在"。因此，抹去附加含义的原始基本事物，即便在限定意义上，也必然是实体。

事物在几种意义上被认为是"始"[1]，（1）定义上；（2）认知顺序上；（3）时间上。事物于这三种意义上皆为始，类别中的任何事物都不能独立存在，所以实体先于时间。（1）定义上为"始"，每个术语的定义中，一定会出现实体的定义，所以实体先于定义。（2）相比事物的质、量或地点，我们更加了解每一个事物是什么，例如，人或火是什么，再进而了解其他，只有当我们知晓其本质，我们才能知晓质、量或地点每个范畴是什么。

事实上，这是个老生常谈的问题了，但现在也总被提出来，并且我们一直对此深感困惑，即何为存在？何为实体？有些人认为是"一"；有些人认为是"多"；有些人认为在数上是"有限"，还有一些人认为是"无限"。所以我们也必须从根本上，简要全面地考虑存在的意义。

二

显然，实体存在于物体中，所以动植物及其部分为实体；自然物体，如火、水、土等由实体组成的事物（物体的部分或整体）也皆为实体，比如，宇宙及其部分，日月星辰。是否只有这些物体才是实体，或者说其他物体也是？还是仅由其组成的事物或一些事物也属实体？必须要仔细研究这一点。有人认为物体的界限，即面、线、点和单位是实体，而且它们相

---

[1] 即"first"，意为第一、最早的、首先。

比物体或体更具实体特征。

此外，有人认为可感觉事物之外，再无任何实体，有人则认为存在更多真实永恒的实体，如柏拉图提出两类实体——形式和数学对象，还有另一类实体，即可感觉物体的实体。而且斯珀西波斯[1]从"一"开始，就制做更多种类的实体，假设了每类实体的原理——一类关于数，一类关于空间大小，还有一类关于灵魂；并以这种方式成倍地增多实体的种类。有人认为形式和数具有相同的本质，事物（如线和面）由此产生，直至产生物质世界的实体和可感觉物体。

对此类问题，我们必须研究其观点正确与否，存在哪些实体以及究竟可感觉实体之外是否存在实体；可感觉实体如何存在，以及是否有分离而单独存在的实体（如果有，存在的方式和原因是什么），或是根本不存在这类实体；那么，首先必须要描述实体的本质。

三

"实体"一词，如果不具有更多意义，但至少适用四个主要对象——本质、普遍、种属和基质，前三种对象被看作是每种事物的实体。基质由别的事物表述，但它却不表述别的事物。我们必须首先确定其基质，因为事物原始的基础被认为是最真实的实体。实体在一种意义上是质料，在另一种意义上是形状，在第三种意义上是二者的组合。（例如，质料是青铜，形状是雕像的外形，二者的组合是雕像，即具体的整体。）因此，如果形式先于事

---

[1] 斯珀西波斯（Speusippus）：古希腊哲学家，柏拉图的侄子，在柏拉图去世后，斯珀西波斯主持学院长达八年之久，旧译"斯潘雪浦"。

物并且更加真实，基于相同原因，那么形式也将先于这二者的组合。

我们现在已经概述了实体是什么，实体不表述别的事物而是别的事物表述它，但仅仅这样陈述是不够的，不仅含糊不清，而且若按此观点，质料便成了实体。如果这不是实体，我们无法说出还有事物。当其余东西（物体的属性、产物、潜能、长宽等量）都被取走后，剩下的就只有质料。如果质料不是实体，那会是什么呢？由此，我们认为这些取走的东西与其说是实体，不如说它们原本就是属于实体的演变。如果取走物体的长、宽、高，便看不到物体的形式。

我所指的质料，它本身既不是某个特殊事物或某种量，也不用来解释存在的范畴。这些范畴都各有所指，其存在的每一种谓词都不同（因为要述说实体，需要事物。但这里实体述说质料）。那么，终极基质本身既不是某个特殊事物、某种量或范畴，也不是这些事物的否定。因为否定事物只是出于偶然因素，才依附于质料。

如果我们同意上述观点，就会得出结论——质料就是实体。但这是不可能的，因为实体主要具有独立性与"这个"的个别性[1]所以形式、形式与质料的组合会被认为是实体，而不是质料。由形式与质料构成的实体可以暂不考虑，因为它后于形式，这点是明显的，质料在这种意义上也是明显后于形式。但是我们必须研究第三种实体，这才是最困惑的难题。

某些可感觉的物质一般都被认为是实体，我们必须首先考虑它们，因为学习过程便是如此——由易到难去认知。正如在行为中，我们要从善开始，并对事物的善不加以限定，所以，我们从更易认知的事物开始，使可知的事物变为更可知。现在，有些人们可知和基本的东西，往往是不容易

---

[1] 意思是实体具有独立性和个别性，但是单纯的质料却不具备这两项性质。

全部知晓的，而且常常不切实际。但人们必须从几乎不可知，但自己又能够了解的事物出发，尝试去了解不加限定的高深知识，就像之前说的那样，即是通过可知的事物来认识。[1]

四

一开始我们就区分了不同实体的具体标准，其中一个是本质，因而必须对此进行研究。首先我们作一些评论。每种事物的本性即它特有的属性，例如，你之所以是你，并非因为你有文化，具有文化不能让你成为你。这由于你的本质而成为自己，便是你的本性。但这并不是说，所有就其自身而言的东西都是本质，比如，白色的本质就是表面不同，因为作为表面与作为白色是两种不同的存在。所以，两者的结合——"白色的表面"，也并不是表面的本质，因为"表面"本身之外添加了事物。因此，事物的公式中不应出现该事物的

□ 解放

一幅打开的卷轴，渐渐生成各种图案的对比。卷轴底端模糊的三角形，渐变为飞鸟，从抽象的图案到具象的写实，颜色对比不断加深，在卷轴中央白鸟和黑鸟腾空而起飞离卷轴，飞向天空，那满载飞鸟的画轴慢慢销迹于无。

---

[1]本段原文极为晦涩，而且显然与之前讨论的问题没有多大关系，疑为后人编排错误。

术语，应该引用别的词来解释，这便是每个事物本质的公式。所以，要解释一个白色的表面，就应该说这是一个光滑的表面，用光滑来说明白色，白色和光滑便意义相同，便是一回事。[1]

但还存在范畴的组合事物（每个范畴都有一个基质，比如质、量、时间、地点和运动），是否每个范畴都有本质的公式，是否这些组合事物也属于本质，例如"白色的人"。试用"长袍"来表示组合事物。"长袍"的本质是什么呢？但这也不是一个恰当的关于本质的表达。有两种主语的谓语解释方式是不恰当的，一是在谓语中增加名词；二是在谓语中省略决定性名词。前一种谓词不属于主语自身，被定义的术语与另一个决定因素有关联，例如，在定义"白色"的本质时，人们却在陈述"白色的人"的公式；后一种谓语则是在主语中，另一决定名词与公式中表达的元素有关，例如，"长袍"指"白色的人"，人们却将"长袍"定义为"白色"，白色的人固然是白色的，但其本质并不是白色。

但"长袍"有本质吗？可能没有。本质确切地表示某物，当一种属性附加在主体时，它们构成的组合事物并不完全指某些个体事物，例如，白色的人不再是某个真正存在的个体事物，因为这样的本质只属于明确的实体。因此，只有其公式是定义的事物才具有本质。但并非一个词和一个解释等同的公式就可以下定义（如若这样，所有的公式或一组词都是定义了，甚至"伊利亚特"[2]也将成为某一物的定义），只有主要的基本的事物才能有其公式，基本事物都不能以另一事物来解释。那么，一切不是属的种，都不具有本质，只有各个具体的种才会有本质。因为这些事物隐含的不仅仅是属

---

[1] 据说此例出于德谟克利特的"色论"。不过白色和光滑当属不同的感觉对象，一是视觉，另一是触觉，因此，此处举的例子似乎不太恰当。

[2]《伊利亚特》是古希腊诗人荷马所著的一部史诗。

共享的属性，而且作为一个种还具有偶然属性，如果事物拥有名字，就一定有一个表达其意义的公式，即某个属性属于某个主体。否则就弃用这简单的公式，寻找更准确的公式来替代，但这些都非定义也没有本质。

"某事物是什么"，类似的定义有几种意义：一种意义是指实体和"这个"；另一种意义指谓语、量、质等等，因为"是"属于所有事物，但都不尽相同，而是有主次的意义，或者是基本的主要意义，或者是次要意义。所以"某事物是什么"在主要意义上属于实体，在狭义上则属于其他范畴。就事物的质而言，我们可能会质疑它是什么，它也属于"某事物是什么"，但并非在单纯原义上，反倒类似于"不是什么"，某些人[1]巧妙地利用语言的表达形式，将不存在的事物认为是存在的——这并不是重复单纯的存在，而是以不存在的代替存在，质也是如此。

我们必须研究不同意义上事物的本质问题，并且不超出实际情况。我们现在的表达方式，像"某事物是什么"那样，在主要意义（基本意义）上属于实体，在次要的意义上应属于范畴——不是简单意义的本质，而是质或量的本质。我们认为这些说法都闪烁其词，或增减了"是"的意思（比如，所有的不知也是知道的一种）——真理在于既不含糊，也不滥用双关语。主要意义的本质应该这样使用，比如"医疗"，病人、手术、器械都属"医疗的"，它们都有某种共同之处，即主要的本质——医疗。用这两种方式的任一种来描述事实都可以，显然，定义和本质都属于实体，在范畴，它们还属于事物。可以这么说：每种事物的定义都与其任何公式相同，尤其与某种特殊的公式相同，如果它是某一个体的公式，而并非《伊利亚特》似的一堆连续性的字，或者是绑成一扎的木棍，都不足以满足本质的要义。因此"某事物是什么"，一种意义上是指"这个"；另一种意

---

[1]指古希腊的"智者"，也就是诡辩家。

义上指量或者质。即使是"白色的人"也可以有一个公式或定义，但并非在白色或实体定义的意义上。

五

如果一个公式，在附加了决定因素的词语之后，还是不能成为一个定义，这便是个问题，任何非单纯而是组合的术语，将怎样来定义呢？我们必须通过增加决定性名词来解释它们。例如，鼻子、凹形和扁翘鼻，扁翘鼻是由鼻子和凹形两者组合而成，凹鼻就成了鼻子的属性，并非凹或塌偶然赋予的属性。本质对物体而言，并非如白色对于卡里亚斯或人类（因为卡里亚斯是一个人，恰巧他是白色的），倒像"雄性"归属动物；"相等"归属数量，以及所谓的"属于自己的属性"依附于它们的主体。这些属性已包含特定属性主体的公式或名称，都不能脱离各自的主体来解释，例如，白色可以脱离人来解释，但雄性不能离开动物而解释。因此，这些事情或许没有任何本质和定义，如若有，也是另一种意义上的定义。

还存在第二个难题：如果扁翘鼻和凹形鼻是同一事物，那么扁和凹也将是同样的事物；但扁与凹是有区别的（因为不可能脱离事物而谈论"扁"，扁就是一种凹形的鼻子），那么就弃用这样的说法，否则就要这么说，凹形鼻的鼻子，因为塌鼻子也是一种凹鼻子。这样就要两次提到鼻子。所以，要想获得此类事物的本质就很荒谬，如果有的话，会无限地逆推，扁翘鼻的鼻子是什么，我们在解释时就要再加上一个"鼻子"。

以上分析可以清楚得出，只有实体才能有定义。范畴的定义，都必须增加决定性词语。例如，质的一类词就是这样定义的，奇数也是如此，奇数不能脱离数而定义；雌性也不能脱离动物而定义。（"增加"指的是两次提到同样的事情，如这些例子。）如果此种说法正确，那么像"奇数"这样组合的术语也是不可定义的（但我们没有注意这一点，因为这些术语的公式不确定）。如果这些术语是可定义的，无论是以方式，还是如我们陈述的那样，定义和本质必定不止一种意义，同时具有本义和别义。因此，某种意义上，只有实体才会有定义和本质；其他事物都不具有。另一种意义上，事物或将有定义和本质。显然，定义是本质的公式，而本质要么只属于实体，要么在主要意义（基本意义）上属于实体。

六

我们研究事物和它的本质是否相同，这对于研究实体是有所帮助的。通常，人们认为个体事物与它的实体是相同的，而本质被认为是个体事物的实体。

对于偶然的组合物而言，事物自身与本质不同，如"白色的人"与"白色的人的本质"是不同的。如果二者相同，人的本质和白色的人的本质也相同；既然人们认为人和白色的人是同一事物，那么它们的本质也相同。但可能不会得出这样的结论，偶然组合物的本质应该区别于单一术语的本质。外项[1]和中项[2]的方式也不尽相同，但或许可以得出结论：外项在偶然情况下可以相同，例如，白色的本质和有文化的本质，但是实际情况并非如此。

---

〔1〕逻辑学术语，在一个三段论中，结论的谓项就是外项，也叫大项；结论的主项就是小项。

〔2〕逻辑学中联结外项与内项的中介范畴，中项只在两个前提中出现，在结论不出现。

事物与其自身本质有所不同吗？是否有某些实体，在它们之前没有实体，也没有其他本性，就像有人主张理念即是如此？这样的问题如何而论？假如善的本质不同于善本身；动物的本质不同于动物本身；存在的本质不同于存在本身。那么首先，事物之外将有另外的实体、本质、理念。其次，如果本质是实体，这些东西将先于实体。这些有先有后的实体互相分离、完全不同，因此，（a）将无以获得关于先前实体的知识。（b）而后者将会不存在。（"分离"指的是如果善本身没有善的本质，那么善的本质就不体现其属性。）因为（a）只有知晓事物的本质，才会有相关知识，进而认识事物；（b）其他事情与善是一样的，如果善的本质不是善，那么存在的本质便不是存在，"一"的本质也不是"一"。所有本质都会存在或都不存在，如果存在的本质不同于存在，其他的东西就更说不上存在了。再有，不具有善本质的事物就不是善的，善必须与善的本质相同合一；美与具有美本质的事物也是相同合一的。对所有不依赖于别的某种事物，而在基本意义上自我存在的事物都是如此。既然它们不是形式，都足以解释事物本质的原理，倘若有形式，就更足够了。（同时很明显的是，如果有理念，那么它就不是实体的基质，理念必然是实体，不能表述基质；因为理念若包含基质，就会因分有个别事物而存在于其中。）

事物自身与本质，并非偶然相同，而是完全合一的。以上论证也可以得出，认识每一件事情必须要知道它的本质，通过举例说明，就可以清楚两者必须合一。

（对于偶然术语，例如，"文化"或"白色"，因为有两个意义，就不能认为它的本身与本质相同；因为属性和属性归属的事物都为白色，所以这种意义上，属性和其本质是相同的，另一种意义上则不是。白色的本质与人或白色的人的本质是不同的，但它与白色属性相同。）

如果给每一个本质另外附加一个名词，相离的本质所产生的荒谬便会一览无余，那么原本的本质之外还有别的本质，例如，马的本质之外还有别的本质。[1]然而为什么不在一开始就确定这些事物的本质呢？事物与本质是相同，它们的公式也相同，这一点从以前讨论的内容可以清楚得出。因为事物本身和事物的本质合一，并非出自偶然属性；如果它们不同，则其过程将会无限进行下去。因而我们将有（1）事物的本质；（2）事物本身，那么后续的论证也将适用于事物的本质。

显然，事物的主要意义与其自身、本质是相同合一的。诡辩论对于这个论题的说辞，以及"苏格拉底和成为苏格拉底是否是同一件事"类似疑问，都给予相同的解释。如此，提问和回答的角度并无区别，我们也已经解释过，在什么意义上，每件事物与其本质相同；在什么意义上是不同的。

七

事物的创生[2]，有些是自然形成；有些是人工（技艺）制造；有些则是自发所成[3]。每一事物都是从某物中创生、也必有所生成。我提到的某物将会在任何类别中被找到，它可能会成为"这个"、某个大小、某个质

---

[1]这里的意思是，本质不能在事物之外，如果在之外就会出现如下情况：什么是马的本质？回答说："马的本质是四脚兽。"什么是四脚兽的本质？"四脚兽的本质是动物。"什么是动物？……这样以至于无穷，从而导致荒谬的情况。

[2]即"come to be"，意为形成，较常见的翻译为"生成"，对应亚里士多德的生成学说。但因为有人工的含义在里面，故我们认为"创生"更合适。

[3]这里的自发所成与自然形成又有区别，古希腊人认为自发所成的大多是低级生物，如蘑菇、霉菌等。现代生物学已阐明，这些自发所成的都是真菌、孢子和其他微生物。

或某个地方的事物。

自然物为自然所创生，它们的来源叫做质料，从质料创生的自然物，就是自然界中存在的所有事物，如一个人、一株植物或其他类似事物。凡由自然或技艺创生的东西都具有质料，我们称为实体，这些事物都能够存在和不存在，这种能力体现在每个事物的质料中。它们一般创生的都是自然物，依凭自然创造自然物（因为自然创造的事物，例如植物或动物，都具有本质），那么通过自然产生的事物本性与形式完全相同（尽管其形式体现在另一个体上），比如人的后代还为人。

那么，便有了自然产物；其他所有产物被称为"制造物"。这些制造物要么来自技艺，要么来自感官，要么来自思想。有些事物也是自发或偶然创生，有时就像自然产物那样生成。也有些相同的事物有时不用种子就可以产生，有时必须依靠种子。鉴于此，我们稍后才再研究。但由技艺创生的事物，其形式在掌握技术人的思想之中。（我指的形式是每件事物的本质及第一实体。）在某种意义上，相反的事物也具有相同的形式，因为一种缺失的实体就是相反的实体，例如健康是疾病的实体（疾病是健康的一种缺失），健康是灵魂中的形式或本身的认知。可以这样思考健康的产生：如果主人健康，他就必须在身体中呈现，例如，健康是身体保持的一种平衡状态，而平衡状态一定表现为体温正常——医生继续这样思考，直至得出最后的结果，这种过程是医术或思考产生健康的事物，称为制造。因此，健康的原因来自健康（形式），房子的原因来自房子（形式），有质料的事物来自于没有质料的事物（因为医术和建筑艺术分别是健康和房子的形式），我列出没有质料的实体来，指的是本质。

制造的过程，一部分是"思考"，另一部分才是"制造"——起点和形式由思考开始，思考完成后接下来的行动就是制造。每一件的和中间的事物都是以同样的方式产生出来。如果主体健康，他的各方面身体指标一定均衡。那么均衡会产生什么呢？不同的状态，产生不同的体温。而他的体温又会产生什么呢？还得依靠其他的身体特征。这些都将在身体中潜在呈现出来，而潜在的健康事物的形成来源于医生的掌控能力。

那么健康的形成，如果由技艺产生，它的能动起点和原则是思想中的形式；如果是自发产生，它就是开始产生的事物。由技艺塑造的人，就如接受治疗时，也许是体温的产物（医生通过按摩产生温暖）。体温或是健康的一部分，或由类似健康的一部分产生（直接或通过几个中间步骤来实现）；即那些与健康关系密切的事物，类比房子（石头就是与房子密切相关的事物），情况也是如此。

因此，俗话说，没有预先之物，则无法产生事物。显然，创生的事物中，有些部分必然是已经存在的事物。质料是一个部分，是在事物创生过程中产生事物的因素。那么即使在公式中质料也是一个因素吗？例如，什么是铜圈？我们一定会用两种方式来描述：解释铜来描述质料，解释圆形来描述形式；图形是铜圈最近似的属。那么，铜圈在其公式中就包含它的质料。

至于由质料制造的事物，有些在产生后称为"由质料产生的"，例如雕像不是石头，而是石头做的；一个健康的人并不从以前的他而来。尽管一件事来自于它的缺失和基质，我们称之为它的质料（例如，变得健康的既是一个人，又是一个病人），但更认为是来自它的缺失（例如，一个健康的主体是一个病愈的人，而不是一个人）。因此，健康的主体并非一个病人，而是一个人，而这个人被认为是健康的。但一些事物的缺失往往晦涩难懂而且难以形容，例如铜缺失某种特定形状，或者砖和木材缺失房屋的构造。这种缺失是由这些材料产生的，就像前一种情况，健康的人是由病人产生的。而就称铜球为铜制品，称房屋为砖木制品。所以，并不以原质料作为名字，而是通过言语的变化进行称呼，例如，雕像不叫石头而叫石制雕像；房子不是砖块而是由砖块砌成的（我们仔细研究质料，就不应该全盘地认为雕像是用石头或房子是由砖头建成的，因为创生隐含着事物内部的变化，而非永久性）。因此，我们才采用这种论述方式。

八

任何制造出来的事物都是被某物产生（这叫产生的起点），取材于某物（它被认为不是缺失而是质料，已解释过此义），制造出某种东西（可能是球体或圆，或者是任何东西），正如制造了一个铜球，我们生产的就不是基质（铜），虽然铜球为球形，但我们并不是生产了球。我们要制造"这个"，就得充分使用基质，然后制成一个个体[1]。（制作铜环不是为了制作环形或球体，而是运用于其他事物，即用不同于自身的东西来生产这种形式。如若制作一形式，就必须从别的事物中获得，这是假定的前提。例如，我们制作一个铜球，一面要从铜中获得，另一面要从球体获得。）如果我们分开制造质料本身和形式本身，那么这个制造过程将会无限进行。显然，可感觉事物中呈现于眼前的，我们称之为形状或形式，它们都不单独创生而存在，也不产生别的事物。本质不能单独创生；因为它在别的事物中由技术、自然、某种能力制造出来，例如铜球，由铜和球形制造出来。我们把形式赋予这个特殊质料，结果就产生一个铜球。作为普遍的球形，它的本质是被制造出来的，它们必定从某种别的事物中创生。因为制造物必是可分的，一部分来自质料，另一部分来自形式。如果一个球体是"圆周上的点到定点的距离都相等"的图形，那么这将是创生事物的媒介，一方面表现为球形，另一方面将存在于事物中，综合为一个整体将成为产生的铜球，这就是铜球的产生

---

[1] 个体即形式与质料的综合体，单独的形式不是个体，单独的质料更不是。

过程。显而易见，形式或本质不能单独产生或存在，而以之命名的具体事物是能够产生存在的，而且质料内在于所有产生的具体事物中。它们的一部分是质料，另一部分是形式。

个体的球之外还有球吗？砖之外有一所房子吗？[1]如果情况确实如此，那么"这个"将不会出现，但"形式"指的是"这样的"，而不是"这个"，不再是一个确定的事物；但是艺术家从"这个"中制作出了"这样"，而父亲在"这个"中生育了"这样"。当它诞生时，它就是一个"这样中的这个"[2]。整体的"这个"、卡里亚斯或苏格拉底与"这个铜球"类似，以及人类和动物相当于一般的"铜球"。显然，形式存在的原因（某些人认为形式的存在这种意义，即它们是不同于个体的某物）无任何意义，在事物的创生和实体问题上更是如此，形式没必要成为自我存在的实体。实际中，生产者与被生产者显然是同类（并非完全相同也不是数目为"一"，但形式相同），即自然产物（人生育人）的情况

□ 阳台

如果没有景观中央阳台的夸张放大，这就是一幅惯常的平面风景绘画。占满画面的一粒巨大眼球，鼓突而起似如黑眼仁，两侧建筑顺着球体边缘渐次恢复正常图像。凸透镜呈现的视觉效果立体而荒诞，迥异于一般的视觉体验。

---

[1]指独立于球和房子的形式。
[2]此处的"这个"指的是质料，"这样"指的是形式，"这样中的这个"就是综合物。

下，除非某物的产生有悖自然，例如，马生出骡子（即使这些情况也有类似，因为马和驴具有某些共同之处，并没出现包含两者属的名称，如果有，无疑就称为骡属了）。显然，完全没有必要设置一个"形式"作为模板。（如果我们要寻找形式，就可以在这些事物中找，因为生物便是确定的实体）生产者有制造产品的能力，使形式产生于质料之中。当我们以肉体和骨骼为基础，形成一个整体和这样一种形式时，就塑造了卡里亚斯或苏格拉底。他们因质料而成为不同的个体（质料是不同的），但形式相同，因为他们的形式是不可区分的。

九

有人提出一个疑问：为什么有些事物，例如健康，既可以自然创生也可以由技术制造；而有些事物，例如房子，不能以这两种方式产生？原因如下，质料存在于制造和生产任何艺术品，以及产生的事物中——有些能自我运动，有些不能；而自我运动的质料中，有些能以特殊方式运动，有些则不能。比如，人人都能自我控制跑或跳，但跳舞就并非每人都行。类似石头的事物，就不能以某种特殊方式运动，除非由某物推动。但另一事物可以自我运动，比如，火能自燃。因此，有些事物的存在离不开制造者，有些事物则可以独立自然存在。后者可以自我运动，或由别的不具有技术的事物推动，或由预先存在的部分所推动。

可以清楚地看出，每种技术产品，或者产生于一个相同的事物（正如自然物的产生），或者产生于共同的部分（例如，房子由房子自身[1]产生，即指从

---

[1] 这个房子自身即是思想中的房子，也就是房子的形式。

造房技术构想而来，因为构想既是建筑技术，也是房子的形式），或者产生于具有其某一部分的事物。如果我们排除事物产生的偶然因素，一个事物可以依靠自身直接产生产品，并成为产品的一部分。运动的身体会产生热量，这或是健康，或是健康的一部分；或者获得健康的原因，或者健康本身的一部分。所以我们认为热量产生健康，因其会产生与健康有关的结果。

因此，如综合论法（三段论）中讨论的，实体是以上事物的起点。综合论法以"这是什么"开始，并从中发现创生过程的开始。

由自然形成的事物与这些技术产物是同样的情况。种子的产生与人工技术的产生是同样的方式，种子潜在地具有形式。种子的来源和产物具有相同名称，就像我们不能指望父母和子女总是具有完全一样的名字，就像"人类"中产生"人"一样，"男人"有时生下一个"女人"。没有节制的交配会产生不正常的后代，名字也就不一样。这就是骡子的父母不是骡子的原因[1]。自然物中自我繁殖的事物（就像之前提到的人造物体一样），其质料如同种子，可以推动事物的产生，而不具有这种质料的事物，除非从父母那里获得，否则就不能自然产生。

我们证明了实体的形式不能创生形式，这种论证也适用所有原始类别，即量、质等范畴，正如铜球，制造出来的不是铜也不是球。在没成为铜球之前，铜也必须要依附一个实体，因为质料和形式必定总是先存在。所以，对于实体、量、质等范畴也同理。质并没有产生，而是具有质的木材产生了；量并没有产生，而是那种尺寸大小的木材或动物产生了，从中我们可以发现实体的一种特性：必须先存在某种实体（它是先于自己的已完全实现的存在物），而这种预先的实体再产生现在存在的实体，例如动物生产动物。而质或量不必事先存在，它们仅仅潜在于事物之中。

---

[1] 骡子由马和驴杂交而生，且无法生育后代。

十

　　由于一个定义就是一个公式[1]，每个公式都有很多部分，而公式对应的就是事物，那么，公式的一部分也是事物的一部分，所以有人便会提出问题：部分的公式是否在整体的公式之中？部分的公式有些被包含在整体公式里，有些则不是。例如，圆的公式并不包含扇形的公式，但是音节的公式包含字母的公式。但圆会分成多个扇形；音节也会分成字母。再有，如果部分是先于整体的，那么锐角将先于直角，手指将先于人，但公理认为，后者是先于前者的。因为公式中的部分可依靠整体解释，而且对于单独的存在，整体通常被认为是先于部分的。

　　也许我们认为"部分"有多种意义。其中之一如量的部分，即"用量来度量另一事物"；这个意思我们姑且不谈，我们讨论组成实体的"部分"，假设质料、形式和二者的组合物分别是不同的事物，那么三者都是实体。这样，质料就是事物的一部分，但在另一种意义上，又不是事物的部分，仅仅是构成形式公式的元素。例如，肌肉，它不是凹形的一部分（因为肉是凹形产生的质料），但它是扁翘鼻的一部分；青铜是某个青铜雕像的一部分，但形式意义上不是雕像的一部分。（事物的名字往往由形式而来，而不由质料而来。）所以圆的公式不包含扇形的公式，而音节的公式包含字母的公式。因为这些字母是形式公式的一部分，并非质料，但扇形是质料意义的部分，形式由其产生；但是当铜制成圆形时，它们比铜更接近形式。某种意义上，并非每个字母都会呈现在音节的公式中，例如，特殊的蜡制

---

[1] 英文版作"formula"，意思是公式、准则、配方，也有版本译作"原理"。

字母或空中所画的字母。这些已经有某些东西是音节的一部分，因为它是本身的可知质料。尽管线可以分成两半，或人被分解成骨骼、组织和肌肉，但并不能说半线组成了线，骨头和肉组成人，也不能说线具有半线的本质，人具有肌肉的本质。只能说，线和人从这些具体部分获得的质料，并非公式所指的形式部分。因此，它们也不能出现在公式中，那么在一种定义中，这些部分的公式必将呈现；但在另一种公式中，并不一定呈现，除非是具体对象的公式。因此，有些事物具有组成原始的部分，而有些则没有。那些形式和质料合一的事物，例如，扁翘鼻或铜球毁灭时，便消散成为原始的质料；但那些不含质料也无质料的事物，其公式就是形式的公式，不会消失——或者根本不存在，或者不以这种方式毁灭。因此，这些质料是具体事物的原理和部分，而形式既不是部分也不是原理。比如，黏土雕像消失分解成黏土，球体消失分解成铜，卡里亚斯消失变成肉和骨骼。"圆"消失了，就分解成弧。（这里的圆指含有基质的事物。圆，既指绝对的圆形，又指单个的圆，因为我们把单个圆称为"一个圆"。）

  目前已经阐明了这一真理，我们还可以更清楚地陈述，并再次回答这个问题。公式分离的部分，都先于公式，即这些所有的部分都先于公式，或者是其中一部分先于公式。然而，直角公式并不包括锐角公式，反之却成立。因为锐角的定义需要使用直角，锐角"小于直角"。圆和半圆的关系也类似，因为半圆是由圆定义的，手指也是由整个身体定义的，手指是"人的特征的一部分"。因此，质料的部分，以及事物分解为质料的部分都是其次的，只有那些属于公式和实体本质的事物，无论部分还是全部，都是优先的。而且，动物的灵魂（这是有灵生物的实体）按照公式则是实体，即某类躯体的形式和本质（如果可以定义它，必须包括它的功能，不能不涉及感觉和灵魂，毫无知觉就进行定义）。所以灵魂的各个部分，无论部分还是全部，相比于综合的"动物"和每个具体动物也都是优先的，身体和部位要后于灵魂这个本质实体，综合实体可以分解为质料的各个部分，但具体的这个实体不分解为质料,在此意义上先于综合事物。但从某种意义上却不是。因为,如果从整体动物分离,它们就不可能存在。不是任何状态下的手指都是活生物的手指,断掉的手指只是名义上的一根手指而已。还有一些部分位于全体的中间,既不在整体前也不在后,即那些发号施令的主导部分、公式(亦本质实体),记忆存在其中的部分。例如,心脏或大脑,这两个器官哪个是动物的主体都无所谓,但"人""马"以及适用于个人的术语,普遍上并非实体,而是由这一特殊公式构成的事物以及特殊质料,随即这类个别事物就被认为是普遍事物来解释对待。就个人而言,苏格拉底已经在自己身上体现了终极的个体质料,这同样适用于其他情况。

"一部分"可以是形式(即本质)的一部分,也可以是形式和质料的组合物,或质料本身的一部分。只要形式的部分是公式的一部分,公式便具有普遍性;因为"圆的本质"等同于圆,并且"灵魂的本质"和灵魂也一样,但对于具体事情,例如这个圆,即其中一个圆,无论是可理解[1]的还是可感觉的(可理解的就是数学上的圆,可感觉的就是铜圈和木圈),这些都没有定义,它们是借助于思考或感觉加以认识的,从现实中消失后是否存在,则不得而知。但"圆"是可以用普遍公式来定义的,它们永远可以由普遍、一般公式来说明和认识。

所以质料从它自身来讲是无从认识的。只能说有的质料是可感觉的,有的是可以理解的。可感觉的质料,例如铜和木,以及所有可改变的物质,可理解的质料是存在于可感觉事物中;但不可感觉的事物,例如数学

---

[1]可理解的与可感觉的相对,意为可以通过理性认识。亚里士多德认为普遍性的事物或者抽象的事物是可理解的,而个别的事物是可感觉的。

对象。

那么，我们已经谈论了关于整体和部分，以及它们"在先"和"在后"的问题。但有人会问，到底是直角、圆和动物等事物是"在先"，还是组成它们的部分，或它们分离的部分是"在先"？我们必定经过深思熟虑后才能回答。即使赤裸的灵魂是动物或生物的实体，或者每个人的灵魂都是个体本身，那么"圆的本质"就是圆，"直角的本质"就是直角，则整体必后于部分，即后于公式中包含的部分和单个直角的部分（由铜制成物质的直角，以及由单条线形成的直角都在它们的部分之后）；而非物质的直角在公式中包含的部分之后，但在特殊情况包含的部分之前，因而不能简要地回答此问题。但如果灵魂与动物不能合二为一，归属不同的某物，那么有些部分也一定称为是"在先"，另外一些部分则不能称为"在先"。

十一

那么，自然会有另一个问题，即什么样的部分属于形式？以及什么样的不属于形式，而属于具体事物？因为定义是关于普遍性和形式的，如果不能回答这一问题，则无法定义一切事物。如果作为质料的部分不确定，那么事物的公式也将是不确定的，形式的部分和形式与质料构成之事物的部分也是不明确的。一个事物在完全不同的材料中，例如一个圆可以存在于铜、石头这些不同的材料之中。铜和石头都非圆本质的一部分，因为圆和它们是分别存在的，即：（1）圆的本质，可以脱离某一事物而在另一事物上表现。（2）即使圆全部是铜做的，铜仍然不会成为形式，只是思想上很难消除它。例如，人的形式总是存在于肉体和骨骼以及类似部分，这些也是形式和公式的一部分吗？不是，它们是质料。但我们从未在别种质料上找到过人，所以很难分离它们，以取得真正的抽象。

这一情况是可能的，但什么时候发生不确定。有些人[1]在圆和三角形的例子中提出这个问题，认为用线和连续性来定义这些是不正确的，就如不能以肉和骨骼来定义人，不能以铜或石头定义雕像；所以他们把一切都归为数，认为"线"的公式便是"二"[2]的公式。有些[3]认为一切皆为"理念"的人，觉得"二"就是线本身，而另一些人则认为"二"就是线的形式，因为他们认为的"形式"和具有"形式"的事物是相同的，例如"二"和"二的形式"就应该是一样的，但"线"却不存在这种情况。

因此这会得出结论——形式明显不同的众多事物却只有一个形式（也是毕达哥拉斯学派的理论基础）；一个事物可能是一切事物的形式本身，这个绝对形式的存在将否定事物的形式，如此，那么这样一切将归于"一"。

定义问题存在一些困难，以及原因来于何处。将一切简单归为"形式"却消除质料，都是徒劳无功的，某些事物一定是特殊质料中的一种特殊形式，或特殊状态中的特殊事物。小苏格拉底[4]拿"动物"相比较也不恰当，因为这与真理背道而驰，比如，认为人可能离开部分而存在，就像圆没有铜也可以存在一样。但两种情况并不相同，动物是可感觉的东西，不可能不涉及运动就对其定义，所以必须要涉及在某种状态中各部分的存在；手并非在任何情况下都是人的一部分，只有当它是活人的手时，才是人的一部分。如果它是断手，则不是人的一个部分。

对于数学对象而言，为什么部分的公式不是整体的公式的一部分呢？

---

[1] 毕达哥拉斯学派。
[2] 该思想大约出自数是万物的本原。
[3] 柏拉图学派。
[4] 小苏格拉底，指一个学派。苏格拉底死后，由他的学生建立的麦加拉学派、昔勒尼学派、犬儒学派等，因其继承苏格拉底关于伦理和道德的哲学思想，故后人称为小苏格拉学派。

例如，为什么半圆的公式没有包含在圆的公式中呢？是因为它们无法感觉到吗？也许这并无区别，因为某些无法感知的事物也具有质料；每一个事物都含有一些质料，它不是单独的本质或形式，而是一个"这个"。于是，半圆就不是普遍圆的部分，而将是个体圆的部分。因为质料中有一类是可感觉的，有一类是可理解的。

很明显，灵魂是主要实体，而躯体是质料，人或动物这两个词是二者构成产生的普遍事物。如果苏格拉底的灵魂可以被称为苏格拉底，"苏格拉底"或"科里斯库"就有两种意思（一些人用来代表灵魂，一些人用来代表具体的事物），但如果指具体的灵魂或躯体，那么个体就类似于普遍的事物。

除这些实体的质料外，是否还有另一种质料？是否应该寻找实体？例如，数或类似的事物，这一点我们稍后讨论。为此，我们试图确定可感觉实体的本质，在某种意义上，对可感觉实体的探究是物理学的范畴，即第二哲学[1]，因为物理学家不仅要了解质料，还要了解公式中体现的实体，甚至了解更多的东西。在定义中，公式中的元素如何成为定义的一部分？以及为什么定义是一个公式（对于明显为"一"的事物，怎么它由各部分组成还能成为"一"呢？），这必须在后面进行讨论。

本质是什么以及在哪些意义上是独立的，这已成为通例，并已作过全面陈述。接下来，为什么一些事物的本质公式包含定义部分，有的则不包括？在实体的公式中，质料的部分不会存在（因为它们甚至不是实体的部分，而是具体实体的一部分；某种意义上，这是一个公式，某种意义上不是；因为它没有与质料有关的公式，这是不确定的，但有一个公式是关于主要实体，例如，人以灵魂为公式，因为实体是内在的形式，具体实体就从这种形式和质料的合二为一中获得。

---

[1] 第二哲学指自然哲学，包含但不仅仅限于物理学。

例如，凹面这种形式，与鼻子合一就产生了"扁翘鼻"，我们就见到"扁翘形"）；但质料仅是在具体实体中存在，例如，一个"扁翘鼻"或卡里亚斯，会产生质料。我们曾讨论过，某些情况下，本质和事物本身是相同的，即具有原始实体，比如原始曲线，曲率和曲率的本质便是相同的。（"原始"实体是指那些某物中不隐含物质作为质料的事物。）但具有质料本质的事物，或者是整体包含有质料，或者事物本身不同于其本质，也不是像"苏格拉底"和"有文化"那样的巧合，因为这些仅因偶然属性而相同。

十二

现在首先讨论定义，讨论在《分析篇》[1]中没有研究过的话题；其中所述的问题，对我们实体的研究有用。这个问题是：为什么把公式是定义的事物叫做统一体呢？例如，人的公式是"两足的动物"，为什么"动物"和"两足"合而为"一"而不是"多"？因为在"人"和"苍白"的情况下，如果一个词与另一词不相属，两个词就被当作"多"；一个词属于另一个词，就是"一"，并且主体和人具有某一属性，那么就会产生统一体，即苍白的人。另一方面，比如，双方不相互共享属性，那么属也不被认为存在差异（因为属的差异具有相反的性质，若存在差异则相当于同一事物参与到相反中去）。即使该属有共同之处，也适用相同的论点，因为人在动物这个属中的种差有很多，比如天生有足、两足、无毛，但为什么在这里这些"一"不是"多"呢？并非因为它们存在于同一事物中，按此原则，事

---

[1]亚里士多德的逻辑学著作《工具论》中的一篇论文。

物的所有属性归属于一就可以构成一个统一体。所有属性在定义中必须合为"一",因为定义是一个公式,并且是一个实体的公式,所以它必定是某一个整体的公式。实体的意思是"一"和"这个"。

我们必须研究分析方法的定义。定义中除了属和种差[1],便无别的。属就是第一个属及其所带来的差异性变化事物,例如,第一个可能是"动物",其次是"双足动物",接着下一个是"双足无毛的动物"。如果定义包括更多词,还可以继续下去。一般来说,包含词多词少都无区别,包含词极少或是仅两个词也毫无区别;如果是两个词,一个是种差,另一个是属,例如"两足动物","动物"是属,"两足"是种差。如果属不与自己的属内种分离,或者仅仅作为质料而存在,(如声音就是属,是质料,存在的种差就是种,比如字母。)很明显,定义是包含种差的公式。[2]

但由种差来区别事物还是有必要的,假如"天生有足"是"动物"的种差,那么"有足动物"就要看成是一个属,其区别是它的足。如果要准确无误地表达,那么我们就不应该认为那些"天生有足"的生物一部分有羽毛,一部分没有羽毛(我们这么说的话,明显是缺乏常识);我们应该将有足的划分成分趾的和无趾的;因为这些是足方面的差异,而分趾是一种足型。这个过程一直继续下去,直到产生无差别的物种。那么就会有和种差一样多的物种,而天生有足的动物种类数量上也与种差相同。这样进行下去的话,显然最后的区别将是事物以及实体的定义。在我们的定义中,多次陈述相同的事物既不准确,又过于复杂,但确实存在过这样的论述。

---

[1]种差:指被定义的概念与其属概念之间的差别。
[2]属加种差是常见的定义方法,又叫做实质定义。它的公式是:被定义项=种差+邻近的属。

比如，我们认为"天生有足和两足的动物"时，除"有两足的有足动物"外，并没有提出任何解释。随着分类的持续进行，就会多次陈述同一件事，而且种差出现多少次，就会重复多少次。

如果不断区分和细化种差，最终的种差将是形式和实体；如果根据偶然的性质来区分，例如，"把天生有足的"划分为黑和白，那么就有无数种差。因此，定义显然是包含种差的公式，或者根据正确的方法分类，是最终一个种差的定义。如果我们要将这些定义的顺序颠倒过来，就会知道重复的内容是什么，例如，关于人类的定义，"有双足并且天生有双足的动物"；提到"双足"时，"天生有双足"就是多余的。但实体不存在顺序，一个因素和另一个因素怎么会有先后之分呢？这些定义都是通过划分的方法得出的，足以论述我们对其本质的探索。

十三

让我们回到研究的主题，即关于实体的研究。由于基质和本质以及二者的组合物被称为实体，具有普遍性的事物也称为实体。我们已经讨论过其中的两个，本质和基质。作为实体的基质，隐含两种意义——要么是作为个体的"这个"，这是动物体现其属性的方式；要么是质料体现完整的实在。一些人认为普遍性的完全含义就是原因和本原，因此我们也主要针对这一点。任何普遍的词语似乎都不应该是一种实体的名称。首先，每一个事物的实体，最早是指事物的个体性，不属于别的事物；但普遍性，一般是共通的，就不止一个事物适用。那么，"普遍和一般"到底是个体实体还是所有的实体，或者都不是实体？应该这样表述，"普遍，一般"不能是所有的实体；如果它是个体实体，则别的事物也会成为它这样的实体；因为实体是"一"且本质是"一"的事物，它们本身就能成为"一"。

此外,实体不表述主语,而普遍性和一般性则相反,总是表述主语,成为主题的范畴。

普遍性,一般情况下,不像本质那样变为实体,它还是可以被看作是在个体事物中,例如,"动物"呈现于"人"和"马"之中,很明显"普遍和一般"还是本质的一个公式,即使它不是实体中每个事物的公式,没有什么区别,比如人是个体人的实体。普遍性也总是某种事物的实体,如"动物"的普遍性,将会是所有符合"动物性"的事物的实体。

个体即实体,可由若干部分组成,却认为它不能以几个实体或几个个体构成,而只由一些性质组成,这是不可能和荒谬的。否则,非实体的性质将先于个体和实体,这当然不可能。不论在公式上、时间上或创生顺序上,属性都不会先于实体,不然它们将脱离实体单独存在了。如此的话,事物就将包含一个实体中的实体[1],出现两个事物的实体。苏格拉底怎么会是两个实体?

一般来说,如果人和普遍性事物都是实体,那么其公式中的成分都不是任何事物的实体,这些成分的"普遍和一般"属性就不脱离现实事物而存在,也不存在于别的事物内部,如没有"动物"可以脱离现实的动物而存在,同理公式中的成分,也不能脱离现实事物而存在。

如果我们从这些立场来看待问题,显而易见,普遍属性不是实体。现实中,所有的共同的谓语都不能指明"这个",而是"这些"。如果可以的话,将会产生很多难题,尤其是会出现"第三者"。

---

[1] 实体中的实体,一指普遍性的实体,一指个体的实体。拿下文中的苏格拉底来说,苏格拉底同时包含"人"和"苏格拉底"两个实体。

可以清楚地得出结论，一个实体不能由现实存在的自身内部实体构成，无论怎样，现实的两个事物都不可能成为一个事物，如果它们是潜在的，可以成为一个（例如"双"由潜在的两个一半组成，因为两个一半完全实现时会变成两个"一"的事物，合在一起就成为"双"）；因此，如果实体是一，它就不可能以此由内部的诸实体构成，这是德谟克利特的正确观点，即一件事物不能由两件或两件中的一件组成，他视不可分的大小物（原子）为实体。因此，某些人会认为数是单位"一"的组合，那么这也适用于数，因为其包含的每个单位都不是完全的"一"。

但我们的结论中还有一大难题，如果没有实体可以由普遍的事物组成，因为普遍性表示"这样"，而不是"这个"；并且如果没有实体可以由完全现实中存在的实体构成，那么每种实体都不是组合物，因此，甚至不会有任何实体的公式。但所有人都赞成这一点，并且按照现有的说法，只有实体或主要是实体才可以定义，而现在甚至连实体都无法定义了，那么任何事物便都不能定义，或者按照某种意义存在定义，或者不存在定义。这点以后会讨论清楚。

十四

从这些事实可以清楚地看出，那些人认为"理念"是能够独立存在的实体，还认为形式是由属和种差组成，他们的这种观点会带来什么样的后果。假如"理念"存在，如"动物"现实存在于"人"和"马"之中，那么这两个"动物"或者在数量上是相等的，或者是不相等的。（从公式上说，两者的公式显然是一样的；因为认为两种公式的适用情况相同。）如果有一个"人自身"，它是一个单独存在的实体，那么它的部分——"动物""两足的"也必定能脱离"人"而单独存在，各自变成实体，因此"动物"和

"人"就一样。[1]

（1）如果"马"和"人"里的是一个相同的"动物"，就像你和自己一样，（a）那么这一相同的动物怎样能分离存在于许多动物中呢？这个"动物"的理念如何能避免被分割呢？

此外，（b）如果它被分为"双足"和"多足"，则会出现一个不可能的结论，即，虽然它是"一"和"这个"，但将同时具有相反的属性，比如，动物同时具有"双足"和"多足"的自然属性。如果不分成"双足"和"多足"，则提到动物是双足或有足时，其间隐含的关系是什么？也许这两件事情是"拼凑在一起"并且"接触"，或者是"被混合"的。然而，所有这些说法完全不合理。

但是（2）假设每个物种的形式不同。那么实际上将有无限多实体是"动物"的事物。因为"动物"是"人"所具备的诸多元素之一并非偶然，此外许多实体将是"动物本身"，存在于（i）每个物种中，"动物"将是物种的实体，因为它没有按照任何物种来命名。如果不是这样，元素将成为实体，则"人"就源于这元素，人也就是另一个属了。而且（ii）

□ 蝴蝶

如同幽暗山洞里突然射进一束强光，突然涌进成百上千只蝴蝶，堆积在光线处往下坠落，黑色背景分割出愈来愈大的蝴蝶形状。"蝴蝶"是感性事物蝴蝶的形式本身，包括不同的物种模式，所以我们能看到关于蝴蝶的各种分类，以区别各自局部特征的差异和特点。

---

[1]也就是说，动物也会和人一样，有一个"动物自身"作为单独存在的实体。

"人"构成的所有元素都是"理念",这样的元素都不是实体。因此,在每个物种中存在的"动物"将是"动物本身"。那么,每个物种中的"动物"衍生出来的是什么?它将如何从动物本身衍生而来?或者这个"动物"的本质只是具有简单的动物性,怎么能脱离"动物本身"而单独存在呢?

此外(3)从可感觉事物的事例来看,会得出更加荒谬的结果,如果这些结果都不可能发生,显然可感觉事物就不具有那些人认为的某种形式。

十五

实体分为两种:综合实体和公式(一类是与质料有关的公式;一类是普遍的公式),前者能够毁灭(因为它们也能创生),后者不能毁灭(因为它没有创生,比如,房子的存在不是创生的[1])。公式既无创生,也无毁灭,没有人来证明创生过程,也没有实物去创造公式。可感觉的个体实体既没有定义也不能证明,因为它们有质料,而质料的本性可以变为存在,也可以变为不存在。那么,个体实体都是可毁灭的。假定对真理的证明和认识是一个一致的过程(认识并非时而可知,时而不可知,这样不确定的认识只能算作意见,意见可以认为"是这样",也可认为"不是这样"),至于证明则更不能随意更改,因此,处于变化中的可感觉实体就应是既无定义也无证明。因为当毁灭的事物超越我们的知觉时,相关的认识也就不确定了,其定义或证明也随之消失,即使公式在我们的头脑中保持不变。所以,当建立定义的思想

---

[1]指普遍的、一般的房屋并不是和现实中个别的房屋一样,由建筑师创生。

家定义任何个体时，他必须认识到他的定义可能经常被推翻，因为定义这类事物是不可能的。

而且也不可能定义任何理念，因为，正如其支持者认为，"理念"是个体，可以单独存在；而且公式必须由字词组成，下定义的人一定不能发明新字词（因为它是未知的）。那么，已经被公认的字词，对适用事物都是通用的，它们（即组成定义的字词）不只适用于一个事物，也适用于与其他个体共通的事物。例如，如果有人定义你，他会说："一个瘦弱或苍白的动物"，或者别的类似的话，这其实也适用于别人的定义。如果有人说，所有独立的属性可能属于许多主体，但它们结合起来就只属于这一个主体。我们就要提出，首先，它们也属于这两种元素，例如，"两足动物"既属于"动物"，也属于"两足生物"。（对于永恒的实体[1]来说，这甚至是必要的，因为这些元素先于实体产生，而且是组合物的一部分；如果"人"可以单独存在，"动物"和"元素"也可以分开存在，或两者都能，或两者都不能。如两者不能分离，则属不会脱离不同的种而存在；如两者都能存在，那么种差也会独立存在。）其次，我们认为"动物"和"双足"是先于"两足动物"而存在的，而且先于事物的事物一定不会毁灭。

再有，如果理念由诸理念构成（因为元素比组合物更简单），那么构成理念的元素，如"动物""两足的"，应该可以适用多个事物，否则的话，这些理念怎么去认识呢？因此，一个理念只能代表一个事物，但这也被认为是不存在的，那样就会出现一个无法表述多个主体的理念——每个理念可以被许多个体分有。

如前所述，个体事物不可能定义，但又忽略了永恒事物。特别是那些独一无二的事物，如太阳和月亮，因为人们的错误在于：给太阳增加或减

---

[1]永恒的实体就是前文提到的理念。

少属性,例如"围绕地球转"[1]或"夜幕降临"(他们认为如果太阳静止或可见,就不再是太阳;但这又很奇怪,因为"太阳"是有自己的实体存在的)。他们是错误的,因为如果把这些属性去掉,太阳依然会是太阳。这些人还提到主体的属性,如果另一个具有所述属性的事物出现,显然它会是太阳,所以这个公式就具有普遍性。但是太阳是一个个体事物,就像克里昂或苏格拉底一样。那么,理念的支持者为什么不给理念下定义呢?如果他们对此作出尝试,就应该很清楚现在讨论的都是真理。

十六

显然,即便事物被看作是实体,大多数也还只是潜在的——动物的各部分(因为它们都不是脱离动物单独存在的,分开后它们只作为质料而存在)、土、火、气。它们都不是统一体,而是因为组合在一起才会成为整体。人们可能会轻易地相信,动物各部分与灵魂各部分紧密相连,存在于现实与潜在之中。它们的组合具有运动的源泉,如某些动物被分割后,分开的各部分还能存活。[2]当它们组合在一起才成为具有持续活动的整体时,各部分就只能潜在地存在着,当然不包括那些因外力而成为一个统一体的生物,因为这种现象不常见。

由于"统一体"这个词使用起来如同"存在"一词,而实体为"一"的事物本身也是"一";实体的数目为"一",事物的数目也是"一"。

---

[1]古希腊人认为太阳是围绕着地球转动的,月亮和其他天体也是围绕地球转,这就是"地心说"。
[2]比如蚯蚓,被砍断之后两部分还能分别存活。

显然，统一体或存在都不可能是事物的实体，正如作为事物的元素或本原不能成为实体一样，但我们要质疑本原是什么，从而可以将事物细化为更可知的东西。现在"存在"和"统一"这些概念比"本原""原因"或"元素"更具有实体性，并非因为前者是实体，而是因为有共性的东西都不是实体。实体只属于它自己，不属于任何事物，只归属于具有它的事物之实体。而且，凡是为"一"的事物，不能同时存在于多个地方，而共性的东西才同时出现在多个地方。所以普遍不能脱离其个体物单独存在。

有些人认为形式是存在，从这方面看此观点是正确的，如果它们是实体，那么形式独立存在；但另一方面是错误的，因为他们认为所有可感觉的事物之外，还有分离而单独存在的理念。他们不能解释这种单独存在且不会毁灭的实体是什么，只是将之与可毁灭的事物对应起来，当成可毁灭事物的同类（我们知道这类实体）——从人和马等可感觉事物发明出"理念人"和"理念马"。然而，即使我们没有看到过星星，我们都会认为它们是永恒的实体[1]。和那些可毁灭的实体不一样，即使我们不知道不可感觉的实体是什么，毫无疑问，世上应该存在这类实体。很清楚，普遍的术语不是实体，而所有实体都不是由许多实体组成的。

十七

让我们从另一个出发点再次讨论实体应该是何种事物，也许从这个角

---

[1] 古希腊人认为，天上的星辰是永恒不灭的，他们似乎把这当做不证自明的信条。虽然当时的人并不清楚星辰到底由何构成，更不知道星辰是如何形成的。

度，我们可以清楚地了解除可感觉事物以外的实体。既然实体关乎本原和原因，我们就从这里开始研究。"为什么"是探索的核心——"为什么一件事情会与另一件事情有关？""为什么这个人是人，或者是别的什么东西？"这个人为什么是文明的人？如果这样问"为什么一件事是本身"就是一个无意义的问题。例如"发生日蚀"，事物和事实是存在的。如果要问这个人为什么是人，或这个文明人为什么是文明人？事物本身就是唯一的原因，也是回答所有这些问题的理由，除非有人回答："因为每件事物都与自身不可分离，作为整体的存在即指这个。"这适用一切事物，也是一个言简意赅的回答。

但是我们可以研究这点，为什么人是一种具有此类本质的动物？很明显，我们不是疑问为什么一个人是人，而是探索为什么某物可以表述另一物（这样的表述必须清楚，否则研究便一无所获）。比如，"为什么打雷"类同于"为什么云里产生响声"。因此，这种研究是关于一个事物对另一事物的表述。然后，为什么这些东西，即砖块和石头，可以造出一栋房子？显然，我们正在寻找原因。抽象地看，这就是探求其本质。某些事物，比如一栋房子或一张床，其本质是目的；有些事物的本质就是第一推动者，也是原因。我们在生成和毁灭中寻找的就是动力因，而在事物存在这个问题上，我们应该去寻找目的因。

一个词没有明确地说明另一个词时，说明的对象就是不明确的（比如，人是什么？回答往往是：由某些元素组成，但往往无法区分和明确地说哪些元素构成了某个整体）。研究之前，我们必须阐明意思；若表达不清，研究就会变得模棱两可。既然我们必须根据已经了解的事物，去推断某个事物的存在，那么问题显然就是：为什么质料是某个确定的东西；例如，为什么这些质料可以造成一栋房子？因为它们具有了房子的本质。为什么这个个体或这个躯体有了这种形式后，就成为一个人？因此，我们探究的是原因，即形式，从而了解质料是某种确定的东西，这就是事物的实体。那么很明显，用简单的术语不可能进行研究和教授，我们对这类事情的态度也须调整方法去探索。[1]

　　由某物组合而成的事物，这个整体就是"一"，并非一堆零散的部分；而是像一个完整的音节，而非一串字母，因为音节和字母是有区别的。ba不同于b和a；肌肉不同于火和土（因为它们分开时，肌肉和音节这样的整体就不再存在，但字母存在，火和土也存在）；那么，音节不仅是元音和辅音的字母，还是某物，肌肉不仅仅是火和土或冷热，也变成某物；所以，假设某物本身必须为一个元素或由元素组成，（1）如果本身是由一个元素组成，那么该元素将由别的元素组成，肌肉将以另一事物与火、土来组成，相同的论证会再次发生，这个过程将无限进行。但是（2）如果它是组合物，并非由一个元素而是多个元素构成（否则那一个元素就是自身），我们还是将采用论证肌肉或音节的相同方式。但是这个"另一事物"似乎与原来的元素不一样，是某种原因，而不是一个元素。因此，使得这个事物成为肌肉，那个事物成为音节，其他例子也是如此。这是每个事物的实体（这是它存在的主要原因）。另外，有些事物并非实体，是依据自身的性质在自然过程中形成的，这种本性就近乎实体了，实体是本原而不是元素。元素是质料存在于事物之中，由事物被区分为诸元素，比如字母ab是某个音节的元素。

---

〔1〕有学者认为，本卷在这一段即可结束。接下来的内容，不仅与本段的末尾无法衔接，在逻辑上也并不存在先后关系。另外，下一段的论述实际上也并没完成。

卷H（八）

一

我们必须从已讨论的结果中总结出观点，从而完成我们的研究。[1]我们说过，实体的原因、原理和元素是我们的研究对象。有些实体是大家公认的，但有些实体只为一些特殊学派所主张。被普遍认可的实体都是自然实体，即火、土、水、气等单纯的物质；动植物及其部分；宇宙及其部分。一些特殊学派则认为形式和数学对象是实体。有人认为还存在别的实体，即本质和基质。另一种说法是，属似乎比各类种更具实体性；所以普遍比特殊更具实体性，由此它们也被认为是实体。既然本质是实体，而定义是本质的公式，因此我们讨论了定义和本质性的表述。既然定义是一个公式，而一个公式包括部分，因此我们也必须考虑"部分"的概念，哪些是实体的部分，哪些不是，以及实体的部分是否也是定义的部分。此外，普遍性和种属都不是实体，我们必须稍后再研究理念和数学对象，因为，有人认为这些和可感觉事物一样，都是实体。

现在我们重新探讨普遍公认的实体，就是可感觉的实体，它们都具有质料。基质可以作为实体，这在一种意义上就是质料（质料并非现实中存在的"这个"，而是潜在的"这个"）；在另一种意义上就是公式或形状（存在的

---

[1]本章是总结前一卷的讨论。

"这个"可以单独形成）；第三种意义就是这两者的组合体，能单独创生和毁灭，而且无限制地独立存在；在公式中可以完全表达的实体，有些是可分离的，有些则不可分离。

但显然质料也是实体；因为所有对立的变化中，自然会有某种东西出现在这些变化的基础层面。例如，现在处于这个位置，再次出现可能会在其他位置；现在增加，再次出现可能会增加或减少；现在健康，再次出现可能会发病。同样，现在正在被创生的实体，再次出现可能会被毁灭，现在作为"这个"的主体，再次出现可能会成为否定"这个"的主体。在实体变化中包含的变化，但在其他的变化中，实体并不一定发生改变，因为事物具有位置变化的质料，也不一定就具有创生和毁灭的质料。

至于创生的完全意义和创生的绝对意义（个别意义）上产生的差别，我们在《物理学》中已经阐明了。

二

大家普遍认可底层和质料作为实体，而且这种实体潜在存在，那么什么是现实的可感觉事物的实体呢？德谟克利特似乎认为事物之间有三大差别；承载同样的底层物质的主体，它们在律动的模式（形状），转动（位置）或相互接触（顺序）上都不同。[1]但显然有更多差异，例如，某些事物因其质料的组成模式相异而不同——比如，一些事物混合而成（蜂蜜水），一些事物捆绑而成（一捆木柴），一些事物粘合而成（一本书），一些事物

---

[1]见卷A（一）第四章，有相关论述。

160 | 形而上学 METAPHYSICS

□ 魔镜

这镜子让我们产生幻觉，鱼贯行进的小怪兽映射在镜里，不可思议地在镜子背后又出现，它们是真实的怪兽，也是反射的镜像，小怪兽每经过镜前，就增长出双倍的飞翼小兽，它们循环往复，谁是实体，谁又是潜在呢？

装订而成（小箱）；还有其他事物由多种方式形成；一些因位置而形成，比如门槛和门楣（因为在某种方式中放置的位置不同而不同）；一些因时间而形成，比如晚餐和早餐；一些因地方而形成，比如风；一些由可感觉事物特有的性质而形成，比如硬和软、密和稀、干和湿；某些由其中一些性质而形成，另一些由所有性质而形成。还有些是因为含有性质的多少不一样而形成，有的过剩、有的不足形成的。

显然，"是"这个词具有同样多的意义。一个事物是一个门槛，因为它处于这样的位置，它的存在就意味着它放置于那个位置；一个事物是一个冰块，它的存在意味着以这样的方式凝固。某物的存在将由所有这些性质来定义，因为它们中的部分分别由混合、捆绑、固化、差异而形成，比如，手或脚就需要这样复杂的定义。因此，我们必须掌握各种差异（这些将是事物存在的原理），例如，事物之间的不同有多少，因多和少、密和疏，以及此类性质而不同，所有这些都是过剩和不足的形式。任何以形状或光滑和粗糙为特征的事物，也可以用直和曲来区分。事物的存在意味着它们因混合而形成，而它们的非存在就意味着相反的性质。

因此可以清楚地看出，实体是一切事物存在的原因，我们必须在这些差异中寻找每个事物存在的原因。现在，这些差异的组合并非实体，即使它们与质料相结合也非实体，但在每种情况下，差异都类似于实体。在实体中，表述质料的东西就是现实本身，在定义中，它也是最类似于完全的现实，例如定义一个门槛，则是"在门的某位置设置的木条或石条"；房子定义为"某一位置上摆的砖块和木材"，或者某些情况下除形式外，还带有一定的目的性。如果我们定义冰，则是"水以这样的方式凝结"，而和声就是"高音和低音的一种混合"。其他情况下也如此。

显然，质料不同，现实或公式也不同；因为有的质料是组合的，有的是混合的，有的是按照属性来命名的。所以，在定义房子时，说房子是石头、砖、木头的人，他指的是潜在的房子，这些东西都是质料；说房子是"安顿牲畜和人的居所"的人，他指的是现实的房子；把两者组合起来的人，认为房子是由质料和形式形成的第三类实体（给出差异的公式似乎是解释形式或现实，而给出组成部分的则是解释质料）；阿尔库塔斯[1]式定义也是这一类形式和质料的组合，例如，什么是无风的天气？是因为空气在大范围内缺少运动；"空气"是质料，而"缺少运动"是现实和实体。什么是风平浪静？是海面的平静，物质的基质是海，而现实或形状是平静。综上所述，可感觉事物是什么，以及它们是如何存在就一目了然了。其中一种是质料，另一种是形式或现实，第三种是二者的组合物。

三

我们一定要注意，一个名词究竟是指组合的实体，还是现实的或形式，这一点的表述不是很清楚，例如，"房子"是指组合的事物，即由

---

[1] 阿尔库塔斯（Archytas）：古希腊哲学家、数学家、天文学家，尤其擅长天文学和数学，据说他的数理思想对柏拉图有较大的影响。

砖、石头如此构成的一个遮盖物，还是指现实的或形式，即"一个遮盖物"；一条线是"二的长度"还是"二"；动物是"灵魂在躯体内"还是只是"一个灵魂"，因为灵魂可以是实体也可以是某些躯体的现实。"动物"甚至可能适用于这两者，并非是通过一个公式就可以定义的某物，而是与单一事物相关。尽管这个问题（名称是指实体还是形式）从另一个角度看很重要，但对于研究可感觉实体来说毫无意义，因为本质必然附于形式和现实，"灵魂"和"灵魂的存在"是一样的，但"人的存在"和"人"是不同的，除非把没有躯体的灵魂也称为人，因此要么事物与其本质相同，要么就不同。

如果我们检验一下，就会发现音节不仅是字母的简单排列；房子也不仅是砖、木的简单组合；因为，那些组合或排列的事物不是组合和排列的原因，其他情况也如此，例如，门槛的定义是其位置，但该位置不是由门槛构成，倒是门槛由位置形成。人也不是"动物"加"两足"，必须在这些质料之外有某种东西，这些另外的事物既不是整体也不是组合物的元素，而是形式的实体。但我们忽略了这一点，只陈述了质料。如果这是事物存在的原因，并且它存在的原因就是实体，那么对于实体，他们就未能清晰说明。

因此，这个必须是永恒的，或没有创生和毁灭（指可以创生毁灭但绝不会参与到创生毁灭的过程中）。我们已经证明和解释过，没有人能制造或产生形式，世界上所制造和产生的仅是个体，即形式和质料的组合体。至于可毁灭事物的实体，能否脱离该事物存在，还不清楚。我们所知的是个别情况，即事物无法与个体分离而存在的情况，例如，房子或器具不可能脱离个体而存在。或许，事实上这些事物本身，以及任何非自然形成的东西，都不是实体；因为有人会认为，自然物体的本质，是在可毁灭的事物中发现的唯一实体。

因此，以前安提西尼学派和那些没有受过教育的人，他们提出的难题正合时宜。他们认为"什么"是无法定义的（因为所谓的定义是冗长的废话），可以定义的就只是相似的事物。比如银，不能解释它是什么，而只是类比锌这种金属"这个类似于锌"。所以，只有一类实体能被定义和形成公式，就是组合的实体，包括可感觉的和可理解的。但它的原始基质构成部分，是不能定义的，因为作为定义，它必以某物说明某物，定义中既要说到质料又要说到形式。

同样显而易见的是，如果实体在某种意义上是数，那么数在这个意义上就应如此，而不是像一些人所认为的那样，是一些单位的集合。因定义就是一种数[1]，（1）它是可分的，可以分到不能再分为止（但对于已定义的公式并不是无限的），并且数也是这种本质。（2）当数增加或减少一部分，无论增加或减少最小的部分，它也不再是原来的数，而成为另一个不同的数。同理，定义和本质如果有增有减，也将不再存在。（3）数必然是可以变为一个整数的事物，某种为"一"的事物，这些哲学家无法陈述依据什么让列数都成为整"一"，也许它不能为"一"，就与其他一堆事物一样；也许它为"一"，我们就要解释明白是什么原因形成的。相应的，定义为"一"，但是他们无法解释其由。这当然是自然的结果，因为同样的原因是适用的，我们已经解释过实体在一种意义上是"一"，并非是由一些单位或点组成的"一"；每一个都是一个完整的现实和一个确定的本质。（4）数不存在多或少的可能，实体也不存在，只有包含质料的实体才能增减。这就足以解释，所谓物质的产生和破坏在什么意义上可能发生，什么意义上不可能，以及对事物归为数的研究。

---

[1] 亚里士多德的原意应当是"数是一种定义"，从语义和上下文来看，"定义是一种数"都不是很恰当。

四

　　就质料之实体而言，我们一定不能忽略，即使所有事物都来自相同的第一原因，即使万物的创生起源是相同的质料，还是可以说别的质料也适用于每个事物。例如，黏液，有油质或甜的成分；胆汁，有苦的成分或其他物质；尽管这些可能来自于同样的原始质料。另外，当一种质料是另一事物的质料时，同一事物就会产生不同的质料。例如，油来自于甜的成分，黏液来自油或甜的成分；如果胆汁被认为是黏液的初始质料，那么黏液也来自胆汁。一事物来自另一事物有两种意义，或因它在发展的后期发现，或因将另一个事物分析（分解）后发现其原始成分。当质料是"一"时，可能由于不同的运动而产生不同事物，比如，木头可以做成衣柜和床。但有些不同的事物一定具有不同的质料，例如，一把锯子不能用木头制成，这也不是出于运动原因，因为不能制造一把羊毛锯或木材锯。但是不同的材料可以做成同一事物，显然这个技术方法的运动原因，即动力因，是相同的。如果质料和动力因不同，制成的事物一定不同。

　　原因含有几种意义，当人们研究某事的原因时，应该尽可能陈述所有的原因。人的质料因是什么？我们就该说是月经。[1] 他的动力因是什么？我们该说是精液。形式因呢？是他的本质。目的因？他是为了什么？但也许后两者是一样的。所以我们必须说明的最根本的原因。质料因是什么？我们不应说火或土，而是事物特有的质料。

　　对于可创生的实体，如果原因真的是以上这些，而且和数有关，我们

---

[1] 从此处可以看出古希腊人并不了解人类生殖的真相，而且，举的这个例子也并不怎么恰当。

要准确研究，就必须照此进行下去。但是对于自然永恒的实体，就必须考虑另外的情况。因为有些实体会没有质料，或没有类似地上的质料，而只是位置的变化。那些存在于自然但并不是实体的事物，也没有质料，它们的基质就是实体。例如，月蚀的起因是什么？它的质料又是什么？不存在质料，因为受蚀的是月亮。[1] 遮挡光线的动因是什么？地球，目的因可能就不存在。形式的本原就是确定的公式，如果不包括原因，就会让人难以理解。例如，什么是日食？遮住了光。但是如果我们进一步解释"地球在太阳和月亮之间"，这就包含了原因的公式。关于睡眠，我们弄不清楚什么导致这种状态。因为是动物吗？是的，但动物的睡眠开始于哪一部分？心脏[2] 或其他部位。接下来，什么能使它产生睡眠？其感觉怎样？这是某一部分的机能睡眠，还是整个动物入睡？睡眠就是这样失去行动能力？是的，但又是何种作用致使这些状况发生，并导致主体失去行动能力呢？

五

有些事物既存在又不存在，没有创生和毁灭，比如点。把它们看作"是"和一般的形式（假设所有来自某物的事物都能成为某物，则所存在的不是"白"，而是木头变成了"白的"），并非所有对立都能从对方互相产生，还有其他不同的意义，例如，"一个白人来自一个黑人"与"白色来自黑

---

[1] 此处应该结合亚里士多德的天文观来理解，他认为"日月星辰是永恒不灭的，而且并不由地上的火、土、水、气任何元素组成"，所以说"没有质料"。也有人认为，月蚀是一种"演变过程"；因此，虽然有实体存在，但是并没有任何质料的变化，所以说"没有质料"。

[2] 据说"睡眠从心脏开始"是柏拉图的观点。

色"意义不同。不是所有事物都具有质料。只有那些有创生、彼此相互变化的事物才具有质料。那些根本没有变化过程的事物，无论是否存在都不含有质料。

另一问题，事物的质料及其对立状态的问题，例如，身体是不是潜在的健康和疾病？水是不是潜在的葡萄酒和醋呢？这些事物的质料，一方面有其正面状态和形式，另一方面有其正面状态的缺失和消亡，从而成为与健康相反的疾病。很难说为什么葡萄酒不是醋的质料，或潜在的醋（虽然醋是由它制造），为什么一个活着的人不能说成是潜在的死人。事实上，它们并不是，质料的消亡都是偶然的。那种让身体变成尸体的质料，本就潜存于动物的身体，质料腐败了，身体也就腐败成为尸体；而水本就是醋的质料。因此正如夜出自于昼，尸体来自于动物，醋来自于葡萄酒。所有这样相互转化的事物都必须还原到质料。例如，"身体"从尸体产生出来[1]，首先尸体得转化为质料，然后这质料才能变为一个"身体"。醋首先得转化成水，才能变成葡萄酒。

六

之前说过的一大难题是：定义和数各自能成为统一体的原因是什么呢？具有几个部分的事物，它们的总体并非一堆无序的事物，而是融合各部分后成为另一个整体，这便是原因。实际情况中，有些事物的接触是成为统一体的原因；有些因为黏性或类似性质而成为一体。一个定义是一组

---

[1] 古希腊人认为人体也是由火、土、水、气等元素组成，所以尸体转化的质料就是这几种元素。

字词，一个整体不像《伊利亚特》这样，是由字母排列在一起，而是由于都指向同一个对象而组合在一起。那么，又是什么使人成为统一体呢？为什么人是"一"而不是"多"，比如，人既可以说是动物也可以说是两足的吗？有些人认为，人既存在一个动物形式又存在一个两足形式，为什么这些形式本身并不是人，而让人们同时有这些形式，因此人就不是因为一个形式而存在的个体，而成为动物和两足的形式存在。普通人就不再成为一个事物，而是变成两个事物，"动物"和"两足"吗？

显然，如果以通常的方式来处理定义，是无法解决这个困难的。但如果这样理解：事物有质料和形式之分，一个潜在的没有实现，一个已经实现，困难就迎刃而解了，类似于"铜圆"是"长袍"的定义[1]，就会出现这种困难。铜是质料，"圆"是形式，"圆"和"铜"成为统一体的原因是什么？那么，除动力因外，潜在质料怎样变成存在的形式？潜在球体变成现实的球，原因无它，只因两者的本质。

对于质料而言，有些是可以理解的，有些是可以感觉的，而在一个公式中，总存在质料和变成现实的元素，例如，圆是一个"平面图"。对于既没有可理解的，也没有可感觉质料的事物，其本质就是一种统一性，正如本质上的一种存在——个体实体，如质或量（因此它们的定义中都不会呈现"存在"或"一"），每件事物的本质就是一种存在的统一体，所以没有任何理由超越自身而成为"一"，也没有存在的理由。它们本身就是"一"和"存在"，所以并不包含于"存在"或"一"这样的属，也不能脱离个体事物而单独存在。

对于统一体的难题，有人提到"分有"，并提出"分有"的缘由是什

---

[1]见本书第128页，关于长袍的性质。

么，分有到的统一体是什么；有人提到"共融"，正如吕哥弗隆[1]所说，知识是认识与灵魂的共融；而其他人则说，生命是灵魂与身体的"组合"或"连接"。这同样适用于实际情况，对于健康，它是灵魂和健康的一种"共融"，"连接"或"组合"；比如铜为三角形，也是铜和三角形的"组合"；比如，白色的事物，是表面和白色的"组合"。以上理由就是人们寻求潜在与现实统一的公式，以及潜在与现实之间的差异。如此探求质料和形式为同一事物，与探求事物为什么是整体一样。一个潜在的，另一个是现实的。所以事物本身就是统一体的形成原因，也是事物存在的原因；每个事物如果是一个统一体，其潜在和事实都是"一"。所以，除非有某种原因促使某物由潜在变为现实，不存在其他的原因。而且所有没有质料的事物，毫无疑问本质上都是统一体。

---

[1]吕哥弗隆，古希腊悲剧诗人，约活动于公元前4世纪，现存作品《亚历山大城》为一部1474行的抑扬格三音步戏剧。——译者注

卷 Θ（九）

一

我们已经讨论了所有范畴所依赖的事物，即实体。唯有实体才能承载其存在，如量、质等等，它们都与实体相关，本书的第一部分已经讨论过。"存在"一方面分成质和量的个体事物，另一方面又可以从潜在和现实、功能来区分。我们可借此对潜在和现实加以深入认识。首先从严格意义上解释潜能，它仅是一种动变的情况，但这已不能满足实际需求，因为潜能和现实不仅存在于运动的情况。不过我们可以先研究这一种情况，然后进一步讨论现实时，再解释其他的潜能。

在此前已经指出，"潜能"和"能"具有多种意义，我们可能忽略了所有模棱两可的潜能。比如一些类比而产生潜能，几何学中，一个物体是否与另一个物体存在关系，我们就断定某些事物是"可能"或"不可能"。但所有同类的潜能，都与动变的渊源密切相联。也就是一个事物被别的事物作用，而引起被动的变化，或因自己本身而成为别的事物（本身已非此物），这个动变过程总与潜能联系在一起。这些定义包含了潜能的主要意义。因此这些所谓的"潜能"，一方面仅仅是作用或被作用，另一方面是良好地作用和被作用，并且前者包括了后者。

很明显，作用的潜能和被作用的潜能是一回事（一个事物是"能"的：能够被作用和作用），但另一方面，二者又是不同的。一种潜在是在被作用的事物中，它包含着原始的本原，比如，质料就是一种原始的本原。事物被作用时，一个事物施加到另一事物而发生动变，比如，油能被点燃，某种东西能被弄碎，等等。另一种潜能是在作用的事物中，比如，有热能的事物能产生热，建筑师能发挥自己的建筑技术，等等。所以，事物是一个有机的统一体时，就不能被自身作用，因为它是"一"，并非两个不同事物。

而"潜能"的反面就是"无能者"或"无能"，代表着与这类潜能相悖的缺失，"潜能"变化的每一过程，都经历与相应的"无能者"相同的过程。缺失有多种意义：（1）不具有某种属性；（2）本性上应该具有，但实际上却没有，或者（a）一般来说具有，（b）本性上具有；（3）特殊条件下应有而实际没有；（4）部分条件下也许会有，而实际完全没有。在某些情况下，如果事物本质具有某种属性，但由于外力而失去，这就称为遭到了"剥夺"。

二

一些动变的原始来源存在于无生命[1]的事物中，也存在于有生命的事物中，动变渊源就在灵魂的理性部分中，显然另有些潜能是非理性的。这就是为什么所有技术，即所有知识的产生形式都是潜能，对于被制造物或技术家自身成为另一事物时，它们就成为动变来源。

而且，每一种伴随理性的潜能都可以产生相反的效果，但是，一种非

---

[1] 无生命的事物和下文有生命的事物，原文为"无灵魂的事物"和"有灵魂的事物"，所以亚里士多德接着说，"动变的渊源就存在于灵魂的理性部分中"。

理性的力量只会产生一种作用，比如，炎热只能生热，但医术可以产生疾病和健康。原因在于科学是一个理性公式，同一个理性公式可以用不同的方式分别解释事物及其缺失，适用于正面解释与反面解释，更多的时候应用于正面事物。因此，这些科学必须处理矛盾的情况，理性公式一方面适用于由本质而形成的主体，另一方面适用于某种意义上的偶然主体。科学以否定和消除来揭示对立面，对立就是缺失，就是其中对立面的消除。既然同一事物不会存在两种相反情况，而科学是一种理性公式，隐含有潜能的灵魂，因此它们具有动变的原始来源。所以，有益健康的事物只产生健康；生热的东西只能产生热；制冷的东西只能产生冷，但科学家却能产生正反两方面的效果。因为理性的公式适用于这两者，尽管方式不同，但它们都来自同一动变的灵魂。它可以从同一个理性形式开始这两个过程，并将它们与同一事物联系起来。所以，具有理性潜能的事物和非理性潜能的事物是对立的，具有理性潜能的事物取决于动变的原始来源，即理性形式。

显而易见，发挥潜能隐含着完成的好与坏，或施展其作用，或施展其良好作用。不过产生的作用并非尽然是好的，但良好的作用一定包括作用。

三

墨加拉学派[1]认为，一件事物的"能"，只有在发挥作用时才可称

---

〔1〕又译作麦加拉学派，属于小苏格拉底学派，创立者为欧几里得。该学派追随苏格拉底的思想，擅长逻辑思辨。

为"能"，当它不作用时，就没有"能"，例如，一位建筑师只有在建造时，才能具有建筑的能，反之，就不能说有建筑的能。所有其他例子也如此，不难看出这种观点的荒谬之处。

根据这种观点，除非他正在建造，否则这个人不会成为建筑师，技术也如此。如果一个人在某个时候没有学会这些技术，那么就不可能掌握这样的技术；而且这人在某个时候没有失去已掌握的技术（无论是由于遗忘，某种意外或时间的久远。而事物的毁灭并非是失去技术的理由，因为它的形式永远存在[1]），便永远不可能拥有它们。当一个人停止使用技术时，将不会拥有这种技术，而他想要再进行建造某物时，他将如何获得技术？

无生命的事物也是如此，如果人们无法感觉，那么任何东西都不会是冷、热、甜或可感觉的，提出这种观点的人，一定完全赞同普罗泰戈拉的学说。如果我们不以感觉能力去感觉事物，那么一切就无感觉。如果一个先天具有视力的人，暂时不使用视觉，他就是失明的；在他使用视觉时，他又是正常的。那么同一个人在白天将会多次失明，对于听觉也是如此。

再有，如果"不能"就是潜在的被剥夺，那么将产生的事物就不能产生。但若认为不能产生的事物就下此定义，这显然是错误的，因为这定义是不可能的。这些观点都摒弃了运动和产生的因素，因为站着的人总是站，坐着的人总坐着的；如果坐着，就不会站，但我们却无法这样论述。潜在与现实显然是不同的，但是这些观点却使得潜在和现实等同，所以反驳这些理论绝非易事。

一件事情有可能存在或不存在，凡此刻存在者都可能不存在，其他情况也如此。它也许能够行走，但没有行走，或者现在行走的，也可能停

---

[1] 知识的对象往往是形式，因为掌握形式才是掌握了本质。所以现实的房屋不管是否毁灭，建筑房屋的技术却存在。

止行走。一个事物具有实现的潜能,那么它就有能力做某事,就不存在不可能的因素。比如,一个事物能够坐并且它可以坐下,坐着就变成一个既定的事实,不存在不能坐的因素。如它能够被运动或运动,站着或使其站着,这与存在或将存在,非存在或将非存在类似。

我们将"实现"一词与"完全实现"联系在一起,主要是把动变延展到其他事物;因为严格意义上的"实现"仅表示动作,人们不会把运动和不存在的东西联系在一起,尽管他们认为的谓词与运动不相关。例如,不存在的事物是思想和欲望的对象,但并不能被推动,假设它们并不存在,但一旦它们被推动,就一定会在现实中存在。这些非现存事物是潜在的,因为它们并不现实地存在,所以不能当作现存的。

四

我们描述"可能"时,一定排除了不可能的情况,那么,"这个能够存在但不会存在",这种说法就是谬误的,照此观点,无法实现的东西就无可想象。假设一个人无视某物不能实现,提出正方形的对角线可以测量,但量不出来,因为事物可能现在存在,也有可能现在与将来都不存在。以此论述可以得出,我们实际上已经假设有些事物不存在,但可能存在,那么,这不可能的事物就一定不会存在了。因为测量对角线不可能,如上推测的结果也是不可能的。虚假不同于不可能,比如,你现在并没站着,是虚假的,但你站着并不是不可能的。

那么很清楚:如果A存在,则B必然存在;所以当A是可能的,则B也必然可能,即使B不是必然可能,也就没有什么可阻止它成为不可能;假设A是可能的,那么A存在,就没什么不可能的,则B也必然存在。然而,我们曾假定B是不可能的,当B不可能,A也必定是不可能。但是,A已设定

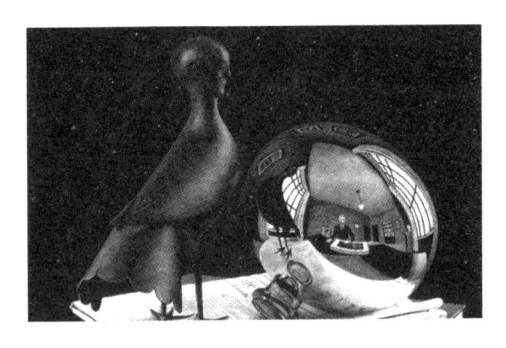

□ 静物与镜面瓶

超写实的创作手法也能表达幻影和扭曲的体验，金属质感的人头鸟身静物伫立凝视，镜面的球状瓶反射的环形空间，我们甚至能触摸到报纸和书籍的肌理，一切都是屏息静止的，却激起奇妙的心理反应，每一个事物本身与其存在是否恰好一样？

为可能，那么B也是可能；所以两者之间存在这样的关系，如果A存在，B也将存在。A和B互相关联，如A可能而B却不可能，两者就与当初的设定不符；如A可能，B一定是可能，所以如果A存在，B也一定存在。这里的定义即，如A可能，B必然可能，同理，如果A在时间和方式上存在，那么B也一定这样存在。

五

所有潜能的来源要么与生俱来，如感觉的能力；要么由练习获得，如演奏乐器的能力；要么通过研究获得，如技艺[1]的能力。由实践或者理性公式得来的潜能，必须通过以前的练习获得，但与生俱来并隐含被动性的潜能则不必操练，天然就具备。

那些"可能"的事物，能够在某时以某种方式存在（或符合定义的范畴）；一些事物可以根据理性公式产生变化，并且它们的潜能也包含这样的公式；而另一些事物是非理性的，它们的潜能也是非理性的。一般情况

[1]包括艺术和技术。

下，前者只能是生物，而后者可能是生物，也可能是非生物。后者的潜能，如药物和患者的潜能恰好融合在一起，作用者和被作用者两相对碰，作用就会产生。但前一类潜能并非如此。非理性潜能产生的效果是单一的，但理性潜能则会产生正反两方面的效果，假设它们产生作用，就会同时产生完全相反的效果。但这是不可能的，那么必须存在其他理性事物，这就是愿望或意志[1]。两种对立作用中无论选择哪一个，意愿就成为决定因素，并选择适合其潜能发挥的作用方式。所以凡具有理性潜能的事物，只要它愿意，当它具备潜在条件时，就必定实现自己选择的潜能，一旦被作用的对象和适合潜能的条件消失，那么意愿就无法实现潜能。（这里不必要再加上"如果没有外在事物的阻止"这样的限制条件，因为具有作用的潜能，并非适用所有情况，而是在某些条件下，这些排除外在的障碍都已经排除掉了。）如此看来，即使理性潜能的事物想同时做两件事或对立的事，它也做不到；因为作用于一方面的潜能不能在相反面发挥效力，它不具备这样的能力，也不能同时做两件事，它只能有适宜条件下完成符合其潜能的一件事。

六

我们已经讨论了与运动有关的潜能，接下来讨论一下实现——什么是实现以及它指哪类事物。随着我们的分析，潜能也将变得清楚：它不仅指本质上以某种方式或无条件地推动或被推动的事物，而且还有其他意义，我们这样阐述就是为了在研究中继续讨论潜能的其他含义。

---

[1]即"desire or will"，"desire"是想要、渴望的意思，"will"是意志和决心之意。两个词都有意愿的含义，所以下文就用意愿指代这两词。

实现就是事物的存在，并非以"潜在"的方式。比如，潜在指的是赫尔墨斯雕像隐藏在木头中，一半隐含在整体里，它可能被塑造出来；如果一个人有能力学习，我们甚至可以称这个并不在学习的人为学者。如此，未来实现的东西与实际存在的东西就形成对比，潜在的事物包含各种实际存在。这些意思以归纳法通过特殊事例展示出来，所以不必去寻求所有东西的定义，只要掌握类比的方法就足够了，就像建造之于能够建造，唤醒之于沉睡，看之于闭着眼睛的视觉，由质料塑造出的事物之于质料，以及成品之于半成品。每组配对的事物，前者定义为实现，后者定义为潜能。当然所有事物并不是以同一意义存在，但却相似地以类比方式存在——如甲在乙中，或甲属于乙，就像动变之于潜能，实体之于质料一样。

而且，无限、虚空及所有类似的事物，都被认为是潜在的和实现的，而且对其他许多事物的定义有所不同。例如，看、行走或被看，某些时候看或被看是确定的，完全符合定义，因为"被看"指的是它正在被看或它能够被看到。但"无限"并非潜在的存在，而是在实现中与存在分离，仅存在于意识中。实际上"无限"分离的过程永远不会结束[1]，这确保了潜在的存在，只是无法最终实现分离独立的存在。

由于有限制的运动都不是目的，但都与目的有关，例如，减肥，每天都要减轻体重，但不可能立时见效，马上达到最终的减肥目标。人们变瘦但尚未达到预期体重，就不能说减肥成功实现，只能说进行了这呈现目的的活动，实现必须是完成目的的活动。例如，正在看和已经看到，在理解和已经理解，正在思考和已经思考过（但不能同时在学习和已学会，在治疗和已治愈）。我们可以同时生活得很好，和已经生活得很好，感到很幸福和曾经很

---

〔1〕比如一条线段，每次减掉一半，可以无限分割下去，但这只存在于理论中。

幸福。如若不然，这个过程有时便会在某时刻停止，正如变瘦的过程停止一样；但现实的事物并没有停止，我们的生活还在继续。这些过程中，一类叫做活动，一类叫做实现。每个活动都是不完整的——减肥、学习、行走和建筑都未完成，就如一个事物不可能同时正在走路和已经走过，正在建造和已经造完，正在变化和已经变好，以及正在活动和活动已成功了，这都是错误的。正在活动与已经被动活动以及被动活动结束是不同的。但看和看到，想和想到则是同时进行的。后一种称为实现，前一种称为活动。

七

什么是实现以及哪类事物是实现，我们已经解释过了，但还必须弄清楚，现实个体事物什么时候是潜在存在，什么时候又不是；因为事物并非一直都是潜在存在的。例如，土是潜在的人吗？不是，只有土变成了精子[1]，才有可能是人，但即使如此也不能这么说。正如事物并非都通过医术或运气得到治愈，只有能被治愈的事物才有潜在的健康。（1）潜在事物的思想从潜在到完全现实，如果思想发端时没有任何外部阻碍，则会产生，否则不会产生；好比病人被治愈是因为没有任何东西阻碍。同样，一栋潜在的房子，如果没有任何事物阻碍其发生、增减、改变，那么这就是一栋潜在的房子。对于由外在而产生的事物同样适用。（2）因内在自身产生的事物，如果没有外因阻碍，它自己就会发生变化，成为潜在的另一事物。精

---

[1] 这得从火、土、水、气四元素组成万物去理解，并不是说精子是由土变的。

子通过自身的动变具备产生人的能力，这样精子就已潜在是一个人了。但以前一种情况，它还需要另外的动力因，就像矿石并非潜在的雕像（它必须先得被冶炼成为金属）。

实际上似乎就是这样，我们会把由某种事物制成的另一事物称为"XX的"。例如，木头做的盒子不是"木头"，而是"木制的"，土地长出的树不是"土"，而是"土生的"。前面的事物是产生事物的材料——后面的事物就是潜在的存在。例如，一个盒子既不是"土制的"，也不是"土"，而是"木制的"；因为"木头"是潜在的盒子，是盒子的质料，这块木头就是这个盒子的质料。

如果世上有原始存在的事物，它不必依赖别的事物，相反却是别的事物的质料，那么它就是最早的质料，例如，土由气生成，气由火生成，那么火就是最早的质料，而不是一个"这个"。其基质的属性可分为个体和非个体两种，例如，一个拥有身体和灵魂的完整人，他的属性就是"文明的"或"白色"。（当"文明"存在于完整的主体，就称为"文明的"，而不是"文明"；称一个人是"白色的"，而不是"白色"；称为"在行走"和"在移动"，而不是"行走"和"移动"，这些都与产生事物的质料类似。）如若出现这样的情况，那么基质即终极主体就是一种实体。因此，"XX的"是一种谓词形式和"这个"，终极主体就是质料和材料结合的实体，也指属性。因为质料和属性均非决定性原因。

所以，我们已经阐述了事物什么时候被看作潜在，什么时候不是潜在。

八

从"先于"的不同意义中，可以清楚地看出实现先于潜能。我指的潜能，不仅是一种事物或作为另一事物变化的本原，还包括一般的运动或静止的本原。本性也是潜能的一种，因为它属于运动的一个本原，但不是让事物运动，而是在让本身运动。实现这些潜能，在形式和实体上，实现均先于；在时间上，一种意义上是先于的，另一种意义上则非先于。

（1）显然，实现先于公式，先于即潜在的本义，就是潜在的事物变为实现是可能的，例如，"建筑者"是指能够建筑的；"能看见"是指具有视力的；"可以看见"是指能够被看见的。其他情况也如此，所以实现的公式必定先于潜能的公式。

（2）在时间上，实现先于潜能是指：当实现与潜能在品种上相同时（数量不一定相同），实现事物是在先于潜在的相应事物。就像现存的植物总先于种子，谷物先于谷粒，存在的人先于潜在的人，看的人先于能看见的人，现实的事物在时间上总先于潜在的事物。所以，已实现的这些事物产生了潜在事物，潜在事物又能成为实现，例如，人来自人，作家来自作家；总有一个第一推动力，而这个原推动力已经存在。我们解释过实体，即产生的一切都是由某物和被某物产生的，而且种类相同。

这就是为什么——如果一个人从来没有建造过任何东西，他就无法成为一名建筑师；如果一个人从来没有弹奏过竖琴，他就无法成为一名竖琴师；因为弹奏竖琴要通过练习，才可以掌握。其他的学习同样如此。因而出现了一种诡辩论：一个没有掌握科学的人正在学习，就代表他不具有这种知识（这样说来，学琴的人可以弹出不会弹的曲子）。但即将实现的事物中，有些部分已经存在；正在发生变化的事物中，有些部分已经发生变化（这在关于动变的文章中有所提及）。那么他正在学习，就意味着他一定拥有科学的某些知识。显然，在产生和时间的顺序上，实现先于潜能。

（3）在实体上，它也是先于的。（a）首先产生过程总先于事物，在形式和实体上在先。（例如，成年人先于儿童，儿童先于精子，因为前者已具有形式，而后者还不具有。）一切生成的事物都朝着本原动变，即目的（事物的创生就是目的），而实现本身就是终极目的，实现潜在就是为了达到终极目的。例如，动物不是为了有视力而看，而是为了看见而具有视力。同样，人学习建筑技艺，是为了建造，研究理论科学，是为了推理，并不是为了理论而去推理。除了那些正在实践学习的人，也一定是掌握理论的需要，他们只有在有限意义上才不去推理，或者他们根本不需要推理。

此外，质料潜在地存在，就可以获得形式；当它实现时，它就存在于形式之中了。这一道理同样地适用事例，也适用于贯穿始终的一个活动，例如，教师传授知识给学生就是达到了目的，自然事物也如此。如若不是，那么就会再次出现"保逊的赫尔墨斯[1]"了，正如画上人物一样，知识存在与否就不得而知了。活动就是目的，实现就是活动，所以"实现"这个词源于"活动"，也表明完全的实现。

在某些情况下，官能运用是最终的目的（例如，视力的最终目的是看到，除此之外没有结果），但另一些则是技能运用产生结果（例如，由建筑艺术产生建筑行为以及房子）。官能运用的活动是目的，技能运用的活动相比潜能，更接近于目的；因为建筑行为体现在正建造的事物中，并且行为与房子同时存在。

那么，当结果是某种不同于运用的事物时，实现就存在于产生的事物中，建筑行为存在于建筑物，编织活动存在于编织物，其他情况也如此。一般而言，运动存在于动变的事物。没有产物的活动，实现存在于施动者，例如，看存在于看者中，推理存在于推理者中，生命存在于灵魂中（因此幸福也存在于幸福者中，它指某种生活）。

很明显，实体和形式都是实现，根据这个论证，实现明显在实体上先

---

[1] 保逊（Pauson）为雕塑家，曾创作赫尔墨斯石像，产生的效果使得观者见像于壁上，实则于壁外。

于潜在；我们提到，一个实现在时间上永远早于另一个实现，可以追溯到永恒的原始推动者[1]。

但是（b）实现在先，还有更直接有力的证明：永恒事物在实体上先于可毁灭的非永恒事物，而永恒事物是不能潜在存在的，因为每一种潜能同时都是对立面的潜能。那些不能存在于主体中的事物一定不能存在，可能存在的事物也有可能并不存在。因此，所有能够存在的事物都可能并不真实。那么，能够存在的事物既可能存在，又可能不存在。可能不存在的事物是可毁灭的，要么在绝对意义上，要么在可能不存在的意义上，即关于地点、质或量；绝对意义指的是实体，所以完全不毁灭的事物不能绝对潜在存在（尽管在某些方面，没有什么可以阻止它的存在，比如潜在的某种特质）。所有不消亡的事物都现实地存在，所有必然性的事物也都不能潜在地存在，它们都是基本的事物，如果基本事物不存在，就不会出现其他事物。至于永恒运动的事物，它们也不会是潜在。假设存在永恒运动的事物，它一定与潜能无关，除了"从哪里来"和"到哪里"或许与潜能有些许联系（它先天具有质料，能使其沿各个方向运

□ 瀑布

建筑物本身看似合理又处处隐藏奥妙和玄机，瀑布直泻而下推动水磨转动，水在瀑布底端经过一段曲折的水渠后，又回到了瀑布的起点。画面内容完全违反地球引力。人们常常将认识的真实世界与虚构幻象相比照，毫不合理的图像会迷惑我们的理解和认知。

---

[1] 即第一推动者，见前文卷 Γ（四）第八章。

动）。因此，太阳星辰和整个宇宙都处于永恒活动中，并且不用像自然哲学家那样担心它们突然会静止不动。它们也不会厌倦这种运动，它们的运动迥异于可毁灭事物。后者的持续动变极为困难，因为其潜能包含对立因素，非实现的运动总很艰难。而永恒运动的目的是为了实现，这并不困难。

那些处于变化中的事物，如地球与火模仿着不毁灭的事物[1]。这些事物也处于永恒运动中，它们基于自身的运动推动事物运动。根据之前的讨论，一切潜能都是对立的两面，潜能可以正面推动事物，也可于相反方向施以作用，而非理性潜能会因其存在或缺失而产生相反的结果。

所以，如果还存在任何实在或实体，如辩证家认为的理念一样，肯定有比科学本身更科学，比动变本身更具有动变性的事物，它们将更加贴近实现的本质，而科学本身和运动本身，就是实现这些事物的潜能。

显然，实现既先于潜在，也先于动变的起源。

九

以下论点可以证明，实现比好的潜能更好，而且更有价值。事物具有产生对立的潜能，有益于健康的东西也有害于健康，同一潜能就是导致健康和生病、静止和运动、建造和摧毁、被建造和被摧毁的潜能。这样，潜能同时包括相反两方，但相对立因素并不能同时存在，对立的实现也不能同时存在。例如，健康和疾病不能同时存在，一个人不可能既健康又患疾。每一潜能就包含好坏两端，它不偏不倚时，实现的好只是其中一端，

---

[1] 不毁灭的事物指天体。

所以，这实现的好比潜在的好就更好。在坏结局里，实现的坏比潜在的坏更坏。潜在有好与坏两种可能，坏并不脱离坏事物存在，潜能是先于坏的。因此，我们说原始事物和永恒事物中没有缺陷，也没有歪曲的事物（歪曲是一种坏）。

几何图形也是由于实现而被发现，通过分割而得出几何图形。如右图，这些图形分割后，结构就显而易见了；但因为它们只是潜在呈现，无法看清结构。为什么三角形内角之和是两个直角和呢？因为一个点的任意角之和等于两个直角。如果平行于一边的线向上延长，这个定理就很清楚了。为什么半圆内的角都是直角？假设三条线相等，其中两条线构成底，而垂直线则与中心垂直。知道这一命题的人，会马上得出结论。显然，三角形潜在的结构是于实际划分中发现的。几何学家的思维就是一种实现活动，潜在来自于实现，从而人们得以认识（尽管个别实现的产生晚于相应的潜能）。

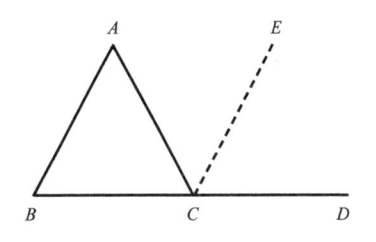

∵ ∠ABC=∠ECD,
∠BAC=∠ACE,
∴ ∠ACB+∠BAC+∠ABC
=∠ACB+∠ACE+∠ECD
=两直角

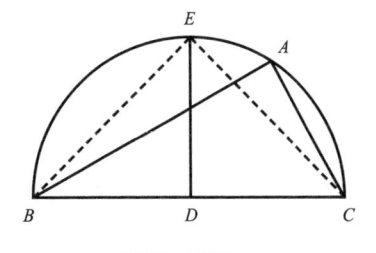

∵ ∠ACE=∠ABE,
∠ACB+∠ABC=
∠EBC+∠ECB,
∴ ∠BEC=∠BAC=两直角

十

"存在"和"非存在"首先应用于相应的范畴；其次应用于范畴的潜在和实现，或非潜在和非实现；再次应用于真假。真实和虚假取决于对象的结合或分离，所以分离的对象将被分开，结合的对象将被结合，这个观点是正确的，而事物出现相反状态的观点就是错误的。那么什么时候存在所谓的真假，什么时候不存在呢？我们必须考虑这些名词的含义。

并不是因为我们说你脸白，你的脸才白，而是因为你实际是白的，我们这样认为才是真的。如果一些事物总是结合而无法分开，而一些事物总是分开而不能再结合，还有一些可合可分，那么合一的事物称为"存在"，不能结合的多事物称为"不存在"。同样的观点或陈述，对于未定的偶然事件就会变得虚假而真实，有可能一次是真，另一次是假。同样的观点总是表现为真或假。

非组合的事物，如何判断它"存在"或"非存在"，真或假呢？这种不是组合的事物，就不能以结合来论"存在"，例如，"木头是白色的"或"对角线是不可通约的"，这类事物的真假也与上文举例不同。在这些情况下，真假不同于前例，是非也不一样；（a）鉴别真假如下——接触和断言为真（断言与肯定并不相同），不接触的就没有认知。一个存在的事物不可能为错，除非在偶然意义上。那么非组合事物也是如此（它们也不可能存在错误）。它们都现实存在，而不是潜在存在，否则它们会存在和毁灭；但就其本身而言，它本身并不会存在或毁灭；如果它已经创生，就一定来自于某物。所以，关于本质和现实的事物都不可能存在错误，仅为是否知晓它们。但我们一定要研究它们是什么，以确定它们是否具有这样那样的性质。

（b）对于真实的"存在"和虚假的"非存在"，一种情况下，主体和属性结合在一起，就是真实，如果不结合而分离，则是虚假；另一种情况，如果对象以特定方式个别存在，如果它没有其独特性，它也根本不存在。真实意味着认识这些对象，没有虚假，没有错误，而只存在无知——不是因无视觉的盲目无知，类似于完全缺乏思维能力，这无知指具备思想能力却不能认识事物。

很显然，那些不因时间发生变化的事物也不会虚假。我们假设三角形不变，那就不会假设它的内角和有时等于两个直角，有时则不是（因为这意味着变化）。然而，可以假定同一类别事物具有某种属性，另一类没有，例如，我们可以假设所有偶数都不是质数，但可以假设有些是质数，有些不是质数。但单一的数不会出现这个错误，因为我们不能假设一种属性存在又不存在，我们的判断也不能或对或错，事实只有一个，总是永恒存在的。

卷 I（十）

一

在前面区分术语的各种意义时，已经解释过"一"的几种意义，其中直接的、自然具有的意义主要有四项：（1）具有延续性，尤其是通过本质形成的，并非接触和组合在一起，其动变不可分，以及相对单纯的事物更具统一性和先于性，此类事物优先符合"一"的定义。（2）成为更高级别的整体，具备特定形式的"一"，它们由于自然本性组合而非强制形成（比如胶、钉子或捆绑），其本身具延续性。一类事物的运动时间和地点上是"一"，均属于一致而且不可分，显然这类事物的自然本性具有基本运动（空间运动）的起源运动（圆周运动），它的主要意义就是循环的"一"。这样，一些事物在这种方式中，因连续性和整体而为"一"；一些事物因定义而为"一"，这类事物在思想上为"一"，即它们的思想是不可分的，所谓不可分就是事物的种类和数量不可区分。（3）在数量上，个别事物是不可分的。（4）在种类上，可理解性和可感觉上也是不可分的，从而实体是"一"的事物，在主要意义上一定是"一"。"一"具有上述四种意义：自然延续的、整体、个体和普遍性，它们都是不可分的"一"，有些是在运动上不可分，有些是在思想或定义上不可分的。

但，"哪种事物是一"，"为什么说成是一"以及"一的定义是什么"并非同样的问题。"一"具四种意义（适用其中一个意义便为"一"），这些统一体所属的每一个事物都将是"一"；"成为一"有时意味着成为这些事物之一，有时甚至是成为某个更接近"一"的事物，而事物则与其应用相近，人们要表述事物并且给出定义，"元素"或"原因"也是如此。火就是一种元素（"未定事物"或类型事物，因其本质也属于元素），但从某种意义上说，它又不是元素。因为火和元素并不是一回事，火作为自身属性的特定事物是一个元素，而"元素"指的是具有此类属性的事物，是构成事物的主要成分。因此，"原因"和"一"这些术语都如此。

"成为一"的意思是"不可分割的"，就是成为一个存在物，在空间、形式或思维中存在，它意味着"不可分的整体"，但它还特别指"某类事物的基本度量"，尤其是指数量，它已经扩展到范畴。度量是因数量而认知，作为数量的量是因"一"或数而认知的，并且所有数都由"一"而认知。因此，所有数量的量都因"一"而认知，并且"一"本身就为量首先认知，那么"一"就是数的起点。每一事物通过度量得到最早的认识，而度量各有其"单位"——长度、宽度、高度、重量、速度。（"重量"和"速度"这类词都有两个对立面，它们都包括轻重与快慢的相反两义——重量指具有重力和重力过剩；速度指具有运动和运动过量。所以，再慢的运动也有一定速度，再轻的物重也有一定的重量。）

因此，所有情况中，度量和起点成为"一"并不可区分，即使是一条线，我们也把这条线看作是不可分的。比如，我们以一脚长[1]作为长度的计量单位，这种单位在质上或数上都为最单纯。精准的度量不能增一分也不能减一分（因此，数量是最准确的，计量单位让事物在每个方面都不可分）；在其他情况下，我们仿效这种度量方式，制定度量特别大或特别小的单位，按照我们的感觉，便会忽略它们微不足道的增减。这样，人们度量液体和

---

[1]一脚长，古希腊人以脚及肘等身体部位为计量单位（如三肘长，见本书第123页脚注），一脚长略等于一英尺。

□ 越来越小

三色蜥蜴镶嵌填充，构成无限变小的视觉奇观。方形平面从外由内逐渐变小，到中心处达到无穷小的境界。头尾相连的黑色蜥蜴，构成一圈圈的四叶草形状。无穷尽的抽象概念都经过精密的数学计算与绘制，达到具体可见的视觉奇观。

固体时，无论重量还是体积，都应当尽其所能地观察，确定计量精确无误，如此才能正确获得重量或体积，自然科学家也以计量事物简单和快速的运动后才了解运动，这是最快捷的方式。在天文学中，这类"一"就是出发点和度量（他们认为天体的运动是规律和快速的，是研究的基础）；在音乐中，四分音（它是最小的音程）是度量的单位；在语言中，字母是度量的单位。这些单位都是"一"，并非某种共同的"一"，而是指以上这些事物的计量单位。

度量并非数目上是"一"，有时往往是几个，例如，四分之一音（不由听力，而是由节奏的比例决定）是两个，度量语言的单位也不止一个，度量正方形的对角线及其边由两个量决定，而所有空间大小都以多个单位来度量。实体中的元素就是事物分为不同的数或种类。"一"就是度量所有事物的尺度，"一"是不可分的，就如前文的"一脚"和其他单位，都是不可分的。但这与单位"一"的不可分并不同。"一脚"仅仅在视觉上提供一个不可分的单位，实际上每一个延续的事物毫无疑问都是可分的。

度量与度量的事物总是相通的，例如，空间大小的测量与空间大小，长度的度量与长度，宽度的度量和宽度，发音的度量和声音，重量的度量和重量，单位的度量和单位，等等，前后两者都是一回事。（我们这样表达，但并不是说数的度量是一个数；如果我们要使用相应的形式，就不够确切。数是多个单位的集合，如果认为数以另外一数为度量单位，就等于认为单位能以其他单位为度量标准，而不是一个单位。）

由此，我们称知识和感觉为事物的尺度，通过它们，我们才能了解事物——事实上，知识或感觉是被事物计量，而不是计量事物。就好像某人对我们进行了测量一样，他用肘尺测量我们身体的一小部分，我们才知道自己有多高。但是普罗泰戈拉说，"人是万物的尺度"，似乎指的是"可以知道的人"或"可以感觉的人"，凭借其具有知识和感觉作为尺度去度量事物。这些哲学家似乎提出了卓越的见解，但实际却并没有任何见地。

显然，如果我们按照"一"的含义来定义，它首先是一种量度，量的精确计量，其次是质的计量。有些事物在量上不可分，它们就是"一"，而有些则在质上不可分，也是"一"。因此，不可分的一分为两类，无论是绝对的"一"还是当作"一"。

二

"一"以实体和本性的哪一种方式存在？是把"一"看作是实体，还是它自身拥有自然本性（毕达哥拉斯学派早期提出，柏拉图后期也提到过）；或者说，它有一个潜在的本质，又或者如自然哲学家的描述更容易理解，他们认为"一"是爱、气或无限[1]。

如果普遍性的事物[2]都不是实体，而普遍存在即为本身，凡与众多分离的"一"相似的也不能是实体（因为这与"多"共通），而只是一个谓词，显然"一"也不能是实体，因为"存在"和"一"是所有谓词中最普遍一

---

[1] 这几个观点分别对应恩培多克勒、阿那克西美尼和阿那克萨戈拉。
[2] 普遍性的事物即共相，理念就是一种普遍性的事物。

般的。一方面，属不能脱离其他事物成为存在的实体；另一方面，存在、实体和"一"都不属于一个属。

　　以上所有情况均适用于"一"，这样，"一"就具有和"存在"同样多的意义；那么，在质和量的方面，"一"是某个确定的性质或数量的事物。我们必须研究每个范畴中的"一"和"存在"是什么，仅仅说它的本质是"一"或者"存在"是不够的。在色彩中，"一"就是一种颜色，比如白色。其他颜色如黑色，是白色的缺失，如同黑暗是光明的缺失。其他颜色也都可能由白色和黑色产生。[1]我们把所有事物看作各种颜色，那么每种事物就是一个数，是什么数？显然是各种颜色的数；而且"一"将是某个特定的颜色，即白色。同样，将现存的事物比作音调，它们也应该是一个数，当然不是音程[2]本身的数，是如四分之一音程的数，其本质不会是原来的"一"，而是一个四分音。现如，所有存在的事物都是清晰的语言，它们会是一些字母的数，也会是一个元音。如果所有事物都是直线图形，那么它们就是图形的数，其中一个就是三角形。同样的论点也适用于其他方面。同理，在质、量、运动和任何情况下，都有数目和"一"，数目是个体事物的数量，"一"是这类事物中特殊的一个事物，这个特殊的实体并不等于普遍性的"一"。其他范畴的各数与实体也是如此。于是，"一"在所有的事物中都是"一个"确定的个体事物，没有任何情况能只为自然物的"一"，正如色彩中的一种颜色，就是我们寻求的"一"本身；实体中，我们在实体上寻求"一"本身。显然"一"与"存在"的意

---

　　[1]白色的光由红、黄、蓝三色光组成，而这三色光又能组成其他各种颜色的光。如果是颜料，那么红、黄、蓝三色组成的是黑色，其他各种颜色也可以由红、黄、蓝三种颜料调配出来。
　　[2]音程表示两个乐音之间的音高关系，单位以"度"表示，不同的两个乐音的音程不同。

义在某些方面是相同的，很显然，"一"的意义与"存在"的范畴一一对应，但"一"不在任何范畴之内（例如，它既不包含在"一个事物是什么"，也不包含在质中，但都与它们有关，就像"存在"一样）；"一个人"并不比"人"多些什么（就如除实体、质或量之外，"存在"其实什么都不是）。作为"一"就仅指"一个"个体事物。

三

"一与多"以多种方式相对立，可分的称为"多"，不可分的称为"一"。由于对立有四种，这就是其中一种，不是因为缺失而对立，它们既不矛盾又不相关，应当称为相对，"一"要从它的对立面进行解释，即从可分的事物解释不可分的事物。因此，多和可分的要比不可分的更容易感知，由于感知的作用，在定义上"多"是先于不可分的"一"。

我们区分对立面而得出，相同、相似和相等都属于"一"，不同、不似、不等则属于多。"相同"有几个意思：（1）数是相同的；（2）在定义和数上都是相同的，例如，在形式和质料上你都与自己合二为一；（3）实体的定义相同，例如，相等的直线是相同的，等角四边形是相同的，等等；这些相等构成了统一。

相似，指不是完全相同，或者实体的构成有差别，（1）它们在形式上是相同的，如大正方形和小正方形；不等的直线相似，但并非绝对等同；（2）一些事物具有相同的形式，一定程度上存在差别；（3）一些事物具有相同的属性和形式，例如，白色，程度强或弱，颜色形式都是相似的；（4）一些事物共有的主要性质（一般的性质，或者特殊的性质）多于彼此差别，这也称为相似，例如，对于白色，锌与银相似；对于黄色和红色，金与火相似。

综上,"不同"与"不相似"也有几种意义:第一,"不同"是"相同"的对立面(每个事物非同即异);第二,除了在质料和定义上相同,其他各方面都不同,所以你和你的邻居是不同的;第三,数学中的不同。如果事物是"一"和"存在",每个事物相对于另一事物,都能表述为"相同"或"不同",因为"不同"并不与"相同"矛盾,这也是不能表述非存在事物的原因(一般情况,非存在事物都以"不同"表述)。它表述一切存在事物,因为,一切本质上"存在"和"一"的事物,要么相同,要么不同。

以上"不同"和"相同"就是对立,但是"差异"与"不同"又不一样:事物间的"不同"不是必然的,并不需要在特定处有差异(因为事物总有不同程度的区别),但事物间的"差异"是必然存在的,两个事物之间一定在某些方面存在差异;所以事物间的差异必针对同类事物,即相同的属。一切事物没有共同的质料,也不是彼此产生(即它们属于不同范畴的事物),就是属的差异;如果它们具有相同的属,那就是品种的差异(种是不同事物之间相同本质的表述)。

对立事物一定是有差别的,而且对立本身就是差别的一种类型。用归纳法可证明这个假设是正确的,所有不同的事物,有些属于不同属而有异,有些同一属但个体间有异。我们已经在别的章节[1]区分了什么样的事物同种或不同种。

---

[1] 指卷Θ(九)。

四

相异的事物或多或少会有所不同，其中最大的差异叫做完全对立。归纳起来，这种矛盾是最大的区别。不同属的事物，彼此之间很难有联系，因距离太远而没有可比性；不同种的事物，那么极端事物就发生在这些对立面中，极端之间的距离（也就是对立面之间的距离）是最大的。

每类事物中差异最大的，就是成为完全的另一端，之后再无超越它的事物。不同序列的差异，完全实现后标志着终极目的实现，超越目的后便不存在一切事物（达到目的的事物称为完整），完整的事物更是如此。由此可见，完全对立是完全差异，正如在不同意义上的对立，相应形成了各种对立的矛盾模式。

显而易见，一个事情有多个对立（既没有比极端更极端的事物，也没有一个差异中存在两个以上的极端情况），通常来说，不论是差异还是完全差异，都一定存在于两个事物之间的差异。

对立的定义也必然成立。因为（1）最大的差异是完全差异（不同属的事物不能论差异，最大的差异是对立）；（2）同属事物最大的差异是对立（因为完全差异是同属的种最大的差异）；还有（3）质料相同的事物之间，最大的差异是对立（因为对立的事物质料相同）；还有（4）同一门类、同一职能的相同事物之间，最大的差异是对立（因为一门学科解决一类事物，这些事物中，完全差异是最大的）。

基本的对立模式在具有和缺失之间，这里的缺失并不是指每个缺失（"缺失"有几个意思），而是指完全的缺失。其他的对立也与此相关，一些是因为它们拥有对立，一些因为它们产生这些对立，另一些则是因为它们获得或丧失这些或那些对立。如果对立的种类有矛盾、缺失、对立和相关四种，首要是矛盾，而且矛盾之间没有中间体，对立之间可能存在，显然矛盾和对立不同。但是，缺失近似一种矛盾，它指的是以普遍或某种确定的方式，无法拥有某种属性；或是应该具有这种属性，但不具备它。我们已经讨论过缺失各种各样的意义，这些意义在其他地方已经有所区别[1]。所以，缺失是一种矛盾或无能力，但它也有中间体，这就是为什么，尽管矛盾没有中介物，但缺失有时会有。一切事物可以是"等"或"不等"，但并不必然都是"等或不等"的，即便如此，这也只存在于接受相等的范围内。如果恰好质料产生于对立，那么它可能来自于形式和形式的获得，或者形式和形式的缺失。显然所有的对立都必须是缺失，反之则不然（因为经历缺失可能在几个方面）；只有变化的极端才是对立。

通过归纳可以得出结论。每个对立都包括缺失，即它的对立面，但并非所有情况都如此；不等是相等的缺失，不相似是相似的缺失，恶习是美德的缺失。但这些情况的描述方式有所不同，一种情况下，是指事物已经遭受缺失；另一种情况下，它在某个时间或在某个部分（例如某个年龄段或主要部分）或整个过程经历缺失。这就是为什么在某些情况下会存在折中事物（有些人既不好也不坏），而在另一些情况下则不存在（数字必是奇数或偶数）。此外，有些矛盾有确定的主体，有些则没有。显然矛盾的一方总是缺失的，例如"一和多"，一般的矛盾，也是如此，其他的矛盾也可以归为一般矛盾。

五

事物都有一个对立面，那么"一"与"多"如何相对立？"等"与

---

[1]见卷Δ（五）第二十二章。

"大小"如何相对立?"是否"只能用在一个对立面中,比如"是否白色或黑色","是否白色还是非白色"(而不问"它是人还是白色"),那些预先的假设问题,诸如"是克里昂还是苏格拉底来了"一类,并不是任何事物的必然命题,因为他们并不同属任一级别必须分离的事物,只是在这句话里成为不能存在的对立。我们假设了这两者之间存在不相容性,才会问"是谁来了",如果二者都可能存在,这个问题就是荒谬的;即便两个都来的可能,也会有"一或多"的对立,即"是两个都来了还是其中一个来了"。所以,如果"是否"总是与对立有关,我们可以提问:"较大、较小还是相等",以及什么是相等与较大和较小的对立呢?"相等"既不只与"较大""较小"中其一对立,也不与它们都对立。"等"为什么应该与"较大"或"较小"对立呢?

此外,"相等"与"不等"对立,相等与大、小也是对立的,因此它将与多个事物对立。如果"不等"的意思即为较大和较小,那么"等"将是与较大和较小对立(这一难题支持以"不等"为"未定之二"的观点)[1]。但一个事物与两个事物对立是不可能的。同样,"相等"处于"较大"和"较小"之间,对立也没有中间体。从定义上讲,对立也不能处于中间,即便存在中间体,它也不是完全对立的,而是总有某个中间物存在其中。

这样,剩下的"相等"作为"否定"或"缺失"两种情况。相等不能与"较大"或"较小"对立,为什么是较大的缺失而不是较小的缺失?那么,相等是对二者缺失的否定。这就是为什么"是否"与二者有关,而不是二者之一(应该是"较大还是相等"或"相等还是较小");这样看总有三种情况,但这不是必要的缺失,因为不大或不小的东西就一定相等,只有本质具有相同属性的事物相比较。

---

[1] 这当是柏拉图学派的观点。

这样，相等就是既不大也不小，又可大也可小。作为"大"和"小"缺失的否定，相等与"大"和"小"对立，（因此相等也是一个中间体。）不善不恶与两者相反，但没有名称。每个事物的定义总不确定，而且定义的主题也并不单纯，只有那些既非白非黑的颜色或许能够找到一种颜色。即便这样，颜色也没有一个统一的名称，所以存在非白非黑的颜色；但无法确定是什么颜色，可能是灰色、黄色或类似的事物。很多人滥用这类短语，他们将这些短语都以相同的方式使用，如同说非鞋非手的事物会存在于鞋子和手之间，好像所有事物都有非善非恶的中间体，产生一些摇摆不定的判断。但这一判断不是必然的，前一个例子确实是对立两端的否定，它们之间会有一个中间体和一个自然间隔；但在鞋和手的例子中，两者却不存在差异，因为对立两端的事物属于不同类别，其基质也不同。

六

关于"一"和"多"，我们也会提出类似的问题。如果"多"与"一"绝对对立，会导致不可能的结果。"多"与"少"也对立，所以"一"将会是"少"或"少些"。而且，"二"将会是"多"，因为"两倍"就是"多倍"，则"二"可以称为"多"，因此，"一"将会是"少"，除了"一"之外，哪些数相比"二"是"多"？哪些数将会是"少"？显然，如果"较多"和"较少"是"更多"的话，正如"长"和"短"是关于长度，"较多"也包括"好多"和"更少"（除非在容易限定的连续体[1]中存在某种区别），那么"少"将会是更多了，因此"一"

---

〔1〕容易限定的连续体指的是液体，如水。

将更多。所以，如果"二"是"多"，"一"必是更多。若"多"在某种意义上被认为也是"较多"，也有所区别，例如，水可以说"好多"，但不能说"多"。"多"适用于可分离的事物，一种意义是"更多"，它有绝对或相对过量的意思（"少"是不足的"更多"）；"多"的另一种意义是数目，这样，"多"才与"一"对立。我们说"一或多"，就好像说"一和许多一"或"白色东西和许多白色东西"，或者比较已经测量的东西和测量结果。倍数的意义就是"多倍"。每一个数字称为"多"，因为数字都是由"许多个一"组成。它们都由"一"来计量，与"一"相对立，而不是与"少"相对立。从这个意义上看，即使"二"也是"多"。然而并不是从绝对或相对过量的意义上，所以"二"是第一个"多"，是基本的"多"。但在绝对意义上，"二"是"少"，因为它是不足的第一个"多"（因此，阿那克萨戈拉的说法——"所有的事物，无论多少，都混合一起，不管众与小都是无限"，这便是错误的观点。他应该用"少"替代"小"，因为"少"不存在无限），那么"一"不作为"少"，而是"二"构成了"少"。

"一"作为量度，数目的"一"与"多"对立，正如计量对立计量的事物；这些相对并非因其本质。对立有两种意义：作为对立的事物，或可知事物的相关知识。一个事物相对，是因为有的事物与之对应。没有什么可以阻止"一"比某些东西更少，例如，"二"是较少；如果"一"较少，就不会必然是"少"。[1]"多"可以是数的一种，因为数是可以由"一"来计量的"更多"。并且在某种意义上，"一"和数目对立，是作为计量和可计量的事物对立。因而并非任何是"一"的事物都是数，即如果事物是不可分的，它不是一个数。但是，尽管知识与可知的东西相似，

---

[1]意思是虽然"一"相比"二"较少，但是本身不必然是"少"。

但这种关系并没有类似的解释；虽然知识可能被认为是尺度，可知的东西被认为是可度量的东西，事实上，所有的知识都是可知的，但并非可知的东西都是知识，因为从某种意义上说，知识是由可知的东西来衡量的。"更多"既不与"少"对立（与"少"对立的是"多"，"多"是作为过量的"更多"，"少"是作为不足的"更多"），也不与"一"对立；二者在一种意义上对立，因为前者可分，后者不可分；在另一种意义上则统一，如果"更多"是数目，而"一"是单位，那么知识与可知的东西统一。

七

对立两端之间可以存在中间体；中间体必然是由对立面构成。因为（1）所有对立物及其中间体，是在同一个属中。中间体，就是变化的事物必须先变成的东西，例如，从低音到高音，先要变成居间的声音；如果要从白色变成黑色，我们应该更快地变成深红色和灰色，而不是黑色；其他情况也如此。但是，从一个属变到另一个属，除非偶然情况，否则是不可能的，例如，从颜色变到形状。因此，中间体和其两边的事物必须属于同属。

但是（2）所有中间体都存在于对立物之间，因为只能在它们之间发生自然本性的变化。（没有对立就没有中间体，否则并不对立的事物之间也会有变化）所有中间体都处于某种对立面之间；在各种对立中，矛盾没有中间体；矛盾是一种对立，其中一方或方面必须附加在某事上，即没有中间体。在对立面上，有些是相对的，有些是缺失的，有些是相反的。相对的事物中，那些不相反的没有中间体，因为它们不属于同一个属。知识与可知的东西之间，中间体是什么呢？只在大小之间存在着中间体。

如果对立事物的中间体在同一个属中，那么中间体必然由这些对立物构成。因为对立物要么是相同的属,要么不是。(a)如果有一个种先于对立面,那构成对立的种差将先于种的对立,因为种是属和种差构成的。(例如,如果白色和黑色相反,一个是穿透性的颜色,另一个是压缩的颜色[1],这些差异——"穿透性"和"压缩"是先前的,因此这些是先于矛盾。)但具有对立的种差的种,才是真正的对立,其间的中间体都是来自属和种差。(例如,所有介于白色和黑色之间的颜色必认为由种组成,即颜色和某些种差组成,但这些种差不会成为主要矛盾,否则每种颜色都是白色或黑色,它们不同于主要矛盾,因此介于主要矛盾之间,主要种差是"穿透性"和"压缩"。)

□ 昼与夜

田野、小镇、河流、飞鸟,布局在对称的画面上。一系列自然元素通过黑、白、灰色块的镶嵌、平移和反射,实现物象的演变转换。上方彼此咬合的白鸟、黑鸟左右平移而成,向着白天与黑夜相背飞行。从下而上看,大地的菱形格子又渐变成互为背景的黑鸟、白鸟。多种技法的创造使用,唤起我们强烈的惊奇感与探索欲。

因此,(b)在对立物不是相同的属的情况下,我们必须首先研究中间体由什么组成(因为,在同一个属中,事物是由这个属的非组合的事物构成),现在的对立物并非相互包含,因而都是本原,但中间体则要么都是组合的,要么都不是组合的。从对立生成的某物,对立两端的变化是一个快于另一个,因为它所涉及的性质会比性质少,这就是对立双方生成的中间体。同理,所有中间体也是组合,性质多的一方和性质少的一方,组合形成相对较多或较少的事物,由于没有别的事物先于对立物与中间体发生关系,所

---

[1]此观点源于柏拉图。

有中间体必定由对立物组合而成。因此，所有较低的类，包括对立面和中间体，都由主要矛盾构成。显然，中间体是（1）全部属于同一种；（2）介于对立面之间；（3）由对立面组合而成。

八

种不同的两个事物不同，但二者一定是同类事物[1]，例如，如果一个动物和另一个动物种不同，但它们都是动物。因此，种不同的事物一定属于同一个属。种指的是：两种事物不管是作为质料还是其他方面，并非在偶然方式中存在差异，而同种可以表述二者。不同的事物不仅必须有共同的本质，例如，不仅必须是动物，而且这种动物性对于每一种动物也必须不同（例如，一种情况是马的本性，另一种情况是人的本性），所以这种共同的性质彼此不同。按照性质的不同，分为不同的动物，例如，一种是马，一种是人。这种差异必须是种的差异，因此"种的差异"是指使本身成为不同的差异。

那么，这将是一个对立（如归纳法展示），所有的事物都因对立而分开，并且已经证明这些对立属于同属。对立视为完全差异，种的差异与物物之间的差异有所不同，所以二者都是相同的属（因此，属不同而非种不同的对立物体都符合同一表述，而且在最高程度上彼此不同；因为差异是完整的，并且不能彼此一起出现），差异是一种对立。

"种的差异"指的是——同属中具有对立面，并且不可分（同种的事物

---

[1] 种不同的两个事物可以同时归为一个属，比如牛和羊，不同种，但都属于动物这个属。

不具有对立面，并且不可分）。"不可分"指的是——在分开的过程中，不可分的阶段之前，中间阶段出现了矛盾。因此，显然对于称为属的事物，在同一种中，没有一个事物是相同或相异的（这一点合情合理，因为质料由否定来表示，属是作为事物本质的质料，并非我们以前讨论的属，也不是在赫拉克勒斯家族的意义上的表述，而是属就是事物本质的因素），不同属的事物也是如此，但它们是属上不同的事物，而且同一属的不同种的事物。因种而不同的事物之间，差异一定是对立，这只属于同一属的事物。

九

有人可能会提出问题：女性和男性相反，并且它们的差异对立，为什么女性和男性在种上没有区别？以及雌性和雄性动物，为什么在种上没有差异？尽管这种差异因本身的性质而不同，不像白或黑；"雌性"和"雄性"都属于动物。这个问题与另一个问题几乎相同，为什么一个对立使事物在种上有所不同，而另一个则不是，例如，"有足的"和"有翅的"属于前一种，雄和雌、白和黑属于后一种。也许因为前一种是属的特有属性，而后一种则相对较弱。前一种是根据定义，而后一种是根据质料。定义上的完全对立造成种的差异，事物中质料的完全对立则不会成为种的差异。所以，一个人是白色或黑色，并无差异，白人和黑人之间，在种上也没有什么不同，即使他们每个人都用一个词来表示，也无区别。因为要从质料方面考虑人的不同，而质料不会产生差异，尽管构成这个人和那个人的肉和骨头不同，它并不是使人成为人的种。具体的东西不同，而非种的不同，因为在定义中没有完全对立，这是最终不可分的事物。卡里亚斯是公式和质料的组合，白人也是如此，它是一个白的卡里亚斯；那么，人只是偶然地肤色偏白。再有，一个铜圈和一个木圈在种上没有不同，而铜三角和木圈就在种上不同，不是因为质料，而是二者的定义中有某种对立。但是，当某种方式存在不同时，质料不会使事物在属上不同吗？或者存在不同的意义吗？为什么马与人在种上不同，尽管它们的质料包含在其定义中？毫无疑问，因为定义中存在对立。虽然白人与黑马之间也存在对立，并且是种上的对立，但并不是因为一个白与一个黑的区别，即使两者都是白的，也会在种上存在差别。但作为"动物"的特有属性——雌性和雄性不是就其本质，而是质料即身体而言。这就是同样的精子以某种方式成为女性或男性的原因。综上，我们解释了"种的差异"，以及为什么有的事物在种上有差异，有的没有差异。

十

对立是种上的差异，而可毁灭的事物与不可毁灭的事物对立（因为缺失是一种确定的无能），二者必然在属上不同。

到目前，我们讨论的仅仅是普通术语。有种观点认为，在普遍、一般的名词意义上，可毁灭的与不可毁灭的不必在种上不同。正如并非每个白色的事物在种上不同于每个黑色的事物，如果是普遍（共相），同样的事情可以是两者兼具（例如，"人"可以同时既是白的，又是黑的）；并且如果它是个体，它仍然可以兼具二者，因为同一个人可以此时为白，彼时为黑。然而，白与黑是对立的。

尽管有些对立因偶然而属于某些事物（例如，刚刚提到的那些），有些则不能，这些中包含"可毁灭的"和"不可毁灭的"事物。一切事物都不是偶然毁灭的，偶然事件可以不发生，但是可毁灭事物的毁灭，是出于必然性，否则同一事物就会同时既毁灭了又没有毁灭。因此，可毁灭性必定是本质，或是存在于可毁灭事物的本质之中。相同的论证也适用于不可毁灭事物，因为，可毁灭性与不可毁灭性，两者都是由于必然而存在于事物中的。它们是对立，必然属于不同的属。

综上，显然不存在某些人[1]认为的那种形式（理念），否则一个人就会既可毁灭又不可毁灭了。[2]然而，形式与个别事物不仅具有相同的名称，而且种相同；但属不同的事物比种不同的事物差异更大。

---

[1]某些人指柏拉图学派的学者。

[2]可毁灭的人指现实中的个别人，不可毁灭的人指理念中的人，或者人的"形式"。

卷K（十一）

一

智慧是关于第一本原的学科，在导论章节[1]中就提到了智慧，以及对其他哲学家第一本原的驳论。有人可能会问，智慧被认为是一门还是几门学科，如果作为一门学科，可能会遭到反对，因为一门学科总是处理对立的问题，但第一本原并不对立；如果作为几门学科，那么哪些学科与之相关？

此外，考察证明第一本原是一门学科，还是多门学科的任务呢？如果是一门，为什么是这门学科，而不是其他的？如果是多门，是什么样的学科？

此外，智慧是否研究所有的实体？如果不是，那么它研究哪一类实体？如果是，那么一门学科如何能涵盖多种题材，就令人怀疑了。

智慧仅仅研究实体，还是包括实体的属性在内呢？如果研究属性，那么证明就是可能的；如果研究实体，就是不可能的。但是如果两门学科不同，那么分别是什么？哪一门是智慧呢？如果这是门证明性的学科，那么

---

[1] 导论章节指本书卷A（一），卷A（一）可以看做是整本书所讨论问题的内容提要。本卷内容涉及卷B（三）、Γ（四）、E（六）所探讨的问题，据学者考证，本卷疑似亚里士多德的学生听课笔记。

研究属性的学科就是智慧，但是如果这是门最初的学科，那么研究实体的学科就是智慧。

但是，智慧不能被认为是研究《物理学》中提到的原因。因为（A）它不涉及目的因（这是善的本质，在活动和运动中发现；而且它是第一个原动力，因为这是目的因的本质。但在事物不可动的情况下，没有最先推动它们的东西）；（B）总的来说，很难说智慧是否研究可感觉的实体，还是某些不可感觉的实体。如果研究实体，必须研究形式或数学对象。现在（a）显然这些形式不存在。（即使假设它们存在，也很难解释为什么同一门学科无法研究具有"形式"的东西，就像数学对象一样。我指的是这些哲学家把数学对象置于形式和可感觉的事物之间，作为一种除了"形式"和这个世界的事物之外的第三类事物，但除了理念的人和马，个体的人和马之外，不存在第三人或马了。如果另一面，这不是他们所研究的范畴，那么数学家必须解决什么样的问题呢？当然不是这个世界上的事情，因为这些都不是数学学科要求研究的东西。）（b）智慧也不研究数学对象，因为数不能单独存在。但它又不涉及可感觉事物，因为它们是可毁灭的事物。

总的来说，人们可能会提出这样的问题，即讨论数学对象属于哪门学科呢？既不属于自然哲学（因为，物理学家是研究那些本身具有运动和静止原理的事物），也不属于研究证明和知识的学科；因为恰好主体本身是研究对象，那么这样看来，就属于哲学的研究范畴了。

有人可能会提出疑问，智慧研究的对象是否为称作元素的本原？所有人都认为这些本原存在于组合事物中。但可以认为，智慧应该研究普遍的问题，因为，每一个定义和每一个学科都是研究普遍事物[1]，而不是最后的种，所以就这一点而言，它一定会研究最高级的属。这些会变成"存

---

[1] 只有普遍的事物才能形成定义和知识。

□ **方形极限**

复杂的演变极富规律性和秩序感，每一个对碰点都有鱼尾鱼头相交，如编织带前后穿梭组成的美丽图案。从里向外无限变小，一如宇宙的无限延伸和无穷可能。

在"和"一"，因为这些可能最应该包含所有存在的事物，并且它们本质上就是最初的本原，如果它们消亡，所有事物都一起毁灭；因为一切都是"存在"和"一"。但是，如果有人认为它们是种，那么一定可以表述它们的种差，并且，任何属都不可能表述它的任何种差，这样看来，我们不应该把它们看作是属或本原。此外，如果简单比复杂更加是起源，最低的种要比属更简单（因为它们是不可分的，但是属可以分成许多不同的种），那么种比属更是本原。但种随着属的消亡而消亡，这样属更像是起源，那个涉及另一个被消亡的东西是本原。这些便是研究中可能遇到的难题。

二

此外，我们必须假设可感觉个体事物之外的某种事物吗？它是我们寻求的学科的研究对象吗？但这些在数量上是无限的。然而，与个体分开的事物是属或种，它们不是我们寻求的学科的研究对象，理由已在上一章讲过了。事实上，一般很难说人们必须假定除了可感觉的实体（即这个世界中的实体）外，还有一种可分的实体，还是这些是真实的事物，而且智慧与此相关。我们似乎在寻找另一类实体，即是否有一种实体能自己独立存在，它也不是可感觉事物。此外，如果有另一类实体与可感觉事物分开，并与其相对应，那么哪种可感觉实体一定认为是与它们相对应的？为什么人们应该假设人或马更应该拥有它，要超过其他动物，或所有没有生命的东西？另一方面，与可感觉和可毁灭实体数量相等的、永恒的实体似乎更具可能性。如果本原存在于具体事物中，不可分离，那么它就会是质料。但质料不是现实的存在，而是潜在的存在。这样看来，形式是更重要的本原，却是可毁灭的，所以没有永恒的实体能独立于现实存在。这又是一种悖论，因为这样一种本原[1]和实体似乎存在，并且几乎所有心思缜密的哲学家都在寻求这种存在；除非有永恒、独立和永久的东西，否则怎么会有秩序呢？[2]

此外，如果存在我们现在正在寻找的本质的实体或本原，并且，如果一个相同的起源产生万物，包括永恒的和可毁灭的事物，那么为什么有的事物是永恒的，有的事物是非永恒的呢？这是自相矛盾的。如果它们各有一个可毁灭事物的起源和一个永恒事物的起源，我们仍然面临类似的难题，即如果可毁灭事物和永恒事物的本原都是永恒的，那为什么永恒的起源造成非永恒的事物呢？如果起源不是永恒的，那它必定由另一个起源产生，如此不断产生。

另一方面，如果把"存在和一"当作几乎不变的本原，首先，"存在和一"不是一个"这个"或者实体，它们怎么可能是可分的和单独存在的呢？然而，我们希望永恒和原始本原如此存在；其次，如果"存在和一"表示一个"这个"或者说个体事物，那么所有存在的事物就都是实体了，

---

[1] 这样一种本原指第一推动者。
[2] 卷α（二）曾谈到过这个问题，这是许多古希腊哲学家都相信的一个观念。

因为存在表述一切事物（"一"也表述）；但事实是，存在的事物并不都是实体。此外，有人[1]说"一"是最早的起源，它是实体并且和质料先产生数，然后断言数是实体——这怎么能正确呢？我们怎么去思考"二"和其他数，每个数是由若干个"一"组成，但仍称它们为"一"？这一点上，他们没有表达任何观点。但是，如果我们假设线或后来的东西（我的意思是基础的面）是本原，至少不是可分的实体，而是分段和分割——前者是面的，后者是体的（而点是线的分段）；而且，它们是这些相同东西的限制；所有这些都是存在于另一事物的东西，没有一个是可分的。此外，我们如何设想有"一"和"点"的实体呢？每一个实体都是在渐进的过程中形成的，但是一个点并不是这样，因为这一个点就是一个分割。

另一个困难是，因为所有的知识都是普遍的和"这样的"，但实体不是普遍的，而是"这个"，一个特殊的东西。所以，如果有关于最初本原的知识，就会出现这个问题，我们如何将最初本原假定为实体？

此外，除了具体的事情（质料与形式组合成的事物）还有其他独立的事物吗？如果没有，我们就会遭到反对，认为所有事物都是可毁灭的。但如果有，它必须是形式或形状。现在很难确定，在哪些情况下形式可分离存在，哪些情况下不存在；因为在某些情况下，形式显然是不可分离的，例如，房子的形式。

此外，这些本原在种类或数量上是否相同？如果它们数量是"一"，那么所有的事物都是相同的。

---

[1] 这里指毕达哥拉斯学派。

三

由于哲学是研究普遍的"作为存在的存在",而不是关于它的一部分。"存在"具有多种意义,不仅用于一种意义。如果含糊地使用这个词,并且它的各种用途没有共同之处,它不属于一门学科(因为一个模棱两可的术语,其含义不构成一个属);但如果由于一些共同点而使用这个词,那么它将属于一门学科。这个术语似乎用于我们提到的方式,如"医疗"和"健康"。每个词我们都用到了许多意义。词语是通过某种相关的方式来使用的,一种情况下是医学,一种是健康,一种情况是指某物,但每种情况都是指相同的概念。比如,一次医疗的讨论和一把小刀(医疗器械),都可以称为"医疗的"。因为前者来自医学,后者对医学有用。同样,这样的事物被称为健康:一件事标志健康,另一件事产生健康;其他情况也是如此。那么,所有的事情都会以同样的方式表现出来。每个被称为"存在"的东西,都是因为它具有正在存在的属性,或者处于永久和暂时的状态或运动。这样,所有存在的事物都可以具有某种共同点,对立也可以具有"存在"的最早的差异和对立面,如"多"和"一",相似和不相似等差异,这些我们已经讨论过了。无论是涉及"存在"还是"一"的事物,都没有区别。因为,即使它们不一样,至少它们是可以变化的,是"一"的东西,也是某种程度的"存在",而存在的东西也是"一"。

但是,由于每对矛盾都会被同一门学科所检验,其中一方是另一方的缺失,尽管对于一些矛盾可能提出这个问题——缺失如何与两方相关联,即哪些具有中间体的矛盾,例如,不公正和公正——在所有这些情况下,人们必须坚持认为缺失不是关于整个定义,而是关于最低的种。如果公正的人是"因为永久服从法律",那么不公正的人不必完全否定这个定义,可能仅仅是"在某些方面不服从法律";在这方面他就被称为缺失,其他情况下也是如此。

正如数学家用抽象的方法进行研究（在开始研究之前，除去所有可感觉的特质，例如，重和轻，硬及其对立面，热和冷以及其他成对的可感觉特质，只留下"量"、"连续"和二者的属性，在一维、二维或三维中进行研究。这些属性是量和连续的，并没有考虑其他方面。他还检验了它们的相对位置及属性，它们之间的可通约性和不可通约性，以及它们之间的比例，从而产生了一门学科——几何学），"存在"也是这样研究的，就其为"存在"而言，"存在"的属性以及"存在"之中的对立，是哲学的研究对象。人们会把不属于"存在"，而是属于运动的事物纳入物理学的研究范围。而辩证和诡辩则研究事物的属性，而不是事物作为"存在"的属性和自身"存在"的东西。因此，只剩下哲学家研究我们所命名事物的存在，所有存在的事物，都由于某种共同点而被称为"存在"。"存在"中的"对立"也是一样，可以归为"存在"的最初的差异和对立面，这一类事物可以属于同一门学科。那么，看来已经解决了我们开始提到的难题了，即如何能有一门关于"多"和不同属事物的科学。

四

数学家也只在特殊的应用中使用共同的公理，那么，考察数学的起源一定也是第一哲学的内容。等量减去等量差恒相等，是公理。但数学家只研究分出来的特殊部分，例如线、角、数或量，它们不是作为"存在"，而是作为连续的事物的一维、二维、三维三个维度；但哲学并不以事物中某些属性那样的部分为对象，而是思考就个体事物存在着的"存在"。

物理学与数学是同等的，物理学研究的是事物的属性和本原，但只作为运动着的事物，并非存在（而我们所说的第一学科，只涉及这些事物的存在，而不研究其他）；所以物理学和数学都必须归为智慧的一部分。[1]

五

事物中有一个原理完全不会误导我们，即同一事物不能同时既存在又不存在。它不能加以通常意义的证明，因为，没有比它更确切可靠的起源。因为，从更确定的原理来推断这个真理，本身是不可能的，但是如果要在完整的意义上充分地证明它，是必要的。要证明相反观点的人是错误的，他们必须承认：即同一事物不能在同一时间既存在又不存在。只有如此，他才能对相反的观点加以反驳。在论证中要相互联系起来，必须清楚了解彼此，否则，它们如何联系呢？因此，每一个词必须是明确的，而且仅仅指某种事物，而不是指多个事物。那么，"这是又不是"就否定了已经肯定的，这是不可能的。如果"这是"指的是某事物，那么就不能否定这个事物了。

其次，如果一个词指某事物是真的，那么这个词与该事物的联系就是必然的。必然为"是"，不可能为"不是"。因此，对同一主体同时加以肯定和否定，这是不可能的。此外，如果肯定并不比否定更正确，那么"人"也不会比"非人"更正确。似乎还可以认为，"这个人不是一匹马"这个说法比"他不是一个人"可能准确些，所以也可以说同一个人是一匹马也是对的；因为可以看作是作出了真实相反的陈述。那么，同一个人可以是一个人和一匹马，或任何动物。

---

[1] 即数学和物理学作为形而上学的分支学科——第二哲学，形而上学是第一哲学。

然而，尽管这些事物没有充分的证明，但有证据足以反对这些假设。也许有人质疑赫拉克利特，会迫使他承认，对同一主体的对立陈述永远不可能是真的。[1]事实上，赫拉克利特采纳了这一意见，却并不理解他论证的内容。但无论如何，如果他所说的是真的，那么这个本身也不会是真的，即同一事物不能同时既存在又不存在。因为，当分开这个陈述时，肯定并不比否定更正确，同样，合并和复杂的陈述，类似一个单一的肯定——整体视为肯定不会比否定更真实。此外，如果不能肯定任何事情，这本身就是错误的，因为这个断言没有真正的肯定。[2]但是，如果存在真正的肯定，这似乎反驳了那些人的观点，即他们提出这种反对意见并完全摒弃了理性话语。

六

普罗泰戈拉的说法与我们的观点类似，他说，"人是万物的尺度"，意思是每个人感觉到的就是真实的。如果这样，那么同样的事情就可以是也可以不是，可好可坏，并且所有相反陈述的内容都是真实的。因为某一事物对一些人来说是美丽的，对另一些人而言则相反。对每个人来说，他都是尺度。所以，通过思考观点的来源，就可以解决这个困难。这种观点在一些情况下，似乎来源于自然哲学家的学说，在另一些情况下，则来源于这样一个事实，即所有的人对同样的事物都有不同的看法，某个事物对一些人来说似乎是愉快的，对另一些人来说则不然。

---

[1] 见卷Γ（四）第三章，有相关论述。
[2] 见卷Γ（四）第八章。

事物不是从不存在变为存在的，而是从存在产生，这几乎是所有自然哲学家公认的定理。如果完全的白色和非白之前存在，那么白色就不会存在，而变成白色的东西必定来自非白色的东西；所以它必定来自于非本身的东西（他们这样辩论），除非同一事物一开始是白色和非白色的。但要解决这个难题并不难，因为我们在《物理学》中曾提到，从哪种意义上，变为存在的事物来自于非本身；从哪种意义上，来自于本身。

把争论双方的意见和想象都相提并论就太幼稚了。显然，二者中有一方必定是错误的。在感觉上，这一点就显而易见，例如，糖并不是对一些人是甜的，而对另一些人是不甜的。除非同一种情况下，感官异常和受损。如果是这样，那么一方必须作为尺度，另一方则不是。提到好坏、美丑、以及所有这样的性质都是如此。支持我们所反对的观点，就像坚持认为一个事物呈现给人的是不同的数目，对于一些人，将他们的手指压在下眼睑，并使对象变成两个（因为它们看起来是两个东西）[1]，那么一个事物会显现出两个；对那些不扰乱视觉效果的人，一个物体只会显现出一个。

一般来说，把世间万物都看作是变化的，没有不变化的事物，用此观点判断真理是荒谬的。追求真理的人们必须从永恒不变的事物开始，这种事物以天体最为合适。因为这些事物不会随时出现不同的本质，显然总是相同的，并且没有分有和改变。

而且，如果有运动发生，那么也就有某种被推动者，所有事物都是从某物运动变化为某物；由此得出：被推动者既是在被推动事物中被推动，又不在被推动事物中；它就会既被推动变化为别的事物，而又存在于推动事物中。正如这些哲学家认为，两对矛盾不能同时为真。

---

[1] 此句含义颇难解。大约是手指压住下眼睑，眼球略有变形，从而看起来一个物体像是两个，也就是下文说的：扰乱视觉效果。

如果世界上的事物可以在量上连续地运动变化——人们假设这一点，尽管这不是真的，为什么它们在质上不发生同样的变化呢？关于同一事物的矛盾陈述，似乎主要来自于这样的观点，即事物的量并不能保持常态，这是我们论敌的观点，他们认为同一事物可以是也可以不是四肘长。但本质取决于质，这是确定的本质，尽管量具有不确定的本质。

还有，当医生建议服用某些食物时，为什么病人要吃呢？"这是面包"在哪些方面要比"这不是面包"更真实呢？因此，一个人是否吃东西都没有区别。但事实上，病人吃医生建议的食物，是假设他们知道它的真实，并且知道它是面包。然而，如果在可感觉的事物中，没有固定不变的本质，而所有的本质都永远变化，那么他们就不会这样做。

如果我们永远变化着，而不保持自身不变的话，那么，正常人与病人看到的同一事物就会是不同的。（病人的状态与他们健康时的状态不一样，可感觉的特质也并不一样；尽管产生了不同的结果，但这些可感觉的事物本身并不发生变化，从而产生不一样的感觉。如果发生上述变化，对于健康的人，肯定也会发生同样的情况。）如果我们不变化，事物的不变部分也会保持不变。

对于那些用推理提出难题的人，要完美解决并非易事，除非他们会提出某种东西，而不再要求理由，因为只有这样才能完成所有的推理和证明；如果他们没有提出，就会推翻讨论和所有推理。那么，这样的人就没有推理。但对于那些受传统困难困惑的人来说，很容易就能说服他们，并消除疑虑。从上述的内容就可以看出这一点。

因此，从这些论证可知，同一事物不能同时是矛盾和对立的。因为每一种矛盾都取决于缺失，如果我们将矛盾的定义归结为基本原理，那么就一目了然了。

类似的，对立之间的中间体，不能以对立面说明同一个主体。例如，白色物体不能说是既不黑又不白，这相当于说它既是白的又不是白的；因为对于我们放在一起的两个术语，第二个是真的，这是白色的对立物。

于是，赫拉克利特或阿那克萨戈拉的观点都不对，否则对立双方将可以说明同一主体。如果我们赞成这样的观点，那么对立物会表述同一主体；因为，当阿那克萨戈拉说一切都含有万物的部分时，他就是说甜的或苦的是没有区别的，所以与任何一对矛盾一样，在一切事物中都不潜在存在，而是现实地和分别地存在。同样，所有的陈述都不可能全真或全假，如果所有都是假的，那么论题本身也不是真的，如果一切都是真的，那么所有的假都会不是假的。

七

每一门学科都研究本学科对象确切可靠的本原和原因，如医学研究疾病的原因，数学研究数的本原，它们都为自己划出一类存在的和真实的事物进行研究。但这些事物不是作为普遍的真实，研究作为存在的存在，是另一门不同于这些的学科。

所提及的学科中，每一门都会以某种方式获得某些事物中的"什么"，并试图或多或少精准地证明真理。一些人通过感觉获得"什么"，另一些通过假设获得；所以，从这种归纳中可以清楚地看出，没有实体或关于"什么"的证明。

有一门关于自然的学科，它既不同于实践的学科，也不同于生产的学科。因为生产知识里，运动的起源是在生产者之中，它是技术或能力。实践知识里，运动不在事物中，而在作为实践者的人身上。自然哲学研究的事物，运动源泉是在事物自身中。从这些事实可以清楚地看出，自然的学科既不是实践的，也不是生产的，而是理论的（因为它必须属于三者中的某一类）。每一门学科都必须知道"什么"，并将其作为一个本原，所以，我们一定要注意观察自然哲学家如何定义事物，以及如何陈述本质的定义——

□ 骑士

一队骑士从左至右策马缓行，随着环形的扭结，相反方向又有一队黑色骑马人从右向左而去，这是一个莫比乌斯环的变形。黑与白，红与黑，两队人马在中心如拼图般完全咬合，主体与背景，实在与虚空互为依存，这种虚实共生的创造，是艺术与科学的探索发现，首先为自然学术领域的科学家所接受。

无论是类似于"扁翘鼻"还是"凹形"。"扁翘鼻"的定义包括事物的质料，但"凹形"的定义与质料无关；因为"扁翘鼻"是鼻子的一种，所以我们要考虑到鼻子，再对它下定义，即"扁翘鼻"就是一个凹形的鼻子。显然，对肉体的以及眼睛和其他部分的定义，必须始终要考虑到事物的主体，才可以正确作出说明。

有一门学科研究作为存在的存在，而且它是独立存在的。我们必须考虑这门学科与物理学相同还是不同。物理学研究自身具有运动原理的事物，数学是理论性的，是一门研究静止事物的学科，但它的对象不能分开存在。因此，研究可以分开存在而且静止的事物，就会有一门不同于数学和物理学的学科。如果具有这种性质的实体（分离的和不可动的），就像我们试图证明存在的那样，一定存在这样的事物，那么它必定是神圣的，而且必定是第一个也是最主要的本原。[1]那么显然有三种理论学科——物理学、数学和神学[2]。理论学科是最高贵的，其中神学尤为高贵，因为它研究的是最高存在物[3]。并且，每种学科都因其特有的研究对象而一分高下。

---

〔1〕论证见下一卷。
〔2〕此处的神学依然是指形而上学，而不是宗教上的神学。
〔3〕指神，也即第一推动者。

有人可能会提出这样一个问题，即这种作为"存在"的学科，是否应当看成是普遍、一般的呢？数学各分支分别研究某一类数学对象，而普遍的数学适用于所有数学对象。如果自然实体是最早的存在物，那么自然哲学就会是最早的学科；但如果有一类自然实体，是独立存在的和不运动的，那么所属的学科必定不同于自然哲学，而且先于自然哲学和普遍，因为它是在先的。

八

由于"存在"一般具有多种意义，一种意义是"偶然的存在"。显然，传统学科中没有一个是研究它的，所以我们必须首先考虑这个意义上的"存在"。

建筑师不会考虑将要住进房子的人会发生什么事情（例如，他们是否过着痛苦的生活），纺织、制鞋或制作糖果的技术也是如此，但是传统学科只考虑必然属于各自范围内的事物，亦即它们本来的目的。至于这样的论点："当一个人有文化时，会变得有学问，他将同时具备二者，但以前并非这样。现在具备的东西，并非以前就具有，而是必然会成为现实的东西，因此他必须已经成为文化人和有学问的人。"——传统的学科都没有考虑过这些，只有诡辩论研究偶然存在，才考虑这些，所以柏拉图认为诡辩家潜心研究非存在，这并没有什么不对。

如果我们试图了解偶然事件的真相，就会明白，不可能有研究偶然的学科。我们认为一切总是永远和必然的（不是在强力意义上的必然，而体现在证明中），或者大多数情况如此，或者相反。出现永远和必然仅仅是因为偶然性，例如，酷热的夏天，天气寒冷。但这种情况并非总能必然发生，尽管可能有时出现，但大多情况下不发生。那么偶然的东西就是不是通常持续的，不是出于必然性，也不是绝大多数的。这就是偶然事件，而且，没有研究偶然的学科，这点也是一目了然的。因为，所有学科都是关于恒久、必然的。偶然事物不属于任何学科。

偶然事物，并非本质的东西，它们是没有起源和原因的，否则偶然事物就将是必然的了。如果，当第二个事件存在时，第一个事件存在，而且当第三个事件存在时，第二个事件存在；如果第三个事件的存在并非偶然，出于必然，那么产生第三个事件的原因也将是必然，这样就可以推导出最后一个原因（但这应该是偶然的）。因此，所有事情都是必然的，要排除一件事情发生或未发生的偶然和可能性。如果认为原因不存在，而是将要存在，结果也会一样；一切都将必然发生。如果发生第一件事，则明天会出现日食；如果第二件事发生，则会发生第一件事；如果第三件事发生，则会发生第二件事；按照这种方式，如果我们在今天和明天之间的有限时间内一点点减去，我们将到达现在的某段时间，并且已经具备了存在的状态。由于现状存在，那么之后的一切都将必然发生，所以一切都是必然出现的。[1]

对于真的和偶然的"存在"，前者取决于思想的组合，而且是思想的一种属性（这就是它是本原的原因，不是那种"存在"的意义上的本原，而是一直探寻的外在，而且可以分开存在的东西，它们的本原）；后者不是必然和确定的（偶然的），其原因是没有规律和不确定的。

目的因来自自然发生的事件，或者人的思想。如果目的因由于偶然而达到了，那是"运气"。因为事物的存在，或者由于其自然本性或者由于偶然，二者都可以是原因。运气是一个偶然起作用的原因，而我们是确定目标并实现这个目的。因而运气与思想属于相同的领域；人没有思想就不

---

[1] 有其因必有果，亚里士多德这里似乎又倾向于决定论。

会选择确定目标，运气产生的原因可能是不确定的，因而运气相对于人确定目标而言，是可遇不可求的。严格意义上说，运气不是任何事物的原因。结果的好坏意味着运气的好坏；产生巨大的后果时就会出现繁荣或衰败。

由于偶然事物不能先于自身的本质，所以偶然原因也不会先于本质。这样，如果运气或自发是物质世界的一个原因，那么理性和自然是此原因之前的原因。[1]

九

有些事物是现实的，有些是潜在的，有些既是潜在的也是现实的。它们如何存在，即它们在一种情况下是特殊的现实，在另一种情况下具有某些量或类似的特征。除事物[2]之外，不存在任何运动，因为变化总是和存在的范畴一致，而这些事物无共同之处，且不属于同一范畴。但是，每一类性质都按照两种方式的任意一种，描述其主体（例如，"这种性质"——一种是"肯定形式"，另一种是"缺失"；而关于质——一种是"白"，另一种是"黑"；关于量——一种是"完全"，另一种是"不完全"；以及关于空间运动——一种是"向上"，另一种是"向下"；或者一种是"轻"，另一种是"重"）；所以，运动和变化的种类一样多。

每一类事物在潜在和完全真实之间都有区别，我称这种潜在的实现为

---

[1] 吴寿彭认为此观点源于亚里士多德的《物理学》，运气间接地出自理性，而自发间接地出于自然。见商务印书馆《形而上学》（1981年）第225页。

[2] 此处的事物当指物质，因为运动是物质的属性。

运动[1]。以下事实可以得出我们的观点是正确的判断。当"可建造的"的事物真实存在，它就是正在被建造的事物，这就是建筑的过程。学习、治疗、行走、跳跃、衰老和成熟都类似。当完全现实本身存在时，运动就会刚好发生。当完全现实实际真正存在，不是作为本身，而是可运动的东西，那么完全现实就潜在存在。例如，铜潜在地是一尊雕像，但它并不是"作为运动铜"的完全现实存在，因为铜和某些特殊的潜在事物并不等同。如果它们的定义完全相同，那么铜的完全现实存在将会是运动。（在对立的情况下很明显，因为能够健康和能够生病是不同的——如果相同，那么健康和生病就是一回事，即健康或疾病的基质，无论是水分还是血液，都是一样的。）如同颜色和可见的东西不同，它们的基质也不同。潜在事物的实现就是运动，当完全现实本身存在时，就会恰好发生这种运动。每个事物能够有时现实存在，有时不能，例如，作为可建造的事物，它的现实就是建筑物。现实是建筑行为或房子，但当房子存在时，它不再是可建造的，可建造的东西是正在被建造的东西。那么，实现就是建筑行为，这是一种运动。同样的道理适用于其他所有运动。

其他人[2]对运动的看法不同，而且不容易对其定义，从这一事实显然可以得出，我们所说的观点是正确的。首先，不能将其归为任何一类，以上观点可以证明。有人称运动为"差异""不等"和"不真实"，[3]然而，这里没有一个必然会运动。而且，运动并非由其或其对立面开始。人们之所以把运动归于这类，是因为它被认为是不确定的东西，并且两

---

〔1〕运动包含变化，这是亚里士多德习惯的用法。
〔2〕指之前的自然哲学家。
〔3〕指毕达哥拉斯学派和柏拉图学派，爱利亚学派的芝诺甚至否认运动的存在。

个"对立面"之一的本原是不确定的，因为它们都是缺失的，不是"这个"，"这样"或者任何类别。而运动被认为是不确定的东西，我们说，这是由于运动既不能归于事物的潜在，也不能归于事物的实现，因为某些量的存在或实现不必然引起运动。运动由于必然性而推动，被认为是实现的，但是并不是完全实现，因为潜在的实现是不完全的，从而很难掌握运动是什么。它必须归为缺失，潜能或绝对实现那类，但显然这些都是不可能的。那么，剩下的就是我们所描述的实现活动，它们很难发现，却能够存在。

运动作用于能运动的事物，而引起运动的实现，就是这能运动的事物，运动是引起运动的事物与能运动的事物，二者共同实现的活动。一个事物能够引起运动，因为它具有导致运动的潜力，但它只能对能运动的事物施加作用，来实现运动，所以二者的实现是合而为一的。就如在同样的间隔中，从一到二和从二到一是一样，上坡和下坡都是同一个坡，但是它们的运动不同；推动者和被推动者也类似。

十

无限不可能止境，有止境不是它的本性（比如，声音不能通过看见而被发现）；在增加、减少上是无限的。无限不能是一个分开且独立的事物，因为，如果它既不是空间大小，也不是多，而无限本身就是它的实体。因其偶有因素，它将是不可分的，可分的既可以是大小，也可以是多少。但如果不可分，它就不是无限，除非如声音是不可见的一样，但我们要解释的并不是这个意思，也不是在研究这种无限，而是不可限量的无限。此外，无限如何因本身而存在？除非数和大小也由它们本身而存在，因为无限是它们的一个属性吗？此外，如果无限是事件的偶然，它不可能是事物中的元素，就像尽管声音是不可见的，但无形不是言语中的元素。显然无限实际上是不可能存在的，那么它的任何部分将是无限的（如果无限是实体，而不表述主体，那么"无限存在"和"无限"相同）。因此它要么不可分，要么可分为许多无限，但同一事物不能是许多无限（因为气的一部分是气，所以无限的一部分将是无限的）。如果无限是实体和本原，它必须是不可分的。实际上无限不可能是不可分的，它必须是确定的量，因此无限属于它的主体。但如果是这样的话（正如我们所说），它就不是本原，而是偶然事件——气或偶数。[1]

这个研究是具有普遍性的，但从下面的论证中可以看出，无限不在可感觉的事物之中。如果一个物体的定义是"以面为界的东西"，那么就不可能存在可感觉的或是可理解的无限物体，也不可能是一个分离的无限数，因为数或具有数的东西是可计数的。具体来看，从以下论点可以得出事实。无限不是组合的物体或单一的物体。对于（a）如果构成组合物的元素是有限，那么组合物就不能是无限的。因为对立的双方必须相互保持平衡，二者必然都不是无限的，否则无限将压倒有限，打破对立平衡。如果这些元素是无限的，那也不行，无限是无止境的延伸，只要有一个，就可以四方无限延伸。（b）无限的物体也不是单一的。因为万物既不是、也不能变成它们中的一个（除了元素之外没有这样的物体，一切都可以分解为构成它的元素，但除了单纯的物体外，没有观察到这种分析结果），也不是火或任何元素。除了这些物体如何可能成为无限这样的问题外，即使有限，也不可能存在或成为其中之一，就如赫拉克利特认为，一切都会在某时成为火。自然哲学家提出了除元素之外的"一"，该论证也适用于这点。因为每个

---

[1] 毕达哥拉斯学派的观点：气在度量上具备无限性；偶数为具有无限性质的数，奇数为有限的数。

事物都是从对立面变化到对立面，比如，从热到冷。

此外，所有可感觉事物，在自然本性上就有一个自己立足的地方，并且各有自己特定的空间。例如，整个地球和地球的一部分。因此，如果（a）假设无限的物体是均匀的，它将不可动，或者一直运动。[1]但这是不可能的。它在静止或者运动时，向下、向上或在其他地方，将如何选择一个位置停留？例如，如果"土"是无限物体的一部分，那么它会向哪里运动或静止呢？与它一样均匀的物体也是无限的，是否会占满所有空间呢？又如何占满呢？（这是不可能的。）

为什么它会静止或运动？它要么随处静止，然后不动，或者随处运动，然后不处于静止。但是（b）如果"全部"有不同的部分，那么这些部分的特定位置也不同。首先，除了接触之外，"全部"不是"一"；其

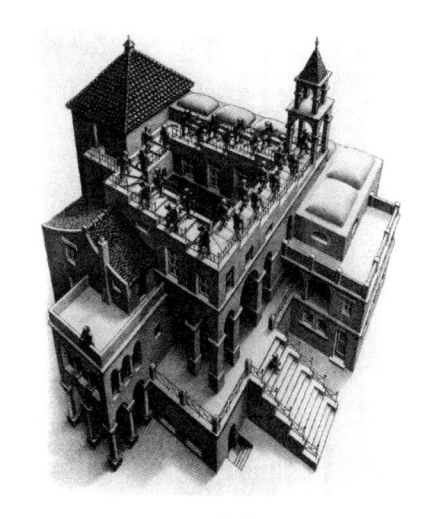

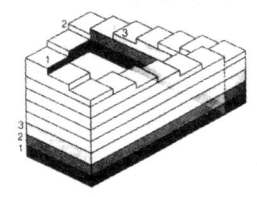

□ 上与下

城堡屋顶的阶梯在学术上称为彭罗斯阶梯，由英国著名数学家罗杰·彭罗斯提出。特征是：四角相连的四道楼梯，每道楼梯都向上（也可看成向下），可无限延伸，是不可能存在的悖论楼梯。

两队向上或向下的僧侣，沿着阶梯匀速齐整地相向而行，神秘而永无尽头，我们找不到最高点和最低点，却能找到两个局外者，他们迷惑而孤独。这样的阶梯当然不可能存在，但经过精妙的计算，彭罗斯阶梯巧妙地被运用其中，作品也获得"合理化"。

---

[1]无限的物体不可动好理解，但一直运动却难以理解，无限的物体没有外围，也就不存在外部空间，如何运动？罗斯注释：应当是无限物体的部分一直运动。

次，这些部分的种类有限或无限。物体各部分的种类不能是有限，否则各部分在数量上有些有限有些无限（如果"全部"是无限），例如，火或水将是无限的。无限的元素会压倒其对立的元素；物体各部分不能简单无限，否则就会有无数的空间和元素；如果这是不可能的，而且空间有限，那么"全部"也一定是有限。

一般来说，如果每个可感觉事物都有轻重，那么就不可能有无限的物体和特定的地点。它必须向中间或向上移动，无论是整体还是一半都无法做到；你将如何分开它？或者无限如何会一部分下降，一部分上升？一部分处于极端，一部分在中间？而且，每个可感觉事物都在一个空间，一共有六种空间位置[1]，但是这些不能存在于无限的物体中。一般来说，如果不能有一个无限的地方，就不可能有无限的物体（并且不可能有无限的地方），因为在某个地方就是某处、向上、向下或是方向，并且每一地方都有限制。

无限也有不同，在量、运动或时间中，三者都是后者因前者的无限而被说成是无限：运动被认为是无限的，因其所赖以表现的量（如空间运动的距离）是无限的，时间被认为是无限的，因运动是无限的。

十一

变化的事物，有的是偶然变化，例如，有文化的人在走路；有的是自身变化，例如，事物因为自身部分变化，而被当作是发生变化，因为眼睛变健康了，所以身体变得健康；有的是自然本性的变化。推动者引发的运

---

[1] 这六种位置为前后左右上下。

动也是如此，或偶然，或自身的部分，或自然本性。

有些东西直接导致运动，有些东西被移动，也有变化的时间，以及由此推动和被推动的某物。但形式、性质和地点，作为运动物体的终点，是不可动的。例如，知识或热量，热量不是运动，加热或降温才是运动。非偶然的变化不是发生在所有的事情上，而是发生在对立面、中间体和矛盾之间。我们可以通过归纳法来证明。

变化是从正面变为正面、从反面变为反面、从正面变为反面、从反面变为正面。（"正面"表示肯定判断的事物）因此，必定有三种变化；从反面变为反面不是变化（既然这两个术语既不矛盾也不对立），不存在对立；从反面变为正面的变化是生成——绝对的变化是绝对的生成，部分的变化是部分的生成；从正面变为反面的变化是破坏——绝对的变化是绝对的破坏，部分的变化是部分破坏。那么，如果"不存在"具有几种意思，并且运动既不属于组合或分开的事物，也不属于具有潜能而且与完全意义上的事物相反的事物（非白或非好的事物可以偶然地运动，因为非白可能是一个人；但不是特别的东西根本不能被移动），不属于此类的事物就不能被移动。（如果这样，那么生成就不能是运动；即使我们承认生成是偶然的，也可以肯定地说"非存在"是绝对可以表述被生成的事物。）同样，静止不属于非存在的事物。这些结论很令人困惑，而且一切被移动的事物都处于一个位置，但非存在不在某个地方，而运动时必有存在的地方。毁灭也不是运动，因其相反的运动是静止，但毁灭的相反是生成。每个运动都是一种变化，变化有三种变化，这些在生成和毁灭中的变化并不是运动，而是从一个事物到其对立面的变化，因此只有从正面变为正面是运动[1]，正面是对立或中间体（因为甚

---

[1] 亚里士多德在此处把运动分为"运动"和"变化"，故有的版本将其译作"动变"；但在本书其他地方，他通常用"运动"一词概括，而不做区分。

缺失必须被认为是对立），并且用肯定的术语表示，例如"赤裸""无齿"或"黑色"。

十二

如果范畴分为实体、性质、空间、作用和被作用、关系、量，那么必定有三种运动——质、量、空间。实体没有运动（因为不存在与实体相反的物质）；关系也没有运动（因为存在这种可能，即如果一对关系中的一个发生了变化，那么原本对于另一个而言，正确的相对关系将不再成立，尽管并没有发生改变）。所以关系的运动是偶然非必然。同样，没有作用和被作用，推动者和被推动者之间也不存在运动，因为不存在运动的运动，也没有创生的创生，一般而言，不存在变化的变化。不过在两种情形下可能会存在运动的运动：（1）运动可以是被推动的主体，如一个人被推动了，因为他从白变成了黑，所以这可以说是运动的主体（人）产生的运动；这种运动也可能是主体被加热或冷却，或者是位置的改变或增加。但这是不可能的，因为变化不是一个主体。（2）一些主体可能会因存在形式的变化而发生变化（如一个人从生病变为健康），但除非偶然，这种情况也是不可能的，因为运动都是事物之间的转变形成的。（生成和毁灭也是如此；只是这些变化是某种方式的对立，而另一种运动则以另一种方式对立）然后，一件事物从健康变为生病的同时，从这个变化到另一个。很显然，如果生病，它就会发生任何可能的变化（尽管它可能是静止的），并且每次都会发生一个确定的变化，而新变化将会从某些确定的事物变成另一些确定的事物；因此，就会发生相反的变化，即变为健康。我们认为这只是偶然发生，例如，从回忆转变为遗忘的过程，仅仅是因为过程所带来的东西正在发生变化，时而是认知，时而是无知。

此外，如果能有变化的变化和产生的产生，那么变化和产生的过程就会无限进行。后者是真，必定前者是真；如果简单的存在曾经一度存在，那么曾经成为事物的东西，也会一度成为现实。因此，那些简单的存在还没有存在，但即将成为的存在已经存在。这就是曾经存在的东西，当时它还没有成为别的东西。现在，在无数的术语中，无法找到第一个术语，所以，这类事物中的第一个将不存在，因此不存在以下术语。那么，任何东西都无法存在、运动或变化。此外，如果有运动的运动，那么任何运动的主体也是其对立运动的主体。创生的主体也会是毁灭的主体，作为主体的创生就在自己创生过程中毁灭着。此外，必须有质料作为创生和变化的基础，那么变化的质料是什么呢？如身体或灵魂那种发生变化的东西？再有，它们的运动会产生什么呢？因为它一定是从某物到某物的运动或变化。那么如何实现这个条件呢？没有学习的学习，也不会有变化的变化。综上，排除后剩下的是质、量、空间，它们都有运动，因为它们都有对立。质并不是实质内容（即使差异是质），而是被动的质，事物因其被作用或能够被作用。不动的是要么完全不能动，要么是长时间移动困难，或者移动缓慢，或者由于本质被移动和可以移动，却在时间和地点不动。这只是我描述的处于静止状态的不动，因为静止与运动相反，它一定是一种运动的缺失。

相邻的东西在地点上是在一起的，而在不同地方的东西是分开的：极端的事物是相互接触的；处于变化中的整体，如果它根据其本质不断变化，那么它就处于自然而然产生和发生极端变化的中间。一条直线上最遥远的点，位置是相反的；相继是开始之后的顺序（顺序由位置、形式或方式决定），并且在它与其后面的类别之间没有相同的类别。例如，一条线中的线段，一个单位中的单位，或一个房子的房子。（没有什么可以阻止其他的事物在其间。）"一"不在"二"的后面，一个月的第一天也不在第二天的后面。连续性接触的事物是相继发生的（因为所有的变化都处于对立面之间，而这些对立面或是对立，或是矛盾，没有中间体，因此清楚地看出两者是对立的）。连续体发生在同一个种中，当两个事物彼此接触，并且通过二者的界限成为一个整体的时候，便认为这两个事物是连续的。显而易见，相继是这些概念中的第一个（因为相继不一定会接触，但接触的一定是连续的。如果某个事物是连续的，则接触；但如果它接触，则不一定是连续的；而事物中没有接触，就没有有机统一）；因此，一个点不同于一个单位，接触属于点，并非单位，单位中只有相继；某个事物存在于两个点之间，并非两个单位之间。

卷Λ（十二）

一

我们研究的对象是实体，因为本原和原因都是关于实体的。如果宇宙是一个整体，实体就是它的第一部分；如果这个整体仅仅依靠一系列的连续而形成，那么就会得出实体是第一部分，接下来是质，然后是量。与此同时，后两者甚至不是完全意义上的存在，而是其性质和运动——否则，非白和非直的也会是存在，至少我们是这样认为的，例如，"它不是白的"。此外，实体以外的任何范畴都不能分开存在。早期的哲学家也在实践中证明了实体的首要地位，他们寻求的是实体的本原、元素和原因。当今的哲学家倾向于将普遍性视为实体[1]（因为属是普遍性的，由于其研究的抽象性质，它们往往被描述为本原和实体）；但是古代哲学家[2]将某些特殊物质视为实体，例如火和土，而不是两者共同的物体。

实体有三种：一种是可感觉的事物（其中一种是永恒的事物，另一种是可毁灭的事物；后者为所有人认可，包括动植物等），我们必须了解其中的元素，无论是一种还是多；第二种是不动的事物，某些哲学家称其能够分开存

---

[1] 如柏拉图学派，理念就是从普遍性得来。
[2] 主要指古希腊的自然哲学家。

在，有人将其分为两类，有人认为是形式[1]和数学对象，而有人则认为这两者仅仅是数学对象。前两类实体是物理学的对象（因为它们包含运动）；但第三种实体，如果没有关于它的共同原理，就属于另一门学科。

二

可感觉实体是可变的。现在，如果变化从对立面或中间体开始，不从所有对立面进行［因为声音是非白（但它不会变成白色）］，而从对立进行，必须发生一些基础变化才能造成相反的状态；因为这些对立是不会变化的，此外有些事情仍然存在，但对立却并非如此。那么，除对立外，还有某些第三类事物，即质料。现在，变化有四种："实体"的变化、质的变化、量的变化、地点的变化；分别指的是简单的创生和破坏、增加和减少、交替和运动。变化就是在这几个方面，从给定的状态变为与它们相反的状态。那么，质料必须具备两种状态。"是"具有两种意义，我们一定认为，一切都是从潜在的存在变为实际的存在。从可能的白色到实际的白色，增减的情况下也是如此。因此，不仅一个事物能够偶然地从"不是"中产生，而且一切都会潜在地，并非现实地产生；这就是阿那克萨戈拉的"一"，因为这并非"所有的东西都在一起"——恩培多克勒与阿那克西曼德的"混合物"以及德谟克利特的观点——所有东西都是潜在一起，并非现实在一起。因此，这些哲学家似乎对质料已经有了一些概念。一切变化的事物都具有质料，但它们质料不同；那些无法创生，但可在空间移动

---

［1］这第二种事物包含柏拉图的"理念"。

的事物也具有质料，却不是创生的质料，而是从一个地方移动到另一个地方的质料。

有人可能会提出问题，即可以创生哪种"非存在"？因为"非存在"有三种意义。如果一种形式的"非存在"潜在地"存在"，不是任何事物都是潜在存在，而是不同的事物来自不同的质料，那么认为"所有的东西都在一起"也是差强人意，它们的质料不同，否则为什么它们会创生无限的事物，而并非一个事物？因为"理性"是一，如果质料也是一，那么潜在的质料肯定已经成为现实的东西。这样，原因和本原就是三个事物，一个是定义和形式，另一个是定义与形式相对应的缺失（与前者是一对矛盾），而第三个就是质料。

三

接下来，需要指出质料和形式都不会创生，这里指的是终极质料和形式。因为变化的一切都是某物，并且被某物改变成某物。它的变化是直接的推动者，变化的事物就是质料，变化的就是形式。如果铜创生成为圆形，圆也创生成为铜，那么这个过程将无限持续，因此必须有一个终点。

每种实体都来自于具有相同名称的东西。（自然物和其他事物都是实体。）事物是由人工或自然，运气或自发产生的。技术作为运动的本原，是除推动事物之外的另一些事物；自然作为运动的本原是事物本身（因为人生人），其他的原因是这两者的缺失。

有三种实体——质料，表现为"这个"（所有接触，并非有机统一的事物都是质料和基质，例如火、肉、头；这些都是质料，最后的质料是完全意义上实体的质料）；自然物，它是"这个"或产生运动的正面状态；第三，由二者组成的特殊实体，例如，苏格拉底或卡里亚斯。现在某些情况下，除了组合实体之外，"这个"不存在，例如，房子的形式并不存在，除非建筑艺术是分开存在的（也不存在这些形式的产生和破坏，但是另一方面，没有质料的房子，健康和所有技术艺术存在又不存在）；但如果"这个"存在于具体的事物之外，那只有在自然物体的情况下如此。因此，柏拉图认为，形式的种类与自然物体一样多（如果形式不同于地球上的事物），他的观点也并非错误。运动的原因应是在先生成的，但定义意义上的原因与其后果同时发生。因为当一个人健康时，健康也存在；并且铜球的形状与铜球同时存在。（但是，我们必须研究，是否有任何形式后来仍然存在，因为在某些情况下，没有什么可以阻止这一点，例如，灵魂可能属于这类事物[1]——并非所有的灵魂，而是理性，因为大概所有灵魂都不可能离开身体存在。）显然，至少基于此，理念就没有必要存在。因为人生人，某个人生某个人；技术上也是如此，医疗技术是健康的形成因。

四

不同事物的原因和本原是各不相同的，但在另一种意义上，普遍而类比地来看，它们对一切事物都是相同的。有人可能会提出疑问，实体和相对关系的本原和元素，是否不同或相同，以及每个类别的情况是否相同。如果它们都是相同的，就会自相矛盾，而且实体和相对关系将来自同种元素。那么，这个共同的元素是什么呢？因为实体和范畴无共同点，但元素先于其构成的事物。但是，实体不是相对关系的元素，相对关系也不是实

---

[1] 亚里士多德认为事物消逝之后，形式也不会存在，但是又说灵魂是个例外，又解释这个灵魂指的是理性。他的本意是想说明，理念是不能单独存在的。

质上的任何元素。此外，所有事物如何具有相同的元素？没有一个元素可以与由元素组成的事物相同，例如，b或a不同于ba。（因此，任何可理解的事物，例如，"一"或"存在"，不是一个元素，因为这些表述任何组合的事物。）那么，没有一个元素既是实体又是相对关系，但它必然是"一"或其他。所以，所有事物都没有相同的元素。

一种意义上，它们相同；另一种意义上，它们不同，例如，也许可感觉物体中，（1）（a）热是一种形式，（b）在另一种意义上，冷是一种形式，这是对应的缺失；（2）作为质料，它直接和本身潜在地具有这些属性，（a）实体既包括这些属性，（b）也包括由这些属性组成的物质，这些组成物或者由这些元素为本原，或者是由热和冷产生的任何统一体。例如肉或骨；因为组成物必须与元素不同，这些物质具有相同的元素和本原（尽管特殊不同的事物具有不同的元素）；但所有的东西在这个意义上，都没有相同的元素，只是类比而已。人们可能会认为有三个本原——形式、缺失和质料。每个本原在每类事物中的呈现都不同，比如，颜色上，它们是白、黑和面；在白天和黑夜上，它们是光明、黑暗和空气。

既然事物中存在的元素不仅是原因，也是外在的东西，即动力因。"本原"与"元素"不同，属于两个原因。"本原"又分为两种；产生运动或静止的东西，一种是本原，另一种是实体。因此，就类比来说，会有三种元素，四个原因和本原；但不同事物中元素不同，最接近的动力因对于不同的事物是不同的。对于健康、疾病和身体，动力因是医疗技术。对于形式，特定种类的排列和砖块，动力因是建筑艺术。而且，自然事物的动力因——对于人类，是人类；对于思想产物，是形式或它的对立面。那么一种意义上，有三个原因[1]；另一种意义上，有四个原因。因为从某种

---

[1] 动力因与形式因合二为一，故称三个原因。

意义上，医疗技术就是健康，而建筑艺术是房子的形式，人生人；而且，除了这些之外，还有一切事物的第一推动力。[1]

五

有些事物可以独立存在，有些则不能，那么前者就是实体。所有事物都有相同的原因，因为没有实体、属性和运动，一切都将是无，事物就不存在。此外，这些原因可能是灵魂和身体，或理性、欲望与身体[2]。

另一方面，相同的事物都类似于本原，即现实和潜能；但这些也不仅因不同的事物而异，而且也以不同的方式应用于它们。因为在某些情况下，同一事物有时实际存在，有时潜在存在，例如，葡萄酒、肉或人就是这样。（这些也属于上述原因；因为形式实际存在，如果它可以分开存在，那么形式与质料以及形式与缺失的复合体也可以存在，例如黑暗和疾病；但是质料潜在存在，因为它是由形式或缺失潜在产生的。）但是，现实性和潜力的区别在另一种方式中体现了原因和效果的不同质料；在某些情况下，形式不同，例如，人的原因是：（1）人的内涵要素（即火和土为质料和另一为人的特殊形式）；此外，（2）外在的东西，如父亲；（3）除了这些，太阳及黄道既不是质料和形式，也不是人和同物种的缺失，而是动力因。[3]

此外，必须注意的是，有些原因可以用普遍的术语来表达，有些则

---

[1]第一推动力来源于第一推动者，为万物最初的动力因和最终的目的因，第一推动者就是亚里士多德"形而上学"中的"神"。
[2]从此处来看，本章所论的事物应当是指人与动物。
[3]古希腊人早就发现太阳为生命之源，也是地球万物生灭现象的来源。

不能。所有事物最接近的本原，一个是现实的"这个"，另一个是潜在的"这个"。那么，我们所说的普遍原因就不存在了。因为，个体是个别事物的原始来源，尽管普遍的人是人的原始来源，但不存在普遍的人；珀琉斯是阿基里斯的原始来源，即你的父亲是你的原始来源。那么这个特殊的b就是特殊的ba的原始来源，尽管一般情况下，在绝对意义中，b才是ba的原始来源。

此外，如果实体的原因是万物的原因，不同的事物有不同的原因和元素，但事物的原因不属于同一类，例如，颜色和声音的原因，实体和量的原因，除了可以类比外，都是不同的；同一种的事物是不同的，而且，不同个体的原因都是不同的，包括质料、形式和运动都不同，但它们的普遍定义都是相同的。如果我们研究什么是实体、关系和性质的本原或元素——无论它们是相同还是不同——显然，在几种意义下，每种原因都是相同的，但如果区分各个原因，那么它们就是不同的。以下意义的原因都是相同的：（1）相同或类似原因，即质料、形式、缺失和动力因对所有事物都是共同的；（2）实体的原因可以被看作是所有事物的原因，当实体不在，所有事物便不在；此外，（3）完全现实中，第一个就是所有事物的原因。但在另一个意义上，有不同的第一原因，即所有非普遍非含糊的对立，而且，不同事物的质料是不同的。那么，我们已经说过，可感觉事物的本原是什么，以及本原有多少种，在何种意义上它们相同，在何种意义上不同。

六

有三种实体，其中两种是自然的，一种是不可动的。对于后者，一定存在一种永恒不可动的实体。实体是第一个存在的事物，如果它们都是可毁灭的，那么所有的东西都是可毁灭的。但是，说运动不可能产生或不再存在（因为它一定是存在的），时间也是如此，这又是不可能的。因为如果时间不存在，先、后不可能存在，而运动在时间上也是连续的；时间与运动相同，或是运动的一种属性。在空间运动中，只有圆周运动是连续的，除空间运动外，没有连续运动。

如果有某种东西能够推动事物或作用于它们，但实际上并未实现，那一定不会是运动，因为具有潜能的事物不会产生运动。即使我们假设存在永恒的实体，就像一些人认为存在形式一样，也不会产生任何东西；除非它们中有一些可以产生动变的本原，但即便除了形式之外，还存在另一种实体也不够。因为如果它不发生作用，就不会有运动。即使作用了，而且它的本质是潜力，也仍然不够；因为不会有永恒的运动，潜在存在的东西可能不会现实存在。那么就必须有这样一个本原，其本质就是现实。此外，这些实体必须是没有质料的，如果有任何事物是永恒的，它们必定是永恒的。从而得出这些实体必须是现实的。[1]

然而，这又存在一个难题，每个可以作用的事物都具有潜能，但并非每个有潜能的事物都可以作用，所有潜能是先于的。然而，如果是这样，就没有存在的事物了；因为所有事物都有可能存在，但尚未存在。

若按照神学家的说法，"世间万物从黑夜产生"；或自然哲学家的说法，"万物都是混合在一起的"，就会产生同样不可能的结果。如果没有实际存在的原因，怎么会有运动？木头肯定不会自己运动，木匠的技术必须作用在它上面；经血和土地也不会自我运动，但种子必须作用在土地上，精子必须作用在经血中，才可以产生实际存在。

---

[1] 意即永恒的实体是没有质料而仅有纯粹形式的现实存在。

这就是为什么留基伯和柏拉图等人假设永恒的现实，因为他们认为运动总是存在。但他们并未解释原因，也没说明这种运动是什么，另外，世界以这种或那种方式运动，他们也没有解释动力因。没有任何东西是随意运动的，总有某个东西推动事物运动，例如，一个事物因本质以一种方式运动，因强力或理性等影响以另一种方式运动。（此外，什么样的运动是主要的呢？这会产生巨大的差异。）但是对于柏拉图来说，也许在这里并不符合他的本意，他有时认为运动的源泉——就是事物自我运动；根据他的叙述，灵魂与天是同一时期的产物，是后来出现的。假设潜能先于现实，这在某种意义上是对的，在某种意义上是不对的；我们已经详细说明了这些意义。阿那克萨戈拉已经检验过现实是先于的（因为他的"理由"就是现实性），恩培多克勒的爱与斗争的学说，以及认为总是存在运动的留基伯等人也证明了这一点。

　　因此，混沌或黑夜并不无限存在，但同样的事物一直存在（或者经历一个变化周期，或者遵循一些法则），因为现实先于潜能。如果有永恒的循环，那么某些事物（星辰）必定以相同的方式运动。如果有创生和毁灭，就必有别的事物以不同的方式活动。一方面，它必须自我运动；另一方面，依靠事物运动——无论靠第三者还是第一推动者。现在，它必须依靠第一推动者，否则就会再次寻找导致第二者和第三者的运动的事物。因此，第一推动者是最好的，它是永恒不变的原因，其他事物则是变化的原因，显然这两者就是永恒变化的原因。因此，这是运动实际表现的特征。那么还需要寻找别的本原吗？

<h2 style="text-align:center">七</h2>

　　由于（1）这是对此问题一个可能的解释，以及（2）如果不是真的，

那么便会有世界万物从黑夜中产生、"万物都在一起"并且产生于非存在，（所以承认上述解释）这些难题也就解决了。那么，有一些事物总是随着不断的运动而运动，而且是做圆周运动，理论和事实都证明了这一点。因此，"终极天"[1]一定是永恒的，而且也有某个事物推动它。既推动又被推动的事物是中间体，某些运动但不是被推动的事物是永恒的实体和现实性。欲望和理性的对象就以这种方式运动，但欲望和理性使物运动而自身不动。[2]欲望和思想的主要对象相同，表面的善是欲望的对象，真正的善是理性愿望的最初对象。但是，欲望产生于意见，而非意见产生于欲望，因为思考是出发点。思想由思想的对象所推动，两组对立的一方本身就是思想的对象；其中，实体是第一物质；实体中，单纯现实存在的事物是第一物质。（"一"和"单纯"不同，因为"一"是一种度量，但"单纯"是事物本身具有某种特性。）但是，美丽和本身令人满意的事物属于同类事物，任何一类事物中的第一个都是最好的，或类似于最好的。

目的因可能存在于不变的实体之间，体现在不同的含义中。目的因是（a）某物是因善的运动而形成，以及（b）某物是运动的目的，其中前者不存在，后者存在于不可变的实体之间。目的因作为被爱的对象而产生运动[3]，事物因被推动而运动。现在，如果有东西被移动，它就能产生不同的存在。因此，如果它的现实性是空间运动的主要形式，就其可能发生的变化而言，它能够在空间中产生不同的运动状态。即使不在实体方面，它

---

[1] 也就是"恒星天"，即古希腊人认为离地球最远的一重天。
[2] 亚里士多德认为，这就是"第一推动者"使其他事物运动的原理。
[3] 由于爱产生运动，这个观点在亚里士多德的著作中非常罕见。后世经院哲学家以此为据，论证上帝创造世界是出于爱心。罗素说："不动的推动者可以看做是一种目的因：它为变化（运动）提供了一个目的，而那本质上就是朝着与神相似的一种演化。"（见商务印书馆版《西方哲学史》，2015年版第237页）

也能够以其他方式存在。因为有某种事物可以运动，但本身不动，是现实存在的，它绝不可能和现在的状态一样。空间运动是第一种变化，而圆周运动是第一种空间运动，这是由第一推动者产生的运动。那么第一推动者必然存在，只要它因必然存在，它的存在方式就是善。在这个意义上，它就是第一本原。必然性具有如下意义：必然强力，因为它与自然的冲动相反，没有它，善不可能存在；它只能以单一的方式存在。

那么，天和自然界都依赖这样的本原。它[1]如我们一样享受着最好的生命，但我们只能短暂拥有（因为它永远处于这种状态，而我们是变化的），它的现实性也是一种快乐。

□ 梦境

主教和衣而卧时，周围幽暗静谧，一只螳螂成了黑夜的主角。它被赋予神力变大了若干倍，拟人化的神态似乎在为主教祈祷，抑或寄托了艺术家的梦想。思想是欲望的出发点，先于欲望产生。任意一类事物的初始产生总是最好的，所以思想是善而愉悦。

（因此，觉醒、感知和思维是最快乐的，希望和记忆也是如此。）思想本身就是研究其本身最好的事物，在充分意义上也是如此。思想审视其本身，是因为它分有思想对象的本质，它成为理解和思想其客体的思想对象，所以思想和思想的对象相同。能够接受思想的对象，即本质的事物就是思想，拥有思想就开始发挥作用。因此，拥有而非接受性是思想可能包含的神圣元

---

[1]指神，第一推动者，具有永恒的生命。

素，而沉思是最佳的愉悦活动。那么，如果神永恒都是最佳，如同我们偶尔所处的绝佳状态，这不得不令人惊讶不已；这种感觉会因更好而更加强烈。如果神是更好的，生命也归于神；因为思想的现实就是生命，神就是这样的现实性，神自我依赖的现实性是最好的和永恒生命。因此，我们认为神是最好的永恒存在，生命的延续和永恒都归于神，因为这就是神。[1]

与毕达哥拉斯学派和斯珀西波斯持一样想法的一些人，认为无与伦比的美和至善一开始是不存在的，动植物的起源都是原因，但美丽和完整性由这些原因产生，所以他们的观点是错误的。因为，种子来自先产生的完整个体，而第一个事物不是种子，而是完整的存在物，例如，人产生于精子之前——不是人由精子产生，而是精子由另一个人产生。

因此，可以清楚地得出：有一种永恒不可动的实体，与可感觉的事物分开。这也表明，这种实体不能有任何的大小，没有部分和不可分（因为它在无限的时间里产生运动，但任何有限事物都无法产生无限的力量；而且，每一个大小都是无限或有限，不能是有限和无限的大小，因为根本没有无限的大小）。但它也是非被动和不可变的，因为所有变化都发生在地点变化之后。

八

因此，为什么这个实体按照自己的方式存在就十分清楚了。但我们不能忽视一个问题：我们是否必须假设一种或多种这样的实体？如果是后者，那么有多少种实体？我们还必须提及其他人的观点，他们并没有清楚

---

[1] 本段论神的各种性质。

地提出实体的数量。关于理念的理论，也没有专门讨论这一主题，那些提出理念的人认为，理念是数字，有时认为数字是无限的，有时认为10是极限[1]。但至于应该有这么多数字的原因，并没有任何说明。然而，我们必须从假设和区别开始讨论这个问题。第一本原或主要存在本身或偶然都不可动，但可以产生主要的永恒和单一的运动。被推动的事物，必须被某种事物所推动，而第一推动者本身一定是不可动的，永恒的运动必须由永恒的某物产生，单一的运动也必须由单一的某物产生。因为我们看到，除宇宙的简单空间运动（是由第一个不动的实体产生的）[2]，还有的空间运动——那些行星是永恒的（进行圆周运动的星体是永恒的，物理学的著作中已经证明了这些观点），每一个运动都必须由一种本身既不可动又永恒不变的实体产生。星辰的本质是永恒的，因为它是某种实体；推动者是永恒的，而且先于被推动者，先于实体之前的事物必定是实体。显然，肯定有同样多的实体，而且它们的本质是永恒的，本身是不可动的，没有大小。推动者是实体，按照星体的运动顺序，一个是第一推动者，另一个是第二推动者。在运动的数量上，我们遇到了一个问题，必须用最类似于哲学的数学学科，即天文学才能解决[3]。这门学科推测出实体是可感觉的永恒物质，但数学，即算术和几何学，不研究任何实体。对此问题稍有关注的人都知道，运动的物体比被推动的物体数量多，因为每个行星都有不止一种运动。但对于这些运动的实际数量，我们现在要引用一些数学家的话，给出一些概念。我们的思想可能需要掌握某些确定的数量，必须自己进行部分研究，向研究者学习，如果研究这个问题的人，与我们现在所述的观点相违背，我们必

---

[1] 柏拉图的观点。
[2] 指恒星天的旋转运动。
[3] 古希腊人把天文、几何、算术都归于数学这一门类。

须确实尊重双方的观点，采取更为准确的观点。

欧多克索斯[1]认为，无论哪种情况，太阳或月球的运动都各涉及三个天球[2]，其中，第一个天球是恒星天，第二个天球沿着黄道带中心做圆周运动，第三个天球在横跨黄道带的圆周运动；但是，月球圆周运动的倾斜角度，比太阳运动的角度大；行星的运动在每种情况下都涉及四个天球，其中第一个和第二个天球与前面提到的相同（因为，固定恒星的天球推动所有天球，并且位于下面的天球在平分黄道中做圆周运动，这对于所有恒星是共同的）。每个行星的第三个天球的极点，都位于平分黄道的圆圈内，而第四个天球，是在与第三个天球的赤道呈一定角度的圆内运动。第三个天球的两极与每个天球都不同，但金星和水星的两极是相同的。

卡利普斯[3]和欧多克索斯设定天球的位置是一样的，他们分给木星和土星的天球数也是相同的。卡利普斯认为，应该在太阳和月球上增加两个天球，如果要解释观察到的现象，还要每个行星再增加一个天球。

但是，如果把所有的天球结合起来，解释观察到的现象，那么每个行星必须有的天球（比分给的天球少一个），这些天球反作用已经提到的天球，并且把恒星最外层的天球带回到相同的位置，只有这样，运动中的所有力量才能产生行星的运动。因为涉及行星本身运动的天球——土星和木星是八个，其余行星是二十五个，只有那些处于最低位置的行星，它们不需要

---

〔1〕欧多克索斯（约公元前400—前347年）：古希腊数学家和天文学家，最先把球面几何运用于天文学的研究。

〔2〕天球：古希腊人假想出来的包在地球外面的圆形球壳，星辰依附在天球上绕着地球旋转。因为太阳、月球、行星等并非作匀速圆周运动，因此古希腊人设想，一颗星可能由好几层天球联合旋转来决定运动轨迹。亚里士多德根据自己的研究，认为有55个天球。

〔3〕卡利普斯（约公元前370—前300年）：古希腊数学家和天文学家，是欧多克索斯的学生。

天球的反作用，最外面两颗行星的天球数量将是六个，其余的四颗行星的天球将是十六个。因此所有天球的数量——无论是移动行星还是反作用这些行星的数量，都将是五十五个。如果我们不在太阳和月球上增加天球，那么天球的总数将是四十七个。[1]

这些是天球的数量，那么不可动的实体和本原也该有如此之多；至于如何确定这些数量，还要留给知识渊博的哲学家。[2] 但如果不存在不会推动恒星的空间运动，并且每一个存在和实体都不受变化影响，并且凭借自身达到最佳状态，那么就必须被视为达到了目的。除了我们已经提到的这些存在物外，别无他物，而这些一定是实体的数量。因为如果还有实体，它们一定会作为运动的目的因产生变化，但除了那些提到的运动外，不可能有其他运动。从被推动的物体推断，这一点也是合理的，如果所有推动的事物，都是为了被推动的事物，每个运动都属于被推动的事物，那么就不存在因自身或运动而进行的运动，但是所有的运动都必须是因天球而运动。如果一个运动是因另一个运动产生，后者也必须因某种事物而产生，那么既然不可能有无限的倒

□ 同心外壳

以发光点为圆心，一层层外壳依次包裹，一个外壳由重力方向不同的数条"赤道"组成，每一层赤道的相交点与下一层相交点遵循精确严密的透视关系，完全对应，如一颗铆钉将它们固定。同时，又能感受到圆心和外壳相对的动静对比，以及球体与宇宙的相互关系。

---

[1] 也有学者认为四十七为"四十九"之误。但不管"地心说"的理论如何精巧、天球数目到底是多少个，"地心说"仍然无法完美解释天体的运行规律。

[2] 亚里士多德的意思是留给后人去论证天球的数目。

退，每一个运动的目的都将是宇宙中运动的一大星体。

（显然只有一个天，如果有很多天，就像有许多人一样，那么每个天的本原是"一"，形式上将会是"一"，但数量为"多"。所有数量众多的一切事物都具有质料，因为它们有一个共同的定义，例如人的定义，它适用于许多事物，而苏格拉底便是其中一个。但主要的本质并非质料，因为它是完全的现实。因此，不可动的第一推动者在定义和在数量上都是"一"。那么，连续不断的永恒事物也是"一"，所以就只有一个天了。）[1]

在最遥远的时代，我们的祖先就已经以神话形式给后代留下了传统，即这些天体是神，而神主宰整个自然。其余的传统后来用神话增添进去，为了说服民众，以及作为法律和功利的权宜之计，他们说这些神具有人或者某些动物的形式，并且其他的事情与我们提到的这些相类似。但是，如果有人将第一点与这些增添的成分分开，单独思考就会发现，他们认为第一实体是神。这被视为是充满启示性的说法，也让人想起，尽管每种技术和科学可能发展到鼎盛时期，又再次消亡，但这些观点一直保存至今，就如同古代的瑰宝。那么到目前为止，我们对祖先和最早的哲学家家的观点已经了解清楚了。

九

我们所观察到的事物中，虽然思想被认为是最神圣的，但思想的本质涉及某些问题，即思想是如何存在的。如果它不思考任何东西，它的特征

---

[1] 本段显然是后人插入的内容，论点与本章不相干。

体现在哪里呢？它就像一个睡着的人。如果思考，这取决于别的东西，那么（因为它的实体不是思维的活动，而是潜能）它不可能是最好的实体，因为它是通过思考体现自身价值。此外，它的实体是思想能力，还是思维活动？是本身还是别的东西？如果还有别的东西，永远是相同的东西还是不同的东西？是否为质料？思考善的事情还是偶然事情？难道没有一些令人难以置信的事情吗？显然，它思考的是最神圣和最珍贵的东西，而且是不变的，因为改变往往会变得更糟，而改变就已经是运动了。首先，如果"思想"不是思维的行为而是潜能，那么，假设其思维的连续性对本身来说耗神费力，这就是合理的。其次，显然会有比思想更有价值的东西，那就是思考的东西。思考和思想行为甚至会属于想到世界上最糟糕的事情的人，所以如果要避免这种情况（因为甚至有些事情不看比看到要好），那么思想的活动就不再是最好的事情。因此，神的思想必定是思想其神圣的自身（因为它是最好的东西），它的思想是对思想的思考。[1]

但显然，知识、感觉、意见和理解总是以别的方式作为它们的对象，而它们本身也是如此。如果思考和被思考的事物不同，那么善在哪些方面属于思想呢？对于一个人而言，思考行为和思想对象并不是一回事。在某些情况下，我们认为知识是对象；在生产学科中，不考虑质料，实体或本质是对象；在理论学科中，定义或思维活动就是对象。因此，既然在没有质料的情况下，思想和思想对象无差别，那么神的思想和其对象就是一样的，即思想将会与思想的对象一致。

还剩下一个问题——神的思想对象是否为组合物？如果是的话，思想

---

[1]威尔·杜兰特说："他（神）唯一的职责是沉思冥想世间万物的本质，由于他本身即是一切事物的本质、一切形式的形式，他仅有的工作便是苦苦思索他自身。"（见新星出版社版《哲学的故事》第66页）

会从部分变为整体的一部分。我们认为，没有质料的一切事物都是不可分的，比如人类的思想，或者说更确切地说，是某个时间中组合物的思想（因为它在某时并不具备善，它与至善是不同的事物，只能在整个人生中追求至善[1]），所以至善的永恒不变的神是自身作为对象的思想。[2]

十

我们还必须考虑，宇宙的本质在哪种方式中包含善与至善，无论它们以分开的还是单独的形式，或者是各部分的顺序。可能以两种方式，像军队那样；因为善既存在于顺序中，又存在于领导者中，而后者则包含更多，因其不依赖于顺序，但顺序要靠领导者才可以存在。鱼类、鸟类以及植物等所有的东西，都是以某种方式排列在一起，但并非同一种方式；世界万物并非独立存在，彼此之间相互关联。一切都是为了一个目的而排列在一起，就像在一座房子里，自由的人极少自由活动，但所有或大部分东西都已经为他们安排好，奴隶和动物却没有共同利益，大部分随便活动。因为这是构成每种本质的原则，例如，至少所有的一切，都必须分解成为它们的元素，并且还有类似的功能——所有一切都分享整体的利益。

我们一定要观察出：与我们相悖的观点，会产生多少种不可能或自相矛盾的结果，那些精明的哲学家有什么观点，哪些观点会出现最少的难题。所有事物都来自对立，但"所有事物"和"来自对立"都不正确；这

---

[1] 意即人类只能在一生的时间里运用理性达到一种善的境界，但是神，每时每刻都处于至善的境界。
[2] 即神的思想。

些哲学家也没有解释，包含对立的所有事物如何从对立中产生，因为对立不会相互影响。现在对我们来说，这个难题因第三因素[1]已经自然而然地得到解决。然而，这些哲学家使得两个对立关系中的一个成为质料。例如，不等相对等，是质料；"多"相对于"一"，是质料。但这也可以用同样的方式反驳，即组成任何对立的质料不与任何事物对立。而且，除了"一"，我们会批判一切事物，它们都会有恶；恶本身就是两个元素之一，但也有的学派并不把善恶当作本原。然而，一切事物中，善是最高程度的本原。认为善是本原的观点是正确的，但善如何是一个本原——无论是作为目的，推动者还是形式，并没有解释。

恩培多克勒也有一个悖论，他认为爱是善，但它是本原，既作为推动者（因为它使事物结合在一起），又作为质料（因为它是混合物的一部分）。即使恰好同一事物是本原，既作为质料，又作为推动者，至少两者的存在是不同的。那么在哪个方面爱是本原呢？冲突应该是易毁灭的，这也自相矛盾，因为"恶"的本质就是冲突。

阿那克萨戈拉把善当作运动的本原，他认为"理性"推动事物，从而达到目的，这必定是某些不同的事物。我们认为，医疗技术在某种意义上指的是健康，假设不存在善，即理性的对立面，这也是荒谬的。除非我们能够重新整合他们的观点，否则，所有提到对立的人，都不会运用这些对立；而且无法解释为什么有些东西是易毁灭的，有些则不易毁灭；他们认为一切出自相同的本原。此外，有些人认为，存在的事物来自于非存在，另一些人则避免这种悖论，认为所有事物都是"一"。

此外，没有人解释为什么一定存在创生，以及创生的原因是什么。那

---

[1] 指基质。

□ 天堂和地狱

白色天使与黑色魔鬼，规则的相联图案从中心辐射到边缘逐渐缩小并接近观者的视觉极限。这是张平面图，却代表"双曲空间"的非欧几何学。这是无限而有界的世界，就如我们探索的宇宙。其实，现实的三维世界和它的二维平面艺术表达之间，不可能存在一一对应的关系，画家所画的，只能是三维现实空间的一部分。

些假设有两种本原的人，必须认为还存在更高级别的本原；而认为形式存在的人，也持有相同的观点。为什么事物会分有形式？所有哲学家都面临着这样的必然结果：有某种与智慧（最高知识）相对的东西；但按照我们的观点，不会出现这样的结果。因为原始事物不存在对立，所有对立都具有质料，具有质料的事物只能潜在存在；而与知识对立的无知，产生了与知识对象对立的对象，但原始事物却没有对立。[1]

再有，如果除可感觉事物外，没有事物存在，就不会有第一本原、顺序、创生、天体，但每个本原之前都会有一个本原，就像神学家和所有自然哲学家提到的一样。如果形式或数存在，它们将不会是任何事情的原因；如果是原因，至少不是动力因。此外，如何从无法延长的部分中产生延伸，即连续体？无论是作为推动者还是形式，数都不会产生连续体。而且，本质上为创生或运动的本原，是不存在任何对立的；或者，至少对立的活动是后于潜能的。那么，这个世界就不会是永恒的。但世上确切存在永恒的实体，所以必须否定这一前

---

〔1〕智慧（最高知识）的对象是最高级别的原始事物，若无知是哲学的对立，那么无知的对象就应该是最高级别原始事物的对立；但是最高级别的原始事物是没有对立的。

提,我们已经提到应该如何去否定。

此外,"什么"、数、灵魂和躯体、形式和事物都是"一",除非推动者使它们成为"一",这些都没有解释清楚。有些人认为数字是"一",而且一种实体产生于另一种实体之后,每个事物都有不同的本原,使得宇宙的实体仅仅是由部分组成(因为一个实体存在或不存在,对另一实体没有影响);他们给出我们许多治理原则,但世界拒绝糟糕的治理。

"多人当家要糟糕,一人主事最恰当。"[1]

---

[1] 出自荷马史诗《伊利亚特》。

卷M（十三）

一

我们已经陈述了什么是可感觉事物的实体，在《物理学》中讨论了质料，后来研究了具有现实存在的实体。现在我们研究的是：除可感觉实体外，是否存在不动和永恒的事物。如果存在，它是什么。首先，我们必须参考一下前人的观点，如果他们在某些问题上存在错误，我们就可以避免出现同类问题；我们与其观点一致，也就无愧于先贤；若我们能提出比前辈更好的见解，那更是令人欣慰。

关于这个问题有两种观点：有人认为数学对象，即数和线等，是实体；有人认为理念也是实体。（1）有些人认为这些属于两类事物——理念和数字；（2）有些人认为两者具有同一本质；（3）有些人认为数学实体是唯一的实体；我们必须首先考虑数学对象，而不是用任何性质限定它们，例如，它们实际上是否为理念，是否为现存事物的本原和实体，仅作为数学对象，它们是否存在。如果存在，如何存在？然后，我们必须用一般的方式，分别考虑理念本身，并且只采用我们所能接受的方式；已经反复提出过许多观点，而且我们的大部分观点都必须阐明这个研究，即检验现有事物的本原和实体是数字还是理念；在讨论理念后，还需要进行第三次研究。

如果数学对象存在，必定存在可感觉对象中，或者与可感觉对象分开（这也是一些人的观点）；如果它们不以这两种方式存在，或不存在，或只在某种特殊的意义上存在，那么，我们讨论的主题就不会是它们是否存在，而是它们如何存在。

二

"数学对象不可能存在于可感觉事物中"，这个观点完全没有理论依据，这在讨论难题中已经说过了。两种固体不可能在同一地方存在，而且能力和特点也应该存在于可感觉事物中，没有事物是单独存在的，这一点我们已经提到过了。此外，很明显，根据这个理论，任何实体都不可能分开，因为实体必须在面上分开，而面要在线上分开，线要在点上分开。如果点不能分开，那么线就无法分开，依此类推，面和体都无法分开。可感觉事物是这类不可分的实体，或者它本身不是这类实体，但包含不可分的部分，两者会有什么区别？结果将是一样的；如果可感觉实体被分开了，其他实体也将被分开，否则即使可感觉实体也不能被分开。

但是，这些实体是不可能分开存在的。因为如果除可感觉物体外，还有不同的物体，先于可感觉物体。很明显，除面外，还必须有不同分开的面、点和线；如果这些存在，除了数学物体的面、线和点之外，还必须有分开的线和点。（非组合物先于组合物，如果有非可感觉的物体先于可感觉的物体，那么因自身存在的面，一定先于那些静止物体中的面。这些面和线将不同于分离存在的面和线，因为后者与数学物体同时存在，而前者则先于数学物体存在。）此外，根据同一论点，将会有线属于这些面，也会有线和点先于面；还有其他点先于这些线上的点，尽管在这些点之前不会有点。（1）这种推论很荒谬，因为只有一类可感觉的物体，除可感觉的面以外，还有三组面（除数学实体中存在的面）、四组线和五组点。那么，数学应研究其中的哪些问题呢？当然不是研究静止物体中的点、线和面；因为科学总是解决在先的问题。（2）同样的说法也适用于数，除每一组点、每一组现实性、感觉和可知对象之外，还有不同的一组单位，所以会有不同的数字。

如何解决我们在讨论困难时列举的问题呢？天文学的研究对象独立于可感觉事物之外，如几何学的研究对象一样；但如何能有除了"天"及其部分或任何其他运动的事物外而存在的事物呢？同样，光学和声学的研究对象也将分开存在，因为除可感觉或个别的声音和视觉之外，将会有声音和视觉。因此，显而易见，感官以及感官对象将分开存在；为什么一组事物中，一个这样，而另一组却不是呢？如果是这样，既然有分开的感官，那么也会有动物分开存在。

再有，有一些普遍的数学定理，超越了这些实体。将有另一种中间实体分开理念和中间体——一种既不是数也不是点，不是空间大小和时间的实体。如果这不可能，显然，前面的实体也不可能脱离可感觉事物而存在。

而且，一般来说，如果我们假设数学对象作为单独的实体而存在，那么就会得出与真理和常见观点相反的结论。如果它们存在，就必须先于可感觉事物的空间大小，但实际上它们必须是存在于后面的；因为不完全的空间大小按照产生顺序，是先存在的；但是按照实体顺序，是后存在的，正如无生命的事物之于有生命的事物。[1]

再有，为何数学的大小会成为"一"？以及什么时候会发生？在可感觉的世界中，事物因灵魂、灵魂的一部分或足够理性的事物而为"一"[2]；

---

[1]根据现代人的观念，有生命的事物无疑是后存在，但亚里士多德此处说的是"按实体的顺序"，因为有生命的事物更完整，故在实体顺序上是"先于"。

[2]足够理性的事物确切指何物，含义并不明。

当这些不存在时，事物是"多"，并分成众多部分。但是对于数学对象，哪些可分而且是有数量的？它们成为"一"和结合在一起的原因是什么？

再有，数学对象的产生方式，表明我们的观点是正确的。首先产生的维度是长，然后是宽，最后是高，整个过程完成。如果一个物体在产生顺序上是在后的，在实体顺序上是在先的，那么这个个体将产生于面和线之前，同时也更加完整，因为它可以变成有生命的物体。另一方面，线或面如何能成为有生命的物体呢？这一假设完全超出了我们的认知。

此外，固体是一种实体，因为它在某种意义上已经是完整的物体。但线如何成为实体？它既没有形式或形状（如灵魂一样），也没有如固体一样的质料，所以任何东西都无法由点、线或面构成。如果存在一类材料实体，那么它构成的事物，我们就一目了然了。

即使我们认为它们在定义上是先于的，仍然并非一切定义先于的事物，在实体上也是先存在的。因为那些实体性先于的事物，与事物分离时，更具有存在的力量，但定义先于的那些事物，要比由它们的定义组成的事物更先于[1]；而这两个属性并不是同时存在的。如果除实体外所有的属性都不存在（例如"运动"或"苍白"），那么在定义中"苍白"先于"苍白的人"，而不具有实体性。该属性不能单独存在，总是伴随着具体事物一起存在，比如，"苍白的人"。因此，很显然，抽象的结果非先，添加的结果非后，当我们提到"苍白的人"，就是在"苍白"上添加了一个限定因素。

这充分表明，数学对象并不是比物体更高的实体，它们并不先于可感觉事物而存在，只是定义上先于可感觉事物，而且无法分开存在。但是，

---

[1]比如，定义A要比由定义A和定义B组成的定义更"先于"，因为定义就是一种公式，复杂的公式由简单的公式组成。

它们不可能存在可感觉的事物中，所以它们要么根本不存在，要么在某种特殊的意义中存在，因此没有绝对意义的不存在。"存在"有多种意义。

三

数学的一般命题，并非研究延伸的大小和数，以及分开存在的对象，而是研究大小和数。显然有可能存在一些关于可知大小的命题和证明，但它们不是可感觉的大小，而是具有某种确定的性质。许多命题都认为，除了每件事物的意义以及它们的偶有属性外，一切事物只处于运动中。这并不代表存在一个脱离可感觉事物的运动物体，或在可感觉事物中存在一个不同的运动物体，那么一定会有一些命题和科学是研究运动物体的，并非作为运动，只是作为物体、面、线、可分事物、具有位置的不可分事物，或者仅仅是不可分事物。因此，不加限定地认为不仅存在可分的事物，而且还存在不可分的事物（例如，存在运动的物体），这一说法是正确的。同理，不加限定地认为数学对象是存在的，并且具有数学家认为的特点，这是正确的。不加限定地认为科学也是研究这类问题——并非偶然事件（例如，如果健康是苍白的，科学也是以健康为研究对象，而非苍白的），也是正确的。但每门学科都有自己的研究对象，如果它研究的对象是作为健康的东西，那对象就是健康的东西；如果研究的是人，则对象就是人——几何学也是如此。如果它的对象恰好是可感觉的事物，尽管并没有作为可感觉的事物来研究，那么数学就不会因此成为可感觉的学科。另一方面，它也不会研究分离于可感觉事物的各种事物。

许多性质是事物本身具有的，例如，动物有雌雄这个特有的属性（但没有"雌性"和"雄性"脱离动物单独存在）；因此也有一些仅仅属于事物的长度和面的属性，类似我们研究那些定义在先而且更为单纯的事物，我们的知识也具有更高的准确性，即更单纯。因此，一门从空间大小中得到的学科，会比实际研究更加精确，如果从运动中得出，那么这门学科是最精确的；但如果研究运动，包括原始运动，那么它一定是最精确的，因为原始运动是最单纯的运动，而匀速运动就是最单纯的运动形式。

同样的道理适用于声学和光学；它们不研究作为视力或者声音的对象，而研究作为线和数的对象，但后者是前者的特有属性。力学也是如此。因此，如果我们从众多属性中，选择一个作为研究对象，就不会出现错误，就像一个人在地面上画一条不是一尺长的线，并把它认为是标准的一尺，我们并不会比他错得更多，因为前提并没有出现错误。

□ 瞭望塔

立得笔直的梯子，搭在瞭望塔的外边，而梯子却放在塔楼内，不论谁爬梯子，都弄不清自己是在楼里还是楼外。地牢里的囚徒面目狰狞地挣出铁栏，像在哀号自己悲苦的命运。坐在长椅上的少年，手里拿着一个奇怪的立方体，似乎要找出塔楼不可解的答案。

用这种方式才能更好地研究每个问题——通过不分离的活动，来研究分离的事物，就像算术家和几何学家研究的方法一样。作为人的人是一个不可分的事物，算术家假定存在一个不可分的事物，然后研究人作为不可分的事物，是否存在任何属性。但是，几何学家既没有把一个人看作是人或不可分的事物，而是当作一个立体来研究。显然，即使人偶然地不具有不可分的属性，那么这种属性也是他的性质。因此，几何学家说得很对。他们认为，现存的东西及其对象都是存在的，而且存在有两种形式——完全现实的存在和质料的存在。

既然善和美不同（前者体现的实践活动是其对象，而美也存在于静止的事物中），那些称数学没有涉及美或善的人，他们的观点都是错误的。因为数学对善和美有所研究和证明；如果这些学科没有明确地提及它们，而是证明它们的结果或定义的属性，那么，认为数学没有涉及美或善的说法是不正确的。美的主要形式是有序性、对称性和确定性，对此数学在最高程度上都有所证明。而且，这些形式（例如有序性和确定性）显然是许多事物的原因，那么这些学科也必须研究这种成因的本原（即美），在某种意义上也是一种原因。我们会在其他地方更清楚地讨论这些问题。

四

对于数学对象已经谈了很多，我们已经说过它们是存在的，但它们在什么意义上存在，以及在什么意义上是先于的，在什么意义上不是。现在，关于理念，我们首先必须检验理念本身，并非以任何方式将它与数的性质联系起来，而是以最初研究理念存在的人所理解的形式进行研究。理念论的支持者推导出这一概念，因为在关于事物真理的问题上，他们接受了赫拉克利特的观点——一切可感觉事物都将消亡，所以，如果知识或思想有一个对象，就必须存在一些除那些可感觉实体外的永恒实体；因为那些处于持续运动状态的事物，要认识它们是不可能的。但是，当苏格拉底投身于研究卓越的品质时，第一个提出了普遍定义的问题（物理学家德谟克利特只稍微提及了这个问题，大致定义了冷和热；毕达哥拉斯学派在此之前就研究过几种事物的定义，例如机会、公正或婚姻的定义，这些都与数字有关；但苏格拉底寻求的是本质，这是自然的，因为他正在寻求综合论法推理，"事物是什么"作为综合论法的出发点。迄今为止，还没有一种辩证能力，可以使人们在不知道其实质的情况下，猜测矛盾并研究对立是否属于相同的科学，苏格拉底创造了两大理论——归纳论证和普遍定义，它们都与科学的出发点有关），但是，苏格拉底并没有使普遍或定义与事物分开存在。然而，理念论者认为它们分开存在，这就是他们称之为理念的东西。因此，几乎通过同样的论证可以得出结论——所有的事物都必须具有普遍意义的理念，这就好像一个人想要计算某些事物，而事物的数量极少，无法计数，为此他们就增加更多的事物，然后计数。[1] 人们可能认为，形式比某些可感觉事物数量更多，但正在寻找原因时，他们从事物出发找到形式。对于每件事物来说，都会有一个具有相同名称，并且与这些物质分开存在的实体，对于所有群体而言，也存在一个"一对多"的实体，无论这些实体是属于这个世界，还是永恒存在的。

再有，证明形式存在的方式中，没有一个是令人信服的，因为有些论据无法得出结论，有些论据中可以得出——即使认为没有任何形式的东西也具有形式。根据论据可以得出，一切事物归为多少门学科，就有多少种形式；并且根据"一对多"的论点，甚至将会有否定的形式；并且根据这个论点，当个别物体已经灭亡时，思想就产生了对象，将会出现易消亡事物的形式，因为我们有这些事物的图像。还有，根据最准确的论点，一些人认为，没有独立的一类事物，从而推出关系的想法，另一些人则引入了"第三人"的概念。

一般来说，形式的论证会摧毁事物的存在，认为形式存在的人，比认为理念存在的人更为关注存在；这样可以得出结论，即数为第一，并非二；先于数的是对立关系，这先于绝对的数——除此之外，还有关于形式的观点，这与先前的理论原则有一定的冲突。

再有，根据关于"理念"的假设，将会有实体和事物的形式，因为这

---

[1] 此处的论述与卷A（一）非常相似，实际上第四、五章都如此，因此本卷与卷N（十四）历来受到学者的质疑。

个概念在实体和非实体的情况下都是单一的，并且除实体之外，还有物质的学科；当然还会有成千上万的难题。但根据必然性和形式的观点，如果能够分有，就必定只有实体的理念。因为它们不是偶然分有的，而是每个形式必须作为不能表述对象的某物而分有。（如果一个事物分有"本身的二倍"，通过"偶然分有"，它也分有"永恒"，但是出于偶然地，因为"二倍"恰好是永恒。）因此，形式将是实体。但相同的名字表明，实体存在于"这"和理想世界中。（或者说，除了具体的东西之外，"一对多"的意义是什么？）如果理念和分有的事物具有相同的形式，那么将会有一些共同之处："2"在可毁灭的"2"中，还是永恒的"2"中是相同的，为什么"2"在本身和个别中不一样？然而它们没有相同的形式，只有相同的名称；就好像一个人把卡里亚斯和一块木头都称作是"人"，但并没有观察两者的共同之处。

但如果我们假设在别的方面，共同定义适用于形式，例如，"平面图形"和定义的部分适用于圆本身，但必须添加"真正的意义"，所以我们必须研究，这是不是绝对没有意义的。为什么要添加？添加到"中心""面"还是定义的所有部分？所有元素的本质都是理念，例如，"动物"和"双足"。此外，必须有一些理念可以解释上面提到的"面"，作为它们的属，便是所有形式中出现的一些性质。

五

首先，人们可能会讨论这个问题：形式对可感觉事物（不管是永恒的还是可以存在和毁灭的事物）产生了什么样的影响；因为它们既无法产生运动，也无法发生改变。但它们也不会促使对事物的认识（因为它们甚至不是这些事物的实体，否则就会存在于事物之中），或者，如果它们不存在于分有它们的个体中，那么它们就是存在的原因；例如，白色在组成了白色的物体中产生了"白性"。但阿那克萨戈拉首先用到了这个论证,后来欧多克索斯在答疑解惑时,也运用了该论证,某些思想家也有所提及,就这一论证能提出许多无法反驳的观点,所以这个论证很容易被颠覆。[1]

此外,所有事物通常情况下并非来自于形式。认为它们是模式,事物分有它们,只不过是虚论浮谈而已。理念产生了什么?不照搬照抄某些事物的模式,一切事物也都会产生和存在,所以无论苏格拉底是否存在,都可能产生一个像苏格拉底那样的人。显然,即使苏格拉底是永恒的,也会产生这样的人。而且同一事物有几种模式,就会有几种形式,例如"动物"和"双足",还有"人本身"都是人的形式。再有,形式不仅是可感觉事物的模式,而且也是形式本身的模式,好比属是各个种的属,又是各个属的属,因此,同样的事物将是原本和副本了。

同样,实体及实体的质料分开存在,似乎是不可能的,因此,理念,作为事物的实体可以分开存在吗?

在《斐多篇》[2],这种情况是这样表述的——形式既是存在也是创生的原因。尽管形式存在,但仍有事物不会创生,除非有什么东西产生运动;有人认为,还有许多事物(例如房子或指环)没有形式。因此,显然,具有理念的事物,都可能是由于上述事物的原因而产生的,并非由于形式。但对于理念,无论是通过这种方式,还是通过更加抽象和准确的论据,都可能收集许多反对意见。

---

〔1〕本段与卷A(一)第九章的内容如出一辙,实际上整章论述几乎是卷A(一)部分内容的重复。

〔2〕柏拉图所著的《对话录》,其中阐述了理念论的各种观点。

六

既然我们已经讨论了这些观点，那么接下来研究一下数，一些人认为这些数是分开的实体，也是事物的第一本原——这会导致什么后果。如果数是实体，其实质不过是数而不存在别的，那么就会得出：（1）第一个数和第二个数，每个数在种上都不同；（a）应用任何单位，单位之间都没有关联，或者（b）它们无一例外都是连续的，并且彼此之间相关联，正如数学中的数字一样，每个单位都不同。或者（c）有些单位必须相关联，有些则不是，例如，假设2是第一个数，在1之后，然后是3，然后是其他数，并且每个数中的单位是相关联的；例如，第一个2中的单位是相互关联的，第一个3中的单位也是如此，数也是同理；但是"2本身"中的单位与"3本身"中的单位无关，连续的数字也是如此。因此，计算数学中的数是1，然后2（由除了前一个1之外的另一个1组成），接下来是3（由除了前两个数之外的另一个1组成），并且数也是同理。计算理念数是从1开始，接下来是不包括第一个1的不同的2，然后是不包含2的3，接下来以此类推。或者（2）一种数必须像所谓的第一种数字一样，另一种则是类似数学家所说的数字，而我们最后命名的数字必须是第三种数。

同样，这类数必须与事物分离，或者不分离，存在于可感觉对象中（但不是我们最初考虑的方式，而是在某种意义上，即可感觉对象由存在于其中的数组成）——或是一类而不是另一类，或者是全部。

这些便是数可以存在的唯一方式。有些人[1]认为，"一"是一切事

---

[1] 毕达哥拉斯学派。

物的开始、实体和元素,而数是由"一"和其他事物形成,几乎每一个人都用这样的方式来描述数字,没有人认为一切单位都是无关联的,这种情况合情合理;因为除那些提到的方式外,无其他方式。有些人认为这两种数字都存在,有前后顺序的那类数等同于理念,数学的数不同于理念和可感觉事物,而且两种数都与可感觉事物分离;还有一些人认为只存在数学的数,它是现实的第一个事物,与可感觉事物分离。毕达哥拉斯学派也相信,只存在一种数学的数,但他们认为它不单独存在,而可感觉的事物由它形成。因为他们用数构造整个宇宙,并非只有抽象单位构成的数;他们假设这些单位具有空间大小。但是,第一个"一"是如何构建大小的,他们似乎无法解释这一点。

另一位哲学家[1]认为,只存在第一种数,即形式的数;有人认为数学的数与此相同。

线、面和体都类似。一些人[2]认为这些是数学对象,不同于理念产生的事物;还有一些人[3]提出不同的观点,认为要用数学的方式讨论数学对象,即不把理念看作是数,也不认为理念存在;人讨论数学对象时,则没用数学的方式,因为他们认为,每个空间大小并非都可以分成大小,也不是随机的任何两个单位都是2。所有认为1是事物的元素和本原的人,除了毕达哥拉斯学派,都假设数由抽象单位组成;但如前所述,他们认为这些数具有大小。那么,从上面陈述中可以清楚地看出,有多少种描述数的方式,并且提及了所有的方式;但所有这些观点都不切实际,一些观点可能更是荒诞滑稽。

---

[1] 柏拉图学派的某位哲学家,姓名不详。
[2] 指柏拉图学派的观点。
[3] 此处当指斯珀西波斯。

七

  首先，我们研究单位是可关联还是不可关联的；如果不可关联，我们要区分两种方式中的哪一种。因为任何单位之间可能没有关联，并且有可能"自身"中的那些单位是没有关联的，通常，每个理念数中的那些单位之间，也是没有关联的。现在（1）所有单位都是有关联的，而且没有区别，那么我们就得到数学的数——只有这一种数，而理念不能是数。人类或动物本身或任何形式，会是什么样的数呢？每个事物都有一个理念，例如人本身的理念，另一个是动物本身的理念；但会存在无限多类似和无差别的数，所以，任何特殊的3都不会比任何的3更能代表人本身。如果理念不是数，它们也不可能存在。这些理念出自何种本原？数来自于1和不确定的2，并且这些本原或元素被认为是数的本原和元素，而这些理念不能被排在数的前或后。

  但是（2）如果单位是没有关联的，并且没有关联指的是任何单位之间，那么这种数不能是数学的数，因为数学的数由同样的单位组成，事实也证明了这一特点。它也不是理念数，因为2不会立即从1和"不确定的2"产生，然后是连续的数字"2，3，4，……"，因为理念中的单位是同时产生的，无论是按照第一个持有该理论的哲学家认为的方式，即从不等中产生（当这些变为相等时而产生），还是以某种方式；如果一个单位先于另一个单位，那么它也将先于组成的2；当一个事物在先，一个事物在后时，它们的组合物也将先于一个事物，后于另一个事物。

  再有，因为1本身[1]是第一个数，然后有一个个别的1，它是数中的第

---

  [1]指1的理念，后文的2本身指2的理念。

一个，接着才是第三个1，在第二个和第一个1之后。因此计数单位时，这些单位一定先于被命名的数，例如，2中的第三个单位存在于3之前；3中的第四、五单位存在于4和5之前。现在，这些哲学家都没有说过，单位在这种方式中是没有关联的，但根据它们的原理，确实如此。尽管事实上这是不可能的，但在这种方式中也是合情合理的。如果有第一单位或第一个1，那么单位具有先后性就是合理的，并且如果有第一个2，那么该单位应该是2；因为在第一个之后，理应有第二个；那么有了第二个，就会有第三个，接下来的数都是如此。（不可能同时出现两个单位，一个在理念的1之后是第一个单位，另一个是第二个单位，而且2是理念1之后的第一个。）但是他们设定了第一个单位或1，却没有第二个和第三个；设定了第一个2，还是没有第二个和第三个。显然，如果所有单位都是不关联的，那么就不可能有一个2本身和3本身，数字也一样。无论单位是相同还是不同，必须通过加法来计数。例如，2是在1的基础上加上另一个1，3是在2的基础上加上另一个1，接下来同理。如果这样，那么数不能像创生事物一样出现，即由2和1创生，因为2变成3的一部分，3变成4的一部分，接下来的数也是如此。但他们认为，4是由第一个2和不定的2产生的（两个2不同于本身），如果不是，2本身将是4的一部分，另外的2将是后加上的。同样，2将包括1本身和另一个1，但如果是这样，另一个元素不能是无限的2，因为它产生了一个单位，并非确定的2。

再有，除了3本身和2本身，怎么还会有其他的3和2呢？它们是如何由先后的单位组成？这些都是无稽之谈，不可能有第一个2，然后有一个3本身。然而，如果1和不确定的2将成为元素的话，那么就必然存在。如果不可能存在，那么这些就一定不是创生的本原。

如果这些单位中每个都不相同，就必然会产生这些结果和类似的结果。但是（3）如果不同数量的单位有区别，同样数量的单位彼此无差别，也会带来不少难题，例如，10本身有十个单位，10由这些单位组成或两个

5组成。由于10本身不是偶然的数字，也不是恰好由两个5组成，更不是偶然的单位组成——10中的单位一定有所不同。[1]因为如果它们没有区别，那么组成10的5也不会不同；如果这些都不同，那么单位也会不同。若如此，是否10中只有这两个5，还是会有他的种类的5？[2]如果没有，这就是自相矛盾的；如果有，哪种10将由它们组成？因为除10本身外，10中没有别的数。但实际上他们认为4不应该由任何的2组成，因为不确定的2[3]包括确定的2，从而产生了两个2，它的本质就是使包含的数扩大一倍。

再有，2抛开它的两个单位，便作为一个实在，3也是如此，这怎么可能？或者是通过另一事物的分有，比如，"苍白的人"与"苍白的"和"人"不同（因为它分有这些），或者一个是另一个的种差，比如"人"与"动物"和"双足"不同。

再有，有些事物成为"一"是由于接触、混合和位置，其中没有一个属于由2或3组成的单位，但是正如两个人独立存在，不是统一体，那么两个单位也是如此。它们的不可分性没有任何影响，因为点也是不可分的，但一对点除了是两个单独的点以外，无任何意义。

但是，我们也不能忽视这个结果，跟着还有先于的2和后于的2，其他数也类似。即使4中的两个2是同时出现的，但这些在8中就是先于的，正如2创生出它们一样，它们在8本身中创生了4。因此，如果第一个2是一个理念，这两个2也将是某种理念。1也是同理；因为在第一个2中的1在4中产生

---

[1]意思是10的理念由其他理念的数构成，而这些理念必然又是不同的，否则的话就是同一个理念了。比如，那两个5的理念应该是不同的种，才能组成10的理念这个整体。

[2]根据上文含义，5的理念可以由1和4的理念组成，也可以由5个1的理念组成，还能由2和3的理念组成。因此，除了10的理念中包含两个5理念之外，还应该有其他的5的理念。而这将导致10的理念有更多的种类。

[3]"不确定的2"或者"未定之2"指倍数。

了4个单位，所以所有的1就变成了理念，一个理念将由众多理念组成。显然，那些恰好是理念的事物将是组合物，例如，人们可能会认为如果存在动物的理念，那么动物会是由动物组成的。

一般来说，用任何方式区分单位都是无稽之谈，论据没有依据，完全是强词夺理而且观点自相矛盾。质或量方面，我们完全找不到单位之间的差别，数必须是相等或不相等的——所有数，尤其是抽象单位组成的数，如果一个数不大于也不小于另一个数，那么就等于这个数；我们认为，相等而且完全没有差别的数是相同的。否则，即使它们相等，也是有差别的，比如，10本身中的2也不会是无差别的。那么，那些人称这些数没有差别，是出于什么理由呢？

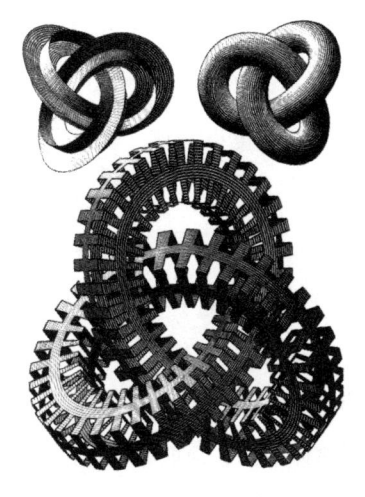

□ 三叶扭结

画面上方的细节图是三叶扭结的结构原型，因手性不同别为左手性和右手性三叶扭结。这种在三维空间形成的曲线由莫比乌斯环带演变而成，齿轮扭结的表现形式有助于我们清晰地理解扭转方向和彼此关系。三叶扭结常被设计为各种现代装置，在优美曲线里回旋神奇的数学之美。

此外，如果一个1与另一个1组成2，由2本身和3本身产生的单位也将组成一个2。

现在（a）这将由不同的单位组成，它将先于还是后于3产生？似乎它一定是先产生的，因为其中的一个单位与3同时发生，另一个与2同时发生。我们假设通常1加1，无论这两个1相等还是不等，之和是2，例如，好人与坏人，或一个人与一匹马；但是持这些观点的人认为，即使两个单位也不是2。

如果3本身的数不大于2的数，这简直匪夷所思；如果大于，则在它之中显然也有一个等于2的数，所以这与2本身没有什么不同。但如果说第一和第二个的数种不相同，这又是不可能的。

理念也不是数，在这一点上，认为如果有理念，单位必定不同，这一观点是正确的；因为形式是独一无二的，但是如果单位没有区别，那么2和3就不会有所不同。这也是为什么一定要从"1，2，……"开始计数，我们不会在其中增加给定的数，因为如果我们这样做，这些数也不会从无限的2中产生，一个数也不会是一个理念；一个理念将在另一个理念中，并且所有的形式将是一个形式的部分。因此，从他们的假设来看，陈述是正确的，但总体而言，他们是错误的；他们观点完全经不起推敲，而且本身会带来一系列的难题。当我们从"1，2，……"开始计数时，应该是在逐渐增加数字，还是在点出各个部分呢？但是，我们应该是两种方法都在用。[1]如果这样，从这个问题推理就会产生极大的分歧，这就太荒诞了。

八

首先，如果数和单位之间存在差异，那么必须要确定不同点是什么。单位存在差异，或在量上，或在质上；这些似乎都不可能，但是数作为数的量是不同的。如果单位在量上是不同的，那么数之间也会不同。此外，第一个单位是较大还是较小，后面的单位是增加还是减少？所有这些都是荒诞的假设。但它们在质上也不一样，因为它们没有任何属性，即使是数

---

[1] 此处指点数时人们的心理过程，有的人是点一个数就增加1，有的人是分别点每个不同的数字。比如，在一个班里，前一种点数方法是逐个增加学生的个数，而第二种点数方法是所有学生挨个报学号。

字的质也应该从属于量。此外，质也不能从1或2中得到，前者没有质，后者却有量；这个实体使得事物从"一"变成"多"。如果事实相反，那么关于单位的差异，应该在一开始就说明，并确定可能的情况，为什么它必须存在？如果不存在，它们的差异是什么？

显然，如果这些理念是数，那么这些单位就不能都是可关联的，也不能在任何一种方式中都是不可关联的。

但有些人谈论数的方式也并非正确。这些人[1]认为不存在理念，要么是在绝对意义上，要么作为一种特定的数，但认为数学的对象是存在的，数是现存事物的第一个，而1本身就是它们的起点。应该有一个1（本身），它是第一个1，但却没有2（本身），作为2的第一个，也没有3（本身），这是矛盾的；同样的道理也适用于所有其他的数。如果关于数的事实是这样的，并且假设数学的数存在，1不是数字的起点（因为这类1必须与单位不同，那么也必须有一个2，作为2的第一个，接下来的数类似）。但如果1是起点，那么关于数的真理一定是柏拉图曾经提到的观点，而且必须有一个2和3，数字不能相互关联。但另一方面，按照假设，就会出现许多不可能的结果。要么存在，要么不存在，所以如果两者都不存在，那么数就不能单独存在。

很明显，第三种说法[2]最无道理，理念数和数学的数是一样的。这个观点出现了两个错误：（1）数学的数不可能是这种，但持这种观点的人必须用特有的假设来解释它。（2）必须承认，把数看作是某种意义的"形式"所带来的后果。

毕达哥拉斯学派，一方面提出的观点比上述的更加清晰，另一方面也有其独特之处。因为不把数字看成是能够独立存在的，就可以减少许多不

---

[1] 指斯珀西波斯。
[2] 指奇诺克雷蒂的观点。

可能的结果；但是，实体应该由数组成，且应该是数学的数，而这是不可能的。因为，不可分割的空间大小的说法是不正确的；无论这种度量有多少，至少单位没有大小；一个度量怎样才能由不可分割的事物组成？但是数学的数是由单位组成的，而这些思想家们把数等同于实物。无论如何，他们认为实体是由这些数字组成的，把自己的命题应用到实体上。

如果数是一种自我存在的真实实体，那么它应存在于一个已经被提及的方式中，如果它不能存在于上述任何一种方式，数就没有那些使其独立的性质。

再有，每个单元来自于大或者小，还是相等？还是一个来自小，一个来自大？（a）如果是后者，每一事物都不包含所有的元素，也不包含没有差别的单位；因为其中一个是大，另一个是小，这在本质上是与大相反的。

再有，在3本身中的单位是怎样的？其中一个是奇数单位。但也许正是因为这个原因，1才是以奇数的形式有了中间的位置。（b）但如果两个单位均包含大和小，那2是一个单个的物体，如何由大和小组成的？或者它和单位有什么不同？同样，单位在2之前，因为当它不存在时，2也不存在。因此，1必须是一个理念的理念，而且先于理念，1也必定先于2而生成。从什么可以产生呢？并非出自不确定的2，因为它的功能就是扩大一倍。

同样，数要么是无限的，要么是有限；这些哲学家认为，数可以单独存在，所以这两种选择必有一种是正确的。显然，数不可能是无限的，因为无限数，既不是奇数，也不是偶数，但数始终要么奇数要么偶数。[1]在某种情况下，当1和一个偶数相结合时，产生一个奇数；当与2结合时，数字从1增加了一倍；当与奇数结合时，会产生另一个偶数。

再有，如果每个理念是某个事物的理念，而数是理念，那么无限数字

---

[1]亚里士多德认为，无理数只是一种潜在的存在。

本身将会是某物（某种可感觉事物，或者其他事物）的理念。然而，从他们的假设和论证来看，尽管他们按照自己的观点来解释理念，这是不可能的。

如果数是有限，这个论点经得起推敲吗？这不仅需要陈述事实，而且应该说明理由。但如果数字只到10，那么首先形式很快就会变少；如果3是人本身，那么什么数字是"马"本身？这一系列的数字代表不同的事物，它们最多到10。因此，数字必须是这些限制中的其中一个，因为这些是实体和理念。然而，这种观点并不能站住脚；因为各种形式的动物会超过它们的数量。与此同时，很明显，如果以这种方式，这个3是人本身，其他的3也是如此（对于相同数字的人是相似的），这样就会有无数的人；如果每个3都是一个理念，每个数字都是人本身；如果不是，他们至少会是普遍的人。

如果小数字是大数字的一部分（这种数字与同样数字的单位可联合在一起），如果4本身是某物的理念，如"马"或"白"，那么人将是马的一部分；如果人是2，应该有一个10的理念，但没有11的理念，也没有其后的数字的理念，这是自相矛盾的。再有，两者都是某些没有形式的存在，那么为什么它们没有形式呢？我们认为，形式不是原因。再有，如果数字系列多达10，比10本身更具实体和形式，这是矛盾的。前者不是一种事物，而后者则是。但是他们试图假设，一系列的数字到10是一个完整的序列。至少在10以内，会产生衍生物，例如，虚无、比例、奇数等此类事物。对于某些事物，例如，运动和静止，好或坏，归为最初的本原，事物则归于数。这就是为什么他们用1表示奇数；如果奇数用3来表示，那么5如何是奇数呢？[1] 同样地，空间大小和类似的事物都不能用确定的数以外的事物解

---

[1] 毕达哥拉斯学派认为，奇数的本性由1产生，偶数加上1则是奇数，而3并没有奇数的性质。

释，例如第一个、不可分的、2等等；这些实体也只扩展到10。

同样，如果数可以单独存在，有人可能会问哪个是先于的——1、3或2？由于数是复合的，1是在先的，但本质和形式是先于的，所以数是先于的；每一个单位作为质料都是数的一部分，数作为形式而起作用。在某种意义上，直角在锐角之前，根据定义，它是确定的；但在某种意义上，锐角是在先的，因为它是一个部分，而直角分成部分后则为锐角。因此，锐角、元素和单位都是先于的，关于在定义中出现的形式和实体，直角以及由质料和形式构成的整体，都是先于的；对于具体事物来说，更接近于形式和在定义中表达的东西，尽管在创生过程中它是后存在的。那么，1是如何成为起点的呢？因为它是不可分的。但是，普遍的、特定的元素都是不可分割的；它们在不同的方式中是起点，一个是定义的起点，另一个是时间的起点。那么，1属于哪种方式呢？如前所述，直角被认为是在锐角之前，锐角又是先于直角，而每一个角都是1。因此，它们在两种方式中都是起点，但这是不可能的。宇宙作为形式或实体为"一"，而元素则作为部分或质料为"一"。对于这两者都是有意义的——事实上，这两个单元中的每一个都有可能存在（至少如果这个数是整体，而不是一堆事物，也就是说，如果不同的数字由不同的单位组成），但不是在完全现实中；错误原因是他们同时从数学的角度和普遍定义的角度进行探索。因此，以前的观点认为，统一体，即它们的本原，是一个点，单位是没有位置的点。他们将小的部分拼出来一个大的事物，就像人一样。因此，1成为数的质料，同时也就先于2；当2被视为一个整体，一个统一体和一个形式，则1又为后于。但是因为他们寻求的是普遍的真理，1可以表述数，在这个意义上，它也是数的一部分。但这些特征不能同时属于同一事物。

如果1本身必须是统一体（因为除了它是起始点外，它与1不同），而且2是可分的，但单位不是，那么单位必须比2更像1本身。但是，如果这个单位更像1本身，它一定比2更像单位；因此，2中的每一个单位都必须在2之前。但他们否认了这一点，认为至少会先创生2。同样，如果2本身是一个整体，3本身也是一个整体，两个数形成2。[1]那么，这个2是由什么产生的呢？

九

由于数是连续的而非接触的，因此若在2或3之间的单位中没有任何数字，就有人会问，这些单位是否接近1本身？以及它后面的第一个是2，还是2中的某一个？

线、面和体中也会出现类似问题。一些人用"大和小"来建立线、面、体。线条或长或短，平面或宽或窄，体积或深或浅，这些都是"大或小"的表述方式。而这些几何事物，原始本原同数的本原是一样的，只是不同的哲学家用不同的方式来描述而已。在这些问题中，有些具有不可能性，虚构和矛盾性。因为（i）若非隐含"宽窄"的描述等同于"大小"，那么几何体的分类是相互分离的。（但如果这样，宽窄就是长短，面就是线，而体就是面；同样，角度和图形等如何解释？）（ii）数也面临同样问题。长短是度量属性，但度量只是一个属性而已，并不由长短构成；正如线不是由直和弯构成，立体不由光滑和粗糙构成。

所有观点所遇到的问题，与属内的种在提到普遍规律时所遇到的问题是一致的。即个别动物指的是动物本身部分，还是动物中非动物的部分？如果普遍真理与具体的事物不可分离，那么问题会解决；但如有人坚持认

---

[1] 此观点上文已出现。

立体分割空间

交错平行的管柱搭建了一个无限延展的透视空间，这是在二维平面上呈现的三维立体结构，所以存在上下、前后和左右六个方向的线条，精准确定了每个立方单元的大小及前后远近关系。事物不可置疑的确定性就是其存在的意义。

为1和数分离，那么问题就不容易解决。（因为当我们想到2中的1，或数字中的1，那我们想到的是其本身，还是本身之外的东西？）

因此，有人以这类物质来描述几何体，而另一些人以点描述，认为点不是1，而是类似1，以此描述与1不同的"复数"；而这种观点也受到质疑。因为，如果这些物质相同，那么线、面、体将是相同的；相同的元素将会产生相同的事物。但是，如果物质不同，其中有一维的线、二维的面和三维的体，那么它们之间要么相互联系，要么无联系；对于任何一个面都包含一条直线，或者它就是一条线。

再有，数是如何由"单"和"复"组成，他们没有解释；但是，无论如何表达，有些人以单和一个不确定的复构建数字，对此总有一些反对意见。有人认为应从具有普遍性的"复"来构建数字；另一些人以特定的"复"构建数字。2被认为是"第一个复"。因此，两种说法并无区别，但同样的问题仍然存在。那么构建数字的方法是什么？是混合还是排列，混合还是产生？各种问题中，其中一个很重要：如果单位是1，那么1是怎样出现的？当然，并非每个1都是先于的1，因此，1来源于先于的1或"复"，或"复"的一部分。如果说单位是由"复"组成，这是不可能的；由复的一部分组成1，也有许多不合理的地方；（1）因为每个部分都不可分，否则"单"与"复"就不是两个要素，单位并不是由"单"与"复"构建的。（2）持此观点的人，仅仅是预先构建了一个数，因为其不可分割性使得其成为一个数。

再有，我们也必须探究，在理论中，数是无限的还是有限。一开始，似乎只有一种"复"，它是有限，同时这个有限"复"与1一起构建了有限数的单位。另一个是绝对的"复"，是无限的"复"。那么就有一个问题，1与哪一个"复"组合成为数？人们很自然联系到点，点是构建立体几何的最小单位。当然，几何体不可能只包含一个点，几何体的构建是以点为起点的。立体几何也不是由先于的点加上一些距离构建的。数是不可分的，但几何体是可分的，因此"复"作为单位，不能由其一部分来构建单位。

因此，种种反对意见表明，数与立体几何不能脱离具体事物而存在。而关于不同数学家们学说的分歧部分，这就是其中引起混乱的错误之处。有人认为，数字可脱离具体事物而独立存在，他们看到形式的虚无及其引起的错误之后，便放弃理念之数而转向数学之数。有些人同时承认形式与数字，他们假设了这些原理，却没有意识到数学数与理念数是不一样的。他们将理念数与数学数结合，但实际上取消了数学数。其原因是，他们的假设与一般的数学原理不一致。第一个人提出数字形式时，考虑到了数理的方面，但在一定程度上是将二者分开对待的。因此，理论在某些方面是正确的，但在另一方面是错误的。他们的理论，在立论时就是矛盾的，因此必有一些错误。错误就存在于理论和立论之中。朽木不可雕[1]，正如艾比卡尔所说，一句话一说出口，别人就知道是错的。

对于数字而言，我们提出的问题和我们已经得出的结论是充分的。（人们一旦坚信一个事物，以后会越来越坚信，如果不信，以后也不会信服。）关于第一个本原和第一个原因及要素，一部分已在我们有关自然的著作中有所阐明，另一部分也不属于我们的研究范围。关于那些观点，即具体事物

---

[1]原文句意为：很难用坏材料制成好东西。

之外还仍然有本原，这种说法必须在回顾完所有论点之后再予以研究。因为有人认为，理念数字和数学数字是超感官的，这些要素就是具体事物的要素，我们必须认真考虑他们的观点及其意义。

对数（特别是数学数）的研究必须另行探讨；但是关于理念数，可以同时研究持此观点的人的思维模式及所遇困难。他们一方面将理念数定位为"普遍"，另一方面又将其作为具体来处理。这是不可能的，之前已辨析明白。他们一旦认为普遍是实体，并高于具体事物，那么其必须具有普遍性和特殊性。他们认为世界纷繁，终会消逝，只有普遍脱离具体，成为人们意念中的事物。如前所言，苏格拉底定义了"于万变中取不变之真理"。这种观点是有启发作用的，但苏格拉底并没有否认普遍与具体的联系。这是正确的，结果很明了。如果事物不具有普遍性，那么就不存在积累的知识，脱离具体的理念数字就会有质疑。[1]但是其继承者认为，如果要在具体之外建立另外一个实体，具有普遍性的实体就必须独立存在，那么它们既具有普遍性，又具有特殊性。综上所述，这就是理念数本身的弱点。

十

相信理念的人提出一个共同的疑问，这个疑问已经在前面说过。[2]若非假设实体不可分离而独立存在，就像具体事物一样，那么我们自己否认了我们所认为的"实体"；但如果实体是可分离的，该实体是怎样的呢？

---

[1] 此观点前文已出现过。
[2] 卷B（三）第四章提到过这个疑问。

假如实体不具有普遍性，而是具体存在，（1）事物及其构成要素是一致的，（2）人们不能认识要素。因为（1）中语言中的音节是实体，字母是要素；音节并不相同，并不能够成普遍的类，而是具体的个体，那么 α 与 β 是独一无二的，而音节也是独一无二的（柏拉图派认为每个理念是一个整体）。如果音节唯一，那么由音节组成的部分也是唯一的；因此 α 不能超过1个，同样，大量相同音节也不可能同时存在，字母也不能超过1个。如果这种说法是正确的，那么字母之外别无他物，仅存在字母而已。（2）中要素无法得到认识，因为其不具有普遍性，而知识却侧重认识事物的普遍性。知识必须有所根据，这是知识普遍性所决定的，如果没有"三角形内角和等于两个直角的和"的规律，我们就不会得出"三角形内角和为两直角和"这个结论。如果没有"所有的人都是动物"，我们也不会有"这个人是动物"的论断。

如果原理是普遍的，那么由此原理组成的实体就具有普遍性，或虽非实体，但是是先于实体。因为普遍性本不是实体，而其要素却是普遍的，要素是先于的。当要素组成理念，理念脱离其所依托的实体而存在，那么问题就会出现。以语言的要素为例子，即使没有先于 α 和先于 β，也可以有很多 α 和 β，由此可派生出更多的音节。知识是普遍的，那么事物原理也是普遍的，而不是具体存在——我们质疑这种观点——它一方面是矛盾的，但在另一方面是真实的。"知识"具有两种含义：一种是"潜在可能"，另一种是"已经实现"。前者认为，事物是普遍的，那么与此相关的事物都是普遍的。后者的意思就是，这是确定的专指。人的视觉可感知的颜色是颜色，却不能看到普遍的颜色。文法家所说的 α 就是专指 α。如果原理是普遍的，那么由此推演出来的结果就具有普遍性，例如实验中的结论。如果这是正确的，那么一切事物都是独立存在的，一切事物都没有实体。但是，很明显，知识的含义中一个具有普遍性，而另一个则不具有普遍性。

卷N（十四）

一

关于这类实体，之前所述已足够。[1]所有的哲学家均认为，在自然事物和不变事物中，对立是本原。但是，由于先于本原是没有任何事物的，那么本原就不是本原，而是某些事物的属性。就比如说，白是本原，那么白就只是白而已，不是什么具体事物，但白又属于一个潜在的主体，它作为具体事物是白的，那个具体事物将先于它了，这是荒谬的。但是，所有事物都来自于包含着潜在主体的对立，那么主体必须存在于对立的场合。所以，所有的对立都属于一个潜在的主体，两者不可分离，但很明显，实体并无对立，由论证也可证实。严格意义上讲，对立不能称为所有事物的本原，本原应与对立不同。

一些哲学家认为，质料是对立之一，有些人以"不等"为"一"的对立，"不等"即众多的本性。另有一些人则以众多为一的对立。前者用"不等"的"二"，即大与小来制数，而后者则从众多制数，而两者均认为数的产生要依"一"之本性。因为那位哲学家谈论"不等"和"一"为

---

[1]这句话似乎表明亚里士多德将要探讨其他的问题，实际上，本卷讨论的依然是卷M（十三）的内容。有人推测，亚里士多德先写成本卷，再扩充成为卷M（十三）。（见商务印书馆《形而上学》，1981年版，第289页）

要素时，认为"不等"即为"二"，由大小构成，把"不等"或大和小当作是"一"，并没有区分它们在定义上是"一"而在数目上不是"一"。但是他们没有正确地描述他们称之为元素的本原，有人认为大、小和"一"是数的三元素。"二"是质料，"一"是形式。另一些人则使用"多"与"少"，因为"大"与"小"本性适用于度量而非计数；还有人则使用他们共同的普遍特性——"超过的和未超过的"。就其所导致的结果而言，这些不同的观点并无不同；它们仅影响到抽象问题，因为哲学家会避免给出抽象的说明，抽象的东西难以自圆其说。只有一点不同，若不以大小为本原，而以超过和不超过为本原。那么根据一致性，数来源于元素而先于2从元素来，因为2更为普遍，"超过与被超过"比"大与小"也更为普遍。但他们谈其中一个，而不谈另一个。

另有一些人把"异"和"别"与"一"相对立，而另外一些人把"众多"与"一"相对立。但是，如果像他们所认为的那样，事物皆来自于对立，对于"一"而言，没有对立，如果有的话，那么"多"就是它的对立，"不等"的对立是"等"，"同"的对立是"异"，"事物本身"的对立是"别"。那么把"一"与"多"相互对立起来的人，看法尽管不是很完善，但似乎更为合理。在他们看来，"一"将会是"少"；因为"多"与"少"相对立，许多与少许相对立。

"一"显然是一个计量。[1] 每一个场合都有其潜在的、本性分明的实体，例如，音阶的单位为一个四分音程，空间度量的单位为一指或一脚等，韵律的单位为一个节拍或音节；相似地，重力的单位则是一个确定的重量；所有场合均是如此，以质计质，以量计量。（计量是不可分的，前者是以类别论，后者是以感觉论。）这就意味着，"一"不是任何事物的实体。

---

[1] 此观点前文有提到，见卷Δ（五）第六章。

这种说法是合理的，因为"一"是"多"的计量，而"数目"意味着可以被计量的"众多"，即若干个"一"。（很自然的，"一"就不是一个数字，计量与众多的计量单位不同，但计量单位与一均为计算的起点。）计量必须总与其所计量的东西相同，例如，若它计量的是马，那么计量的单位就是一匹马，若计量的是人，那么计量单位就是一个人。若计量的是一个人、一匹马、一位神，那么计量的尺度就是"有生命的活物"，而其数目就是有生命的事物的数量。假若事物为"人"，为"苍白"，为"散步"，那么就不能计数，因为其各自属于同一个主体，且数目为"一"，然而可以计算他们的类别，或者这类普通名词的数目。

那些人的看法，即以"不等"为一物，以"二"为大与小的不确定组合，远非可能。因为（1）这些只是数与度量的属性和偶性，并不是它们的基质——数的多与少，度量的大与小，就如奇与偶，直与曲，粗糙与平滑。再者（2）除此错误之外，大与小等必须与某些事物相关；但是关系范畴对于实体或实际存在物来说，是最微末的一类，它是后于质与量的；这里的相关是量的一个属性，并不是它的质料，因为具有自己独特本性的事物，依靠其本性质料才能与其他事物形成一般关系。凡事物与其他事物建立关系，本身必具备多少、大小等本性，否则就没有什么事物相对于它而言是大小和多少。相关是实体和真实事物中最为微末的一类，其标志是量有增减，质有改换，地点有移动，实体有生灭，而相关是无生灭，无变动的。相关本身是没有变化的；一件事物，没有变化，若其与在量上有变化的东西相比，那么它就是一会儿较大，一会儿较小，一会儿相等。（3）每一事物的质料，也就是每一实体的质料，其性质必定也是潜在的，但是相关既不是潜在的实体，也不是真正的实体。

那么，把非实体当作一个要素放置于实体之中，或先于实体的做法就很奇怪，或是不可能的，因为所有范畴都是后于实体的。再有（4）元素是不说明它是其元素的事物，多与少，无论分开或合拢均表明数，长短则表明线，宽和窄则适用于面。假如有众多，那就有一个词"少"，总是可以说明它的。例如，2（2不能作为多，倘若2算作多，1就应是少了）也还有一个绝对是多的数；例如，10就是多（如果没有比10大的数的话）或者10000。照此说法，数怎么能以多或少构成呢？或者两者均可表明这数，或两者都不能；但事实上，两者中只有一个可以进行说明。

二

我们必须研究这个问题：永恒的事物是否由元素组成。如果是，则它们会有质料，因为所有由元素组成的东西都是复合的。一切组合生成的事物必来自于构成它的事物，无论它是永远存在，还是将会变为存在，都从某些潜在是它的事物而来（因为它不能从没有这种能力的东西变化而来，它也就不能包含这些元素）。既然潜在的事物可以是现实的也可能是不现实的，所以，无论是数或者任何包含质料的事物，这点都是如此，它们必须是可以不存在的。任何年代古老的数都可能和生存了一天的数一样，是不存在的，就算其可以存在无限长的时间，也可以是不存在的。它们不可能是永恒的，因为可以不存在的事物不是永恒的，我们曾在其他的著作当中讨论过。如果我们所说的是普遍的真确的，那么除非是现实，没有实体是永恒的。如果元素是实体的质料，那么没有永恒的实体能够使构成它的元素呈现在它之中。

有人把与一共同起作用的元素描述为"未定之二"，而反对"不等"。因"不等"之说很是迷惑，他们的说法似乎理由很充分，但他们虽因此得以解决了如以相关为元素的"不等"说引起的疑难，这些思想家们必须面对来自于其他方面的疑难，无论是他们从元素所制的理念数还是数学数。

许多原因使他们走向这样的解释，主要是他们处理问题的方式太古老，他们认为，所有存在的事物都是一（即事物存在的本身），除非有人能否定巴门尼德的名言：

"不存在的事物是存在的，这一点永远不会被证明。"

他们认为必须证明不存在的是存在的，因为只有这样，事物才能由"实是"与另外一些事物组合成"众多"。

但是，首先，如果"存在"有多种意义（有时它的意思是实体，有时是一种质，有时是某个量，有时又指范畴），若非存在被假定为不存在，那么一切存在的事物所成之一，将会是什么种类的"一"呢？是诸实体是"一"，还是性质，抑或相似的其他范畴，还是全部都归为"一"，这样，"这个"与"这样"与"这么多"以及指明其他类别范畴都将会是"一"？一个单独的事物竟带出了这么多部分，一部分是"这个"，一部分是个"如此"，一部分是"如此之多"，又有一部分是"此处"，这是奇怪的，甚至是不可能的。

第二，事物是由哪一类的非存在和存在组成的呢？既然"存在"有很多意义，那么"非存在"也有很多意义，"不是一个人"的意思不是指某个实体，"不是直的"的意思也不是指某种性质，"不是三肘长"的意思也不是指某量。什么样的"非存在"和"存在"的结合使事物变"多"？这一哲学家认为与"存在"进行结合，使事物变多的"非存在"是错误的，并带有虚假的特性。这就是为什么假设某些错误的东西的理由，正如几何学家将没有一英尺长的线假设为一英尺。但并不是这样的，几何学家不会假设任何虚假的东西（这个前提不在逻辑推论中），事物所产生于并复归于的"非存在"也不是这样的。"非存在"在不同场合中所具有的意义与范畴同样多，此外，"非存在"可指虚假和潜在的东西。以此，"非存在"进行演变，人由"非人"而来，但还是潜在的人，白由"非白"而来，却是潜在的白，一个还是多个事物的演变都是如此。

很明显的一个问题是：当"存在"意为"实体"时是怎么变成多的？因为进行演变的事物都是数、线和体。去问当"存在"意为"什么"时是怎么变成"多"的，这样的问题会很奇怪，问为何质或量是"多"就不奇怪。因为"不定二"或"大与小"并不是为什么有两种白色，或多种颜色、味道以及形状的原因；若是的话，那么色、味等也将成为数与单位了。但是，如果他们进行了关于范畴的研究，他们也就明白了实体的众多性的原因了，因为原因是相同的或相类似的。这种偏离也解释了为什么一些寻求"存在"和"一"的对立（存在的事物与"存在"和"一"对立，从"存在"和"一"的对立中产生出来）的人，提出相关即不等，但它不是这些的对立或矛盾，而是类似于"什么"的存在，质也是如此。

他们应当研究了相关是多而不是"一"，但是他们探究何以在第一个"一"之后还是有许多单位，却并没有进而探究，何以在"不等"之外另有许多"不等"。然而他们应用了这许多"不等"，常谈论大与小，多与少（由此产生数），长与短（由此产生线），宽与窄（由此产生面），深与浅（由此产生体），他们还谈论了许多种类的关系词，这些相关相对物的众多性从何而来呢？

正如我们所说，对于每一个事物，都假设有"一"预先潜在是它的东西，就是必要的。持有这一观点的人，还宣称那个潜在的东西是一个"这个"，也是一个潜在的"实体"，而它本身是"不存在"。也就是说，它是相对的（就好像他之前谈过的"质"），它既不是潜在的"一"或"存在"，也不是"一"或"存在"的否定，而仅是诸存在事物中的一个。正如我们所说，若他探究何以存在是"多"，就更没有必要去探究相同范畴内的事物（何以有许多实体，许多的质），而应该探究为何存在的事物有许多，因为他们中的一些是实体，一些是特性，一些是关系。在实体以外的各范畴，还有另一个问题存于众多性中。因为范畴不能脱离实体，质与量是"多"，正因为它们的基质为"多"；然而，每一个范畴都有一种质料，只是它不能脱离实体。但是在一个"这个"的场合，可以解释"这个"何以是许多事物，除非这个事物既被当作一个"这个"，也被当作普遍事物。而在这些考虑中，出现的困惑却是为何实体不是一个而为"多"。

进一步说，若"这个"与量有所不同，我们没有被告知存在的事物是怎样为"多"和为什么是"多"。因为所有的"数"都意味着一个量，"一"也是如此。若不是这样的话，它就意味着计量或在量上不可区分。那么，如果量和"什么"[1]是不同的，它没有说明这个"什么"为何为"多"，或怎样为多；但若有人认为，量和"什么"是相同的，他就面对许多不一致之处。

关于数，他们可以把注意力集中到这一问题上，为何我们相信这些是存在的。信奉理念的人，他们为事物的存在提供了某种原因，因为每个数都是一个理念，所以理念总是事物存在的原因；我们承认这样的假设。但是，对于那些不这样看的人，因他看到了理念论的内在不妥之处（所以并不以此学说论数），且提出了数学的数；我们为何相信他的说法——这样的数是存在的，这样的数对于其他事物有什么用呢？说它存在的人，并不主张它是任何事物存在的原因，我们也没有观察到这一点。至于数学家的定理，我们之前说过，它们全部都适用于可感觉的事物。

三

至于那些假定理念存在并且是数的人，按照他们的假定，要从具体

---

[1] 指实体。

事例中抽取普遍词项且各词项具有一致性，进而解释说明数为什么是存在的。然而，他们给出的理由并不充分，也不可能。至少就其所给出的原因，不能断定数的独立存在。毕达哥拉斯学派看到许多属于可感觉事物的数的属性，假定实际的事物是数——不是说数是用来计算事物的，而是事物由数构成。为什么呢？因为数的属性在音阶中，在天体中以及其他场合均有呈现。[1]然而，那些认为数学之数独立存在的人，他们不能依据假定说出这样的东西，所以他们就说：各个学科不能把可感觉的东西当作研究对象。但是，正如我们在前面说到的，它们能够（成为学科的研究对象）。很明显，数学的对象并不是分离的，因为如果它们是分离的，它们的属性将不能呈现于物体中。毕达哥拉斯学派在这一点上不会引人反对；但在这一点上会遭到反驳：自然物体产生于数，有轻有重的物体产生于没有轻重的物体。他们谈论的天体和物体，似乎并不属于这个可感觉的世界。但是那些使数分离的人，假定它既是存在的也是分离的，因为他们认为公理不是关于可感觉的事物，对于数学的描述才是公理，并使灵魂愉悦；关于数学上的空间大小也相似。于是，很明显，持对立论的人会反对这一观点，我们也要提出疑问：如果数不存在于可感觉的事物当中，为什么可感觉事物会表现出数的属性。那些认为数是独立存在的人应该解答这个问题。

　　点是线的限度和极限，线之于面，面之于体也是如此，因此有些人认为一定有这一类的实在。我们必须核查此论证，因为它的理由极其脆弱。因为（1）极限不是实体，不如说所有这些事物都有限度。因为即使是行走和一般的运动，也有限度，以至于根据他们的理论，这些也将是一个"这个"和一个实体了。这是荒谬的。（2）即使这些是实体，它们也会是世界上的可感觉事物了；因为他们的论证正是应用于此点的，为什么它们应当

---

[1]此观点前文也可见。

是分离的呢？

再有，关于一切数和数学对象，我们不太满足的话，可以提出这个问题：先生成的数[1]对于后生成的数[2]没有贡献，它们彼此之间也没有贡献；如果数不存在，对于那些认为只有数学对象存在的人来说，空间大小也不存在，而空间大小若是不存在，灵魂和可感觉体却会存在。但所观察到的事实真相表明：自然并非是一出各幕不相联系的蹩脚剧。至于相信理念论的人，这个问题就被忽略了；因为他们以质料和数来制出空间大小，以数制线，以体制面，或者他们还使用其他的数，这没有什么差别。但是这些大小会是理念吗？其存在的方式又如何？对事物又有何作用？这些毫无作用，正如数学对象毫无作用一样。甚至数学定理也不适用于它们，除非我们改变数学对象，并创造出自己的一套理论。但是去设想一些随意的假定，编造出一长串的结论并不困难。

所以，这些哲学家试图把数学对象和理念结合在一起的想法是错误的。那些首先提出理念数和数学数两种数的人，对于数何以存在和由什么组成，没有说什么，也不能说什么。他们把数学数置于理念数和可感觉数之间。但是，如果（1）它包含大和小，它将与理念数相同（他们以某些类的大与小来制出空间大小）；如果（2）他例举出其他的元素，那么他的元素也就太多了。如果两类数的本原都是"一"，那么"一"就将会是它们共同的东西；那么我们就会问："一"怎么可以是许多事物，而同时照他所说，数只能产生于"一"和"不定二"。

所以，这些都显得很荒谬，并且与其自身和可能性相冲突。我们在这些理论中似乎看到了雪蒙尼得的长篇故事。当人们没有什么可说的东西

---

[1] 指数学对象。
[2] 指几何对象。

时，就会求助于长故事，就像奴隶们说的故事一样。而且这些元素——大与小——似乎对给予它们的粗暴对待进行反抗，因为它们只能制出1，1乘2以及又连乘所得的那些数。

永恒的事物也有创生的特性，这种说法是很奇怪的，也是不可能的。无需怀疑毕达哥拉斯学派是否赋予永恒的事物以创生特性；因为他们说当"一"构造出来，无论是由面、表面、种子抑或是他们不能说明的元素，最近的未被限制的部分立即开始被限制，被限定限制。但是，由于他们正在创造一个世界，而且以自然科学语言建立理论，我们要对这样的理论加以核实，然而这不是我们目前研究的问题，我们正在研究的是不变化的事物中起作用的本原，这类数的创生是我们必须要研究的。

四

这些哲学家说没有奇数创生，就等于说有偶数创生；而且有人认为偶数是最先由"不等"——"大与小"平衡为"等"的时候创生。那么"不等"在被平衡之前必属于大与小。如果大与小永远是平衡的，那么它们之前就不是不等的；因为在永远如此之前没有。因此很明显地，他们所提数的创生说法，对他们的理论并无帮助。

对于那些认为此理论没有问题的人来说应受到责备，因为在元素和本原如何与美和善相关的问题中，有这样的一个疑难：是否有任何元素是像我们所指出的一样，是本善和至善的，或者本善和至善后于诸元素。神学家们的思想，与现代的一些哲学家们的看法相同。他们对这问题持否定态度，并认为只有在自然中有了一定发展之后，美与善才出现在事物之中。（这样做是避免那些将一作为本原的人面临异议。这一异议并不来自于他们将善作为本原的属性，而是由于他们把一当作制数的元素，并使它成为本原。）之前的诗人们同意这一点，正如他们所说：那些进行统治和管理的，并不是在时间上最先，如夜与天，混沌或是海洋，而是宙斯。这些诗人这样说，正是因为他们认为世界的统治者在不断改变；那些不用神话来说明每一件事的人，如费勒色[1]与一些人，将善与美合并，使至善成为了原始创造者；麦琪[2]以及其后的一些哲学家也是这样认为，如恩培多克勒和阿那克萨戈拉，前者把爱作为元素，后者把心灵作为本原。那些认为不变的实体是存在的人中，一些人说一本身就是本善；但是，他们认为本善的实体主要在于它的统一。

那么，问题就出现了，两种说法孰是孰非？假如基本的、永恒的、最为自足的事物，竟然不是最具有自足性和自我保持的善的特性，那就十分奇怪。但是除了它本性为善之外，没有什么理由使它自足或不可毁灭。所以说本原是善的这一理论，也是对的。若说这本原是一，或若说本原非一，至少是数的元素，这都是不可能的。为了避免强烈的反对，有些人放弃了这一理论（那些人主张，一仅是数学数的本原和元素）。因为所有的一成了某类善，那么善也就太多了。再有，如果形式是数，那么形式将等同于各类的善。让一个人假设他所喜欢的事物的理念，若这些理念也是实体的理念，那么所有参与这一理念的动物、植物和所有事物都将是善了。

荒谬也随着这样的说法而来，也出现了另一问题：无论它是众多还是不等即大小，是否为本恶（因此，一位哲学家避免把"一"与"善"联系到一起，因为创生来自于对立，恶是多的基本属性；一些人认为不等是恶的本性。）于

---

[1] Pherecydes of Syros, 锡罗斯的费勒色（约公元前600—前525年），古希腊哲学家，泰勒斯的弟子。他认为世界的三原神是宙斯、柯罗诺斯、克托尼俄斯。

[2] 字义为贤者，是波斯拜火教的僧侣。耶稣降生时带去礼物的"东方三博士"，也被称为麦琪。

是，就此说法可以得出：除了"一"即"一"本身之外，一切事物都分有恶，而且与空间大小相比，数以一种更为直接的方式分有恶，而且恶是善得以在其中实现的空间，它分有并希望倾向于毁灭它的东西，对立倾向于相互摧毁。如果，像我们所说，质料潜在地是每一个事物，例如，真实的火的质料，就是潜在是火的东西，那么恶就将恰好是潜在的"善"。

所有的这些反驳是由于（1）把每一个本原都当作了元素（2）把诸对立作为本原（3）把一当作本原（4）把数当作第一实体，并像形式一样分离地存在。

五

这样的话，如果不把善包括在本原之中是不可能的，而用这样的方式把善置于其中也是不可能的，那么就很明显，对于本原和第一实体的描述尚有不明确之处。有的人把宇宙的本原比作动物和植物，其理由是更完全的来自于不定的和非完全的。也正是这一点，致使那位哲学家[1]认为本原也是如此，所以一本身不应该是一个现实的事物。这是不正确的，因为即便是世界上的动物和植物，它们的本原也是完备的；因为是人生出人，而精子不是最初的。

以下两种说法也是荒谬的：（1）数学立体的创生是与空间的创生同时进行的（因为空间对于个别事物是特殊的，所以它们在空间上是分离的；但是数学对象则并没有一处所）。（2）认为数学立体定是在某处所，却没有办法说明

---

[1]这里指斯珀西波斯。

□ 相对

颠倒错置的空间,似乎是一个田园诗般的社区中心,人们散步、吃饭,独自回家,有窗户和楼道通向户外花园。所有的人都有一样的球状头部,穿一样的衣服。每部楼梯都行走着两个不同重力方向的居民,一个属正常方向,另一个则是倒挂,但按照其自身的重力来源,他们的行为都是正常的。

它们的存在。

有些人说存在的事物来自于元素,首先存在的事物是数,他们应该首先说明,一个事物来自于另一个事物的各种意义,然后说明,在何种意义上数来自它的本原——是通过混合吗?但是(1)并不是一切事物都可混合,(2)由元素所产生的事物与元素不同。基于此观点,"一"将不会保持分离或一个分明的实在,这就不是他们所期望的了。难道是通过并列,像音符一样吗?但是那样的话,(1)元素就一定要有位置,而且(2)人们一想到数就应当能分别去思考"一"和"多";那么数将会是这样的:一个单位和"多",或者"一和不等"。

再有,在某种意义上,来自于某物的意思是,它们仍然能够在产品中被发现;在另一种意义上,就不能。那么在某种意义上,数是否来自于这些元素呢?只有创生出的事物才能来自于元素,而元素在事物当中呈现。那么,数就来自于元素,就如来自于种子一样吗?但是,一切事物都不是来自于不可分割的东西。那么它是否来自于它的对立,来自其可变的对立?以这种方式创生的事物,必有持续存在的基质。这样,由于一个哲学家把"一"当作"多"的对立,而另一个思想家把"一"当作是"不等"的对立,把"一"当作"相等",必定就要把数看作是来自于对立。那么,有某些别的持续存在的东西,从它和从别的对立物中,复合物就会产生出来,或是已经产生出来了。再有,为什么在这个世界中,出于对立的

文化伟人代表作图释书系

事物，或是具有对立的事物都会毁灭（所有的对立都用来产生它们），而数却不会毁灭？关于此点，没什么可说的。然而，无论是复合物中的存在和不存在之物，对立都会将之摧毁，例如，"斗争"会摧毁"混合物"（然而"斗争"并不会，因为它不是混合物的对立）。

再进一步说，它没有确定数是以何种方式成为实体与存在的原因。究竟是（1）作为界限（比如点是空间大小的界限），这就是欧瑞图斯决定万物之数的方法，就像有些人用鹅卵石求出三角形和四方形的数的方法一样，用鹅卵石求得活物之数（例如，一个人的数，一匹马的数）；还是（2）由于和谐是一个数的比例，所以人和其他的所有事物也是如此吗？但是，白的、热的和甜的这些属性怎么成为数了呢？很明显，数并不是形式和本原的原因；因为比例是本质，而数是形式的原因，也是质料。例如，肉或骨头的本质是数，仅以此方式，"三份火与二份土"[1]。而且，一个数，无论是什么数，总是某一事物的数，或是若干火或是若干土的份数，或是单位的份数，但本质是各事物在混合物中的比例，而不再是一个数，无论这些事物是有形体的还是另外的东西。

这样，无论是一般的数，还是由抽象单位组成的数，既不是事物生成的原因，也不是质料，也不是事物的比例或形式。当然，也不是目的因。

六

人们可能提出这样的问题：事物的组成可以由一个容易计算的数或一

---

〔1〕据说这观点源于恩培多克勒论述骨骼的创生。

个奇数来说明，那么事物从数中获得了什么好处。[1]事实上，蜜水并不是因以三与三的比例冲调为佳，不按照可用数字表示的特定比例调和，适当冲淡了的蜜水更合适。再有，混合的比例是以数的相加来表示，不仅仅以数来表示，例如，这是"2份蜜加3份水"而不是"2乘3"，因为乘法中相乘的两者必是同类的，所以$1 \times 2 \times 3$的积必须是可以以1为计量，$4 \times 5 \times 6$的积以4为计量，所有乘积必须以原乘数为计量。水的乘数是2×3的同时，火的乘数就不能是$2 \times 5 \times 3 \times 6$。[2]

若是所有的事物必须共有某个数，那么许多的事物就必成为相同，同一个数也必会既属于一个事物，又属于另一个事物。那么，数是原因吗？事物的存在是由于数吗？或者这并不能肯定。例如，太阳的运动有数，月的运动也有，每一动物的寿命和鼎盛时期也有数。那么为什么那些数不应当是平方、立方、相等或成倍呢？没有什么理由使它们应当不是。因假定所有事物必共有数，所有的事物必定在数的范围内移动，因此，不同的事物就可归于相同的数。如果某些相同的数曾经属于某些事物，这些事物彼此将是一样的，因为它们有同样的数型，例如，太阳和月球会是相同的。但是为何需要这些数作为原因？有七个元音，乐律有七弦，昂星团有七星，动物在七岁时换牙（尽管并不都是如此，至少有些是这样），攻打底比斯的勇士有七个。这是因为这些数就是这样的吗？勇士有七个，昂星团就有七星？可以肯定的是战斗中有七位勇士，是因为城堡有七座门或是其他原因，而昂星团有七颗星是因为我们数出了七颗星，正如我们数出大熊星座有十二颗星，而视力上佳的人会数出更多的星。甚至，他们说Ξ、Ψ和Z

---

〔1〕原文含义晦涩难解，事物的组成应该是比例，而与奇偶无关。事物由数获得好处，更是无法得其要旨。

〔2〕意即不同的两物不能相乘。

是和声，因为有三个和声，双辅音也是三个。他们忽视了这样的字母可以有上千个，譬如ΓP。但是，如果他们说，这三个字母中的每一个都等于两个字母，而别的字母就不是这样，其解释是：口腔的发声有三个部分，各部分只有一个字母相应于σ[1]，正是由于这个原因，所以只有三个双辅音，而不是因为和声有三个；事实上和声不止三个，而双辅音只有三个。这些人像旧式研究荷马的学者，见到了小同而忽略了更大的方面。

有些人也是这样，并提出了许多这类例子，如两中弦以九和八来表示，而荷马史诗的一行有十七个音节，在数目上等于两者之和，而诗的音步划分，一行诗的前一半是九个音节，后一半是八个音节。并且他们说，从A到Ω的字母数正好是笛管由最低到最高音间的音符数，而这个音符数正好等于整个宇宙的合唱团队[2]。可疑的是，人们谁都不难去陈述这样的类比，抑或是在永恒的事物中找到这些类比，在世俗的事物中也不难发现。

数的特性和它们的对立，以及一般的数学关系，正如使得它们成为自然世界的种种原因的人所描述的那样，经过我们这样一番探查，它们似乎都消散了；因为，它们中没有任何一个在任何意义上可以被归之于本原。[3]然而，他们辨明了以下内容：善属于数，而且奇数、直、平方和某些数的潜能都归为美这一栏。季节数与四一致，在数学中也可搜集到一致的例子。这些，实际上就是一些"相符"。它们是一种巧合，但是所有相符合的事物也是彼此相适应的，是由于类比的一种巧合。因为在每一种存在的范畴中都可发现类比项，比如，直之于线，平之于面，奇之于数，白

---

〔1〕即"sigma"，读音为['sɪgmə]。

〔2〕希腊文字母刚好24个，亚历山大注释说字母数刚好等于黄道12宫，加上太阳和五大行星等8个天体，再加上火、土、水、气四元素。

〔3〕本原和"原"的各项意义，见卷Δ（五）第一、二章。

之于色。

再者，理念数并不是音乐等现象的原因（相同的理念数类别会不同，甚至单位在类别上也不同），所以，至少由于这个原因，我们没有必要去假定理念。

那么，这些都是这个理论的结果，而且还可以汇集得更多。他们在制数时遇到了很多的麻烦，也没有完成一个数论体系，这似乎就表明，数学对象并不能与可感觉的事物分离，它们也不是本原。

附录：亚里士多德的历史地位

在漫长历史与学者的偶像崇拜过程中，亚里士多德之名都代表着客观、不朽与整个抽象世界的智力权威。中世纪的学者为使亚里士多德与他们的世界同化，而抹去了他的个人性格，并使其成为哲学的代表。这种对待亚里士多德所代表的事物的态度，毫无疑问非常重要。而亚里士多德本人，也是以哲学议题而非个人、永恒真相而非历史留名为目的，但是将其等同于真理本身的年代已经过去了。尽管欧洲文化中哲学独立革命的成就，是以500年来对亚里士多德的抗辩的形式体现的，但他在西方作为智识领袖的历史重要性却没有减弱。然而，从现代观点来看，他只是传统的代表，并非我们目前自由且有创造性进步的知识的标志。我们只有从他在希腊文化与哲学中的意义，以及在他的世纪中完成的特殊任务进行历史性研究时，才能与他建立富有成果的关系。每一个穿越历史留存下来的伟大精神，都无法避免这一命运。现代人要接触他，就必须先将他从历史根基中脱离，并使其中立。接下来的问题就是，亚里士多德对后人的"鲜活"影响，何时会走向反面，以至于只有从传统回归源头，以及回到真正的历史意义，才能够使其免于学术死亡，对此只有时间能够作出解答。由于学院哲学在我们中间自成体系地存在着，因此即使今天，我们也很难就亚里士多德是否已经到达这一天达成共识。本书不论从何种程度上来讲，都是从对待亚里士多德的历史态度中产生的。虽然如此，本书对那些不愿从历史态度来看待亚里士多德的人来说，也是有一定价值的，因为如果不把亚里士多德作为一位历史人物进行深入研究，我们就不能了解他对后世影响的特殊与深度。

因此我提议，作为讨论的结尾，我们要将本书的历史结论，运用到亚里士多德在他所生活的世纪中的学术活动上去。到目前为止，他的哲学形式与柏拉图向希腊学者们提出的伟大问题之间的内在联系，已经很明显地体现在其对理念哲学的批评，以及特定概念的发展之中了。这种对特定概念的检验，是对柏拉图与亚里士多德进行哲学解读的特殊任务。另一方面，不断发展的文献学历史，虽然要求进一步的哲学解读，但最终目的并不在于问题本身，而在于从哲学领域发现这个民族的精神在整个知识进步中的特殊形式。追问哲学在这一进步过程中，引领或被引领着走了多远是没有意义的。即使人们将一个时期的整体文化纳入考量，也无法回答这一问题，因为这样就是错误地假设，只有意识的内容是真正重要的，而没有看到哲学形成这一内容的重要性。下面，我们将试图完全通过亚里士多德哲学本身及其历史背景，来理解其在希腊文化中的有机重要性。我们将从特定学科的材料中进行抽象，并完全将注意力集中在其哲学问题与学术形式的历史本质上。

1. 分析思维

在这里我们将仅仅就其哲学的整体精神特点，来探索亚里士多德在逻辑研究方面的巨大成就。其思想的分析能力，在这里得到了典型的表达。理念论所包含的基本逻辑的发现，柏拉图哲学中认识论与方法论的轨迹为它提供了道路；但是《分析篇》与《范畴篇》的思想根源，并非柏拉图不同程度上切实与客观的思想。现代研究已经成功地证明，一些《论题篇》与《范畴篇》等早期作品中的逻辑命题，毫无疑问产生自雅典学院，并被亚里士多德进行了利用。正如我们对《欧德摩斯》的研究所体现出来的，在对柏拉图对话录中基本逻辑的比较分析后，进行了十分细致的讨论，也确认并扩充了这一结论。然而，我们在亚里士多德的作品中，第一次找到了真正的抽象，这贯穿其思想的始终。在这里，我们不会对抽象及其在希腊思想中的逐渐兴起进行研究，也不会去证明其如何在柏拉图的理念哲学中越来越清晰地展现。了解了亚里士多德强大的观察能力，才能完全掌握抽象及其自身独特的法则。从他对类别、形式以及科学推断的假设的逻辑属性与关系孜孜不倦的研究中，我们可以看到，亚里士多德在后期拓展逻辑领域所进行的调查思考的雏形。他将自己的新学术领域建造成为一个纯粹的形式，并明确地告诉我们，对他来说，逻辑像修辞一样，不是一种客体的理论，因而不是一种科学（φιλοσοφία），而是一种能力（δύναμις）以及一种技巧。他将逻辑严格地从灵魂中概念与思考的起源问题中分离开来，并将其单纯地视作一种知识的工具。而恰恰因为这一原因，他将自己三段论的学说与客体学说相结合，去建立一种自我支持的知识理论，其基础是对所谓定理的研究。这并不能证明我们提及一种形而上学逻辑的合理性。它打破了亚里士多德之前的哲学中唯一的逻辑形式，即旧的本体论，并将其一次性拆分成为词（λόγος）与事物（ὄν）两种元素。它们之间的联系需要被重新建立，且需要通过形式因的概念完成，这不仅是概念，还是事物以及认识与存在的基础。这种方式受到了亚里士多德现实主义的限定，看上去可能不是令人满意的解决方案，但距离逻辑概念的投射、判断、推断以及黑格尔所教导的现实很远。

我们有必要意识到，分析思维对亚里士多德哲学的精神形式有着怎样巨大的影响，因为这决定了他所走的每一步。他作品中的一切都是最完美、最精致的逻辑艺术，而不像现代思想者或学者的作品那样，只是一种粗糙的半成品。他们常常将观察与推论混为一谈，并且很不善于辨别有意识的细微差别以及逻辑精确度。这是因为，我们已经没有那种情趣与时间来完善这种逻辑艺术了，我们的成长过程，没能接触到古代辩证法意义上更为精细的思考，即使是亚里士多德的现代解读者们，都没有在他们的评论中体现出大量的逻辑艺术。在这一方面，我们可以从古代评注者们的身上学到很多。他们有幸没有经历学术衰败的过程，并怀着对亚里士多德的思想艺术有意识的兴趣，依循逻辑方法按部就班地进行。事实上，第四世纪的思想与当时的语言表达是相同的，二者对于当今的普通人来说都已经是关闭的世界了，只有一点苍白的闪耀能够穿透现代人的意识。不论我们对这种有意识的技巧培养持怎样的态度，其中都有第四世纪的部分精髓，对此，我们一直感到一种精神上的亲密关系，因为柏拉图与亚里士多德的名字，对我们来说有十分直接的意义。虽然如此，从这到真正的理解，仍然有很长的一段路要走。

这种思想分析习惯，在对问题的实际解决上有着重大影响，对此，我们能够一步一步地追踪溯源。例如，在《伦理学》中，解决问题卓有成效但也不乏缺陷的程式概念，是由较早的推测逼迫而成的（比如"美德=知识"），并第一次为道德动机以及道德行动与意志的真正分析让位。这绝不仅仅是"心理学化"的伦理学，它的起点一定是对特定词语及概念进行的精确逻辑探究，并对这些词语及概念的应用进行精确描述。我们可以拿《尼各马可伦理学》Ⅵ中对哲学智慧、实践智慧、精神、科学知识、艺术、理解、熟思以及聪慧的分析作为例子。这本书中，本着心理学上的精度，对柏拉图盘根错节的实践智慧概念进行了分析，这是从苍白的善之理念到意志与意图的道德之路上的重大进步。如果没有概念分析能力，这一步根本不可能完成，因为这种概念分析为作者提供了基于语言的意义的理论，其同情的心理理解就是从这里开始的。

这个例子还清晰地体现，柏拉图的"概念"在检验之下立即分解成为它们的组成部分，并无法逆转地完全消失。据亚里士多德所说，实践智慧包含了作为客体的理念，与作为认识过程对理念的沉思，以及通过这一视角对善的知识与情感和行动的实际满足的理论追索，简短来说，就是整个"哲学生活"。亚里士多德将整个"哲学生活"浓缩为与日常语言相对应的含义，于是它就成为了"道德见解"，这只是道德气质的分析中许多元素之一。同样地，亚里士多德也将柏拉图的存在论与认识论区分开来。理念是一种多层次、可触及、可了解的统一体，且同时是道德理想、美学形式、逻辑概念以及实质存在。这个统一体被分解成了"普遍""实体""形式""某物意味着什么""定义"以及"目的"；而这些概念中的任何一个，在综合性上都远远不及统一体本身。亚里士多德的"形式"（εἶδος）就是学术化的理念（ἰδέα），其与《实践智慧》一样同柏拉图的概念有联系。柏拉图的精神所触碰的所有事物，都有一种特定的可塑性，它们比其他事物更加坚决地抗拒亚里士多德思想的分析学冲动。亚里士多德思想的分析力之于柏拉图的思想，恰如解剖图之于塑料人体模型。这种力量可能会使皈依美学和宗教的人感到惊诧。无论如何这是亚里士多德思想的一种特质。

这种分析学原则的实践，是现代意义上科学的诞生。当然，我们不能忘记，现象不仅仅有这种神秘的意义，也是整个学术发展的一种征象。在整个希腊思想史中，亚里士多德毫无疑问地站在了一个转折点上。在柏拉图的哲学中，富有成果的逻辑智识，以前所未有的程度渗透到了创造神话的传统力量之中。在柏拉图哲学的伟大成就之后，过去想象世界的创造力显然衰落了，而科学以及概念的思考占据了优势。紧紧抓住这一不可避免的历史发展，就是科学哲学的创立者亚里士多德。科学性是哲学的一种特性，或者说至少是希腊哲学的一种特性。这种思潮并没有成为一段新的富有成果的哲学发展历程的起点，只是这一历程中所经过的一个高点，而且一直与亚里士多德的名字相关联。他《分析篇》中的艺术，呈现出一种机械性的外向形式，此种形式后来被希腊式哲学所取代，并进一步追寻至经院哲学，但是他的分析学精神并没有衰落，而是在实证科学中找到了温床。科学哲学的基础，成为了科学与哲学最终分离的直接动因，因为长远看来，希腊人无法忍受科学精神入侵他们对宇宙的努力想象。

科学哲学的分析思想掌握现实世界及其本身的学术传统，是通过分部、推论以及辩证法的特殊形式完成的。假设只扮演了次要部分，而且一直只用在与分部的关系中。希腊式科学不包含能够利用此类方法的实际先决条件，尤其不包含实验方法。所有分部都进行了整齐划分。分部划定了概念的范围和内容，以及方法的应用，因此间接地导向了我们称之为系统的事物的普通概念安排。亚里士多德一直被认定为最卓越的系统化者，因为在他的思想的影响下，哲学被分为一系列独立学科，而又通过它们共同的学术目的组合成为统一体。然而，通过这种方式，将哲学系统化的第一次尝试发生在柏拉图后期的雅典学院，比如《斐利布斯篇》将物理学从理念的研究中分离出来，并称其为"第二哲学"，理念后来则被亚里士多德归为"第一哲学"的研究对象。齐诺克雷蒂享有盛誉的逻辑、物理、伦理三元论也体现出，伦理学已经在雅典学院中获得了自身的独立性，并确立了希腊式哲学的一个纪元。

然而，那些禁欲主义与享乐主义的系统明显体现，亚里士多德的系统与柏拉图的系统缺乏希腊哲学类型的主要特点，即封闭性。因此他们不熟悉体系（σύστημα）这一术语就不稀奇了。这一术语充分描述了希腊式世界图景的架构特性。这个世界是自给自足的，突出整体性，并脱离活生生的研究自足性。亚里士多德思想的灵魂不是集结的综合（συνιστάναι），而是分离的划分（διαιρεῖν），且不是作为一种构建的原则，而是一种活生生的研究工具。因此，他的"系统"在每一个方向都保持临时性与开放性。他没有在任何一个篇章清晰并确定地划定主要学科的界限，而那些为其哲学系统性表达而感到惊奇的人们，甚至不能说出他的哲学包括哪些部分。亚里士多德所写下的理论的、实践的与生产的三部分，并将理论部分细化为神学、数学与物理学，这些计划其实是没有在书中体现的，也反映不了他的真正系统，这只是一种概念分级而已。他在思想发展的某一阶段写下那些文字时，仅仅象征了形而上学在哲学中所扮演主要角色的地理坐标。此外，此类特定学科总是会在完整系统化的尝试中面临困难，这一点，在我们了解亚里士多德的文章如何产生之后就更明显了。这些学科来自对专门问题孜孜不倦的研究，当我们详细地检验它们的系统性架构时，它们总是呈现出一种松散的图景。在这方面，《动物志》与《形而上学》或《政治学》是一样的。一种系统性安排的概述，通常只有在将各个部分整合在一起时才会引出，而且只可能实现一半，或完全无法实现。生产出一个外部的体系架构不是亚里士多德最初的想法，因此我们也就无法进行"重建"，就像那些各个层级互相重叠的定律，无法形成一部通顺的文献整体一样。

如果我们放弃系统的意义，也就是说放弃教条的建筑物，就只剩下了具有分离与整理的分析学力量，其实这也是一种非常不同意义上的系统性。这样一来，系统所意味着的就不是外部可见的表面、知识整体性的构建充满了僵硬和教条化，以及从特定探索即学科的多样性中产生出来的了[1]，而是基本概念的内部分层，这是亚里士多德首先进行揭示的。

当他将范畴之网撒向现实，之后从中选择出独立的"此某物或彼某物"（τόδε τι），宣告其为哲学思想的"实体"时，它就深入到概念的内涵中了，以便在其中将质料、形式、本质、普遍、潜能与实现一一排列，这毫无疑问是系统性的思考。通过这种分析，单纯的"此某物或彼某物"被区分为决定质料的形式，以及普遍概念思想掌握现实的实质的形式，后者与物质的相关正如行动与潜能的相关。同样，基本的概念像地层一样穿透几个学科。因此，形式概念就穿透了心理学、逻辑以及所有特殊的科学，

---

[1] 这种系统性的希腊式概念，是由塞克斯都·恩披里柯（*Adversus Logicos* I 198, 3 ff）在禁欲主义来源为主的基础上发展而来的。事实在这里被视作一种"固定的"科学体系（ὡς ἂν ἐπιστήμη καθεστηκυῖα συστηματική），而后者则被设定为许多事物的集合（ἄθροισμα ἐκ πλειόνων）。

它也属于物理学与形而上学，也就是理论性的哲学。努斯的学说贯穿形而上学、伦理学、心理学以及分析学。这些普遍的学术主题从内部将这些学科联结在一起。然而，这一统一体不是从任何各部分有意的同化中产生的，而是这些学科多样性产生的最初核心。柏拉图的理念是道德、本体论以及知识的理论的统一。分部的方法将理念分成了几个学科，但是与柏拉图对统一体的追求相对应的是，亚里士多德在它们之下建立了一种与理念相对应的概念，这种概念对于现实与知识都是普遍的，它在根源将多样性统一起来。

虽然如此，每种特殊领域仍然保持其试验性的以及研究的特性，并永远不会在整体以及无可指摘的架构和外部形式上达成圆满；它们将一直完善自身，推翻之前建立的东西，并寻求新的路径。如果说亚里士多德追求某种完整性的话，那应该是问题的完整性而非知识的完整。我们对亚里士多德的伦理学所作出的结论可以体现这点。柏拉图说，幸福的问题不存在于美德、快乐或实践智慧中。而《斐利布斯篇》表明，快乐的问题是如何将自己从哲学研究中独立出来，并形成了自己的领域，而仅仅是一带而过地触及了实践智慧，以及美德和幸福。同样地，实践智慧、美德、友谊与幸福也有自己的范围。它们都频繁地出现在雅典学院的研究中，而且总是相对独立的课题，这体现在了雅典学院成员作品的题目中。柏拉图的对话录为这些已成独立的问题，提供了一套可信的图景。亚里士多德收集了有关伦理学（τὰ ἠθικά）的所有问题，并在没有削减特定组合自由发挥的情况下，逐渐将它们在这一最初松散的统一体的框架中，安排到一个更为紧密的方法论框架里。然而，统一的过程从来没有有效地发展到这种程度，能够"系统性"地合理解释《尼各马可伦理学》第八与第九卷中《论友谊》的问题，也无法通过思量而非编辑使第七卷与第十卷"论快乐"中问题的双重讨论得到解释。在我们能够更深入地看到根源的作品中，比如《形而上学》与《物理学》，我们发现，趋近思想过程的结尾处，体现出一种渐进的达成统一结构的努力，虽然这种努力永远无法完全成功。只有其发展的历史能够清晰地展露，我们称之为亚里士多德的"系统"的根源与含义。希腊式的系统与亚里士多德晚期的作品相联接，但是它们从外部印象方面出发，且希腊众多系统中处于第一位的对亚里士多德来说则是第二位。他们教条地从"有效"命题当中建造了一幅世界的固定图景，并在这样一个安全的壳里躲避人生的风暴。

2. 科学与形而上学

亚里士多德哲学的所有线索，一方面在他的形而上学中汇聚到了一起，另一方面它们又延伸到了其他学科中。形而上学表达了他的终极哲学目标，任何对其学说细节的研究，如果没有从形而上学这一中心开始的，就一定忽略了主要部分。对形而上学的本质与成就形成一个正确的判断并不容易，仅仅是与这个名字有关的偏见，就为研究者造成了很大的困难。亚里士多德的哲学教条具有支配的时代，是以科学的形而上学将其瓦解而结束的。从那以后，我们不得不将他视作教条主义者的领袖，以及康德所克服的对立方，并且认为，我们更偏爱他的哲学中非形而上学的部分，使他在实证主义的哲学中显现出来，就是对他有帮助了。然而，即使在其研究成果最为丰硕的时期，他也并非实证主义者。他的形而上学影响流传至今，但是从现代批判哲学的角度无法很好地欣赏，只有在研究其同时代的问题时才能充分领略。当我们从后一个角度看待他时，就会发现他的哲学是建立在一个批判目的上的。他的目的是清除哲学意识中神话和隐喻的元素，并在形而上学观点下，为世界创立一种严格的科学基础——这个世界是他在其概述部分中从柏拉图处借用来的。换句话说，他的方法论兴趣导向这种富有成效的架构。

他的形而上学产生自理智意识与宗教世界观视角的渴望之间的内在冲突，这组成了其哲学个性中新的、问题较多的部分。在希腊物理学家的早期宇宙论中，神话的以及理性的元素互相渗透进一个还未分开的统一体。从历史学的角度，仅仅因为这些哲学包含我们意义上的形而上学元素，就称这些哲学为形而上学的系统，是一种对语言的滥用，即使这种滥用很频繁，也不意味着这就是对的。很自然地，在这种意义上，亚里士多德的物理学也应该被称作是形而上学的，然而，这个例子恰恰使这种过时描述的历史荒谬性清晰如白日。将前苏格拉底哲学称为形而上学，只有在一种意义上是合理的，那就是亚里士多德将形而上学作为一种独立的学科建立的目的，正是让前者的宇宙论中这些教条的、神话的元素成为哲学思考的意识中心。在此之前，这些元素只是迂回的、不被意识到的存在。在某种程度上，使用柏拉图理念世界的表达更为合理。在这里它意指不可见的与可理解的进入哲学意识，尤其是理念的客观一面，作为更高形式的现实，无法通过经验理解。这一点与柏拉图思想发展的后期目的论神学的宗教问题联系在一起，这也成为亚里士多德形而上学的起始点。然而，即使是从现代概念意义上的应用，严格来讲也是非历史性的——尽管我们一而再地违背自己的意愿回溯其中——并阻碍了我们对亚里士多德真正成就的理解。形而上学产生自他的头脑，而且产生自从柏拉图处继承的宗教及宇宙论信条，还有与自身的科学及分析学模式的思考之间的冲突。柏拉图对这种内部的不统一性一无所知。这是柏拉图新的超感觉现实的知识所基于的科学崩塌的后续反应，在此过程中，有一瞬间，精密科学与不可体验的极乐似乎完全交融了。当这种神话与逻辑的坚实统一体碎裂时，亚里士多德认为，柏拉图年轻时期的信条的核心，某种程度上一定是对的，他将这种信心作为一种信仰寄托。形而上学是将超越经验界限的"某种事物"，可以通过理性和思维去把握的伟大尝试。由于这种深刻的问题的集合，是中世纪基督教、犹太教以及伊斯兰教的宗教哲学家都没有意识到的，而且这不仅仅是传统的巧合，亚里士多德因此成为了奥古斯丁之后几个世纪的学术领袖。通过信仰与知识间的紧张冲突，奥古斯丁的内部世界扩展到远远超过希腊灵魂的界限之外。亚里士多德的发展历程说明，在他的形而上学之后，也存在着"信仰，而后理解"。

对形而上学发展的研究，也使得我们更清楚地看到了哲学基础上的方法论。到目前为止，占据统治地位的观点是，"形而上学"一词，来源完全是希腊化时期亚里士多德某个全本作品的顺序形成的巧合，人们通常认为该部作品是安德罗尼柯的版本，并且没有在现实条件下表达出亚里士多德的观点。事实上，这个词是由某位逍遥学派者造出来的，比安德罗尼柯的时期早，这个词完美地描绘了最初意义上 "第一哲学"的根本目的。柏拉图从一开始就把目光聚焦在理念世界的最高峰上，并相信所有确定都直接根植于不可见但可理解的知识中，而亚里士多德的形而上学，是在物理学的基础上进行分析的，因此就采取了与柏拉图相反的方向。最高的单子在柏拉图的哲学中是最精确的常态以及最确定的心智的客体，而到了亚里士多德这里，则变成了最后的也是最困难的问题。我们通常都忽略了一个事实——他对这一新学科的最常用的描述是"我们所寻求的学科"。与其他所有学科相反的是，形而上学不是从一个已经出现的主题开始，而是从主题是否存在这个问题开始的。因此，一开始它就必须证明自身作为一种学科的可能性，而这一"导入"问题确实穷尽了它的整个本质。

亚里士多德从最开始就非常确定地认为，我们所寻求的学科，可能性仅仅存在于当理念或某种"分离的"可理解事物存在。因此，尽管他对此持批判态度，他距离所有真正的了解，都提前假设了一种意识外的客体这一概念（ἐξωὂν καὶ χωριστόν）。这种概念并不比柏拉图更远，这一概念中的客体在某种程度上触及、代表或映射了意识。正如我们曾经提到过的，这一范畴并不是亚里士多德哲学独有的，而是希腊人中普遍存在的。古代思想从未超出过知识与认识客体间关系的混乱概念。然而，在这种历史局限内，亚里士多德的形而上学代表着一种问题的状态，这些问题与柏拉图本体论的关系，几乎同康德与18世纪教条理性主义的关系一样。"我们所寻求的问题是否可能"这一问题对他来说有着客观的意义。是否有这种假设的、超感觉事物？对康德来说，"是否有先验综合判断呢？"这个问题有方法论的意义，如果没有这个问题，形而上学就无法产生。古代批评背负着现实，而现代批评背负着理性，如果可以这样说的话，表象一定不会阻止我们检测到历史情景的内在相似性。除了漫长的误解与形式主义结束之后产生的复兴外，亚里士多德与康德都代表了他们所归属的发展链条中极端的点。真正进行着的进化——越过或追随康德或亚里士多德的形而上学方面之后——以一种有时感觉论者、有时唯理论者的片面性，忽略了这两位思想家给问题带来的科学准确度与精度。因此，亚里士多德是康德唯一可以在平等的立足点与之进行探讨的希腊思想家，而且可以将其超越。从其他方面来说，康德的立场完全基于其对认知的意识的超验批评；亚里士多德的批判现实主义则基于其物理学系统，并结合了批判分析，从存在的概念以及经验的客体开始。

据亚里士多德所说，形而上学首先以物理学为基础，因为它不过是被推动的自然建立在经验基础上的体系必然的结论。物理学的主要任务是解释运动，而亚里士多德对理念论所提出的主要反对就是，它没有解释运动。在提出这一反对的过程中，他建立了一种作为经典模式的、确定的自然科学，也就是欧多克索斯构建假说的方法，这种方法通过引用最简单的原则来解释一系列复杂的事实，比如对所有行星简单的圈形运动轨迹进行数学构建。形而上学的方法论理想是"拯救现象"。形而上学必须从事实本身以及它们的内在法则推出经验世界的终极原因。为了这一目的，形而上学确实在某一点上跨越了直接经验的边界，但是在正确的解读下，并不能够明确事实本身中存在的前提条件。从动物运动到永恒的宇宙运动，以及永恒宇宙运动到最外圈的运动，对于亚里士多德来说，就是欧多克索斯的自然科学超越所有疑问的事实。形而上学代表了在这一领域内从未达到过的数学上精确的经验知识。在亚里士多德式物理学的前提条件下，这一运动的系统必须在某种终极目的因中找到其压顶石。因此自然本身就提示了第一推动者。

亚里士多德通过分析实体概念，将这一知识分支更为牢固地锚定在物理学中，并借此给予所有运动的最高原因的思想一个更为明确的形态，作为自然形式领域中最高及最终的形式。亚里士多德存在论的起点是可感觉的表象世界，是朴素的现实意识中的个体事物。是否有方法可以理解这种个体存在呢？事实上，较早的物理学不含有这样的意义。元素以及运动的理论确实没有为"所有事物"的组成部分提供许多信息，而是仅通过猜测含有此类信息。有关个体事物物质元素的技术性分析，在现代自然科学的实践当中，对德谟克利特高度发展了的原子论来说，就像对更早也更原始的物理学家是一样无法企及。柏拉图哲学在其发展的最后以及最高阶段，随着分部的辩证艺术将科学知识（ἐπιστῆμαι）的客体作为理念的整个等级制度，从最综合的种属直到最低的无法再分的种类（ἄτομον εἶδος），但所有处于理念世界这一边，也就是体验边界上的客体是无序（ἄπειρον）的，只是意见的客体，而不是真实的存在。柏拉图的不可分者还不是亚里士多德的个体，而是一种与物质相联系的内在形式（ἔνυλον εἶδος）。柏拉图在其最后阶段，真诚地与意见的问题角斗，仍无法跨越理念，从而掌握经验的个体存在。物理学对他来说只是一堆"可能的神话"。

这恰是亚里士多德的批评开始的地方。他的目的一直以来都是使理念能够产生表象的知识。这对他来说，可感觉事物应当概念可表述，这一要求对他而言是同义的，因为作为一名柏拉图主义者，他认为知识与科学只有通过普遍才成为可能。他站在柏拉图晚年理念论经历的改变中，这也带来了对理念论逻辑的一面作为普遍、概念以及对知识的重要性的彻底阐明，同样的过程使得理念的本体论一面充满了问题。亚里士多德认为，普遍事物不具备独立存在作为公理的特质。从他的角度来看，柏拉图晚期的理念论是对普遍的一种实体化，对此，他提出了形式决定物质的反对学说。这一学说通过使朴素的现实主义"事物"概念化而将它们废除。可感觉的客体只有变成一种概念形式，才能变为思维主体的知识，另一方面，它也只能成为它的形式。通过理解的形式以及概念分层的种类多样性，对现实进行的完全决定并非根植于了解意识的超验法则，而是在现实本身的架构之中。这里面隐藏着一个严重的、我们一定不能忽略的问题，但是亚里士多德的整个目的就是通过理念掌握个体。只有假设通过理念人们抓住了事物中真实的事物（τὸ τίἠν εἶναι），亚里士多德的程序对他才是可想到的。质料是剩余的、非存在的，其本身无法了解且非理性，即使将事物清晰化为一种形式和一个概念之后也是如此。这种非存在性既非存在又非不存在，而是"尚未"存在；也就是说，它只有在成为某种概念决定的载体时才能达到现实。因此，与物理学家们所假设的相反的是，没有哪种质料只是纯粹的质料；这种确定形式的质料，如果在形式之外考虑它，其实它已经是某种形式化的东西了。没有绝对无形式的以及无定义的事物是"存在"的。终极物质的概念，是绝对地不成形以及无法确定的，而仅仅是我们思想中的一种限制性概念，无法描绘任何实质现实。所有事物都是形式，但形式本身变成一种更高级形式的质料。因此，亚里士多德对存在的观点，将我们导向了决定其他任何事物并不被任何事物决定的终极形式。他的内在形式的物理学，只有在形而上学的超验形式中才达到了目的。

这样，形式也解释了运动，对此，德谟克利特与柏拉图都没能从他们的视角给出一种科学的描述。亚里士多德的运动理论，目的在于发明一种运动的逻辑。他试图使概念思想能够接触这种逻辑，正如他通过在质料事物中发现可以解释的某些形式或决定因素，来使其对概念思想变得可接触一样。这样，他就将逻辑限制在一个固定的框架中，其中的一切都是运动与流动的，且没有固定与恒久的事物，科学也失去了权利。根据亚里士多德的物理学，恒久的元素作为运动存在于质量与形式中。他缺乏进行精确量化测算或决定质量的量化条件的技术性工具，因此其研究无法在这一方向上进行。然而无论如何，他发现了运动在宇宙中以固定的形式在固定的范围内进行。地球生命明显随意且无规则的运动，与世界作为整体相比是微不足道的，在任何形式下都不可能损害宇宙上层的、不可毁灭部分的伟大图景。这里再一次地，欧多克索斯的天球理论对亚里士多德的世界观有着根本的重要性。空中可见的表象所引发的假想，说明了星体在永恒进化，在它们的组合与持续中，有一种确定形式的目的，无法从当代重力理论的机械先决条件中演变出来。大部分物理学家都依赖于宇宙漩涡使世界运动的理念，但是，随着人们增加了秩序性以及现象的多样性的知识，机械性宇宙论的概念就越来越退居幕后，因为这事实上似乎是荒谬的。亚里士多德在这一课题上比柏拉图走得更远。后者曾试图在欧多克索斯的假设基础上理解世界是如何被创造出来的，并将这一创造的开头作为一种规定事物的合理原因而非混乱。然而，当亚里士多德宣布天体与宇宙本身是永恒持续以及非创造的，且它们的运动来自内部的、形式的或最终的目的因时，他就与这种心智上阿那克萨戈拉式的秩序或统治（διακόσμησις）完全分离了。

有关运动的形式是生命的本原（ἐν-τελ-έχεια），在形式中的每种事物都包含了自身运动的实现。对于天体来说，这是它们永恒的圆周运动，但是亚里士多德将这一原则也施加在地球事物之上，从而在形式世界中的每一个部分实现了柏拉图的目的论。地球事物的运动在柏拉图的语言中是无序的，但是在更密切的检视下就会发现，有机世界中变化的根本原则与宇宙中相同，具体来说就是移动，也就是所有类型的运动。这里的移动作为有机生成与毁灭的特殊法则，它们自身则依赖于形式。对生成与毁灭的事物，实现就是这一有机发展的顶点。在它们当中，理念作为一种从内部产生，并从质料的种子中展开的秩序性与确定性显示出来。

我们一直都假设"实现"的后一种意义是最初的，而且这一概念最早是从有机生命开始，通过概括转移到其他领域的，因此它像现代的"生命力"一样，意味着某种活力论或生物学。这是在假设，亚里士多德一开始就完全掌握了在《动物志》中展现的动物学与生物学，以及他或多或少地在自己的研究过程中，从客体发现了这一原则。最近，人们形成的观点是，生物学发展的概念是亚里士多德的真正成就，这是一种非常激进的现代化。"生命本原"的含义不是生物学的，而是逻辑的与本体论的。在任何一种运动中，亚里士多德的目光都聚焦在运动的结束上。令他感兴趣的不是某物"即将生成"，而是某物"正在生成"，也就是某种固定的常规的事物"正在进入存在"（实现自身），即理念。

"永恒运作的创造力，
永不停歇地将你包围在爱中，
闪烁摇摆的幽灵之中
永远矗立着思绪本身。"

潜能与实现的概念，通常也是从有机生命的过程中演变而来的，亚里士多德时而以种子与成熟有机体作为例子来描述这一概念，但是它们不可能真的来自这一领域。它们一定是从人力或能力（δύναμις）中拿来的，一时间保持潜伏，一时间变得活跃（ἔργον），只有在这一活动（ἐνέργεια）中达到其终点（实现）。更为非历史性的是，将星体灵魂作为所谓活力的，甚或万物有灵论的实体形式扩展至整个现实的后果，正如那些坚持认为亚里士多德为无机事物赋予灵魂，并继而将其视作万物有灵论者的解读学者所做的。

我们在宇宙中越是升高，运动所体现的形式就越是单纯地趋向终点。世界的运动作为整体，是绝对且脱离了一切质料的形式的影响与表现。这种形式完成了前柏拉图的物理学的否定，前柏拉图的物理学认为，世界产生自混乱的质料，以及用机械原因解释世界。现实从其决定性及其实质上必须是如其所是；现实不能够仅仅由可能性与偶然解释，那样它可能不会存在，或是其他的存在。运动的开始一定是形式，而且最高的形式一定是纯粹的现实，以及彻彻底底的确定与思想。这种思想无法想出比其本身更加完美的任何事物，因为作为整个世界运动的终点，既然所有事物都指向它，它就必须是存在着的最完美事物。虽然如此，思考自身的思想不仅仅是一种形式上的无内容的自我意识，一种费希特意义上的"绝对自我"。在亚里士多德的目的论中，实体与终点是统一的，最高的终点是最确定的现实。这种实质的思想同时掌握了柏拉图所理解的最高理想与个体的丰富决定性，因此它就是生命与永恒的福音。神与世界是统一的，不是因为他穿透世界，也不是因为他在其自身中保持其形式作为一个可理解的世界的整体性，而是因为世界取决（ἤρτηται）于他，他就是统一，虽然他不包含于其中。由于每种事物都争取实现自己的形式，就自己的部分实现无限的完美，而无限完美的整体就是神。

亚里士多德对柏拉图发现的概念及形式进行精确思考的尝试，在可感觉世界的知识中产生了成果，这些成果只能组成对自然及本质的概念性理解，而不能从一开始协助我们探索质料因。这就创造出了一种自然哲学，其基础在我们现代的意义上是"形而上学"的。亚里士多德自身的意图是相反的。他相信他对自然的目的论解释远离了早期物理学，衍生出了所有质料与机械动因引起的现象。他在辨识这些较低原因的同时，将它们附属于形式因以及最终的目的因。质料与力不是"自然"。它们是自然的杂务工，自然本身是遵循一个内在计划和理念的建造者。原子论者所理解的自然，其必然性像人类技巧一样，是自然活动的必不可少之条件，但对于自然的解读者来说，就像柏拉图已经提出的那样，自然的必然性仍然只是一种第二动因（συμαίτιον）。亚里士多德在生命历程中的积极研究越是深入，他就越是需要深入地穿透个体事物特殊质料去探索。另一方面，只要他的物理学维持在概念讨论的范围之内，第二动因与目的因之间的关系就不会给他造成多大困难。包含了古代化学最初尝试的《天象论》，在来历不明的第四卷中，描述了亚里士多德的一个追随者在转向质料的构成问题时，第二动因与目的因之间的关系如何变得充满疑问。德谟克利特的原子理论和虚空概念立即重新成为有效的假说，而没有危及物理学的根本目的论特性。《天象论》第四卷的作者就属于这样一个过渡的阶段[1]。斯特拉博的研究更进一步，并在途中抛下了形而上学与目的论，在德谟克利特主义的基础上，重新建立了亚里士多德的物理学。他将自然的"技术"转移到了质料及其性质。有人曾提出，他就是这一卷的作者，而且这是较早期的作品，那时他的老师还在为原子论概念而纠结；但这并不是说作者籍籍无名，我们就不能理解该作品中有趣的发展方向。目的论的物理学从柏拉图晚期阶段延续到亚里士多德的早期阶段，并成为了后者哲学的基石。它在有关动植物王国的研究中找到了原则的土壤。另一方面，提到无机物的检验时，形式的原则在长远历程上就失败了，而原子论的观点就自己重新出现了。

亚里士多德对方法的兴趣也决定了其后来的发展，他后来试图在物理学与形而上学之间插入对世界运动的连续性和永恒性的研究，以及对环形运动的特殊的联结性研究。这引领我们跨越形而上学的门槛，并体现出没有形而上学的物理学就是没有树冠的树干。后期形而上学的根本理念也是关于方法的理念，具体来说就是为神学加上一个普遍的实体学说作为前缀，并继而将形而上学扩展至存在的多种意义的研究。超感觉存在理论的研究主题与物理学明显不同，且现在已经变成了一种对自然的研究。作为存在，它还是物理学从运动角度所研究的主题。因此，形而上学的两个最初的根本主题：第一推动者的物理主题与超感觉的形而上学主题后退到了背景当中，取而代之的是存在的形态学新主题。我们可以从中检测到亚里士多德后期的现实普遍科学的特点，这种特点开始对形而上学产生影响，并在此接受了一种本体论的以及公理的基础。为了事实性研究而对思辨进行的压制也留下了痕迹，比如后期对第一推动者问题的处理过程中所体现

---

[1] 后文见 J Hammer-Jensen, *Herines*, vol 1, pp 113 ff。

的。物理学学说必要的概念性补充，即一切事物所依赖的原则现在也变得非常像一种纯粹的宇宙论假说，且跟其他假说一样，不可能通过经验获得证明，这立即变成了一种无法修复的缺陷。

这种对方法的兴趣倾向于压抑亚里士多德思想中的直观方面。他无法像柏拉图的神话与比喻一样来创造其眼中世界内容的醒目象征。他自己一定也感觉到了这一点，在对自己的哲学进行第一次描述的《论哲学》这一宣言中，他试图利用柏拉图的《理想国》中洞穴比喻的变体，以图画形式描绘一种对待事物的新态度。将地下人上升比作外部秩序和宇宙形式的视野，像是柏拉图原版比喻的一个精细而个人的版本，但是这个比喻依赖于柏拉图的比喻，使得他对世界的态度与柏拉图的态度为我们留下了同样的印象。好像他一开始以这个比喻为先决条件，然后就立即转向了他自己的方法性辩论与分析。我们只在一些孤立的篇章中突然发现，甚至是惊诧地发现，精细的概念网络背后有一种感觉的整体存在着。这种感觉的整体像宗教力量在背后驱动《形而上学》一样隐藏着，从来不会浮出水面直接表现自己。因此，二者都只在概念思考与亚里士多德用来解决问题的方法中以间接形式揭露自己，也因此他的哲学力量作为一种宗教与一种世界观，只有在人们不只追寻美学直觉，而是自己了解了这种强烈挣扎之后，才在历史中复活。虽然如此，让我们尝试使他的世界变成一幅可见的图画。

亚里士多德将柏拉图理想世界的细微逻辑特质也引入到了可见世界当中。根据柏拉图的理论，表象世界中最显著的画面是赫拉克利特主义所有事物的流变，这当中会出现一些特定的永久的岛屿。亚里士多德不是这样看待自然的，对他来说，宇宙中有一个永久形式的固定中心，所有宇宙中的运动都围绕这一中心进行。虽然如此，他不像有些人认为的那样，将抽象概念世界的严格等级制度强加在鲜活的现实之上，他的形式的作用是作为所有生成的建设性法则。然而，我们在其中所感觉到最多的是确定的逻辑统一体的分离性。他想象世界的画面是秩序（τάξις），而不是和谐

（συμφωνία）。他想要的不是发声的韵律和弦，而是所有形式为了实现一种协调思想的组织性共同合作，虽然这对一个希腊化时期的古希腊人来说并非一种自然的感觉。为了表达这种世界观，他发明了一个令人愉悦的比喻，一支军队中战士的战术动作，所完成的是背后不可见的将军的计划。相比于斯多亚学派一元论的"穿透所有事物的宽度"，古典世界是典型的人造形式与轮廓形成的。这一范围内的成员彼此间缺乏联系与动态反应。这一特点不同于帝国哲学"和谐统一"的世界，是普罗提诺渴求第一推动者与天球推动者形式之间有某些关联时心中所想的。亚里士多德的宇宙中的形式整体也是如此，尽管它们的法则最为纯净，且最美地体现为天球的法则。

"变化的事物模仿永恒的事物。"凡间事物的生成与毁灭像星体的运动一样是一种固定的圆周运动。根据亚里士多德的理论，尽管有着不间断的变化，自然是没有历史的，因为有机的生成被形式的恒久不变以一种永远不变的节奏牢牢固定。同样地，人类的国家与社会以及精神世界对他来说，没有被锁定在无法再次捕捉的历史命运的无限动态中，而是牢固地建立在形式无法改变的永恒中；即使在特定限制中发生变化，其实质与目的仍然是不变的。这种对生命的感觉体现在了太阳的大周期中，在周期结束之时，星体们就回到了各自开始的位置，并重新踏上了不变的旅程。亚里士多德认为，地球的文明也同样地遵循着兴衰成败的轮回，这一过程由自然的巨大灾难决定，而大灾难也是由天体的常规变动所决定的。亚里士多德此时新发现的理论此前已经被领悟过千百遍了，现在又遗失在历史中，以后的某一天又会重新出现。神话是遗失的年代中的哲学遗留所产生的回响，与我们的哲学有相同的价值，而我们的认识在未来某一天也将变成古老的神话。站在宇宙中心的哲学家亚里士多德，在思想的范围内接受了一个固定范围内的并且被恒星天包裹的以太球体中的宇宙。当从人类知识的顶峰凝望整体的永恒节奏时，哲学的"心灵"将在沉思中持久不变的世界精神变得神圣。

希腊人古老的几何学宇宙，被亚里士多德的世界图景区别开来，但是并没有被打破。第四世纪的新理念被引入其典型框架当中。此时现实被从内部观照，已经不再是具体的，而是一定程度上透明的。亚里士多德完成了普通的希腊世界图景对柏拉图主义的接受。这个世纪的观点通过天文学与历史学的探索，在时间与空间上都得到了拓展。亚里士多德的世界在有限性上与柏拉图的世界是完全一样的，但是给予亚里士多德的世界特殊情绪与精神动力的这两个世界之间的对比消失了，现在可见宇宙本身闪耀着柏拉图主义的颜色。希腊的世界图景达到了其统一和谐与完整的最大化。然而所有这些并没有从美学与情感的方面对亚里士多德的精神起到推动作用，对他来说，只是可以通过严格的科学来进行概念奠基了。尽管这种美丽单一的画面很久以前就崩塌了，其中产生的问题与方法仍然是科学较劲的对象。在这些问题与方法而非这一画面之中，存在着其天才性的真正的实现（ἐνέργεια）。

3. 对人的分析

伦理学作为一门科学的基础，受到苏格拉底将道德知识问题突出的深刻影响，而且柏拉图也循着这一方向前进。我们习惯性认为，个人良知与意图是关键问题，因此我们倾向于将苏格拉底表述该问题的陌生方式，视作其思想的历史性条件，并隐藏了一个事实上是意识而非良知的问题。无论把希腊思想历史中的伟大现象翻译成当今的对应现象来进行理解是多么合理的行为，都有可能忽略古希腊的伟大成就。这种成就不是宗教预言，也不仅仅在于他们将道德运用在生活中的激进主义，而在于他们对道德价值客观性的理解，以及道德元素在宇宙整体中的客观位置。苏格拉底并非伦理学理论家，他只是在寻求通往美德、远离无知困局的道路，但是这一出发点包含了其所展开的达到结论的种子，也就是"道德"的基础。"什么是善或公正？"这一问题不是预言家而是研究者的问题。尽管这一问题充满热情地肯定了善，但是放在最前面的是我们对称之为善的本质的发现，而对此的无知就是所表达的真正困扰。希腊的道德领袖对道德的客观化与知识的高度关切体现出，希腊人只有通过创造道德哲学才能达到他们最高的道德成就。因此，意志教育的客观意图与"表现"问题，在苏格拉底的思想中位居第二，而且，苏格拉底对此问题的解决，无论从任何角度来讲都无法满足我们。对他像对柏拉图一样，这个问题不是唯一的引导性目的，而是他们二者都有强烈感受的问题的先决条件，具体来说就是善的本质。对他们来说，通往知识的道路是漫长的，另一方面，知识确保行动这一点几乎是不证自明的。

从苏格拉底到亚里士多德的发展，体现在前者的异化进程中，在此过程中，苏格拉底的实践道德教导逐渐退化为理论形式，当我们将苏格拉底学说视作对意识本质的调查，以及对道德自由福音的散播；或者说，如果我们将其归于现代新教与康德式态度[1]的话，就会看到这一点。然而，从我们的角度来看，事件的实际轨迹是道德正确渐进的客观化不可避免的过程；而且是由于希腊精神的核心实质，而不是特定人物的巧合。只有这一过程能够克服稳步解体的旧有传统道德，并伴随着完全的主观主义。对客观性的追求确实产生自一个强大且军事化道德人物的实践困境，但是他的本质驱使其通过与哲学思考联合来发展自己，并从中找到了达到终点的工具；或更准确地说，是通过召唤出一种新的哲学运动，从而为自身创造新的工具。每个苏格拉底主义者，都采取了不同路径来进行这一运动，他们选择的路径取决于是否以心中已有的诡辩派问题从外部入手苏格拉底学说，并只是利用苏格拉底来丰富自己的材料，而没有抓住其超个人的重要性中的问题之核心，还是像柏拉图一样意识到了苏格拉底的超前元素，抓

---

[1] Cf Hemrich Maier, *Sokrates, sein Werk und seine geschthche Stellung*, pp 516 ff and 577 ff。

住这一点并用创造性的力量对其进行发展。

　　学者们通常认为，柏拉图道德"应该"的重大发现又仅仅是一种历史巧合，用现代术语来说，在一种理念的形式中，也就是一种拥有更高现实的超感觉存在。我们通过指出希腊灵魂的艺术要求来解释这种迂回的方法。然而在这里同过去一样，仅仅宣称我们拥有较高级的知识，并莽撞地将我们自身"更高阶"的观点强加在此是不够的。对我们来说，看上去迂回或错误的是事物本身真正本质的认识所必需的历史前提。对客观精神价值的发现不论是道德的、美学的或逻辑的，都只可能从希腊人对待所有事物的物化、塑造以及形式化视角中产生；即使为人类创造哲学与艺术的希腊知识分子也惯于这么做，而且他们纯粹形式的抽象是从一团道德、美学与逻辑假设的混乱中形成的，永远出自人类灵魂。其他族群也经历了伟大的道德提升，但是在道德作为最纯粹形式的价值的哲学描述方面，希腊人与柏拉图的出现是必需的。理念降临希腊人的心智之时，从自然本质上就是作为客观现实出现的，它独立于其所反应的意识。既然它作为苏格拉底的问题"什么是某物"的答案出现，它还掌握了逻辑的和概念的属性。要在思想的非抽象水平辨识道德"应该"的两种关键属性，即不可抗辩性与无条件性，这是唯一可能的方式。柏拉图在发现理念的时候一定曾经认为，他这是第一次对苏格拉底一生的作品核心有了真正的了解，这曾经是一个具有无法动摇的终点与目的（τέλος, ὅρος）的更高学术世界的建立。在超验视野中，从不产生自任何感觉经验的对善本身的观察，苏格拉底的追求达到了圆满。

　　柏拉图认为，单纯的善是人类唯一道德的合理行动，他喜爱将这一认识放入希腊人对至善或最好生活的追寻形式当中。对或多或少包括世界所有的善——已经作出的多种提议来说，他提出了自己的观点："达到善的人就达到了幸福。"只有善人能够正确地使用世界中所有的善，因此，只有对他来说这些善是真正意义上通向善的善。然而此人独立于所有善，并自己拥有幸福，因此，柏拉图放弃了"幸福说"以及善的道德，此二者是每一种广为接受的希腊人生观的基础。然而，正如每一个真正的希腊人一样，他又以变换升级的形式回溯了此二者。善之事业本身是一生热情劳作的成果。它假设灵魂在逐渐地熟悉"善本身"，只有真正追寻智慧的人在通过所有论证方法（μέθοδοι λόγων）之后，在漫长而痛苦的精神之路尽头才能发现善。它不像机械知识那样能够从一个人转移到另一个人。因此最好的生活是"哲学的"生活，最高的善是真正理解了善的人的内心幸福。

尽管柏拉图将普通道德的地位放在哲学美德之下，他仍然成为了道德的理论发现者，以及新的生命理想的创造者。在他的后期发展过程当中，其哲学生活的特性变得越来越宗教化，神的思想取代了善的理念，成为一切标杆的标杆。然而，贯穿其整个发展各个阶段的主要关注点，仍然是客观价值与标准的问题。"参照目标"的生命自身包含了对终点的追求。事实上，柏拉图曾经深深为新发现的纯粹价值的客观世界以及其赋予生命的新的确定性感到震撼。

亚里士多德的早期对话充满了对柏拉图哲学生活的巨大热情，于此同时，即使像《劝勉篇》这么早的作品都体现出，这种学术贵族的独家理想，对社会现实所能产生的影响仍非常之有限。既然现实表明自身不可能接受这种影响，将其施加于这个民族的整体生活之上的尝试，就只可能导向对现实的完全抛弃。在亚里士多德的早期作品中，非常明显地体现出一种抛弃世界的倾向，并对世界的善展现出一种惨淡的消极，以及对无知识社会的毫无怜悯的批评。在这种倾向的衬托下，他的形而上学——宗教乐观主义就更明显地突出了，并照耀在这个世界所有的无价值性与苦难上，他用超脱表象范围的纯学术来追寻不朽生命所召唤的目标。亚里士多德从柏拉图对事物的观点中得到的持久印象，对任何追溯了他后期发展的人来说都是毋庸置疑的，但是，我们一定要记在心里的是，由于这种典型学术观点而隐藏的背景。这一学派开始了在亚里士多德的伦理学中达到顶点的运用，即使他的对话录也暴露出使其成型的穿透性概念分析。人们试图通过人类精神的本质来理解哲学生活的最高理想，在这么做的过程中，尽管他们一开始可能由于缺乏分析心理学的能力，从精神超过灵魂的其他部分的首要位置中得到自己信念的确认，但他们一定会遇到灵魂不同"部分"的问题，以及适当处理非理性部分的任务，也就是说它们都包括在了同化神的精神的过程中。《斐利布斯篇》同《劝勉篇》一样，其他"生活"出现在哲学生活之外，且两篇中都有对其进行关联的尝试。像快乐在纯粹哲学生活中所扮演的角色这样的问题，导向了对道德行动动机的调查，而且，柏拉图在晚年训练年轻人，使他们更早地从善中体验快乐，并从恶中体验不快乐的教学理念，这已经与亚里士多德的伦理学很接近了，亚里士多德的伦理学也认为，只有从善中得到愉悦的行动是善的。既然齐诺克雷蒂将哲学分为了逻辑、物理学以及伦理学或对品格的研究，品格的问题一定也是在雅典学院中解决的。柏拉图后期的对话录体现了意志与道德责任的理论征象，这就证明了，亚里士多德不是第一个在哲学上掌握这个希腊刑法中经过大量讨论的问题的人。亚里士多德检验并拒绝"选择""幸福"以及"快乐"这样的词汇，可能都是他从雅典学院的讨论中得来的。对柏拉图早期比喻及伦理学作为一种单独的研究进行学术化，这一行为在雅典学派已经全面开始了。亚里士多德只是将这些趋势以最大的决断进行实施的柏拉图主义者。

亚里士多德不是一个柏拉图式的道德法则制定者。这既不包含在其本质范围之内，也不是由问题的进阶达成的。尽管他的伦理学一开始就充满了神性标准的理念，并将所有生命视作对神的服务以及神的知识，但即使是他最早的作品，里面的新元素也体现出了另一个方向，具体来说就是道德生活实际存在形式的分析。他抛弃了柏拉图的美德理论，并用一种鲜活的理论代替，里面体现出所有可接受的道德生活的丰富种类，包括经济、社会、阶级关系、法律以及商业。市民生活的现实研究与柏拉图的宗教哲学所流传下来的高尚理念形成了整体的框架，二者之间有一种严重的紧张冲突。尽管亚里士多德通过一种单一的美德概念形式解释了公正之人的种类，即勇者、自豪者、自由者以及伟大者，尽管他不是通过单纯描述，而是通过各个部分彼此间都有逻辑联系的辩证法构架来发展这些类型，但是其内容被从经验中脱离出来，且类型本身产生自实际赋予的事实关系。有关美德本质的引导性讨论，围绕着道德意图的问题及其本身的塑造为导向。这是决定性的进步，道德价值的实质现在从主观性本身发展出来，且意志的范围被标志为其特定范围。这确实使得品格的美德超越了智识的地位，因此讨论的大部分都是与此有关的，尽管亚里士多德远没有在两者之间进行基本的划分。这样一来，伦理美德的理论一定程度上就成为了伦理学中的伦理学，并决定了整体的名字。如果我们不知道对柏拉图（以及青年亚里士多德）来说，伦理学曾是思想的中心，以及最高客观价值的学科，单从亚里士多德，我们应该已经不能看到学术美德的理论进入伦理学的理由了。即使在亚里士多德晚年，他也还是将人类生命的最高终点与世界的神圣终点连接在一起，并因此使伦理学在理论的形而上学中达到高潮；但他那时的主要重点不在于对这种外部常规的理解，而是在于人类个体如何在意志与行动中实现这种常规的。正如在本体论中，他使柏拉图的理念在对世界表象的理解中得出了果实，因此在伦理学中，他让道德个体的意志采取了超验的标准，继而客观化自身。由于不存在对所有人都有约束的命令，这样内化了的标准也就失去了其普遍合理性的特质，只剩下没有内容的纯形式普遍化。亚里士多德的目的是将完全对标准的服从理念与最大的个体多样性进行统一。道德个性是"其本身的法则"。在这种伪装下，柏拉图不知道的个人道德自治的理念，第一次进入了希腊的意识。

亚里士多德伦理学的两个主要部分是：基于善意之上的道德伦理学说，与作为我们常规的沉思神的形而上学学说，自其思想发展后期始，越来越表现出这两者要互相分开的倾向。品格的实际"道德"或理论，在最初的《伦理学》中与神学的顶点紧密联系在一起，后来成为独立的理论并在实践道德观点中找到了自身的原则。亚里士多德最终放弃了将柏拉图的理论理性的首要性带入日常伦理中。他当然将柏拉图的"智慧"与"心灵"稀释成为了纯粹的"理论理性"，且市民伦理学与形而上学道德间，严格区别的必要性是将这些概念理性化的直接结果，这对柏拉图来说，意味着善的知识以及灵魂的实际的善。自此，亚里士多德也将其哲学的根本批判性特质在伦理学中保存了下来。结果是对道德自内在心理学理解的巨大扩展与精细化，并将"理性主义"与形而上学压缩到一个非常小的空间内。然而，在形而上学与伦理学中，亚里士多德最终仍是一名柏拉图主义者；因为他一直是在通过引述一种最高的、无法体验的终点，根据目的论来解释经验世界的，而且他意识到，在日常市民道德以及实际行动与意志的范围之外，还有一种沉思永恒的生活。这在他来说毫无条件理应得胜，而且即使是在伦理学论点上也是站在较高位置的。然而，在《尼各马可伦理学》中，他使市民生活的道德独立于神学——它们是两种级别不同的世界——这部作品结尾对"理论生活"的表述，意味着不是所有凡世变化都一定要尽可能地"成为不朽"，但实践-伦理的世界之上还有更高的世界。因此，亚里士多德将他青年时期的柏拉图主义世界建构进了真实世界，并给予它最高的地位，使永恒之光普照世界的源头。这两种"生活"的并驾齐驱，一直以来给人感觉都像是来自亚里士多德的自身经验。这里，一方面没有柏拉图激进的一致性——他认为只有哲学生活是值得过的；另一方面，也没有康德的一致性——他一次性打破理论理性的最高地位，并宣布道德意志乃世界最高的事物。亚里士多德在伦理学与形而上学中都与康德有趋同的地方，但他身上的某种特质使其无法达成最终的结论。这种特质既不是纯自然科学的自给自足，也不是完成道德义务从而满足自己感觉上的现实与生命的意志自信。他无法脱离柏拉图的超验世界，而且他也意识到，在介绍这个超验世界的同时，他也为世界旧有的希腊式架构平添了一部分新的现实。只有这样，我们才能够解释他的"心灵"在形而上学与伦理学的神学部分中，几乎都闪烁着神秘色彩的原因。这种人类沉思的顶峰直接从柏拉图的理性范围走出，进入到亚里士多德的事实世界中，并给予其人生观特别的现代冲突与两面性。

在我们仅仅一笔带过的政治学中，其内部分层与伦理学和形而上学相同。事实上，这一领域中的历史发展尤为清晰。从心智的历史这一角度来讲，柏拉图政治学中的决定性问题在于，个人对国家严格无条件的附属性，他通过这一点"重建"了真实的古代希腊生活。这种生活从第四世纪起，在很长一段时间都被商业力量的优势、对国家与政党的兴趣，以及在此阶段内变得普遍的理性个人主义扰乱了。也许所有聪明人都清楚地看到，不克服个人主义就无法治愈国家，这种个人主义至少是每个人无限自私的最为粗鲁的形式，但甚至国家本身都是由同样的精神激发形成的，并将其作为自身的行动原则。修昔底德描绘出了一幅令人印象深刻的画面，第五世纪末的强盗政治逐渐引领市民导向这些新的思考方式，以利己主义为原则的国家也为利己主义所害。旧有的国家及法律向人民展示了所有道德标准的体现。柏拉图曾在《克里同篇》中最后一次表达，根据法律生活，曾是古希腊最高的非明文法令。对话录体现了第四世纪进入有意识的荒谬这一悲剧性的冲突，国家的状况使得即使希腊民族中最正义、最纯洁的人，根据法律也不得不饮毒酒。苏格拉底之死不仅仅是当时的官员，甚至是整个国家的归谬法。在《高尔吉亚篇》中，柏拉图用激进道德法律的标准评价了伯里克利及其较弱的继任者，并诉诸了对历史城邦无条件的谴责。他继续在《理想国》中为了国家完全牺牲个人的生命，其一边倒的严格性对当时的人的情感来说是无法忍受的，他的理由来自于新的国家中改变了的精神。照耀其中的太阳是善的理念，它照亮了所有最为黑暗的角落。因此所有个体必须附属于它，解放了的人变成真正的"公民"。再次转换归根究底只是另一种表达历史事实的方式，道德终于脱离了政治、法律或历史国家的习俗，继而个体的独立良知即使在公共问讯当中都成为了最高法庭。此前也有过这种冲突，新的情况是对永久冲突的宣告。柏拉图要求哲人当王，这个要求直到结尾也没有减弱，意味着国家要彻彻底底地伦理化。由于柏拉图的理想国不可能在同时代实现，甚至在任何时代都不可能实现，这体现智识阶层的人已经抛弃了国家的现实躯壳。

亚里士多德将柏拉图的道德外部附属性保留在了政治学中，但对他来说，真正的力量也是在于前者，从前者中他衍生出了最佳国家的常态，以及"最好生活"的内容。然而，对于他的现实感受来说，这个出发点造成了无法解决的难题，这个难题从理想国早期轮廓开始，一直到柏拉图的国家中隐藏的深刻冲突的第一次清晰描绘。在政治学中，亚里士多德也没有生活在理想世界中，而是在理想与经验的紧张冲突之中。然而在他生活的时代，实际的政治生活不允许他找到任何缓解这种紧张的方式。尽管他的内在观点与柏拉图有许多相左的地方，他仍然在形而上学与伦理学中都开着通往柏拉图世界的大门；他之所以可以这么做，是因为柏拉图的世界实际上也在他的心中。另一方面，在政治学中，"最好的城邦"仍然是个乌托邦，并清晰地显示出，在追寻的道路上所能达到的最大成就，也无非是某种教育性体制。此外，亚里士多德确实也清晰地提出了权力的问题，他将这个问题作为某种问号，添加到柏拉图的国家概念上去，并解释说，不是所有"统治"都是根本上的恶，但他没有找到令人满意的解决方案，而且，在普通希腊文化的高阶阶段中，毫无疑问不可能找到一种实践的解决方案。

国家的问题是整体上无法管理的。希腊人对政治生活的理论觉醒达到了最高点，比如，希腊城邦开始衰落时，雄辩派有意识的、紧张的民族主义。这是一种鲜活存在过的形式，后来退居更粗糙的社会中，但仍保持了活力。亚里士多德在理想国家的概况中马上转向了"逃离国家是否是唯一可能的目标"这一重要问题，并通过宣告这一问题开始对实际政治生活进行分析。至于现实，亚里士多德除了将其对每种特定体制条件的高度认识用于正确对待政治失序上之外,也没有什么其他可做的。这种放弃的态度,在当时的学术人物中是很典型的,甚至是对待国家的方式较为抽离、并一贯将自己的政治作为某种实验的实践国家领袖也持这种态度。这种抽离与意识,在亚里士多德的研究中走得最远,因为他自己没有国家,而是作为一个客观观察者见证这个在挣扎中消解的伟大国家,并掌握了形式与可能性的巨大财富。在他的时代,唯一有效且仍在希腊人中基础很深的社群,就是有着坚定的教育、行为以及城市性概念的市民社会。值得注意的是,他认为市民社会不是一种政治力量,而是个性组成中永恒道德的一个部分,因此,他在《伦理学》中对其进行的讨论,是以特殊"美德"的形式进行的。在过去,国家法律是旧有道德的内外支持,现代道德则由社会的客观形式支持。亚里士多德的学说中没有抽象的道德个人主义(虽然斯多亚学派有世界大同的思想,享乐主义中有理想友谊的思想,此二者也没有走向极端),但是他的政治学以粗糙的现实主义展现出,社会本身只是小部分人群在对金钱与权力的普遍挣扎中来来去去,而维持一种不稳定的存在。希腊式的道德终于在内心自由的概念上停歇——这个概念在亚里士多德的学说中不常出现,但确定了善以及国家与社会中所有个人的独立性。在亚里士多德的伦理学中,这种自给自足的特性只存在于共享"理论生活"的人们之中,而且对他们来说也有一定的条件。但是,这种对人在"偶然"以及外部情况之上的独立越来越强的敏感性,本身也正是渴望内部自由以及道德尊严的感受——这也作为那个年代的特殊意义。

4. 作为普遍科学的哲学

亚里士多德的哲学代表着他生活的时代遇到的世界观难题,并通过方法性思考的最高艺术表达了出来。另一方面,他的科学研究内容更多,并远远超过了同时代人的视野。用现代科学与事实知识的标准来错误地看待亚里士多德在科学研究方面的成就显得太简单了,而且被重复地施加在他对特殊分支科学或实证科学历史学家代表进行的研究上。然而我们也许可以希望，今天即使没有受过历史思想教育的人，也会发现所有类似对比的幼稚，这样我们也就没有义务再去检验它们了。既然我们只将他的研究作为一种哲学进化的标志来评价其重要性，这就可能不仅仅排除了亚里士多德细致观察的正确性问题，而且省略了对他作为一个方法论发明者的划时代成就进行的精确描述。

将柏拉图主义"哲学"扩展至普遍科学，是由于其高度评价经验及"猜测必须基于可感觉现实"的原则，而发生在亚里士多德身上的必然过渡。虽然如此，这一步的展开是一个渐进的过程，因为他的本质从一开始就是抽象柏拉图主义者中突出的伟大阅读者（这个称呼据说是柏拉图赐予的，我们认为这个故事至少在本质上具有一定程度的真实性），他的第一个或超验时期的学术态度，与其后来对无尽事实世界的投入是不相容的。从理论视角，到将经验带入哲学思想领域的必要性，对于逼近表象世界的存在概念的逻辑建立来说，仍然是一条十分漫长的道路，因为要收集极大量的事实。在亚里士多德的思想发展历程中，我们在许多细节的地方仍然能够清晰地看到，他一踏上这条路，就被驱使着沿此路越走越远了。有个例子完全能够证明这一点：在《形而上学》中，从泰勒斯到柏拉图的发展历程进行的著名概括，在意图上是完全哲学性的；其目的是衍生出形而上学基础的四个原因，也就是说，这不像人们所经常认为的是历史性的，而是系统性的。亚里士多德为了从事实当中抽离某些概念，而在《形而上学》中压缩并扭曲了事实。在他的思想形成后期，《形而上学》成为了一种普遍的科学史。《形而上学》远远超出了其最初的系统性目的，并成为了一种对质料的关注掌控下的独立学科。与对宪法的收集较为不同，这种事实研究在理论上仍然是政治学的一部分，其与政治学的关系也一定要比科学史与形而上学的关系更加紧密。然而即使在政治学中，学究气的知识以及所有宪法材料形成对应经验的原则的提升，是非常重大的进步，且带领我们超越了哲学的界限。

每一个例子都以类似的方式使我们信服，尽管这一哲学进化中有内在的一致性，其中仍然包含了积极研究方向中重力中心的重大移位。这位概念性的哲学家成为了以普遍方式解释整个世界的科学家。哲学对他来说已经成为了作为整体的科学范畴。"形而上学"一词被创造之初，首先意味着各种研究或学术兴趣，而较窄的意味则是对真理与知识的追寻。第一个为"形而上学"一词赋予永久的术语重要性的是柏拉图，他需要这个词来描述他所谓的知识，一个可以同时表达知识的超验目标的不可达成性、朝向这一目标的永久挣扎以及无知与"智慧"之间的冲突的词语。然而，形而上学从来不意味着所有知识已经建立统一体，也不是已经存在的整体。此前从未有人想到过这一理念。亚里士多德的形而上学并没有尝试通过某些外在的系统化，试图合理解释所有现存科学，把它们集结组织在同一学派。他不是一名百科全书主义者。尽管他的理论是要建立百科全书式的学科，但他并没有在其"哲学"中收纳较早的独立科学如数学、光学、天文学与地理学。只有医学被收纳进来，并得到了深入的研究，这是因为，医学为亚里士多德的形态学理念之实现提供了成果丰富的土壤。其他那些学科没有做到这一点，这体现出，亚里士多德的科学惊人的整体性是其哲学中心点（形式概念）的有机成长。形式概念决定了其哲学所能掌控的范围。随着他思想的发展，"形式"从一种存在的理论性概念，变为一种应用科学的工具以及所有事物的一种形态学与现象学的研究。这样他就把哲学放在了能够对整个现实有一个科学掌握的位置上。他的哲学统治了所有知识领域，这种广度是之前从未达到过的。然而，我们必须坚持的是，造成这一事实的原因，是其哲学所掌握的创造科学的能力，新的科学总是从中产生，比如生物学、形态学以及生理学的自然演进，或对文化的自传性及形态学研究。仅仅是逻辑的或形式的系统，永远不可能使哲学在科学上维持这样一种地位，武断命令的世界观更不可能。

在亚里士多德的哲学中，世界观与科学之间的关系是一个充满问题的点。对此有两面性，因为科学必须基于由哲学而非自身所建立的原则，另一方面，哲学又是建立在科学经验之上的。他相信有了这样的思想与经验的概念，他就可以使柏拉图的哲学成为批判性科学了；因为尽管他并没有用不同的名称来区分哲学与科学，但其对所有较早哲学的批评都是从组成科学的切实概念开始的。即使在其自身哲学之中，他也意识到了特殊科学的事实知识有着更高层级的科学性，这不是因为它们更大的精确度（这其实属于概念思考），而是因为其不可穿透的现实性，超感觉事物是否真实这一问题，引起了其他领域的各种不确定性。亚里士多德的理性世界从外部表现出统一的表象，但内部存在着一种可察觉到的不和谐，那就是哲学与科学必将趋向分离这一根本理念。尽管作为现实研究的必要结论，亚里士多德努力通过"哲学"一词更窄更高的意义试图使二者走到一起。对待世界的形而上学态度是哲学的驱动力，希腊科学一直以来都是从这种态度中得到强烈刺激的。通常，哲学与科学二者在各自的发展过程中不断促进着彼此，然而一旦到达顶峰，二者就有了冲突。亚里士多德将它们修复成为不稳定的平衡状态。这意味着它们发展到了共同部分的最高点。

在亚里士多德之后的时代，哲学与科学都没能维持在这种高度上。科学需要比哲学所给予的更大的空间。其结果常常使得哲学所提供的解释原则与方法变得可疑。另一方面，知识阶层失去了宗教，需要一种形而上学的世界观，因而尝试使哲学更新其本身大胆的猜测斗争，我们不得不承认，对于这种渴望的追求，只会违背自我保全的冲动。相比于亚里士多德的批判态度，斯多亚学派（禁欲主义）与伊壁鸠鲁学派（享乐主义）看上去像是教条主义与科学哲学的分歧点。它们取代了他的逻辑技巧，并发展了其某些形而上学观点的内容，混入了更早的原始理念，或像伊壁鸠鲁更新德谟克利特一样更新了前苏格拉底物理学，以及在此基础上建立了生命的道德理想。重点在形而上学与伦理学，真正的研究没有开展起来。逍遥学派第三代之后有同样的实践倾向，尽管它无法在这一领域同禁欲主义与享乐主义竞争，其结果是斯特拉博之后学派的不幸崩塌。然而，这位伟大的研究者明显证明了，在当时的条件下，亚里士多德发起的运动所能遵循的唯一道路。在他当时的阶段，逍遥学派的研究已经与亚历山大有了接触，那里的土壤比阿提卡更适于积极科学的发展，也是现实之风吹拂之地。亚历山大的科学是亚里士多德最后时期的精神延续。在那里，科学与哲学的链条毫无疑问已经破裂了，托勒密研究的精美技术已经丢掉了稳定的理性核心——那是亚里士多德的细致研究在其伟大的精神宇宙观中所掌握。另一方面，古代科学最重要的发现正是由于这种分离达成的，这种分离也是一种必要的研究解放。现在，医学、自然科学与精确文献学开出了最美的花朵。这些学科的代表人物包括阿利斯塔克、阿里斯托芬、希帕克斯、埃拉托斯特尼以及阿基米德。当然，从亚里士多德式哲学与科学的角度来看，所有这些学科不过是学术领域的一半，但对形而上学的世界观以及科学精确的渴望，再也没有出现在古代世界中。亚里士多德虽然出现得较晚，但由于他统一了这些学术学科，因此也可划分为古典主义的一份子。虽然如此，在他的思想中，研究与解释仍然优先于世界图景的构筑。

　　亚里士多德理想本身的高度已经无法企及，但想到这仅是在一个人的头脑中诞生，就更无法想象了。这曾经是、以后也永远是一个生理学上的奇迹，对此我们无法进行更深的剖析。"普遍性"一词只描述了他将自己扩展到所有现实领域的惊人力量，以及巨大的同化能力，这两种力量只有在通晓技术的时代中能够获得，但更伟大的是同时包括了通过纯"心灵"对实质进行的沉思，和一种对概念理解利刃般的敏锐性，以及对可感觉事物观察的微观准确性。如果我们观察亚里士多德的发展历程，就能更好地理解这一现象。在这一过程中，原创性与同化力量互相平衡，但即使如此，他的形而上学倾向以及高度发展的向内体验的能力，仍然是一个著名观察者与发现者的精神组成部分。尽管他的内心世界层次丰富，其中还是有一种伟大的统一，因为他的所有能力都只为对现实进行客观沉思而展开。他的"心灵"缺乏柏拉图改变世界的力量，其概念思考缺乏教条主义的实践部分，其观察则缺少发明与技术进步，三者统一在一个单一任务中，即对什么存在的理解。他的整个创造力都消耗在了对服务于这一任务的新工具的持续创造之中。

客观性是对世界沉思的彻底投入的先决条件，亚里士多德对任何事物的思考都以客观性为前提，而且这也是他留给希腊科学的礼物，对此我们无法穿透其终极精神深度。我们已经提到过，这种客观性不同于非个人性，而是精神的一种超个人形式。它远离了柏拉图在其文字中包裹精神热情来转变人类生活的艺术客观性，也远离了修昔底德那种通过将可怕历史命运视作必然历程，并转换为政治知识，从而避免痛苦的客观性。对于这两位作者来说，追求客观性的欲望是对统治性价值理念的内在抵抗，并对生活充满热情兴趣的自身的反应。我们应当把他们的情况描述为客观化而非简单的客观性。亚里士多德的客观性也是基础的，它表达了对生命与世界的一种伟大的宁静。对此，我们在从梭伦到伊壁鸠鲁之间的阿提卡作者中都找不到，而在赫卡泰、希罗多德、阿那克萨戈拉、欧多克索斯与德谟克利特等人中才能找到。虽然这些人彼此之间有很大差别，但他们都有一种特殊的沉思性与非悲剧性。亚里士多德也掌握了这样一种世界性的伊奥尼亚视野，其灵魂饱含着自由和开放的精神，这是沉思的雅典人所接触不到的。与此同时，阿提卡精神的精髓对亚里士多德造成了深远影响，就像对希罗多德一样，为他的综合（ιστορία）或研究赋予了原则的统一性与严格性。亚里士多德的这些天赋是所有伊奥尼亚的宇宙沉思者所不具备的，通过这些天赋，他成为了现实与科学令人叹服的组织者。

特别说明

因客观原因，书中部分图文作品无法联系到权利人，烦请权利人知悉后与我单位联系以获取稿酬。

文化伟人代表作图释书系全系列

第一辑

《自然史》
〔法〕乔治·布封 / 著

《草原帝国》
〔法〕勒内·格鲁塞 / 著

《几何原本》
〔古希腊〕欧几里得 / 著

《物种起源》
〔英〕查尔斯·达尔文 / 著

《相对论》
〔美〕阿尔伯特·爱因斯坦 / 著

《资本论》
〔德〕卡尔·马克思 / 著

第二辑

《源氏物语》
〔日〕紫式部 / 著

《国富论》
〔英〕亚当·斯密 / 著

《自然哲学的数学原理》
〔英〕艾萨克·牛顿 / 著

《九章算术》
〔汉〕张苍 等 / 辑撰

《美学》
〔德〕弗里德里希·黑格尔 / 著

《西方哲学史》
〔英〕伯特兰·罗素 / 著

第三辑

《金枝》
〔英〕J. G. 弗雷泽 / 著

《名人传》
〔法〕罗曼·罗兰 / 著

《天演论》
〔英〕托马斯·赫胥黎 / 著

《艺术哲学》
〔法〕丹纳 / 著

《性心理学》
〔英〕哈夫洛克·霭理士 / 著

《战争论》
〔德〕卡尔·冯·克劳塞维茨 / 著

第六辑

《数书九章》
〔宋〕秦九韶 / 著

《利维坦》
〔英〕霍布斯 / 著

《动物志》
〔古希腊〕亚里士多德 / 著

《柳如是别传》
陈寅恪 / 著

《基因论》
〔美〕托马斯·亨特·摩尔根 / 著

《笛卡尔几何》
〔法〕勒内·笛卡尔 / 著

第七辑

《蜜蜂的寓言》
〔荷〕伯纳德·曼德维尔 / 著

《宇宙体系》
〔英〕艾萨克·牛顿 / 著

《周髀算经》
〔汉〕佚 名 / 著 赵 爽 / 注

《化学基础论》
〔法〕拉瓦锡 / 著

《控制论》
〔美〕诺伯特·维纳 / 著

《福利经济学》
〔英〕A.C.庇古 / 著

中国古代物质文化丛书

《长物志》
〔明〕文震亨 / 撰

《园冶》
〔明〕计 成 / 撰

《香典》
〔明〕周嘉胄 / 撰
〔宋〕洪 刍　陈 敬 / 撰

《雪宧绣谱》
〔清〕沈 寿 / 口述
〔清〕张 謇 / 整理

《营造法式》
〔宋〕李 诫 / 撰

《海错图》
〔清〕聂 璜 / 著

《天工开物》
〔明〕宋应星 / 著

《髹饰录》
〔明〕黄 成 / 著　扬 明 / 注

《工程做法则例》
〔清〕工 部 / 颁布

《鲁班经》
〔明〕午 荣 / 编

"锦瑟"书系

《浮生六记》
刘太亨 / 译注

《老残游记》
李海洲 / 注

《影梅庵忆语》
龚静染 / 译注

《生命是什么？》
何 滟 / 译

《对称》
曾 怡 / 译

《智慧树》
乌 蒙 / 译

《蒙田随笔》
霍文智 / 译

《叔本华随笔》
衣巫虞 / 译

《尼采随笔》
梵 君 / 译